国学大观丛书

主　编◎陈志良　徐兆仁

中国儒家

加润国◎著

中国人民大学出版社
·北京·

出版者言

中国正在奔向现代化，奔向文明和富裕。

不管我们是否能够清晰地意识到这一点，事实是，中国的现代化模式不同于世界其他国家的一个显著的特点，就是中国悠久而灿烂、源远而流长的传统思想文化，始终是中国现代化进程的强大推动力。

作为华夏子孙，传统思想文化始终奔流在我们的血液里，脉脉融汇于我们的骨髓之中。我们中国人，小至黎民百姓的日常思维方式、行为举止、价值追求，大到国家的治国安邦策略，外交军事战略的选择、制定，等等，都深深地打着中华传统思想文化的烙印。

由于历史和时代的原因，今天的我们，对于和自我生命已经融于一体的传统思想文化，从感情到意识层面，都变得疏离和陌生了。对于中华传统文化的认识，大部分人都是停留在饮食男女的物质层面，道听途说、人云亦云的多，真正沉下心来认真学习、深刻了解的少，那些真实体会到其内在价值意蕴并从中受益良多的人更是少之又少。这是令人非常遗憾的。

中华文化的一个重要特点就是强调兼容并包，对于世界多元文化保持开明开放的心态，似滔滔江河不弃涓流，博采众长，为我所用。这个特点使中华民族和中华文化穿越五千多年的时空阻隔，历尽艰险，保存至今。中华文明是世界四大文明中唯一延续至今而未曾中断的，这一点也是中华传统思想文化强劲生命力和巨大社会整合作用的明证。

对于中华文化，无论我们是赞美还是诋毁它，它始终沉淀在我们的社会意识底层，成为中国人的集体意识，影响甚至决定着我们做出的所有选择。

看待中华传统思想文化，既要看到其超越时空价值的精华内容，也要看到其中不合时宜、僵化落后的部分。事实上，中华传统思想文化始终处于不断变化发展、不断突破时代局限、不断汇集涓流而滚滚向前的动态发展过程中。对于我们来说，传统思想文化既不是梦魇，也不是光环，把我们今天的成败得失归罪或者归功于传统文化，给它差评抑或点赞，都不是学习和认识传统文化的正确态度。

传统思想文化是祖宗创造的，它代表的是逝去的一代代中国人的智慧和创造力，而我们的价值在于我们自己的智慧和创造，我们不必妄自菲薄，更不应狂妄自大。

我们需要了解中华传统思想文化，是因为我们需要了解自己。

"认识你自己"，这句镌刻在古希腊神庙上的箴言，揭示了我们寻找所有人生问题答案的途径，小到一个人，大到一个民族、国家，只要足够真诚勇敢，当经历过重重风雨磨难后，痛定思痛，一定会反观自身，从自己身上寻找力量和出路。

马克思曾经说"反思"，也就是反身而思，这是一道"普照的光"，它是唯一把人类从混沌的畜群意识中超拔出来的力量。在今天的中国，人们的物质文化日渐发达，对精神文化生活也日渐提出更高的要求。富而不贵的痛苦在全社会弥漫的时候，我们更需要"反思"，需要"认识你自己"，从中华传统思想文化中寻找智慧，从中西思想文化融合中发掘力量，从而建设出属于时代精华的有着高远意境和价值追求的中华新文化。

今天，随着中国国力和影响力的增强，随着国家"一带一路"倡仪的逐步实施，世界各国越来越关注中国，它们在关注中国、惊叹于中国奇迹的同时，也一定会对产生和创造中国奇迹的中国传统思想文化产生兴趣。而我们作为中国人，为了认识自己，认识我们生于斯长于斯的这片土地，更应该了解自己的传统文化，尤其是蕴藏在我们日常饮食起居之中同时又超乎其外的传统文化的内核系统，即文化价值观念系统。在传统文化热重新兴起的今天，这套书的出版应该说适逢其时。

目前传统文化类的书籍出版正热，但是大部分内容局限于饮食男女等物质层面，其次就是诗歌文学类的图书居多。这比较容易理解，因为古文和我们今天使用的语言文字差别太大，单是古文阅读这一关，除了大学中文、历史系的学生，一般人都已经很费劲了。市面上流行的一些对传统文化仅作心灵鸡汤式解读的图书，对传统文化普及有一定益处，但是已经大大降低了传统文化历史意蕴和价值水准，如果让人们误以为这就是传统文化的全部内容，反而不利于人们认识和了解传统文化。所以，我们需要出版一套既有较高学术水准又能让普通读者看得懂的传统思想文化丛书，全面展现中国传统文化的内核系统即文化价值观念系统。要用通俗的笔法、优美的文体，向寻常百姓人家系统、通俗、酣畅地展现中国传统文化的绚丽多彩和博大精深。

这套丛书体现出了对中国传统思想文化的自信，写出了各家思想的亮点，可以与现实共参，启发现代。历史走到今天，多年中西文化交流交融的结果，使我们对于很多问题都看得比较清楚了，对于东方和西方思想文化的优缺点和未来世界文化发展走向，都大体有了新的理解，所以这套丛书体现出了我们对中华文化的自信，这种自信不是说我们老祖宗的一切都好，而是说它可以而且应该成为我们时代新的思想文化建设的起点。

本套丛书共计十本，包括《中国儒家》《中国道家》《中国佛家》《中国墨家》《中国法家》《中国名家》《中国阴阳家》《中国纵横家》《中国农家》《中国兵家》，可以说是对中华传统思想文化的全景式展示。

本套丛书作者在撰写书稿之时，大多还是在读或者刚毕业不久的博士，如今，他们均为各自专业领域的知名专家、学者。高水准的专业作者队伍，保证了丛书的学术质量。

读者诸君，藉此以往，因枝以振叶，沿波以讨源，必能深入国学堂奥，获取真知灼见，锻造无量智慧。

中国人民大学出版社

2018年7月

导言

国学者，中国之学、国家之学、治国之学，主流是儒学。

有国家，始有国学。有儒家，始有儒学。先有中国，后有儒家，儒家之后还有中国。所以，儒学之前已有国学，儒学之后还有国学。

中国始于夏，国学始于禹。禹继尧舜，传位子启，始有中国；治水平土，洪范九畴，始有国学。儒家之前，有夏、商、周三代之国学，经过儒家整理加工传承，转化成了儒家之学。所以，中国传统国学主要是儒学。

一

儒学形成于春秋战国，当时是中国古代社会从奴隶制走向封建制的历史过渡期。春秋末年，在旧学崩溃、新学未立之际，孔子整理夏、商、周三代中国政教典籍，讲学授徒，创立学派，成为当时最大的国学传承群体。在礼崩乐坏、百家争鸣的纷乱中，孔门弟子及其后学坚持讲学授徒，使儒学成为国学主流。

秦始皇统一六国、建立中央集权的封建帝国，积极进取的法家学派脱颖而出，成为新的国学，保守迂阔的儒家学派遭受"焚坑"之祸。刘邦建立汉朝，无为而治的黄老道家取代法家思想成为新的国学，儒家学派再遭"溲溺"之辱。文景之后，随着国力强盛和儒学复兴，汉武帝"罢黜百家，独尊儒术"，经过汉儒董仲舒等儒者综合创新的儒家经学成为封建中国的新国学。从此以后，儒家学说也曾遭遇过挫折，但基本上保持了中国国学的正统地位，直到民国之初。

儒学成为新国学之后，大致经历了汉唐经学（简称汉学、经学）、宋明理学（这里指程朱理学，简称宋学、理学、道学）、陆王心学、明清气学和近代新学五大发展阶段。作为中国封建王朝的官学，儒学只有汉唐经学和宋明理学两大形态。宋明以后，随着封建制度衰落和资本主义萌芽，产生了与程朱理学相对立的民间儒学，主要包括陆王心学、明清气学和近代新学。近代新学以气学和心学为基础，吸收西学和佛学思想，形成中国近代进化论唯物主义和各种唯心主义儒学。

近代以降，国门大开，西学日盛，中学日衰。辛亥革命后，以近代科学为基础的新学问逐渐取代以古代经学为基础的旧学问，成为民国时期的新国学。新文化运动之后，中国新学逐渐形成马克思主义、实证主义和人本主义三大潮流。中华人民共和国成立后，马克思主义及其中国化成果成为中国社会主义新国学，以中华优秀传统文化为代表的"中学"和以西方优秀文化为代表的"西学"成为中国哲学社会科学的重要内容，从而形成马学为主、中西两翼的新格局。

二

国学概念众说纷纭，莫衷一是。我认为，国学是一个历史范畴，在不同时代有不同内涵。中国特色社会主义进入新时代，国学概念有了新内涵。本书尝试提出一个富有弹性的国学概念——中国之学、国家之学、治国之学。从大概念讲，国学是中国之学，凡产生和存在于中国大地上的学问都可以纳入国学范畴；因为中国本身是一个历史范畴，其内涵与外延是发展的，所以国学的内涵与外延也是不断变化的。从中概念讲，国学是国家之学，只有经官方认可的学问才能纳入国学范畴；那么，中国传统国学就是儒、释、道三教之学，中国现代国学就是马克思主义及其指导下的中国特色社会主义哲学社会科学。从小概念讲，国学是治国之学，我们研究国学的目的是要治国理政，坚持和发展中国特色社会主义，实现中华民族伟大复兴的中国梦；从这个意义上讲，强调格物致知、正心诚意、修身齐家、治国平天下，强调为天地立心、为生民立命、为往圣继绝学、为万世开太平，强调大道之行、天下为公的儒学，无疑是中国传统国学的主流。

三

文化是一个国家、一个民族的灵魂。文化兴则国运兴，文化强则民族强。没有高度的文化自信，没有文化的繁荣兴盛，就没有中华民族的伟大复兴。实现中华民族伟大复兴的中国梦，必须深入贯彻习近平新时代中国特色社会主义思想，坚持中国特色社会主义文化发展道路，激发全民族文化创新创造活力，建设社会主义文化强国。为此，必须坚持社会主义核心价值体系。要坚持马克思主义指导地位，树立共产主义远大理想和中国特色社会主义共同理想，培育和践行社会主义核心价值观，不断增强意识形态领域主导权和话语权，推动中华优秀传统文化创造性转化、创新性发展，继承革命文化，发展社会主义先进文化，不忘本来、吸收外来、面向未来，更好地构筑中国精神、中国价值、中国力量，为人民提供精神指引。

不忘本来，就要深刻认识中国有五千多年连绵不断的文明史，既有光辉灿烂的古代优秀文化，也有激情燃烧的近代革命文化，更有充满活力的社会主义先进文化，这是我们吸收外来、面向未来的基础。中华国学源远流长、主次分明。中国传统国学的主流是儒学，正脉是先秦子学、汉唐经学、程朱理学、陆王心学、明清气学和近代新学。中国现代国学的主流是马学，正脉是马克思列宁主义、毛泽东思想和中国特色社会主义理论体系。中国特色社会主义理论体系是当代中国的马克思主义，正脉是邓小平理论、"三个代表"重要思想、科学发展观和习近平新时代中国特色社会主义思想。

中国社会主义经历了三个时代。一是新中国成立到党的十一届三中全会，以建政立制和除旧布新为特点。二是党的十一届三中全会到十八大，以中西交融和发展致富为特点。党的十八大以来，中国特色社会主义进入新时代，其特点是中华民族迎来了从站起来、富起来到强起来的伟大飞跃，迎来了实现中华民族伟大复兴的光明前景。这是一个决胜全面建成小康社会，进而全面建设社会主义现代化强国、实现中华民族伟大复兴中国梦的时代，是中国日益走近世界舞台中央、不断为人类作出更大贡献的时代，在中华人民共和国发展史上、中华民族发展史上具有重大意义，在世界社会主义发展史上、人类社会发展史上也具有重大意义。

四

大道之行，天下为公。习近平总书记在党的十九大报告中指出，中国特色社会主义文化源自于中华民族五千多年文明历史所孕育的中华优秀传统文化，熔铸于党领导人民在革命、建设、改革中创造的革命文化和社会主义先进文化，植根于中国特色社会主义伟大实践。发展中国特色社会主义文化，就是以马克思主义为指导，坚守中华文化立场，立足当代中国现实，结合当今时代条件，发展面向现代化、面向世界、面向未来的，民族的科学的大众的社会主义文化，推动社会主义精神文明和物质文明协调发展。要坚持为人民服务、为社会主义服务，坚持百花齐放、百家争鸣，坚持创造性转化、创新性发展，不断铸就中华文化新辉煌。

为此，必须高度重视中华传统国学特别是儒学的阐释和普及。我们必须学习习近平总书记在纪念孔子诞辰2565周年国际学术研讨会暨国际儒学联合会第五届会员大会开幕会上的重要讲话，深刻理解"当代中国是历史中国的延续和发展，当代中国思想文化也是中国传统思想文化的传承和升华"重要论述，"深入了解中国的文化血脉，准确把握滋养中国人的文化土壤"，培育社会主义新国学。

为此，我们必须深入贯彻落实习近平总书记在十八届中央政治局第十三次集体学习时的重要讲话精神："要认真汲取中华优秀传统文化的思想精华和道德精髓，大力弘扬以爱国主义为核心的民族精神和以改革创新为核心的时代精神，深入挖掘和阐发中华优秀传统文化讲仁爱、重民本、守诚信、崇正义、尚和合、求大同的时代价值，使中华优秀传统文化成为涵养社会主义核心价值观的重要源泉。要处理好继承和创造性发展的关系，重点做好创造性转化和创新性发展。"

为此，我们必须学习贯彻习近平总书记在党的第十九次全国代表大会上的重要讲话精神："深入挖掘中华优秀传统文化蕴含的思想观念、人文精神、道德规范，结合时代要求继承创新，让中华文化展现出永久魅力和时代风采。"

为此，特将旧作《中国儒家》删改出版，以资参考。

目录

第一章 儒家之兴——子学

一、孔子兴学 …………………………………… 002

二、孔门弟子 …………………………………… 013

三、孟子之学 …………………………………… 022

四、荀子之学 …………………………………… 034

五、其他子学 …………………………………… 040

第二章 儒家之显——经学

一、经学之兴 …………………………………… 044

二、董仲舒与儒学国学化 ……………………… 054

三、今文经学和古文经学 ……………………… 065

四、谶纬之学与经学神学化 …………………… 076

五、经学演变 …………………………………… 085

第三章 儒家之盛——理学

- 一、理学之兴 …………………………………………… 100
- 二、周敦颐开创理学 …………………………………… 102
- 三、邵雍创立象数学 …………………………………… 109
- 四、张载创立关学 ……………………………………… 121
- 五、二程初建理学 ……………………………………… 128
- 六、朱熹集理学大成 …………………………………… 142
- 七、理学独尊 …………………………………………… 159

第四章 儒家之变——心学

- 一、心学之兴 …………………………………………… 180
- 二、陆九渊开创心学 …………………………………… 183
- 三、朱陆之争与明代心学 ……………………………… 197
- 四、王阳明集心学大成 ………………………………… 203
- 五、明代狂儒泰州学派 ………………………………… 220
- 六、心学流变 …………………………………………… 239

第五章 儒家之化——气学

- 一、气论源流 …………………………………………… 256
- 二、气学之兴 …………………………………………… 263
- 三、气学之盛 …………………………………………… 280
- 四、王夫之集气学大成 ………………………………… 297
- 五、气学劲旅颜李学派 ………………………………… 313
- 六、气学流变 …………………………………………… 331

第六章 儒家之衰——新学

一、新学之兴 ………………………………………… 348
二、新学之盛 ………………………………………… 352
三、儒学之衰 ………………………………………… 366
四、国学之变 ………………………………………… 373

后记 / 385

第一章 儒家之兴——子学

儒者之名，古已有之。儒家之学，始于孔子。中国之学，始于孔学。

孔子之学，祖述尧舜、宪章文武，传承经典、修身治国，国学之源。

孔门弟子，传承孔学，孝圣曾子、述圣子思、复圣颜回、隐圣子夏。

孔门后学，先秦时代最有成就的是战国时期的孟子之学和荀子之学。

一、孔子兴学

> 孔子（公元前551—前479年）是上古国学的传承人、中国儒学的创始人，是儒教的教祖、中国的圣人。孔子名丘，字仲尼，春秋末年鲁国人。十五志于学，三十而立。志于道，据于德，依于仁，游于艺。兴于诗，立于礼，成于乐。兴办私学，有教无类，创立儒学。

儒者考释

儒者之名，古已有之。《周礼·天官》叙"大宰"之职云："以九两系邦国之民：一曰牧，以地得民；二曰长，以贵得民；三曰师，以贤得民；四曰儒，以道得民。……"郑注云："师，诸侯师氏，有德行以教民者。儒，诸侯保氏，有六艺以教民者。"古之儒者教民的"六艺"，为礼、乐、射、御、书、数，是周朝贵族教育子弟的六种技艺学术。《周礼·地官》云："保氏：掌谏王恶，而养国子以道。乃教之六艺：一曰五礼，二曰六乐，三曰五射，四曰五御，五曰六书，六曰九数。"据传，五礼指吉、凶、宾、军、嘉等礼仪，六乐指云门、大咸、大韶、大夏、大濩、大武等古乐，五射指白矢、参连、剡注、襄尺、井仪等射箭技术，五御（驭）指鸣和鸾、逐水曲、过君表、舞交衢、逐禽左等驾车技术，六书指象形、指事、会意、形声、转注、假借等书写艺术，九数指方田、粟米、差分、少广、商功、均输、方程、盈不足、旁要等计算技术。

俞樾注："古谓术士为儒。凡有一术可称，皆名之曰儒。故有君子儒、小人儒之别。此经所谓儒者，止是术士耳。以道得民者，道亦术也。儒以道得民，谓以道术得民也。"许慎《说文解字》云："儒，柔也，术士之称。从人需声。"《礼记·儒行》疏引《郑目录》云："儒之言优也，柔也，能安人，能服人。又儒者濡也，以先王之道能濡其身。"儒者乃古代术士，性格柔顺，做事柔和，精通六艺，是教化百姓的老师。据考证，甲骨文"需"即原始"儒"字，"需"字造形与儒者的巫祝宗教活动有关。胡适认为，殷商宗教礼仪的职业主持者是最早的儒者，他们掌管丧礼、占卜、巫祝和祈祷等事，是一批经过特别训练的宗教职业者。

《论语》记述了孔子唯一一次说儒的情景："子谓子夏曰：女（汝）为君子儒，无为小人儒。"表明春秋末年儒者职业正在分化：有为上层服务的，有为下层服务的。古之儒者以六艺教民，而孔子既教"六艺"也教"六经"，且以"六经"为主。"六艺"本义是礼、乐、射、御、书、数，相当于今天基础教育和职业教育的内容，"六艺"后来又指《诗》《书》《礼》《乐》《易》《春秋》六经，相当于今天大学本科和研究生教育的内容。孔子把古代教育的内容由"旧六艺"发展为"新六艺"，他也由旧儒变为新儒，从而创立儒家学派。

孔子创立儒家后，儒者逐渐转型，"儒"成了儒学及其信徒的专称。儒学的特点是：祖述尧舜、宪章文武、宗师仲尼、教育子弟、培养国主、崇尚仁义、推行仁政。崇信孔子学说的人称为儒士，也泛指一般读书人或知识分子。以孔子为代表的儒家学术又称儒术。汉武帝"罢黜百家，独尊儒术"后，社会上涌现大量儒生。儒生指通经之士,也泛指一般读书人。汉代的博士官称为儒臣,后来凡读书人出身或有学问的大臣都称为儒臣。古代读书人喜欢戴一种方形头巾,称为儒巾。林景熙诗《元日得家书喜》云:"爆竹声残事事新,独怜临镜尚儒巾。"到了明代,儒巾一般为举人之未第者所戴。按照明清科举制度,凡应考秀才的儒生,不论年龄大小,统称为儒童(或称文童、童生)。儒者所宗仰的人称为儒宗。儒生兼行医者,称为儒医。儒生兼经商者,称为儒商。作为文官的儒者若带兵打仗,又称儒将。《史记》有《儒林列传》,儒林指儒家的学术界。汉儒扬雄云:"通天地人之谓儒"。《后汉书·杜林传》云:"博洽多闻,时称通儒。"后世科举取士,有"博学鸿儒科"。

孔子身世

儒家之学,始于孔子。孔子的祖先,可上溯至商代末数第二位天子帝乙。帝乙的长子名启。启母生启时尚未为正妃,生纣时始为正妃,故启年长是庶出,纣年幼是嫡出。后来,启封子爵于微(今山东梁山西北),纣作了天子。纣王是有名的暴君,重蹈夏桀的覆辙,断送了殷商五百年江山。微子启见商朝将亡,曾数谏纣王,纣不纳谏,遂出走。周武王灭商时,启向周乞降,封于宋,为宋国君,续殷祀。启的第四代子孙弗父何把君位让给弟弟厉公,自己做了宋国的公卿。弗父何的后代有正考父者,曾为宋戴公等三世的佐臣,作有《商颂》十二篇。正考父的儿子公孙嘉,字孔父,其后代以孔为姓,此乃孔姓由来。孔父嘉官至司马,因内乱身亡,其子被迫迁鲁,从此失去卿位,由贵族降为士族。孔父之子为木金父,生睪夷。睪生防叔,为鲁防大夫。防叔生伯夏,伯夏生叔梁纥。叔梁纥为鲁陬邑宰(鲁国的下级武官),是一位著名的武士,他先娶施氏,生有九女;

晚年又娶十七岁的颜氏征在为妻，两人于尼丘祷神求子，"野合而孕"，后生孔子。据说孔子出生时头若尼丘，故取名为丘，字仲尼，姓孔氏。

孔子生于鲁陬邑昌平乡，今山东省曲阜南，时间为鲁襄公二十二年。孔子幼年丧父，母亲颜氏带他来到鲁国都城曲阜，住在阙里。孔子少时，尤重先王之礼。"为儿嬉戏，常陈俎豆，设礼容。"孔子十几岁时，颜氏去世。颜氏生前不让孔子知道其父的墓地，孔子将其殡于五父之衢（鲁国城内的街道）。后来陬人挽父之母把叔梁纥的墓地告诉孔子，孔子又把颜氏和父亲合葬于防山。孔子为母戴孝期间，有季氏飨士。孔子以士族身份参加，遭阳虎贬黜："季氏飨士，非敢飨子也。"孔子忍辱而返。由于生活艰难，孔子不得不干一些被贵族们视为下贱的事情。他曾为鲁国权臣季氏家族当过"委吏"（管理仓库）和"田乘"（管理牛羊）。

孔子少时有大志，极好学，曾向苌弘学音乐、向师襄学弹琴。他说："十室之邑，必有忠信如丘者焉，不如丘之好学也。""吾尝终日不食，终夜不寝，以思，无益，不如学也。"孔子成年后，"身长九尺六寸"，人称"长人"。孔子十七岁时，鲁大夫孟厘子病重将死，诫其子曰："孔丘，圣人之后，灭于宋。""吾闻圣人之后，虽不当世，必有达者。今孔丘年少好礼，其达者欤？吾既没，若必师之。"孔子十九岁时，娶宋氏女为妻，次年生子，名鲤，字伯鱼。

鲁昭公二十年，孔子三十岁。因齐师伐鲁，齐景公和晏婴来到鲁国，慕名拜访孔子。齐景公问："昔秦穆公国小处僻，其霸何也？"孔子答："秦，国虽小，其志大；处虽僻，行中正。身举五羖，爵之大夫，起累绁之中，与语三日，授之以政。以此取之，虽王可也，其霸小矣。"景公颇以为是。孔子后来说："吾十有五而志于学，三十而立"。

为政以礼

春秋末年，周室衰微，礼崩乐坏。孔子竭力维护周礼，挽救衰世。鲁国权臣季氏窃用天子之礼，"八佾舞于庭"，孔子说："是可忍也，孰不可忍也？"孟孙、叔孙、季孙三家在祭祀祖先时僭用天子之礼，唱着《雍》诗撤去祭品，其中唱道："相维辟公，天子穆穆"，意思是有诸侯们前来助祭，天子主祭，庄严肃穆。孔子气愤地说：这样的诗句怎么能用到三家祭祖的庙堂上呢？为了救治礼崩乐坏的局面，孔子每次进入太庙都向工作人员问礼，希望提醒人们遵守礼制。季氏家人讥讽说："孰谓鄹人之子知礼乎？入太庙，每事问。"孔子说："是礼也！"强调把规矩问清楚再进入正是礼的要求。孔门弟子子贡想把每月初一祭祖庙的活羊省掉，孔子说："赐也！尔爱其羊，我爱其礼！"孔子因好礼和授徒而名声远播。有位边防官想拜见孔子，便说："君子之至于斯也，吾未尝不得见也。"他见过孔子后，对孔门弟子说："你们何必担心没有做官呢？天下无道已经很久了，上天将要以夫子为木铎来警醒世人！"

为了实现以礼治国的理想，孔子积极投身政治生活。三十五岁时，孔子避鲁乱入齐，做了高昭子的家臣，希望有用于齐景公。曾与齐太师论乐，闻《韶》音而学之，竟"三月不知肉味"。齐景公向孔子问政，孔子说："君君，臣臣，父父，子子。"意思是说，治国之要在守礼，君臣父子各守其礼，各安其位，国乃治。齐景公叹曰："善哉！信如君不君、臣不臣、父不父、子不子，虽有粟，吾岂得而食诸！"后来齐景公再次问政，孔子又说："政在节财。"意思是为政之要不可奢侈浪费。齐景公有任用孔子之意，被晏婴所阻。孔子对晏婴印象不错，说他"善与人交，久而敬之"。可晏婴对孔子并不认可，他说："夫儒者滑稽而不可轨法；倨傲自顺，不可以为下；崇丧遂哀，破产厚葬，不可以为俗；游说乞贷，不可以为国。自大贤之息，周室既衰，礼乐缺有间。今孔子盛容饰，繁登降之礼、趋详之节，累世不能殚其学，当年不能究其礼。君欲用之以移齐俗，非所以先细民也。"于是，齐景公改变了主意，对孔子说："奉子以季氏，吾不能。"遂以中卿之职待之。即便为中卿，仍有很多人不满，齐国的大夫们欲加害于孔子，齐景公只得说："吾老矣，弗能用也。"孔子只好启程，返回鲁国。

当时的鲁国政局混乱。阳虎轻季氏，季氏僭公室，陪臣执国政，大夫以下皆离正道。孔子若去从政，只能与季氏一道背离公室，所以尽管阳虎有请用之意，孔子却退而不仕，修诗书礼乐以教弟子，传播自己的治国思想。他说："天下有道，则礼乐征伐自天子出；天下无道，则礼乐征伐自诸侯出。""为政以德，譬如北辰，居其所而众星共之。""道之以政，齐之以刑，民免而无耻；道之以德，齐之以礼，有耻且格。"孔子居鲁不仕，有人来问他："子奚不为政？"孔子说："书云：'孝乎惟孝，友于兄弟，施于有政。'是亦为政，奚其为为政？"在孔子看来，"为政"不一定要"从政"，推行仁义、复兴礼乐、培养治国之才也是为政。定公问政曰："君使臣，臣事君，如之何？"孔子答："君使臣以礼，臣事君以忠。"

孔子五十一岁时，阳虎之乱结束。为平息国人对内乱的不满情绪，三桓任用颇有声望的孔子。孔子为中都宰，"一年，四方皆则之，由中都宰为司空，由司空为大司寇"。定公十年春，齐鲁于夹谷会盟，孔子相礼。齐人计划用蛮人劫持鲁定公，孔子识破其机，面责齐景公道："两君合好，而裔夷之俘以兵乱之，非齐君所以命诸侯也。裔不谋夏，夷不乱华，俘不干盟，兵不逼好。于神为不祥，于德为愆义，于人为失礼，君必不然。"景公无奈，退兵作罢。

孔子仕鲁的另一政绩是堕三都。三都乃三桓采邑，名属三桓，实为邑宰把持，成了陪臣执国命的根据地。孔子经过全面准备而付诸实施。在堕费过程中，公孙不狃乘子路出兵于费之际，率兵袭击空虚的鲁都。孔子镇定自若，指挥国人击败公孙不狃的部队，使堕费成功。可是，孔子仕鲁并未长久。三桓任用孔子本来动机不纯，更况孔子以礼行事对其构成危险。困境一旦过去，他们便不再支持孔子。孔子无奈，只好借口季桓子三日不朝之事辞职。

孔子离鲁适卫，曾拜见卫君的夫人南子，希望通过她的帮助有用于卫君。可是，非但无果，反而引起了子路的怀疑，孔子只好发誓说自己是清白的。孔子曾长期滞留卫国，并往来于郑、宋、曹、蔡、陈等国，多次遭受围困、驱逐和迫害，栖栖遑遑，累累若丧家之犬，但他不屈不挠，明知其不可为而为之。师徒一行被困于陈蔡之野，断粮七日，从者病而不兴，孔子仍讲诵弦歌不衰。

孔子满腔热忱却不受欢迎，这有其社会历史原因，而弟子颜回说："夫子之道至大，故天下莫能容。虽然，夫子推而行之，不容何病！不容然后见君子！夫道之不修也，是吾丑也。夫道既已大修而不用，是有国者之丑也。不容何病！不容然后见君子！"

推行仁德

孔子思想的核心是仁德。仁的内涵很丰富，综合各种说法，可以说：仁为天地之道，圣人之德，君子之性，庶民之归。仁德的核心是爱人。

仁，从二从人，反映人与人之间的社会关系。男女相爱，结为夫妇，产生社会的细胞——家庭。由家庭，而有父母和子女，产生慈、孝、友、悌等人伦关系。推而广之，则有君臣、上下等社会关系。孔子从这里看到了"仁"在一切社会关系中的基础地位。更进一步，孔子看到，天虽然不像人一样有言语，却能"四时行焉，百物生焉"，仿佛有感情、有意志一样。天地合气，阴阳感应以相与，而万物化生，仿佛也是一种仁爱。与老子以"天地不仁，以万物为刍狗"相反，孔子把天道之健生看作仁德的体现，确立了"与命与仁"的信仰追求。

孔子常把爱好仁德与爱好美色联系起来，希望人们像爱好美色一样爱好仁德。这种联系不是偶然的。人之爱色，是秉受自天的自然之性。天地之道，因阴阳相摩而生生不已，仁德流行；男女之道，因异性相感而产生爱情，以至于子孙繁衍。孔子所说的仁爱，不是短暂的情感冲动，而是一种持久、深沉的道德修养，是君子"知天命"之后的道德自觉。孔子说，他的弟子颜回能够"其心三月不违仁"，应该是遵从孔子教化、长期修行的结果。

孔子对弟子的要求是："入则孝，出则悌，谨而信，泛爱众，而亲仁。行有余力，则以学文。"在他看来，仁德虽为一种内心修养，却必须与实际行动结合起来，体现在人事上。他认为，为仁的根本是孝悌，只有先对自己的父母孝顺，尊敬自己的兄长，才能谈得上其他礼节。父母与兄长有生育抚养之恩，对他们报以仁爱是自然的事情，是为仁的第一步。把家庭中的仁爱推广开去，泛爱一切人，是孔子仁学思想的基本思路。他说："夫仁者，己欲立而立人，己欲达而达人。能近取譬，可谓仁之方也已。"孔门弟子子贡问，有没有一句话可以终身去践履，孔子说："其恕乎！己所不欲，勿施于人。"他要求君子要成人之美，设身处地为别人着想。用孔门弟子子夏的话说："君子敬而无失，与人恭而有礼，四海之内皆兄弟也。"

孔子强调礼乐教化，但认为礼乐的根本在于仁德修养，把仁德看作调节一切社会关系的道德基础。在爱人的基础上，仁德还包括许多内容，如"仁者乐山""仁者静""仁者必有勇""仁者不忧""仁者寿"等，倡导一种安泰、达观、不忧不惧而又勇往直前、率性而行的道德修养。孔学把礼视为调节社会关系的基本规范，强调"礼之用，和为贵。先王之道，斯为美，小大由之"，要求弟子们非礼勿视、非礼勿听、非礼勿言、非礼勿动，克己复礼为仁。

子张向孔子问仁，孔子说："能行五者于天下为仁矣"，那就是：恭敬、宽厚、诚信、机敏、慈惠，因为"恭则不侮，宽则得众，信则人任焉，敏则有功，惠则足以使人"。在这五者之中，孔子更强调诚信的重要性，他说："人而无信，不知其可也。""民无信不立。""言忠信，行笃敬，虽蛮貊之邦行矣；言不忠信，行不笃敬，虽州里行乎哉？"

孔学还强调守死善道、杀身成仁。他说："志士仁人，无求生以害仁，有杀身以成仁。""笃信好学，守死善道。危邦不入，乱邦不居。天下有道则见，无道则隐。邦有道，贫且贱焉，耻也；邦无道，富且贵焉，耻也。"又要求保持和而不同、坚守正义的君子之操。

授徒行教

西周以降，王权式微，朝政衰败。王权衰微造成中央文化机构废驰，文职人员和政教典籍流散四野，民间文教随之兴起。除孔子外，较早从事私人教育的还有叔向、壶丘子林、邓析和少正卯等。所授内容，无非三代以来的政教知识。由于各人掌握的材料不同，教学中的取舍和取向不同，逐渐形成不同的学派或教派。孔子以其渊博的政教知识、强烈的人文情怀、积极的救世热忱，成为影响最大、成就最高的教育家，被后世奉为"万世师表"和"至圣先师"。儒家成为中国国学的最早学派，孔子成为中国国学的象征。

孔子自称"述而不作，信而好古"，以四教——文、行、忠、信，绝四——毋意、毋必、毋固、毋我，不语四——怪、力、乱、神。孔子授徒，有教无类，"自行束脩以上，吾未尝无诲焉"。《史记》云："孔子以诗书礼乐教，弟子盖三千焉，身通六艺者七十有二人。"

孔子之教，以六经为主，尤重诗礼。对其子伯鱼，即以诗礼为教。他说：不学诗，无以言；不学礼，无以立。据说子路乃无恒之庸人，未入孔门时，戴鸡佩豚，勇猛无礼，闻诵读之声则摇鸡奋豚，扬唇吻之音以聒贤圣之耳，甚至凌暴孔子。孔子设礼稍诱之，子路乃儒服委质，因门人请为弟子，而卒能政事，序在四科。此事不仅说明孔子有教无类、善于发现和培养人才，也说明礼教之重要。关于学诗，孔子说："小子何莫学夫诗？诗，可以兴，可以观，可以群，可以怨。迩之事父，远之事君，多识于鸟兽草木之名。"可见其功用之多。

孔子行教，以救世为目的。他推行仁义，重整道德伦理秩序，变"天下无道"为"天下有道"。他一方面对各国君主抱有极大希冀和热忱，力求通过参与政事活动和回应君主们的政教咨询以达其志，另一方面则积极讲学授徒，通过教育活动来传播治国思想。

孔子曾把其教育内容分为德行、政事、言语、文学四科，而德行居首，德行的中心是仁。仁学既是孔子儒学思想的核心，也是孔子教育实践的核心。把德行排在政事前面，表明孔子已有德行重于政事、内圣重于外王的倾向。德行在政事活动中主要表现为对礼的遵循和践履，仁德的修养成为践礼和从政的基础。他说："人而不仁，如礼何？人而不仁，如乐何？"

孔子的教育思想，主张学而知之。他说："生而知之者，上也；学而知之者，次也；困而学之，又其次也；困而不学，民斯为下矣。""我非生而知之者，好古，敏以求之者也。""三人行，必有我师焉。""默而识之，学而不厌，诲人不倦，何有于我哉？"

对学生，孔子也以刻苦好学来要求。他对颜回的好学精神极为赞赏，颜回也因好学而成为孔子最得意的弟子。他说："德之不修，学之不讲，闻义不能徙，不善不能改，是吾忧也。"他认为："好仁不好学，其蔽也愚；好知不好学，其蔽也荡；好信不好学，其蔽也贼；好直不好学，其蔽也绞；好勇不好学，其蔽也乱；好刚不好学，其蔽也狂。""敏而好学，不耻下问，是以谓之文也。"他主张学习的态度要诚实，要学思结合。他说："知之为知之，不知为不知，是知也。""道听而涂说，德之弃也。""多闻阙疑，慎言其余，则寡尤；多见阙殆，慎言其余，则寡悔。""学而不思则罔，思而不学则殆。"学知、求实、慎思、明辨，是孔子对为学的基本要求。

孔子强调启发式教学。他说："不愤不启，不悱不发，举一隅不以三隅反，则不复也。"所谓"悱"，是思考问题而没有想通的状态；所谓"愤"，是想说而说不出来的状态。只有到这个时候，孔子才加以启发，让学生的思想得以通达顺畅。有一次，子贡思考出一个做人的道理，便问孔子："贫而无谄，富而无骄，何如？"孔子说："可也。未若贫而乐，富而好礼者也。"既有肯定，又有提升。经这么一启发，子贡马上引《诗》来表明："诗云'如切如磋，如琢如磨'，其斯之谓与？"孔子见学生能举一反三，便表扬说："赐也！始可与言诗已矣。告诸往而知来者。"尤显其"不愤不启，不悱不发"之意。

孔子还强调因材施教。孔子思想的核心是仁，但对于不同的弟子问仁，他的回答不同，皆有针对性。勇敢进取的子路问："闻斯行诸？"孔子说："有父兄在，如之何其闻斯行诸？"而行为退缩的冉有问同样的话，孔子则说："闻斯行诸！"他的指导思想是：冉有退，故进之；子路兼人，故退之。务必使弟子们都能补偏救弊，向健全的方向发展。

二、孔门弟子

> 孔子之学，传于孔门。《儒林传》云，孔子死后，七十子之徒散游于各诸侯国，大者为师傅卿相，小者友教士大夫，也有的隐居不仕。如子路居卫国，子张居陈国，澹台子羽居楚国，子夏隐居西河，子贡终于齐国。另如田子方、段干木、吴起、禽滑釐之属，皆受业于子夏之伦，为王者师。孔门弟子英才荟萃，人才济济，有的对后世影响很大，如曾子、子思、颜回、子夏等。

孝圣曾子

孔门弟子中有曾氏父子二人。父曾晳，名点，曾发表其志向说："暮春者，春服既成，冠者五六人，童子六七人，浴乎沂，风乎舞雩，咏而归。"孔子闻言，喟然叹曰："吾与点也！"曾点所志，为师儒尔。曾点之子曾参，比孔子小四十六岁，孔子以为能通孝道，故授之业。史载《孝经》为曾参所作。据说曾参至孝通神，后世奉为"孝圣"。

孔子说："参也鲁"，谓曾子天资鲁钝，不够聪明。惟其鲁钝，所以不尚浮华，践履笃实。孔子认为："刚、毅、木、讷，近仁。""仁者寿。"曾子具备这些性格特点，且很长寿。有一次，孔子对曾子说："参乎！吾道一以贯之。"曾子说："是！"其他门人问："何谓也？"

曾子说:"夫子之道,忠恕而已矣。"可见,他对孔子的思想领会很深。

曾子有很多名言流传下来,他说:"君子以文会友,以友辅仁。""吾日三省吾身:为人谋而不忠乎?与朋友交而不信乎?传不习乎?""士不可以不弘毅,任重而道远。仁以为己任,不亦重乎?死而后已,不亦远乎?"可见他尤重笃行。他还说:"可以托六尺之孤,可以寄百里之命,临大节而不可夺也。君子人与?君子人也!""以能问于不能,以多问于寡;有若无,实若虚;犯而不校。昔者吾友尝从事于斯矣。"可见他不但善学,而且坚强弘毅,修养极佳。曾子重病时,曾对弟子说:"鸟之将死,其鸣也哀;人之将死,其言也善。君子所贵乎道者三:动容貌,斯远暴慢矣;正颜色,斯近信矣;出辞气,斯远鄙倍矣。笾豆之事,则有司存。"这大概是他的遗教和心传吧。

《新语》载,曾子孝于父母,昏定晨省,调寒温,适轻重,勉于麋粥之间,行之衽席之上。《汉书·艺文志》云:"《孝经》者,孔子为曾子陈孝道也。"谓《孝经》为孔门孝义真传。《孝经》开宗明义云:"夫孝,德之本也,教之所由生也。"史载汉代有《曾子》十八篇,今亡佚。

述圣子思

子思乃孔子之孙。孔子二十岁生子,名鲤,字伯鱼。孔鲤也是孔门弟子,孔子曾以"不学诗,无以言""不学礼,无以立"来教育他。孔鲤恪守庭训,鲁哀公以币召之而不仕,不幸先孔子而死。据传孔鲤的前妻无德,"不可化,乃出之。后妻贤,生子伋"。孔伋又称原宪,字子思。子思出生不久,伯鱼去世,其母守节抚孤。子思的遭际类似孔子。子思享年六十二岁,曾困于宋,作《中庸》。《中庸》发挥孔子的中庸思想，后儒谓得孔学神髓。孟子曾受业于子思，后来成为儒家亚圣。子思承上启下，后儒奉为述圣。有人认为，《礼记》中的《表记》《坊记》也为子思所作。《汉书·艺文志》著录《子思》二十三篇，今亡佚。

子思早年亲承孔子教诲。有一次，孔子正独自喟叹，子思问："您是否担心子孙不加强修养，将对不住祖宗？或者是羡慕尧舜之道而又恨自己达不到呢？"孔子说："小孩子怎么知道我的心志呢？"子思回答："我曾听了您的教导，正在不懈努力呢。"于此可见，孔鲤后妻或有孟母之贤，其善教若此。孔子晚年得此贤孙，当不胜欣慰。

子思方少时，孔子便去世，乃事学于曾子。《圣门十六子书》云："子思从曾子学业，诚明道德，有心传焉。乃述父师之意，穷性命之原，极天人之奥，作《中庸》书，以昭来世。"宋元以降，《中庸》成为四书之一，后儒奉为儒门圣典。朱熹说，孔门中惟颜氏和曾氏得其宗传，曾子再传而得子思，子思担心时间久了会失却孔子真传，于是推本尧舜以来相传之意，质以平日所闻父师之言，互相演绎而作此书。"此篇乃孔门传授心法，子思恐其久而差也，故笔之于书，以授孟子。"他还认为，此书始言一理，中散为万事，末复合为一理，放之则弥六合，卷之则退藏于密，其味无穷，皆实学也；善读者玩索而得之，则终身受用不尽。

子思说："道伸，吾所愿也。今天下王侯其孰能哉？与屈己以富贵，不若抗志以贫贱。"鲁缪公多次求见子思，欲以为相国，皆遭拒绝。据孟子说，缪公屡派使者问候子思，每送厚礼于他，子思却很不高兴，把使者赶走。他以为，这说明缪公不是喜欢他的才能，而是把他当犬马来喂养。《论语》载，子思问耻，孔子说："邦有道，谷；邦无道，谷，耻也。"孔子认为国家无道而出仕是可耻的事，所以子思终身不仕。史载,子思读书怀独行君子之德,义不苟合当世,终身空室蓬户,褐衣疏食不厌,死后四百余年,而弟子志之不倦。

复圣颜回

　　孔子生前,曾以德行、言语、政事、文学四科为弟子分类,德行为四科之首,而颜回又为德行弟子之首。司马迁为孔门弟子作传,首列颜回。颜回,字子渊,鲁国人,少孔子三十岁,品格高尚,学识渊博,最得孔子之意。后儒推之为七十二贤之首,尊称"复圣"。

　　颜回家境贫寒,却不慕富贵,安贫乐道。孔子曾说:"德之不修,学之不讲,闻义不能徙,不善不能改,是吾忧也。"还说:"饭疏食饮水,曲肱而枕之,乐亦在其中矣。不义而富且贵,于我如浮云。"颜回最能领会此意。孔子称赞说:"贤哉,回也!一箪食,一瓢饮,在陋巷,人不堪其忧,回也不改其乐。"

　　孔子行教,最重仁德,而颜回行仁最笃。《论语·颜渊》云:"颜渊问仁,子曰:'克己复礼为仁。一日克己复礼,天下归仁焉。为仁由己,而由人乎哉?'颜回曰:'请问其目?'子曰:'非礼勿视,非礼勿听,非礼勿言,非礼勿动。'颜渊曰:'回虽不敏,请事斯语矣。'"众弟子中颜回问仁最详,孔子所答亦最细。孔子曾称赞颜回说:"回也,其心三月不违仁,其余则日月至焉而已矣。"意思是说,其他弟子只是偶尔或有很少的时间能保持仁的状态,颜回则可以很长时间保持仁的状态。

　　颜回天资聪颖,勤奋好学,对孔子的言教从不表示异议,显得很愚笨。不过,连最善于言辩的子贡也自叹弗如。子贡说,颜回能闻一而知十,他自己则只能闻一知二。孔子说:"吾与回言终日,不违,如愚。退而省其私,亦足以发。回也不愚。"颜回夙兴夜寐,诵诗崇礼，非常踏实。孔子说："吾见其进也，未见其止也。""语之而不惰者，其回也与！""回也，非助我者也，于吾言无所不悦。""回之为人也，择乎中庸；得一善，则拳拳服膺而弗失之矣。"颜回对自己的老师也是服膺之至，曾喟然而叹曰："仰之弥高，钻之弥坚；瞻之在前，忽焉在后。夫子循循然善诱人，博我以文，约我以礼，欲罢不能。既竭吾才，如有所立卓尔，虽欲从之，末由也已。"汉儒王充说，在孔子讲学授徒的同时，少正卯也在鲁国讲学授徒，与孔子形成竞争。"孔子之门，三盈三虚，唯颜渊不去。颜渊独知孔子圣也。"有一次，孔子一行在匡地被逐，颜回落后而走散了，后来终得团聚，孔子激动地说："吾以女为死矣。"颜回说："子在，回何敢死。"令孔子感动不已。孔子曾说："自吾有回，门人益亲。"

不幸的是，颜回竟然先孔子而去了。史载，颜回二十九岁就须发就全白。也许是用功过度的缘故吧，他大概没活过四十一岁。颜回之死，令孔子悲痛万分，他"哭之恸"，叹道："天丧予！天丧予！"后来，鲁哀公问孔子众弟子中以哪一位为好学，孔子回答："有颜回者好学，不迁怒，不贰过，不幸短命死矣。今也则亡，未闻好学者也。"其痛惜至此。孔子曾对颜回说："用之则行，舍之则藏，惟我与尔有是夫！"可见师徒二人相得之深。颜回终身未仕。

孔子六十多岁时，有一次师徒一行被困于陈蔡之野。"在陈绝粮，从者病，莫能兴。"弟子们多有怨言。孔子为安慰众弟子，诵讲弦歌不衰。子路心中怨恨，生气地质问孔子："君子亦有穷乎？"子贡的脸色也很不好看。孔子知道弟子们有愠心，便轮流问弟子说："我们又不是野兽，却整天地被人追赶于旷野之上，我们所推行的仁道有问题吗？我们何致于此呢？"身处困境，弟子们略有微辞，亦属难免。唯独颜回毫无愠心，坚定地说："夫子之道至大，故天下莫能容。虽然，夫子推而行之，不容何病！不容然后见君子！夫道之不修也，是吾丑也。夫道既已大修而不用，是有国者之丑也。不容何病！不容然后见君子！"孔子闻言，激动地说："有是哉！颜氏之子！使尔多财，吾为尔宰！"颜回于乃师，真可谓患难知己。孔子曾说："回也，视予犹父也。"后人评价说："颜回之于孔子也，犹曾参之事父也。"

隐圣子夏

中国儒家历代皆有一些隐居不仕的儒士，他们或著书，或授徒，或为王者师，这一传统始于子夏。司马迁说，孔子死后，"子夏居西河教授，为魏文侯师"，"如田子方、段木干、吴起、禽滑釐之属，皆受业于子夏之伦，为王者师"。凡为王者师，必属隐者之流，否则只为臣下，而不可谓师友。子夏可谓儒家的隐圣。

子夏姓卜名商，魏国人，少孔子四十四岁，以文学名世。在众文学弟子中，孔子生前独举子游与子夏二人。子游重礼乐制度，子夏重文物典章。子游说："子夏之门人小子，当洒扫、应对、进退，则可矣。抑末也，本之则无。"可见他与子夏有分歧。子夏则说："虽小道，必有可观者焉。致远恐泥，是以君子不为也。"可见他重视基本功。他还说："贤贤易色，事父母能竭其力，事君能致其身，与朋友交言而有信，虽曰未学，吾必谓之学矣。""日知其所亡，月无忘其所能，可谓好学也已矣。"可见子夏之学尤切实际。因此，才能为王者师。

后儒云："子夏笃信圣人，曾子反求诸己。"子夏循规蹈矩，其学尤重日常实践和经籍掌握。按照汉儒的说法，儒家经典的流传大都与子夏有关。子夏说："博学而笃志，切问而近思，仁在其中矣。"子夏对儒家经典流传的巨大贡献，当与他的隐居教授有关。

子夏有很高的文学成就。有一次，他拿《诗》中的几句问孔子：

"巧笑倩兮，美目盼兮，素以为绚兮。"这显然是描写少女的妩媚俏丽了，他问子孔子这几句诗是什么意思。孔子说："绘事后素。"意思是说，先要有洁白的底质，然后才在上面绘画。子夏接着问："礼后乎？"意思是说，在道德修养中，是否也要先修养好仁德，然后才讲礼节呢？孔子对子夏的悟性很赞赏："起予者商也！始可与言诗已矣。"认为子夏最能发扬他的意思，可以和他论诗了。

有一次，子夏去晋国时路过卫国，有个读史记的人说："晋师三豕涉河。"子夏指出，不是"三豕"，而是"己亥"，原因是三与己、豕与亥近似，写书的人搞错了。后来询问晋国人，果然是"晋师己亥涉河"。由此可见，子夏对典籍的掌握既广泛又精审。

孔子曾说："师也过，商也不及。"意思是说子夏的性格有些消极，进取不够。大概正因为如此，子夏才成了儒家的隐圣。人们说，魏文侯之所以在名声上超过齐醒公，主要是因为他能够尊敬子夏及其弟子段木干、田子方等隐士。有一次，魏文侯因久仰段木干的道德学问，特意到他家去拜访求教。段木干得知来人是国君，未等魏文侯进门就跳墙躲开了。魏文侯扑了空，却不生气。随从们问拜访的结果如何，他说："段木干这种人，不趋炎附势，隐居在这种不引人注目的穷街小巷，名声却远播千里之外，的确是位贤者啊！对这样的人，我只能以尊贵的礼节相待。"魏文侯每次见段木干都非常恭敬，每次谈话总是自己站着而让段木干坐在上首；即使自己很疲倦了，也还要坚持站着，不敢坐下休息。而他对丞相翟璜说话时，却总是坐在宝座上，显得很傲慢。翟璜很不高兴，魏文侯却说："人家段木干，给他官他不做，给他俸禄也不要，勉强来我这里做个客人。你呢，想当官，我给你丞相的高位；想发财，我给你上卿的俸禄。你受了我的恩惠，又要求我像上宾一样待你，是不是有点太难为我了？"翟璜当即无话可说。

只肯为王者之师友,而不肯曲身做官为臣,这就是子夏之流的隐士风格。

其他弟子

司马迁作《史记·仲尼弟子列传》时引孔子的话说,孔门"受业身通者七十有七人",皆异能之士也。众弟子中,德行有成者:颜渊、闵子骞、冉伯牛、仲弓;善于辞令者:宰我、子贡;擅长政事者:冉有、季路;熟谙文献者:子游、子夏。此外,高柴愚笨,曾参迟钝,颛孙师偏激,仲由鲁莽。颜回德高,却常遭贫困。端木赐不信天命,驰骋商场,预测商情十有九中。太史公说:"学者多称七十子之徒,誉者或过其实,毁者或损其真,钧之未睹厥容貌,则论言弟子籍,出孔氏古文近是。"

下面主要根据《论语》和《弟子传》择要介绍。

闵子骞,少孔子十五岁,不仕大夫,不食污君之禄。孔子说:"孝哉,闵子骞!人不间于其父母昆弟之言。""如有复我者,必在汶上矣。"

仲弓,名雍。孔子说:"雍也可使南面。"认为他有君主的才德。其父为贱人。孔子说:"犁牛之子骍且角,虽欲勿用,山川其舍诸?"认为他是山沟里飞出的金凤凰。

冉求,少孔子二十九岁,为季氏宰。季康子问:"冉求仁乎?"孔子说:"千室之邑,百乘之家,求也可使治其赋。仁则吾不知也。"

仲由,字子路,少孔子九岁。性鄙,好勇力,志伉直,冠雄鸡,佩猳豚,凌暴孔子。孔子设礼稍诱之,后儒服委质,因门人请为弟子。子路曾为浦大夫,他的名言是:"食其食者不避其难。""君子死而冠不免。"因孔悝作乱而亡。孔子说:"片言可以折狱者,其由也欤！""由也好勇过我，无所取材。""衣敝缊袍与衣狐貉者立而不耻者，其由也欤！""由也升堂矣，未入于室也。""自吾得由，恶言不闻于耳。"子路为季氏宰，季孙氏问孔子："子路可谓大臣欤？"孔子说："可谓具臣矣。"季康子问："仲由仁乎？"孔子说："千乘之国，可使治其赋。不知其仁。"

宰我，利口善辩。昼寝，孔子说："朽木不可雕也，粪土之墙不可圬也。"曾为临菑大夫，与田常作乱，以夷其族，孔子耻之。

端木赐，卫人，字子贡，少孔子三十一岁。利口巧辞，孔子常黜其辩。既受业，问孔子："赐何人也？"孔子说："汝器也。"又问："何器也？"孔子说："瑚琏也。"田常欲作乱于齐，惮高、国、鲍、晏，遂移其兵欲以伐鲁。孔子说："夫鲁，坟墓所处，父母之国。国危如此，二三子何为莫出？"子路、子张、子石皆欲请行，孔子不许。子贡请行，孔子许之。子贡一出，巧舌如簧，存鲁，乱齐，破吴，强晋，霸越；子贡一使，纵横捭阖，使势相破，十年之中，五国各有变。子贡者，其为战国纵横家之祖乎？子贡好废举，与时转货资，喜扬人之美，不能匿人之过。曾相鲁、卫，家累千金。孔子说："赐不受命，而货殖焉，亿则屡中。"

言偃，字子游，少孔子四十五岁。为武城宰时，孔子过，闻弦歌之声。孔子莞尔而笑，说："割鸡焉用牛刀？"子游曾说："昔者偃闻诸夫子曰：君子学道则爱人，小人学道则易使。"孔子评价说："二三子，偃之言是也。前言戏之耳。"

颛孙师，字子张，喜干禄，尝言："在国必闻，在家必闻。"孔子说："是闻也，非达也。"

澹台灭明，字子羽，状貌甚丑恶，孔子以为材薄。既受业，退而修行，行不由径，非公事不见卿大夫。南游至江，从弟子三百人，设取予去就，名震诸侯。孔子喟叹："吾以言取人，失之宰予；以貌取人，失之子羽。"

有若，少孔子四十三岁，相貌似孔子。孔子死后，弟子曾相与立为师。他说："礼之用，和为贵，先王之道斯为美。小大由之，有所不行；知和而和，不以礼节之，亦不可行也。"

公冶长，字子长。孔子说："长可妻也。虽在缧绁之中，非其罪也。"以女妻之。

南宫括，字子容。孔子说："君子哉，若人！上德哉，若人！""国有道，不废；国无道，免于刑戮。"以兄之女妻之。

樊迟，名须。请学稼，孔子说："吾不如老农。"请学圃，孔子说："吾不如老圃。"樊迟出，孔子说："小人哉，樊须也！"

宓子贱，少孔子三十岁。孔子说："子贱，君子哉！鲁无君子，斯焉取斯！"

商瞿，鲁国人，字子木，少孔子二十九岁。司马迁谓其受孔子《易》，数传至汉之杨何。

三、孟子之学

儒家之学又称孔孟之道。与孔子并称的孟子是孔子第四代弟子，被奉为亚圣。孟子（约公元前372—前289年）名轲，字子舆，邹邑（今山东省邹县东南）人，为鲁国贵族孟孙氏后代，其学宗师仲尼，倡导仁政。

孟母三迁和断机教子

跟孔子一样，孟子很小的时候父亲就去世了，孟子由寡居的母亲抚养成人。孟子的家原来在凫村（今曲阜马鞍山旁），此处紧邻墓地，时常能见到安葬死者的情景。幼年孟子很好奇，经常到墓地去玩耍，做模仿人家办丧事的游戏。孟母发现后，觉得此地不利于孩子成长，便搬到庙户营去居住。此地临近街市，车来人往，热闹非常。没过多久，孟母发现孟子整天地玩商人做买卖的游戏，觉得这里仍不是孩子成长的理想环境，于是再次搬家。这一次，她搬迁到邹县南关的学宫旁居住。受这里的环境影响，孟子又学着做读书、揖让、进退之类的游戏，孟母看到后觉得很满意，认为这种环境才适合孩子成长，于是便长期定居在这里。

后来，孟母就近供孩子上学读书，希望他成为一个有知识、有德操的人。可是，孟子跟其他小孩子一样喜动不喜静，整日贪玩，不肯用功读书。有一天，孟子在学堂里读了一会儿书，觉得枯燥乏味没意思，便逃学回家了。此时，孟母正在家里开机织布，见孟子突然回来，就问他是怎么回事。听孟子一说，孟母马上就火了，但她并没有发作，只是当着孟子的面平静地把自己正织的布匹劈为两截。孟子看到后很不理解，问母亲为什么要这样做。孟母说："你今天半路逃学，不和这一样吗？"孟子一听便觉得自己错了，马上告别母亲返回学校。从此，孟子再也不敢荒废学业。他早去晚归，非常刻苦，终于成为继孔子之后的一代儒宗。

流传颇广的蒙学课本《三字经》一开始便说："人之初，性本善；性相近，习相远；苟不教，性乃迁；教之道，贵以专。昔孟母，择邻处，子不学，断机杼。"孟母教子的故事家喻户晓，妇孺皆知。至今山东邹县孟庙内还立着"孟母三迁碑"和"孟母断机碑",供游人参观。儒家的"至圣先师"孔子早年还真做过为人办丧事的行当,但似乎是不得已而为之。孔子曾说:"里仁为美。择不处仁,焉得知?"孟母生活在儒学兴盛的邹鲁地区,深受孔子思想的影响。

儒家的三位大圣人——孔子、子思和孟子的经历颇为类似。他们都是幼年丧父,由年轻的母亲守节抚孤,后来成为圣贤。这种经历和遭际不会对强调仁爱的儒学思想没有影响。儒家崇尚温柔敦厚、自强不息的君子人格,当与孤儿寡母的艰难处境有关。

祖述尧舜和宗师仲尼的辩儒

孟子的时代,秦用商君,富国强兵;楚、魏用吴起,战胜弱敌;齐威王、宣王用孙膑、田忌等,而诸侯东面朝齐。"天下方务于合从连衡,以攻伐为贤。"面对这种形势,孟子深怀担忧。他认为,当时之所以天下大乱、民不聊生,主要是人们过于追逐私利所致。各国统治者利欲熏心,"上下交征利","狗彘食人食而不知检,涂有饿莩而不知发;人死,则曰:非我也,岁也"。这种情况正像"刺人而杀之,曰:非我也,兵也"一样荒谬。生逢统治者"率兽而食人"、杀人而归罪于岁的乱世,孟子深感使命重大。他说:"五百年必有王者兴,其间必有名世者。""由周而来,七百有余岁矣。以其数,则过矣;以其时考之,则可矣。夫天未欲平治天下也,如欲平治天下,当今之世,舍我其谁也?"这种责任感、使命感和以命世之才自居的担当意识,始终激励着孟子,使他辙环天下,四海为家,游说诸侯,宣扬仁政。

在各方豪士皆以攻伐之术献技于诸侯之际,孟子独崇孔子,以光大崇尚仁义的儒学为己任。他说:"自生民以来,未有盛于孔子也。""乃所愿,则学孔子也。"他祖述唐虞三代之德,阐扬仲尼之意，治儒术而通五经，以行于天下。据《孟子》一书记载，孟子游说于齐、梁、鲁、邹、滕、薛、宋等国，"后车数十乘，从者数百人，以传（转）食于诸侯"。所到之处，诸侯皆以礼相待。梁惠王表示："寡人愿安承教"。滕文公也派老师然友到邹国"问于孟子"。在齐国，"王馈兼金一百而不受"。在宋国，"馈七十镒而受"。在薛国，"馈五十镒而受"。齐宣王表示："我欲中国而授孟子室，养弟子以万钟，使诸大夫国人皆有所矜式"。孟子曾"为卿于齐，出吊于滕"，后因反对伐燕而辞职离齐。通过孟子的不懈努力，儒家学说迎来了重大复兴。但是，各国统治者大多认为孟子之学过于"迂阔"，不切时用。

为推行仁政和王道，孟子经常与各方人士展开辩论，成为有名的"辩儒"。公都子问："外人皆称夫子好辩，敢问何也？"孟子回答："予岂好辩哉？予不得已也。天下之生久矣，一治一乱。当尧之时，水逆行泛滥于中国……禹掘地而注之海……然后人得平土而居之。尧舜既没，圣人之道衰，暴君代作，坏宫室以为污池，民无所安息；弃田以为园囿，使民不得衣食。……及纣之身，天下又大乱。周公相武王，诛纣伐奄，三年讨其君……天下大悦。……世衰道微，邪说暴行有作，臣弑其君者有之，子弑其父者有之。孔子惧，作《春秋》。……圣王不作，诸侯放恣，处士横议，杨朱、墨翟之言盈天下，天下之言不归杨则归墨。杨氏为我，是无君也；墨氏兼爱，是无父也。无父无君，是禽兽也。公明仪曰：'庖有肥肉，厩有肥马，民有饥色，野有饿莩，此率兽而食人也。'杨墨之道不息，孔子之道不著，是邪说诬民，充塞仁义也。仁义充塞，则率兽食人，人将相食。吾为此惧，闲先圣之道，距杨墨，放淫辞，邪说者不得作……昔者，禹抑洪水而天下平，周公兼夷狄、驱猛兽而百姓宁，孔子成《春秋》而乱臣贼子惧。……我亦欲正人心，息邪说，距诐行，放淫辞，以承三圣者。岂好辩哉？予不得已也。能言距杨墨者，圣人之徒也。"此番高论，洋洋洒洒，纵横古今，充分体现了孟子的滔滔雄辩。

孟子的辩论，首先把矛头指向率兽食人的各国统治者，毫不留情地揭穿其假仁假义的卑污心理，而正之以爱民如己的王道思想，往往令其无地自容。《孟子》书中记载孟子游说各国统治者的情景，无不像一出出生动形象的活剧，既暴露了统治者的虚伪、狡诈、贪婪和愚蠢，也显示了孟子的正气、雄辩和机智；既是宣扬王道与仁政的儒学圣典，也是堪为后世楷模的文学绝笔。其次，孟子也把辩论的矛头指向杨、墨、农等其他诸子。通过辩难，孟子挫败了各家学说，阐扬了自己的儒学思想。墨家学者夷之认为，人们之间的爱不应有亲疏之别，只是实行时从父母开始罢了。孟子反问："夫夷子，信以为人之亲其兄之子为若亲其邻之赤子乎？"他广证博引，滔滔雄辩，令夷之心中茫然若失，只好表示"衷心受教"。农家学者许行的弟子陈相传述许行的思想说，贤君应该与民同耕，自炊自食，兼理国事。孟子反问，许子自己是否衣食住行每样用品皆为自己所制？回答当然是否定的。于是，孟子辩论说："然则治天下独可耕且为与？"他认为：有大人之事，有小人之事；且一人之身，而百工之所为备；如必自为而后用之，是率天下而路也。所以，有人劳心，有人劳力，劳心者治人，劳力者食人，天下之通义也。当尧之时，天下犹未平，洪水横流，禽兽逼人，尧独忧之，举舜而敷治焉。禹疏九河，八年于外，三过其门而不入，虽欲耕，得乎？陈相被问得无言以对，便换个话题说：从许子之道，则市价不贰，国中无伪，虽使五尺童子入市，也无人欺骗他。他主张："布帛长短同，则贾相若；麻缕丝絮轻重同，则贾相若；五谷多寡同，则贾相若；屦大小同，则贾相若。"孟子反驳道："夫物之不齐，物之情也；或相倍蓰，或相什伯，或相千万。子比而同之，是乱天下也。巨屦小屦同贾，人岂为之哉？从许子之道，相率而为伪者也，恶能治国家？"

孟子晚年，"得天下英才而教育之"，也难免和他的弟子发生辩论。其性善论就是通过与告子、孟季子、公都子等学生的辩论阐发的。太史公说，孟子退而与万章之徒序诗书，述仲尼之意，作《孟子》七篇，其中少不了师徒之间的辩论之功。孟子的时代，正是百家争鸣高潮期，诸子百家妙论纷呈，侯王将相奇计横出，孟子因以为辩儒，乃时势所造，历史必然。

性善论和人皆可以为尧舜

为了论证王道与仁政的合理性，孟子提出了著名的性善论学说。所谓"孟子道性善，言必称尧舜"。性善论是孟子全部儒学思想的理论基础。

孔子推行仁道，是从天道健运、仁德流行来理解其合理性的，他把推行仁道看作顺天应人，因而充满自信地说："苟志于仁矣，无恶也。""我欲仁，斯仁至矣。"然而，随着时代变迁，问题逐渐变得复杂起来。据王充记载，世子作《养书》一篇，以为人性有善有恶，"举人之善性，养而致之则善长；恶性，养而致之则恶长"。宓子贱、漆雕开、公孙尼子之徒，亦论情性，"与世子相出入，皆言性有善有恶"。孔门弟子的新动向，说明人性问题已成为儒学必须回答的时代课题。历史进入战国，百家争鸣更为热烈，孟子的学生一再提出人性善恶问题。公都子一口气列出三种人性论观点来问孟子："告子曰：性无善无不善也。或曰：性可以为善，可以为不善，是故文武兴则民好善，幽厉兴则民好暴。或曰：有性善，有性不善。是故以尧为君而有象，以瞽瞍为父而有舜，以纣为兄之子且以为君，而有微子启、王子比干。"这使孟子不得不对人性问题作出自己的回答。

孟子主要通过驳斥告子的性无善恶论而提出自己的性善论主张。

告子认为:"性犹湍水也,决诸东方则东流,决诸西方则西流,人性之无分于善不善,犹水之无分于东西也。"孟子反驳道:"水信无分于东西,无分于上下乎?人性之善也,犹水之就下也。人无有不善,水无有不下。"认为人的行为表现虽有善恶之分,但只有善行才是人性的真实表现;至于恶行,纯为形势所迫,是违背人之本性的。他进一步论证说,富岁则子弟多赖,凶岁则子弟多暴,"非天之降才尔殊也,其所以陷溺其心者然也",比如那牛山上的树木,曾经长得多么茂美,用斧锯去砍伐它,还可以茂美吗?那树木日滋夜长,从不止息,而斧斤伐之,牛羊牧之,致成荒山秃岭。今见其光秃荒凉,以为它本来就是如此,这难道是山的本性吗?人也一样,岂无仁义之心?"其所以放其良心者,亦犹斧斤之于木也,旦旦而伐之,可以为美乎?"他认为,按照人的本性,是可以为善的。人之为恶,并非材质之罪。仁义礼智诸善德,在人身上皆有根芽,并非外加于我者,求则得之,舍则失之。有的人之所以看上去近乎禽兽,是因为未能尽其善性。比如,乍见孺子将入于井,人皆有怵惕恻隐之心,"由是观之,无恻隐之心,非人也;无羞恶之心,非人也;无辞让之心,非人也;无是非之心,非人也。恻隐之心,仁之端也;羞恶之心,义之端也;辞让之心,礼之端也;是非之心,智之端也。人之有是四端也,犹其有四体也"。凡人皆有此四善端,若能扩而充之,足以保四海;若不充之,则虽事父母亦不可得。

孟子论性善,涉及一个人性论无法回避的问题——人与动物的区别。他指出,告子所说"生之谓性"和"食色性也"无法说明人与禽兽的区别。他反问:"牛之性,犹人之性与?"他说:"饱食、暖衣、逸居而无教,则近于禽兽。"为此,他提出人有天赋的"良知良能"说:"人之所不学而能者,其良能也;所不虑而知者,其良知也。孩提之童,无不知爱其亲者;及其长也,无不知敬其兄也。亲亲,仁也;

敬长，义也。无他，达之天下也。"

基于人性本善的思想，孟子又提出"圣人与我同类"的人性平等观。他指出：圣人与人同耳。圣人之圣，在于其"先得我心之所同然耳"。只要肯努力，"人皆可以为尧舜"。他说："口之于味也，有同耆焉；耳之于声也，有同听焉；目之于色也，有同美也。至于心，独无所同然乎？心之所同然者何也？谓理也，义也。圣人先得我心之所同然耳。故理义之悦我心，犹刍豢之悦我口。"他认为，人之所以异于禽兽，就在于见善能迁。舜居深山之中，与木石居，与鹿豕游，与野人差不多。等他听一句善言、见一个善行，便欲效仿，若决江河，沛然莫之能御。所以，只要主观上愿意，反身而诚，操存其心，成圣有何难哉？他指出："仁，人之安宅也；义，人之正路也。""君子之于物也，爱之而弗仁；于民也，仁之而弗亲；亲亲而仁民，仁民而爱物。""居仁由义，大人之事备矣。"

仁政说和王道论

生逢战国的孟子，面临的不但是一个百家争鸣的思想界，而且是一个七雄争权、诈伪并起、民不聊生的乱世。为此，他不但要对人性善恶作出回答，而且要在性善论的基础上推广仁政学说和王道思想。孟子的仁政学说，正是在与各国统治者的辩难和游说中产生的。

孟子指出，由于各国统治者的争竞和贪婪，当时的人民不但遭受着战争之苦，而且要忍受虐政之害。他指出："争地以战，杀人盈野；争城以战，杀人盈城。此所谓率土地而食人肉，罪不容于死。""民之憔悴于虐政，未有甚于此时者也！"为此，他主张废止虐政和霸道，代之以仁政和王道，救民于水火，使天下归仁。他认为，以力假仁者霸，以德行仁者王。"以力服人者，非心服也，力不赡也；以德服人者，中心悦而诚服也。"王道与霸道的区别，在于是否得人心、是否用仁，而能否用仁关系到国家存亡。他说："三代之得天下也以仁，其失天下也以不仁。国之所以废兴存亡者亦然。""天下不心服而王者，未之有也。""保民，而王莫之能御也。"王道之所以能王天下，在于它是符合人性的："人皆有不忍人之心。先王有不忍人之心，斯有不忍人之政矣。以不忍人之心，行不忍人之政，治天下可运于掌上。""老吾老，以及人之老；幼吾幼，以及人之幼。天下可运于掌。"所以说："推恩足以保四海，不推恩无以保妻子。古之人所以大过人者，无他焉，善推其所为而已矣。"

为行王道于天下，孟子极力向统治者提供以仁政得民心的方法。他说：得人心有道，我所希望的就帮助人民得到它，我所厌恶的就不要加在人民身上，如此而已。他提出如下行仁政的方案：停止战争，正经界、行井田、省刑罚、薄税敛，制民之产以使其不受饥寒，谨庠序以明教化，与民同乐。他认为，只要从这些方面着手，实行王道易如翻掌。他论证说，当今之世天下人君没有不嗜杀人的，"如有不嗜杀人者，则天下之民皆引领而望之矣。诚如是也，民归之，犹水之就下，沛然谁能御之？"仁政必从经界始，"经界不正，井地不钧，谷禄不平。是故暴君污吏必慢其经界。经界既正，分田制禄可坐而定也"。尊贤使能，俊杰在位，则天下之士悦；市廛而不征，法而不廛，则天下之商悦；查询而不征关税，是天下之旅悦；助耕而不征田税，则天下之农悦；居住而不收人口地头税，则天下之民悦。若能做到这五点，则邻国人民仰之若父母，必不会跟随统治者来攻打。果真这样，自然会无敌于天下，实行王道又有何难？

他指出："是故明君制民之产，必使仰足以事父母，俯足以畜妻子，乐岁终身饱，凶年免于死亡……五亩之宅，树之以桑，五十者可以衣帛矣。鸡豚狗彘之畜，无失其时，七十者可以食肉矣。百亩之田，勿夺其时，八口之家可以无饥矣。谨庠序之教，申之以孝悌之义，颁白者不负戴于道路矣。老者衣帛食肉，黎民不饥不寒，然而不王者，未之有也。""乐民之乐者，民亦乐其乐；忧民之忧者，民亦忧其忧。乐以天下，忧以天下，然而不王者，未之有也。"

孟子的仁政王道学说，包含着一种十分可贵的民本思想。他说："民为贵，社稷次之，君为轻。是故得乎丘民而为天子，得乎天子为诸侯，得乎诸侯为大夫。""桀纣之失天下也，失其民也。""天时不如地利，地利不如人和……域民不以封疆之界，固国不以山溪之险，威天下不以兵革之利。得道者多助，失道者寡助。寡助之至，亲戚畔之；多助之至，天下顺之。以天下之所顺，攻亲戚之所畔，故君子有不战，战必胜矣。"他还说："君之视臣如手足，则臣视君如腹心；君之视臣如犬马，则臣视君如国人；君之视臣如土芥，则臣视君如寇仇。"他甚至说："君有大过则谏，反覆之而不听，则易位。"有人问他："臣弑其君，可乎？"他回答说："贼仁者谓之贼，贼义者谓之残，残贼之人谓之一夫。闻诛一夫纣矣，未闻弑君也。"这些思想已经相当激烈了，真有点"汤武革命，顺乎天而应乎人"的味道。

万物皆备于我和养浩然之气

孟子道性善，是希望人人通过自我努力成为圣贤，则天下归仁，王道之施自不待言。为此，他以先知先觉自况，把对民众的思想启蒙看作义不容辞的天命。他说："天之生此民也，使先知觉后知，使先觉觉后觉也。予，天民之先觉者也；予将以斯道觉斯民也。非予觉之，而谁也？"他还说，伊尹"思天下之民匹夫匹妇有不被尧舜之泽者，若己推而内之沟中。其自任以天下之重如此！"天未欲平天下则已，天如欲平治天下，则"当今之世，舍我其谁也？"

首先，孟子阐发了一条生于忧患死于安乐的天人规则，要人们勿为一时之不幸而灰心。他说："故天将降大任于是人也，必先苦其心志，劳其筋骨，饿其体肤，空乏其身，行拂乱其所为，所以动心忍性，曾益其所不能。"就是说，现实可以很糟，处境可以很悲惨，但人们不必因此而颓丧，发展的契机往往以危机形式表现出来，苦难的处境正是自我修养的好机会，只有悲惨的生活才能使人体知"生于忧患，死于安乐"的哲理。他指出："人之有德慧术知者，恒存乎疢疾。独孤臣孽子，其操心也危，其虑患也深，故达。"总之，一时的忧患不足惧，应把它看作炼心的好机会。

其次，孟子强调，不管在何种境况下，人都应该知耻，坚持正义，保养善心。他指出："人不可以无耻，无耻之耻，无耻矣。""耻之于人大矣，为机变之巧者，无所用耻焉。不耻不若人，何若人有？"因为知耻，所以有所不为，"人有不为也，而后可以有为"。所以，道德修养不难："无为其所不为，无欲其所不欲，如此而已矣。"有时候，为了正义，甚至连生命都可以在所不惜。"生，亦我所欲也；义，亦我所欲也。二者不可得兼，舍生而取义者也。"对人来说，所欲所恶有比生命更重要的东西；贤者之贤，就在于未丧失此心而已。为了保持良心，提高道德修养，寡欲养心是很重要的。"养心莫善于寡欲。其为人也寡欲，虽有不存焉者，寡矣；其为人也多欲，虽有存焉者，寡矣。"操存良心，修养性情，是为人事天立命的根本。"尽其心者，知其性也；知其性，则知天矣。存其心，养其性，所以事天也。夭寿不贰，修身以俟之，所以立命也。"通过存心尽心之所以能够知性知天，是因为万物皆备于我的缘故："万物皆备于我矣。反身而诚，乐莫大焉；强恕而行，求仁莫近焉。"诚身求仁之所以快乐，是因为所求者在自己身上。"人人有贵于己者，弗思耳矣。""求则得之，舍则失之，是求有益于得也，求在我者也。"所以，只要善求善养，没有不成功的。"苟得其养，无物不长；苟失其养，无物不消。""大人者，不失其赤子之心者也。"

为了鼓起人们修养道德的信心，孟子花了很多功夫来劝导。他说："体有贵贱，有小大。无以小害大，无以贱害贵。养其小者为小人，养其大者为大人。"小大贵贱，是指肉体和心灵，他强调心灵对肉体的统率作用。"耳目之官不思，而蔽于物"，使人被外物引诱。"心之官则思，思则得之"，这是上天赋予我们的。"先立乎其大者，则其小者不能夺也。"他要求人们应该努力把丢失了的良心找回来，做一个道德高尚的人。"仁，人心也；义，人路也。舍其路而弗由，放其心而不知求，哀哉！人有鸡犬放，则知求之；有放心，而不知求。学问之道无他，求其放心而已矣。"他对自暴自弃者提出严厉批评："自暴者，不可与有言也；自弃者，不可与有为也。言非礼义，谓之自暴也；吾身不能居仁由义，谓之自弃也。仁，人之安宅也；义，人之正路也。旷安宅而弗居，舍正路而不由，哀哉！"为杜绝自暴自弃者的借口，孟子明确提出，居仁行义绝非不能，而是不为。他打比方说："挟太山以超北海，语人曰：我不能。是诚不能也。为长者折枝，语人曰：我不能。是不为也，非不能也。"

最后，孟子提出了养浩然之气、做顶天立地大丈夫的期望。他先教人如何培养勇气：北宫黝养勇的办法是，皮肉被刺也不屈退，眼睛被刺也不转睛，想着有一毫受挫于人就像在大街上被人鞭打一样屈辱，既不忍受贱民的侮辱，也不忍受万乘之主的欺辱，把刺杀万乘之主看得像刺杀卑贱小人一样，他心目中没有值得畏惧的诸侯，所以受到辱骂必然予以反击。孟施舍养勇的办法是，把不能战胜看得和能战胜一样，这样就无所畏惧了。孟子认为，只有这种大无畏的精神还不够，更要善养浩然之气："其为气也，至大至刚，以直养而无害，则塞于天地之间。其为气也，配义与道；无是，馁也。是集义所生者，非义袭而取之也。行有不慊于心，则馁矣。"只有培养起与道义结合的浩然之气，才能理直气壮、勇敢无畏，做堂堂正正的大丈夫。"居天下之广居，立天下之正位，行天下之大道。得志，与民由之；不得志，独行其道。富贵不能淫，贫贱不能移，威武不能屈，此之谓大丈夫。"在他看来，倘若人人都能成为满腔正气的大丈夫，那么除霸道而兴王道，废虐政而行仁政，使天下归仁，人民安乐，又有何难呢？

四、荀子之学

孔子之后，"儒分为八"，荀氏之学与孟氏之学并称显学。荀子推崇孔子和子弓之学，而批评其他各派儒学，尤其是着重批评了当时影响最大的子思、孟子之学，认为思孟学派没有理解先王之道的实质，解说孔子之学走了样。其提出的与孟子的"性善论"相对立的"性恶论"受到宋明诸儒批评。荀子处于战国末年六国即将统一之际，乃广裁道、法、名、墨诸家之学而会归于儒，自命"大儒"，成为"百家争鸣"的总结者，弟子们以为贤于孔子。

三为祭酒，最为老师

荀子（约公元前313—前238年），名况，又称荀卿、孙卿，赵国人。生逢战国之末，"疾浊世之政，亡国乱君相属，不遂大道而营于巫祝，信禨祥，鄙儒小拘，如庄周等又猾稽乱俗。于是推儒、墨、道德之行事兴坏，序列著数万言而卒"。

像孔子和孟子一样，荀子也周游列国，游说诸侯，推行王道，甚至打破儒者不入秦的传统，见过秦昭王和应侯范雎。荀子年五十而游学于齐，适逢宣王与威王之时聚天下贤士于稷下学宫而尊宠之。荀子有秀才，善为《诗》《礼》《易》《春秋》，以为诸子之事皆非先王之法。至齐襄王时，荀卿"最为老师"；齐尚修列大夫之缺，而荀子"三为祭酒焉"。

荀子曾企图说服齐君在齐国实行王道，以争取天下统一。他要求齐国君臣选贤任能，重用儒者。"求仁厚明通之君子而托王焉，与之参国政"，这样，"君臣上下，贵贱长少，至于庶人，莫不为义，则天下孰不欲合义矣！贤士愿相国之朝，能士愿相国之官，好利之民莫不愿以齐为归，是一天下也"。但没有被采纳。后来，有人谗害荀子，他便离开齐国去楚国，楚相春申君用之为兰陵令。但不久，又有人向春申君谗害他："汤以七十里，文王以百里。孙卿，贤者也。今与之百里地，楚其危乎？"春申君害怕了，遂辞荀子，荀子又去了赵国。刚去不久，又有人对春申君说："伊尹去夏入殷，殷王而夏亡；管仲去鲁入齐，鲁弱而齐强。故贤者所在，君尊国安。今孙卿天下贤人，所去（离）之国，其不安乎？"没头脑的春申君又派人复聘他，荀子再次为兰陵令。后来，春申君遇刺，荀子失官，在兰陵家中著书数万言而卒，今存《荀子》中。

荀子为人，道守礼义，行应绳墨，安贫贱，独以为人性恶，作《性恶》一篇以非孟子。苏秦、张仪以"邪道"说诸侯而大显贵，荀子退而笑之曰："夫不以其道进者，必不以其道亡。"于此可见，荀子之为人风格，完全是儒家的。作为先秦思想的总结者，荀子学说中难免有各家思想的影响，有人因此而称他为杂家。后儒多以为荀子兼刑名而毁先圣，或黜他为法家，但汉儒董仲舒却写书大赞荀子。儒家向来以广采博取著称，荀子体现的正是这种精神。

天人相分，制天命而用之

荀子关于天人关系的思想，既继承了孔子和孟子强调人事的传统精神，又有所发展。孔子盛赞天道之健运生生，强调顺天应人以行仁。孟子以人之忠信仁义为天爵，以心官之思为天之所与我者，强调尽性知天以俟命，对孔子思想有较大发展。荀子明确提出天人相分的观点，把儒家关于人的主观能动性思想表述为制天命而用之的人治学说。

荀子认为，在同样的自然条件下，禹在位则治，桀在位则乱，可见治乱的关键不在天，而在人。星坠、木鸣、日月之蚀，看似怪异，却不可怕，它们只不过是天地之变、阴阳之化、物之罕至者而已。只要上明而政平，虽并世起而无伤；倘若上暗而政险，虽无一至而无益。这与孔孟的精神是完全一致的。他说："故君子敬其在己者，而不慕其在天者；小人错其在己者，而慕其在天者。"又说："天有其时，地有其财，人有其治，夫是之谓能参。"这又是对孔子与命与仁、参赞化育思想的重大发展。荀子对治乱之际的人为因素作了鲜明对比："强本而节用，则天不能贫；养备而动时，则天不能病；修道而不贰，则天不能祸。故水旱不能使之饥，寒暑不能使之疾，妖怪不能使之凶。"相反，如果"本荒而用侈，则天不能使之富；养略而动罕，则天不能使之全；倍道而妄行，则天不能使之吉。故水旱未至而饥，寒暑未薄而疾，妖怪未至而凶"。所以，"受时与治世同，而殃祸与治世异，不可以怨天，其道然也。故明于天人之分，则可谓至人矣"。孔孟比较强调天与人相同相应的方面，荀子则强调了天与人相异相对的方面。荀子的天人相分思想，是儒家学说在生产力提高和思想自由新时代的产物。

荀子提出："天行有常，不为尧存，不为桀亡。"又说："天不为人之恶寒也辍冬，地不为人之恶辽远也辍广。"尤其强调天道之不以人的意志为转移的外在客观性，这也是对孔孟思想的发展。孟子说："莫之为而为者，天也；莫之致而至者，命也。"也是一种天道与人事无关的思想。荀子说："不为而成，不求而得，夫是之谓天职。"与孟子的思路基本一致。孔子说："天何言哉！四时行焉，百物生焉，天何言哉？"也是强调天道变化的外在客观性。荀子说："列星随旋，日月递炤，四时代御，阴阳大化，风雨博施，万物各得其和以生，各得其养以成，不见其事而见其功，夫是之谓神。皆知其所以成，莫知其无形，夫是之谓天功。"也有天道健运生生不息的意思，对孔子的思想有所发展。

难能可贵的是，荀子在强调人为的同时，已萌发了征服和利用自然的思想。他说："大天而思之，孰与物畜而制之？从天而颂之，孰与制天命而用之？望时而待之，孰与应时而使之？因物而多之，孰与骋能而化之？思物而物之，孰与理物而勿失之也？愿于物之所以生，孰与有物之所以成？故错人而思天，则失万物之情。"荀子的这一思想，显然与当时生产力进步和科学的发展有关，表达了改造自然以满足人用的社会要求。这又与孟子制民之产以使民不饥不寒的思想相呼应了。可见，不管是正宗还是别宗，其基本的儒学精神都是一致的。

性恶论和礼法并施

孟子道性善，是要为道德修养和仁政学说作理论解释，认为人性本善，只要肯尽其善性，则尧舜可为而王道可行。荀子与孟子有同样的目标，但他看到的现实似乎比孟子看到的更丑恶，他自己就多次被小人谗害。当时，慎到、商鞅等法家人物已多有人性自私之论。荀子感到，要想人心归仁、王道得施，非得对人性加以强制性改造不行，因而提出了与孟子的性善论相反的性恶论。他从性与伪两个方面来研究人，认为人的天性是恶的，其善行出于后天的人为，所以主张用社会的礼和法对人加以一定的管制，以便化性恶而成伪善。可是，这样一来，他便染上了较重的法家色彩，培养出了像李斯和韩非子这样的法家弟子，以至于为后儒诟病。

孔子指出禽兽不可与同群，孟子开始对人兽加以区分。荀子也继承了这一传统，他说："人之所以为人者，非特以二足而无毛也，以其有辨也"。他所说的辨，是指男女、父子之别："夫禽兽有父子而无父子之亲，有牝牡而无男女之别。故人道莫不有辨，辨莫大于分，分莫大于礼，礼莫大于圣王。"荀子也和孟子一样，是从人的社会性，尤其是伦常方面来区分人兽的。他进一步说："水火有气而无生，草木有生而无知，禽兽有知而无义，人有气、有生、有知，亦且有义，故最为天下贵也。力不若牛，走不若马，而牛马为用，何也？曰：人能群，彼不能群也。人何以能群？曰：分。分何以能行？曰：义。"这无疑是精辟的。

在以社会伦常区分人兽的基础上，荀子进一步从性、伪两方面来探讨人性。他说："凡性者，天之就也，……不可学、不可事而在人者，谓之性；可学而能，可事而成之在人者，谓之伪。是性伪之分也。"孟子只把人之区别于动物的"四善端"作为人的本性，反映的是一种对人性分析的片面整体观；荀子则把人性之"本能"和"学能"作了性、伪之分，反映的是一种全面的分析观。孟子认为，只要开发人之区别于动物的善性，即可以成圣；荀子则强调必须克制私欲以就理才能成圣，颇有孔子所谓"克己复礼为仁"的味道。

荀子指出："人之性恶，其善者伪也。"并论证说："今人之性，饥而欲饱，寒而欲暖，劳而欲休，此人之情性也。"而子让乎父、弟让乎兄则"皆反于性而悖于情也"，可孝子之道又是礼义之文理，所以"顺情性则不辞让矣，辞让则悖于情性矣"，把饥欲饱、寒欲暖、劳欲休视为现实的人性，把这种性情说成与礼义之文理对立的恶。他还说："今人之性，生而有好利焉，顺是，故争夺生而辞让亡焉；生而有疾恶焉，顺是，故残贼生而忠信亡焉；生而有耳目之欲，有好声色焉，顺是，故淫乱生而礼义文理亡焉。"他的结论是："从人之性，顺人之情，必出于争夺、合于犯分乱理而归于暴。故必将有师法之化、礼义之道，然后出于辞让，合于文理而归于治"。这就是他主张隆礼重法的根据。

孟子倡王道和仁政，法家主霸道和法制。荀子兼取二家思想，主张礼法并施、王霸兼用，而以礼教和王道为主。他说："君人者，隆礼尊贤而王，重法爱民而霸，好利多诈而危。""治之经，礼与刑，君子以修百姓宁；明德慎罚，国家既治四海平。"在两手兼用的情况下，荀子继承儒家传统，强调以礼和德为治国之本："礼者，人道之极也。""礼之于正国家也，如权衡之于轻重也，如绳墨之于曲直也。故人无礼不生，事无礼不成，国家无礼不宁。"

与此同时，荀子还指出单靠道德教化之不足："尧舜者，天下之善教化者也，不能使鬼琐化。"主张以刑法作为教化的补充："征暴诛悍，治之盛也；杀人者死，伤人者刑，是百王之所同也。"总之，"临事接民，而以义变应，宽裕而多容，恭敬以先之，政之始也；然后中和察断以辅之，政之隆也；然后进退诛赏之，政之终也"，"雕雕焉悬贵爵重赏于其前，悬明刑大辱于其后，虽欲无化，能乎哉！"对于封建君主来说，荀子的思想无疑比孔孟之道更切实用。中国历代封建统治者向来是内用道、法而外示儒术，这多少有荀子的功劳。然而，若从崇尚仁爱的儒学主流精神来看，荀子只能算个"大醇而小疵"的别宗了。

五、其他子学

孔子之后，儒家学说形成许多派别，韩非子列出了八家："有子张之儒，有子思之儒，有颜氏之儒，有孟氏之儒，有漆雕氏之儒，有仲良氏之儒，有孙氏之儒，有乐正氏之儒。"从孔子到韩非子，其间约两个半世纪，综合有关资料，孔子后学不止八家，当有十八家之多。其余十家是：子夏、子游、有若、曾子、澹台灭明、子贡、宓子贱、公明高、子莫、《易传》之学。

（1）子张之学。子张（公元前503—前450年），姓颛孙，名师，鲁国人。孔子说："师也过。""师也辟。"意思是，子张做事过火，性格偏激。曾子说："堂堂乎张也，难与并为仁矣。"荀子说："弟佗其冠，神禫其辞，禹行而舜趋，是子张氏之贱儒也。"《论语》有二十二处提到子张，居诸弟子之冠。子张之学是激进派，其徒不畏艰难，博爱容众，独立高行，敏而多功，不合中庸。朱熹说："子张才高意广，而好为苟难，故常过中。""子张行过高，而少诚实恻怛之意。"他们戴矮帽子，随便不拘，衣冠行为同于流俗，缺乏儒雅气象，被荀子贬为贱儒。

（2）颜氏之学。孔门弟子中有颜氏七人，其中颜回为复圣，前面已有介绍。另有"如颜浊邹之徒,颇受业者甚众"。颜氏之儒当为以颜回为代表的儒学中的德行派。

(3)漆雕氏之学。儒学中的任侠派。漆雕开(公元前540—前489年)为鲁国或蔡国人,有《漆雕子》十三篇,今佚。韩非子说:"漆雕之议,不色挠,不目逃,行曲则违于臧获,行直则怒于诸侯",谓其临危不惧,面色不改,目光不避,理曲则让于奴隶,理直则怒斥诸侯。

(4)仲良氏之学。孟子云:"陈良,楚产也,悦周公、仲尼之道,北学于中国。北方之学者,未能或之先也。彼所谓豪杰之士也。"《毛诗》认为,仲梁子亦传《诗》,而《毛诗》源于子夏,故仲良氏之学为兼有曾子、子夏二家特点的学派。

(5)子思之学。孔伋代表的《中庸》学派。

(6)乐正氏之学。郭沫若谓乐正克作《大学》和《学记》,乐正氏之儒为《大学》学派。

(7)孟氏之学。即孟子学派。

(8)孙氏之学。即荀子学派。

(9)子夏之学。子夏为隐圣,其学为儒家的隐士派,不做官受禄,为王者师,前面已介绍。荀子说:"正其衣冠,齐其颜色,嗛然而终日不言,是子夏氏之贱儒也。"

(10)子游之学。子游(公元前506—前445年)即言偃,吴人,与子夏同为文学弟子,重礼乐制度。孔子说:"二三子,偃之言是也。"孟子说:"子夏、子游、子张皆有圣人之一体。"荀子说:"偷儒惮事,无廉耻而耆饮食,必曰君子固不用力,是子游氏之贱儒也。"

(11)有若之学。有若(公元前518—前457年)在《论语》中尊称有子。孔子死后,弟子们极为思慕。有若的相貌颇像孔子,于是诸弟子相与共立为师，师之如夫子时也。

（12）曾子之学。曾参在《论语》中尊称曾子，为孝圣，《孝经》学创始人。前面已介绍。

（13）澹台灭明之学。澹台灭明南游至江，从弟子三百人，设取予去就，名震诸侯。子游说："有澹台灭明者，行不由径，非公事，未尝至于偃之室也。"《大戴礼记》说："贵之不喜，贱之不怒，苟于民利矣，廉于其事上也，以佐其下，是澹台灭明之行也。"

（14）宓子贱之学。汉儒王充说，宓子贱亦论性情，与世子相出入。《汉志》录《宓子》十六篇，今佚。

（15）子莫之学。孟子云："子莫执中，执中为近之。执中无权，犹执一也。"

（16）公明高之学。主张述而不作，三年之丧。他说："君子共己以待，问焉则言，不问焉则止。譬如钟然，扣则鸣，不扣则不鸣。""有义不义，无祥不祥。"强调人为，反对灾祥。

（17）子贡之学。子贡即端木赐，似纵横家之祖，曾多次向孔子问《易》。

（18）《易传》之学。解说发挥《易经》之学。产生于战国末年，为儒家哲学之源。

孔门弟子三千，身通六艺者七十二人，其中颜渊、闵子骞、冉伯牛、仲弓、冉有、子路、宰我、子贡、子游和子夏成绩尤为卓著，号称"孔门十哲"。孔子死后，孔门高足散居四方，各立门户，祖述孔子学说，但只有子夏的经学流传了下来。孔门十八派中，孟氏之儒和荀氏之儒号称显学。孟学出自《诗》《书》，孟子后学与阴阳五行合流，势力渐大，却遭荀子后学李斯的"焚坑"之祸。荀学出自《礼》《乐》，荀子后学与名、法合流。入汉之后，孟学渐被尊崇，荀学逐渐失势。唐宋之后，孔孟并称，成为正统，荀学逐渐湮没。

第二章 儒家之显——经学

夏商周三代奴隶制国家的旧国学，在春秋战国时代发展为孔孟荀诸儒的子学，在秦汉之际遭受"焚坑"之祸和"溲溺"之辱后，终于在汉朝被尊奉为封建制国家的新国学，称为经学。

古人云：经者，道之常；以其道可常行，故名经。又云：经，径也，如径路无所不通，可常用也。经学者，学经、解经、释经、传经之学，儒家经学主要有传、注、笺、疏、正义等形式。

《庄子》始称《诗》《书》《礼》《乐》《易》《春秋》为"经"，谓"《诗》以道志，《书》以道事，《礼》以道行，《乐》以道和，《易》以道阴阳，《春秋》以道名分"。

《史记》又称上述"六经"为"六艺"，谓"六艺于治一也，《礼》以节人，《乐》以发和，《书》以道事，《诗》以达意，《易》以神化，《春秋》以义"。

一、经学之兴

> 春秋战国时代的儒家子学,因其文化保守主义立场而遭到各国统治者排斥。秦始皇统一六国后,儒家学说更因其厚古薄今、非议朝政而遭受"焚坑"之祸。秦汉之际,代秦而起的刘邦厌恶儒者,甚至解下来访儒生之冠以"溲溺"。汉朝建立后,一些儒者顺势而为,对儒学进行创造性转化和创新性发展,以适应封建王朝,使儒家经学成为维护封建大一统的新国学。

经典与经学

西汉初年,由于叔孙通、张苍等大儒积极为汉朝制礼作乐,儒家思想逐渐被统治者接受。后来,由于汉景帝的宽容,朝野的儒学势力逐渐抬头。他们广收徒众,口授心传,逐渐在社会上形成了传习"五经"的风气。至武帝即位,由于更化改制的需要,再加上董仲舒等大儒的积极努力,遂于建元五年(公元前136年)正式设置五经博士。于是,经学崛起,儒学进入第二个阶段。

按照儒学传统,儒学就是经学。"经"字最早见于周代的铜器铭文,乃经维、经营之意。墨家最早用"经"来称墨子之教,《墨子》中有《经》和《经说》等体裁,前者是一个论纲,后者是对该论纲的解释或用故事所作的说明。《庄子·天运》始将儒家之书称为经："孔子谓老聃曰：'丘治《诗》《书》《礼》《乐》《易》《春秋》六经，自以为久矣。'"

作为儒家书名的"经"，班固《白虎通义》解释为"常"，意为恒常不变之道。皮锡瑞说，孔子删定六经时，"以其道可常行，正名为经"。孔广森说，六经大义若日月经天，所以称经。段注《说文解字》云："织之从丝谓之经，必先有经而后有纬，是故三纲五常六艺谓之天地之常经。"这些解释都是汉儒的观念，乃汉武帝独尊儒术、儒学国教化之后的产物。所谓经学，在汉代是治国之术，后来指"经世之学"，是阐释儒家经典的学术。

儒家经典，是以孔子为代表的古代儒家所传之书。并非所有的儒家著作都可称为经，只有那些被中国封建王朝法定的儒家书籍才可称为经。儒经的数量历代多有变化。

儒家的经书最初指六经，即《诗》《书》《礼》《乐》《易》《春秋》。《庄子·天下》谓"六经"的性质："《诗》以道志，《书》以道事，《礼》以道行，《乐》以道和，《易》以道阴阳，《春秋》以道名分。"这是说，《诗》表达思想感情，《书》记述历史事实，《礼》讲周旋应对和进退揖让，《乐》讲声乐和谐，《易》讲阴阳变化，《春秋》讲君臣上下之道。司马迁称"六经"为"六艺"，说它们是统一的治国之道："孔子曰：'六艺于治一也。《礼》以节人，《乐》以发和，《书》以道事，《诗》以达意，《易》以神化，《春秋》以义。'"

《礼记·经解》云："孔子曰：'入其国，其教可知也。其为人也，温柔敦厚，《诗》教也；疏通知远，《书》教也；广博易良，《乐》教也；洁静精微，《易》教也；恭俭庄敬，《礼》教也；属辞比事，《春秋》教也。故《诗》之失，愚；《书》之失，诬；《乐》

之失，奢；《易》之失，贼；《礼》之失，烦；《春秋》之失，乱。其为人也，温柔敦厚而不愚，则深于《诗》者也；疏通知远而不诬，则深于《书》者也；广博易良而不奢，则深于《乐》者也；洁静精微而不贼，则深于《易》者也；恭俭庄敬而不烦，则深于《礼》者也；属辞比事而不乱，则深于《春秋》者也。'"这是说，以不同的经典治国会有不同的效果，所以对经典的把握必须恰到好处。汉代以降，文献屡见六艺或六经之名，实际上只见五经，不见《乐》经。今文经学家认为，古代本无乐经，《乐》的内容包含在《诗》和《礼》中，实际上只有五经。古文经学家认为，古代实有《乐》经，因秦火而亡。汉武帝设立五经博士，只有《诗》《书》《礼》《易》《春秋》五经。汉代提倡"以孝治天下"，到了东汉，又增加了《孝经》和《论语》，合为七经。到了唐代，统治者以"九经"取士，这九经是《易》《诗》《书》《仪礼》《周礼》《礼记》《左传》《公羊传》《穀梁传》。这三礼三传，其实只是《礼》《春秋》二经的细称。唐文宗大和年间，刻十二经，"立石国学"，在九经之外又加了《论语》《孝经》和《尔雅》三经。到了宋代，理学家们抬高《孟子》的地位，朱熹取《礼记》中的《大学》和《中庸》二篇与《论语》《孟子》相配，合称"四书"。十二经加上《孟子》，就成了十三经，儒家的经书至此便基本固定下来了。

秦始皇焚书坑儒

司马迁说："自孔子卒后，七十子之徒散游诸侯，大者为师傅卿相，小者友教士大夫，或隐而不见……后陵迟以至于始皇，天下并争于战国，儒术既黜焉，然齐鲁之间，学者独不废也。于威、宣之际，孟子、荀卿之列，咸遵夫子之业而润色之，以学显于当世。"孟学重诗书，荀学重礼乐。诗书之学重情，礼乐之学重法。荀学重礼，礼的进一步发展便是法。所以，荀子没有培养出著名的儒家人物，却培养出两位著名的大法家——李斯和韩非。

李斯与韩非俱事荀卿，李斯自以为不如韩非。韩非喜刑名法术之学而归本黄老，认为儒者以文乱法、侠者以武犯禁，乃作《孤愤》《五蠹》以非之。秦始皇读后喟然而叹："嗟呼！寡人得见此人与之游，死不恨矣！"于是急攻韩国，韩王被迫遣韩非使秦，秦王大悦。秦王欲重用韩非，李斯进谗言，将韩非害死。李斯为楚国上蔡人，少年时为郡小吏，每见舍厕中老鼠觅食不洁之物而担心被人犬所害，常怀惊恐之心；后观仓中之鼠，食积粟，居大庑之下，而无人犬之忧，乃叹曰："人之贤不肖譬如鼠矣，在所自处耳！"乃师从荀子学帝王之术。学既成，以为楚王不足事，而六国皆弱，无可为建功者，欲西向入秦，便对荀子说："斯闻，得时无怠。今万乘方争时，游者主事。今秦王欲吞天下，称帝而治，此布衣驰骛之时而游说者之秋也。……故诟莫大于卑贱，而悲莫甚于穷困。久处卑贱之位、困苦之地，非世而恶利，自托于无为，此非士之情也。故斯将西说秦王矣。"李斯入秦，辅成帝业，作了丞相，成为中国封建制度的重要创立者。

公元前213年，秦始皇置酒咸阳宫，有博士七十人前来祝寿。酒至半酣，有大臣进颂说："他时秦地不过千里，赖陛下神灵明圣，平定海内，放逐蛮夷，日月所照，莫不宾服。以诸侯为郡县，人人自安乐，无战争之患，传之万世。自上古不及陛下威德。"秦始皇很高兴。儒者淳于越说："臣闻殷周之王千余岁，封子弟功臣，自为枝辅。今陛下有海内，而子弟为匹夫，卒有田常、六卿之臣，无辅拂，何以相救哉？事不师古而能长久者，非所闻也。"此言令李斯很不高兴，便说："五帝不相复，三代不相袭，各以治，非其相反，时变异也。今陛下创大业,建万世之功,固非愚儒所知。且越言乃三代之事,何足法也?异时诸侯并争,厚招游学。今天下已定,法令出一,百姓当家则力农工,士则学习法令辟禁。今诸生不师今而学古,以非当世,惑乱黔首。丞相臣斯昧死言:古者天下散乱,莫之能一,是以诸侯并作,语皆道古以害今,饰虚言以乱实,人善其所私学,以非上之所建立。今皇帝并有天下,别黑白而定一尊。私学而相与非法教,人闻令下,则各以其学议之;入则心非,出则巷议,夸主以为名,异取以为高,率群下以造谤。如此弗禁,则主势降乎上,党与成乎下,禁之便。臣请史官非秦记皆烧之;非博士官所职,天下敢有藏《诗》《书》百家语者,悉诣守尉杂烧之。有敢偶语《诗》《书》者弃市,以古非今者族,吏见知不举者与同罪。令下三十日不烧,黥为城旦。所不去者,医药、卜筮、种树之书。若欲有学法令,以吏为师。"秦始皇肯其言,遂致"焚书"之祸。

第二年,侯生、卢生等儒生相与而谋说:"始皇为人,天性刚戾自用,起诸侯、并天下,意得欲从,以为自古莫及己。专任狱吏,狱吏得亲幸。博士虽七十人,特备员,弗用。丞相诸大臣皆受成事,倚办于上。上乐以刑杀为威,天下畏罪持禄,莫敢尽忠。上不闻过而日骄,下慑伏谩欺以取容。秦法:不得兼方,不验,辄死。然侯星气者至三百人,皆良士,畏忌讳谀,不敢端言其过。天下之事无小大皆决于上,上至以衡石量书,日夜有呈,不中呈不得休息。贪于权势至如此,未可为求仙药。"于是相约逃亡而去。

秦始皇得知两位儒生逃走,乃大怒道:"吾前收天下书不中用者尽去之,悉招文学方术士甚众,欲以兴太平,方士欲练以求奇药。今闻韩众去不报,徐市等(注:数年前,始皇曾派徐市发童男女数千人入海求仙)费以巨万计,终不得药,徒奸利相告日闻。卢生等吾尊赐之甚厚,今乃诽谤我,以重吾不德也。诸生在咸阳者,吾使人廉问,或为妖言以乱黔首。"于是使狱吏悉案问诸生，诸生传相告引，乃自除犯禁者460余人，皆坑之咸阳，使天下知之，以惩后。这就是所谓"坑儒"事件。针对这一情况，秦始皇的长子扶苏进谏说："天下初定，远方黔首未集，诸生皆诵法孔子，今上皆重法绳之，臣恐天下不安。唯上察之。"此言不仅未能说动秦始皇，反而令他大为恼火，一怒之下，就把扶苏发配到上郡去了。

秦始皇和李斯以法家思想治天下，造成了儒家历史上最大的惨案。不久，秦王朝就在农民起义的打击下覆灭了。汉儒认为，秦王朝的灭亡，主要是"仁义不施"造成的。

刘邦以儒冠溲溺

代秦而治的汉高祖刘邦是一位起家于小吏的农民领袖，其人性格粗豪，向来不喜文人。史载："沛公不好儒，诸客冠儒冠来者，沛公辄解其冠，溲溺其中。与人言，常大骂。"

虽然如此，仍有不少善于审时度势、因地制宜的儒生，通过各种方式投靠到刘邦门下。高阳郦食其就是一位较早投靠刘邦的儒生。郦生好读书，家贫落魄，无以为衣食业，为里监门吏。然县中贤豪不敢役，谓之狂生。及陈胜、项梁起义，诸将过高阳者不少，但他一个都看不上，乃深自藏匿，不愿投靠。后闻刘邦将兵略地陈留之郊，乃曰："吾闻沛公慢而易人，多大略，此真吾所愿从游，莫为我先。"刘邦到了高阳传舍，使人召郦生。郦生去见，刘邦倨床使两女子洗足。郦生见状，长揖而不拜，道："足下欲助秦攻诸侯乎？且欲率诸侯破秦也？"刘邦骂道："竖儒！夫天下同苦秦久矣，故诸侯相率而攻秦，何谓助秦攻诸侯乎？"郦生道："必聚徒合义兵诛无道秦，不宜倨见长者。"刘邦乃辍洗，起摄衣，请郦生坐上首，并表示感谢。郦生乃大讲六国纵横之道，成为刘邦的得力助手。

汉王朝建立后，仍有不少儒生借各种机会向刘邦宣传自己的主张。其中，陆贾是很有代表性的一位。他一有机会便向刘邦介绍《诗》《书》等儒家经典和儒家为人处世及治国平天下之道。刘邦骂道："乃公居马上而得之，安事《诗》《书》！"陆贾道："居马上得之，宁可以马上治之乎？且汤、武逆取，而以顺守之。文武并用，长久之术也。昔者吴王夫差、智伯，极武而亡……向使秦已并天下，行仁义，法先圣，陛下安得而有之？"刘邦听了虽不高兴，却面带惭色道："试为我著秦所以失天下、吾所以得之者何，及古成败之国。"陆贾受命著书，粗述存亡之征，凡十二篇。"每奏一篇，高帝未尝不称善，左右呼万岁，号其书曰《新语》。"

除陆贾之外，贾谊对儒学的复兴也作出了贡献。他着重继承和发展孟子的民本思想，从儒家立场对秦亡的教训作了总结。他认为，秦始皇"鞭笞天下"，秦二世"重以无道"，弄得"百姓怨而海内叛"，最终导致了陈胜和吴广领导的农民大起义，冲垮了秦王朝的统治。他指出："故天下者，非一家之有也，有道者之有也。"有道与无道，在于是否得民。"民者，万世之本也。""闻之于政也，民无不为本也。国以为本，君以为本，吏以为本。故国以民为安危，君以民为威侮，吏以民为贵贱。"国家的一切皆以民为转移。"自古至于今，与民为仇者，有迟有速，而民必胜之。"他告诫统治者："夫民者，多力而不可适也。呜呼！戒之哉，戒之哉！与民为敌者，民必胜之！"贾谊的民本思想或许太激烈，遭受谗害，贬谪长沙。后来虽蒙汉文帝召见，却仅问"鬼神之本"。唐代诗人李商隐作《贾生》诗说："宣室求贤访逐臣，贾生才调更无伦。可怜夜半虚前席，不问苍生问鬼神！"批评统治者不懂得任用人才。

叔孙通为汉朝制定礼仪

儒家的思想学说在汉初不受重视，但其礼仪制度却被统治者所接受，并对后世封建王朝产生了重大影响。这个功劳多半要归功于叔孙通，司马迁称他为"汉家儒宗"。

叔孙通本是秦朝的文学博士，善于审时度势。陈胜起义时，秦二世召集咸阳的博士儒生三十余人询问对策，他们回答："人臣无将，将即反，罪死无赦。愿陛下急发兵击之。"但忠言逆耳，二世大怒。叔孙通见状，乃说："诸生言皆非也。夫天下合一为家，毁郡县城，铄其兵，示天下不复用。且明主在其上，法令具于下，使人人奉职，四方辐辏，安敢有反者！此特群盗鼠窃狗盗耳，何足置之齿牙间！郡守尉今捕论，何足忧！"二世喜曰："善！"乃复问诸生，言反者下吏，言盗者罢之。遂赐叔孙通帛二十四、衣一套，拜为博士。

叔孙通回到家中，诸生道："先生何言之谀也？"叔孙通说："公不知也，我几不脱于虎口！"原来，他是为了顺利逃脱而随机应变。不久，他便乘机逃秦入薛，投奔了项梁。后来，项梁战死，他又跟随楚怀王。怀王作义帝迁往长沙后，他留下来服事项王。后来，刘邦攻破彭城，他又跟随了汉军。叔孙通先后十几次易主，实际上是在选择可事之君。

叔孙通初次见刘邦时身着儒服，刘邦很不高兴。叔孙通便卸去儒服，改穿短衣，打扮成楚人模样。刘邦是楚人，所以很喜欢他。跟随叔孙通投汉的弟子有一百多人，但他只向刘邦推荐一些乡间游民和强盗，而不推荐自己的弟子。对此，弟子们很有意见，他却说："汉王方蒙矢石争天下，诸生宁能斗乎？故先言斩将搴旗之士。诸生且待我，我不忘矣。"

后来，战争平息，刘邦取得了天下。群臣们都是跟随刘邦出生入死的兄弟，整日饮酒狂欢，争功论赏，大声喊叫，挥剑击柱，甚至打架斗殴，闹得宫廷一片混乱，刘邦对此颇为头疼。叔孙通看到时机成熟，便对刘邦说："夫儒者难与进取，可与守成。臣愿征鲁诸生，与臣弟子共起朝仪。"刘邦却有些迟疑，问："得无难乎？"叔孙通说："五帝异乐，三王不同礼。礼者，因时世人情为之节文者也。故夏、殷、周之礼所因损益可知者，谓不相复也。臣愿颇采古礼与秦仪杂就之。"刘邦勉强同意。

叔孙通乃召集鲁地的儒学专家三十多人，加上在朝中任职的儒者和自己的门生，总计一百多人，分别扮演王公大臣及卫兵、司礼等官员，每天演习上殿朝拜和奏对、庆贺等各种礼仪，然后请高祖亲自检阅。刘邦看后表示满意，遂令大臣们跟随儒生们演练，直到学会为止。

这时，适逢长乐宫新竣，新年来临，汉高祖决定在长乐宫按新制礼仪举行新年庆典。这天，诸侯和群臣们很早就来到长乐宫外，由司礼官主持，按官阶职务依次谒见皇帝，皇帝接见后再赐酒宴。其间一举一动皆有司仪引导，并有执法官监督，整个朝堂庄严肃穆，没有喧哗失礼者。刘邦看到那些昔日天王老子都不怕的将军们一个个温顺非常，高兴得心花怒放。

仪式一结束，刘邦就情不自禁地对叔孙通说："吾乃今日知为皇帝之贵也。"遂拜叔孙通为太常，赐金五百斤。叔孙通乘机说："诸弟子儒生随臣久矣，与臣共为仪，愿陛下官之。"刘邦乘兴答应了他的请求。这样，叔孙通不仅因儒学受到重用，连他的弟子和儒生们也得到了官职。叔孙通又把皇帝赐他的五百斤黄金分给弟子，弟子们佩服地说："叔孙生诚圣人也，知当世之要务。"

后来，刘邦欲以赵王如意易太子，叔孙通说："昔者晋献公以骊姬之故废太子，立奚齐，晋国乱者数十年，为天下笑。秦以不早定扶苏，令赵高得以诈立胡亥，自使灭祀，此陛下所亲见。今太子仁孝，天下皆闻之。吕后与陛下攻苦食啖，其可背哉！陛下必欲废嫡而立少，臣愿先伏诛，以颈血污地。"刘邦无奈地说："公罢矣，吾直戏耳。"叔孙通说："太子天下本，本一摇，天下振动，奈何以天下为戏！"刘邦遂无易太子之意。

刘邦死后，惠帝即位，对叔孙通说："先帝园陵寝庙，群臣莫习。"遂徙为太常，制定宗庙仪法。及稍定汉诸仪法，皆叔孙通为太常所论著。惠帝为东朝长乐宫往来交通之便，修复道。刚修了一半，叔孙通就说："陛下何自筑复道高寝，衣冠月出游高庙？高庙，汉太祖，奈何令后世子孙乘宗庙道上行哉？"惠帝大惧，乃道："急坏之！"叔孙通却说："人主无过举。今已作，百姓皆知之。今坏此，则示有过举。愿陛下为原庙渭北，衣冠月出游之，益广多宗庙，大孝之本也。"惠帝乃诏有司立原庙。惠帝曾春出游离宫，叔孙通说："古者有春尝果，方今樱桃熟，可献。愿陛下出，因取樱桃献宗庙。"献果之礼由此而兴。

司马迁云："叔孙通希世度务，制礼进退，与时变化，卒为汉家儒宗。大直若拙，道固委蛇，盖谓是乎？"

汉武帝罢黜百家独尊儒术

公元前140年，汉武帝即位，大兴儒学的时机终于来临。冬十月，诏举贤良方正及敢谏之士百余人，策问古今治道。这是汉初实行黄老政治以来，封建皇帝向群儒征求统治思想的重大举措，表明汉代统治者从仅仅接受儒家的礼仪制度到进而考虑利用儒家的政治思想以加强封建统治的态度转变。广川儒生董仲舒以深厚的儒学修养起而应对，献"天人三策",系统阐述了以春秋公羊学为基础的天人感应理论,迎合了汉武帝的政治需要,为儒家学说争得了作为中国封建社会统治思想的崇高地位,使儒家经学成为汉王朝的国家哲学。

董仲舒在对策中向汉武帝陈述了《春秋》大义及其天人学说,建议"诸不在六艺之科、孔子之术者,皆绝其道,勿使并进"。汉武帝颇为赞赏,命其为江都相。会稽严助亦以贤良对策擢为中大夫。丞相卫绾也上奏说:"所举贤良,或治申、商、韩非、苏秦、张仪之言,乱国政,请皆罢。"武帝可其奏。公元前136年,朝置五经博士,儒学遂为新国学。汉武帝又"征吏民有明当世之务、习先圣之术者",齐人公孙弘对策,乃擢为第一,拜为博士,待诏金马门。

这就是汉武帝"罢黜百家,独尊儒术"的历史过程。从此,以董仲舒为代表的儒家春秋公羊学成为封建帝国的正统思想,其他各家思想成为异端,战国以来的百家争鸣到此结束。

二、董仲舒与儒学国学化

西汉时期,儒家子学经过众多儒者特别是董仲舒的综合创新,逐渐发展为一种以天人感应为核心的神学目的论,适应了大汉帝国加强中央集权的政治需要,跃升为官方哲学,成为中国封建帝国的国学和国教。后来,儒家学说几经变化,但儒家经学的国教地位始终未变。

三年不窥园的醇儒

董仲舒（公元前179—前104年），西汉广川（今河北枣强县广川镇）人，出身于田连阡陌、牛羊成群的大地主家庭。他刻苦好学，悉心研究《公羊春秋》，进退容止，非礼不行，学士皆尊其为师。汉景帝时举为博士，下帷讲诵，新受弟子多由先进弟子授业，难得见其一面。班固称他"三年不窥园，其精如此"。武帝即位后，举贤良文学之士数百，董仲舒以贤良对策，颇合天子意，乃为江都相，事易王。

江都易王是武帝的哥哥，骄横好勇，董仲舒以礼仪匡正之，颇受敬重。有一次，易王说："越王勾践与泄庸、文种、范蠡三位大臣共谋伐吴，遂灭之。孔子称殷朝有三位仁者，我也以为越国有三位仁者。齐桓公决疑于管仲，我则决疑于您。"董仲舒说："臣愚，不足以奉大对。据说鲁君曾问柳下惠：'吾欲伐齐，何如？'柳下惠说：'不可。'柳下惠回家之后忧虑地说：'吾闻伐国不问仁人，此言何为至于我哉？'柳下惠遇到鲁君问他伐讨之事就感到羞辱，更何况勾践之徒设诈以伐吴呢？由此看来，越国没有一个仁者。夫仁人者，正其谊不谋其利，明其道不计其功，所以仲尼之门五尺童子羞称五霸，因为五霸是先诈力而后仁义的。春秋五霸只是为诈而已，所以不足称于大君子之门。五霸比于其他诸侯为贤，若比于三王，就像武夫和美玉的差别一样。"易王连连称善。易王以桓公自比，非分之想溢于言表，董仲舒巧妙借喻，既批评了易王的骄横之心，又给他讲了儒家仁学的道理，遂令易王无话可说。

董仲舒一生为人廉直，多遭嫉妒。当时有公孙弘者亦治《春秋》，却不及董仲舒。公孙弘通晓世故，行事圆滑，位至公卿。董仲舒以为他阿谀逢迎，遂遭嫉恨。汉武帝的另一位哥哥胶西王比易王更为骄横纵恣，残害官吏无数。公孙弘却对皇帝说："唯董仲舒可使相胶西王。"其实是想借刀杀人。可是，胶西王久闻董仲舒乃当朝大儒，对他很友善。虽然如此，董仲舒还是担心时间久了难免会出岔子，乃称病辞职。

董仲舒一生"凡相两国，辄事骄王，正身以率下，数上疏谏争，教令国中，所居而治"。归家之后，他不问生产，专事撰述。所著之书，皆明经术之意，及上疏条教，计一百二十三篇。说《春秋》事得失，以《闻举》《玉杯》《蕃露》等十余万言传于后世，皆采当世以施朝廷者而成篇。朝廷如有大议，常派使者就其家以问之，所对皆有明法。刘向说："董仲舒有王佐之才，虽伊、吕亡以加，管、晏之属，伯者之佐，殆不及也。"刘歆认为，董仲舒遭汉承秦灭学之后，《六经》离析，下帷发愤，潜心大业，令后学者有所统一，为群儒之首，然考其师友渊源所渐，尚不及子游和子夏。刘氏父子的不同评价，表明今文经学和古文经学的学派分歧。

天人三策与儒术国教化

汉初统治者用黄老之学修养生息，形成了中国封建社会第一个开明盛世，所谓"文景之治"。可是，这也造就了各诸侯王的割据势力，对封建王朝的中央集权造成危险。武帝即位后，不得不考虑利用儒家学说加强统治，遂举贤良文学之士一百多人，策问古今治国之道。他说："朕有幸继承先帝的至尊美德，希望传之无穷，任大而守重，夙夜无暇于康宁，所以广延四方豪俊，郡国诸侯公选贤良修絜博习之士，欲闻大道之要、至论之极。各位夫子卓然为贤良之首，朕深表赞赏。请诸位先生大夫精心致思，科别条呈，无所隐晦，朕将亲览焉。"

面对皇帝的感召，诸贤良竞相献策，而董仲舒独得天子之心。他说："陛下发德音，下明诏，求天命与情性，皆非愚臣之所能及也。臣谨案：《春秋》之中，视前世已行之事，以观天人相与之际，甚可畏也。国家将有失道之败，而天乃先出灾害以谴告之；不知自省，又出怪异以警惧之；尚不知变，而伤败乃至。以此见天心之仁爱人君而欲止其乱也。……道者，所由适于治之路也，仁义礼乐皆其具也。故圣王已没，而子孙长久安宁数百岁，此皆礼乐教化之功也。……天道之大者在阴阳，阳为德，阴为刑，刑主杀而德主生。是故阳常居大夏，而以生育养长为事；阴常居大冬，而积于空虚不用之处。以此见天之任德而不任刑也。……王者承天意以从事，故任德教而不任刑。……圣王之继乱世也，扫除其迹而悉去之，复修教化而崇起之。……今汉继秦之后，如朽木、粪墙矣，虽欲善治之，亡可奈何。……为政而不行，甚者必变而更化之，乃可理也。当更张而不更张，虽有良工不能善调也；当更化而不更化，虽有大贤不能善治也。……夫仁、谊、礼、知、信五常之道，王者所当修饬也；五者修饬，故受天之佑，而享鬼神之灵，德施于方外，延及群生也。"

武帝览此对策，大异其才，第二次策问道：朕夙寤晨兴，惟前帝王之宪，永思所以奉至尊，章洪业，皆在立本任贤。今朕亲耕籍田，以为农先，劝孝悌，崇有德，使者冠盖相望，问勤劳，恤孤独，尽思极神，功烈休德未始云获也。今阴阳错缪，氛气充塞，群生寡遂，黎民未济，廉耻贸乱，贤不肖混淆，未得其真。请诸位先生大夫悉对于篇，明其指略，以称朕意。

董仲舒对策道：今陛下并有天下，海内莫不率服，广览兼听，极群下之知，尽天下之美，至德昭然，施于方外。然而功不加于百姓者，殆王心未加焉。曾子曰，高明光大，在乎加之意而已。愿陛下因用所闻，投诚于内而致行之，则三王何异哉！陛下亲耕籍田，以为农先，夙寤晨兴，忧劳万民，思维往古，而务以求贤，此亦尧舜之用心也，然而未云获者，士素不厉也。夫不素养士而欲求贤，譬犹不琢玉而求文采也。故养士之大者，莫大乎太学。太学者，贤士之所关也，教化之本原也。臣愿陛下兴太学，置明师，以养天下之士，数考问以尽其材，则英俊宜可得矣。今吏既亡教训于下，或不承用主上之法，暴虐百姓，与奸为市，贫穷孤弱，冤苦失职，甚不称陛下之意。臣愚以为，使诸列侯、郡守、二千石各择其吏民之贤者，岁贡各二人以给宿卫，且以观大臣之能，所贡贤者有赏，所贡不肖者有罚。夫如是，诸侯、吏二千石皆尽心于求贤，天下之士可得而官使也。遍得天下之贤人，则三王之盛易为，而尧舜之名可及也。

武帝阅后，更欲明其详细，乃第三次策问道：朕垂问乎天人之应，上嘉唐虞，下悼桀纣，凡盛衰与治乱之道，虚心以改。今子大夫明于阴阳所以造化，习于先圣圣之道业，然而文采未极，岂惑乎当世之务哉？条贯靡竟，统纪未终，意朕之不明与？今子大夫既已著大道之极，陈治乱之端矣，请详呈其究，朕将亲览焉，子大夫其茂明之。

董仲舒对策道：臣闻，天者，群物之祖也，故遍覆包函而无所殊；圣人法天而立道，亦溥爱而亡私，布德施仁以厚之，设礼立义以导之。孔子作《春秋》，上揆之天道，下质诸人情，参之于古，考之于今。故《春秋》之所讥，灾害之所加也；《春秋》之所恶，怪异之所施也。书邦家之过，兼灾异之变；以此见人之所为，其美恶之极，乃与天地流通而往来相应，此亦言天之一端也。天令之谓命，命非圣人不行；质朴之谓性，性非教化不成；人欲之谓情，情非度制不节。是故王者上谨于承天意，以顺命也；下务明教化民，以成性也；正法度之宜，别上下之序，以防欲也。修此三者，而大本举矣。三王之道，所祖不同，非其相反，将以救溢扶衰，所遭之变然也。舜治天下，改正朔，易服色，以顺天命而已，其余尽循尧道，何更为哉！故王者有改制之名，亡变道之实。然夏尚忠、殷尚敬、周尚文者，所继之救，当用此也。道之大原出于天，天不变，道亦不变，是以禹继舜、舜继尧，三圣相受而守一道，亡救弊之政也。继治世者其道同，继乱世者其道变。今汉继大乱之后，若宜少损周之文致，用夏之忠者。夫天亦有所分予，予之齿者去其角，傅其翼者两其足，是所受大者不得取小也。古之所予禄者，不食于力，不动于末，是亦受大者不得取小，与天同意者也。夫已受大，又取小，天不能足，而况人乎！此民之所以嚣嚣苦不足也。身宠而载高位，家温而食厚禄，因乘富贵之资力而与民争利，民安能如之哉！故受禄之家，食禄而已，不与民争业，然后利可均布而民可家足。此上天之理，亦太古之道，天子之所宜法以为制，大夫之所当循以为行也。《春秋》大一统者，天地之常经，古今之通义也。今师异道，人异论，百家殊方，指意不同，是以上亡以持一统；法制数变，下不知所守。臣愚以为，诸不在六艺之科、孔子之术者，皆绝其道，勿使并进。邪辟之说灭息，然后统纪可一而法度可明，民知所从矣。

通过以上三策，董仲舒初步建立起天人感应的新儒学体系，适应了封建帝国的需要，遂使儒术定于一尊，成为汉代封建王朝的统治思想。班固说："董仲舒治《公羊春秋》，始推阴阳，为儒者宗。"王充说："仲舒之言道德政治，可嘉美也。"欧阳修说："汉世之儒，惟仲舒仁义三策炳炳万世。"皮锡瑞说："孟子之后，董子之学最醇。朱子称仲舒为醇儒，然则《春秋》之学，孟子之后，亦当以董子之学为最醇矣。"从汉代至唐宋元明清诸朝代，董仲舒一直受到中国封建帝王们的推崇。

天人感应论与灾变谴告说

天人感应是秦汉时期流行的宗教观念，认为自然界有人格，会对人的行为作出喜怒哀乐等情绪性反应，董仲舒把它发展为系统的神学目的论。他认为，人是天造的，是天的子孙，结构性情与之相似，互相感应，必须特别小心。"人气内逆，则感动天地，天变见于星气日蚀，地变见于奇物震动。""治道失于下，则天文变于上；恶政流于民，则螟虫生于野。"

首先，董仲舒论证了人与自然的同质同构性，提出人副天数说。他说："天地之精所以生物者，莫贵于人。"人受命于天，独能仁义，独能与天地相偶。"人有三百六十节，偶天之数也；形体骨肉，偶地之厚也；上有耳目聪明，日月之象也；体有空窍理脉，川谷之象也"，这种物质上的同构和相似只是表面现象，还有更深层的原因，即阴阳五行之气的一致性："天地之符，阴阳之副，常设于身，身犹天也，数与之相参，故命与之相连也。天以终岁之数成人之身。故小节三百六十六，副日数也；大节十二分，副月数也；内有五藏，副五行数也；外有四肢，副四时数也。"同时，"天之大数毕于十旬"，"十者，天数之所止也"，农作物的生长收获约十个月，人也有十月怀胎；天有四季，人有四肢，天每季三月，人每肢三节，"十二节相持而形体立"，刚好合于十二个月，所以"求天数之微，莫若于人"，"人之形体，化天数而成；人之血气，化天志而仁；人之德行，化天理而义；人之好恶，化天之暖清；人之喜怒，化天之寒暑；人之受命，化天之四时；人生有喜怒哀乐之答，春秋冬夏之类也"。

其次，董仲舒以大量经验观察为依据，论证了同类相动的普遍性和规律性。他说："今平地注水，去燥就湿；均薪施火，去湿就燥。

百物去其所与异，而从其所与同。故气同则会，声比则应，其验皦然也。试调琴瑟而错之，鼓其宫，则他宫应之，鼓其商，而他商应之，五音比而自鸣。非有神，其数然也。美事召美类，恶事召恶类，类之相应而起也。如马鸣则马应之，牛鸣则牛应之。帝王之将兴也，其美祥亦先见；其将亡也，妖孽亦先见。物固以类相召也。"又说："天将阴雨，人之病故为之先动，是阴相应而起也。天将欲阴雨，又使人欲睡卧者，阴气也。有忧亦使人卧者，是阴相求也；有喜者，使人不欲卧者，是阳相索也。"总之，万物之相类似者，皆相感而互动，人与天是同类，人身之数与天地之数相副，所以天人之间也是交相感而互相动的，于人事之变可推见天道之变，于天道之变化亦可推论人事之变迁。

最后，董仲舒把天人感应论运用于治国理政，就是灾异谴告说。董仲舒认为，国家治理得好坏，可以根据自然现象来观察。国家有道，政治清明，人民安乐，自然界会出现像"凤凰来集，麒麟来游"之类的祥瑞；国家无道，政治昏暗，民不聊生，则会出现水火旱涝等灾害。"与天同者大治，与天异者大乱。故为人主之道，莫明于在身之与天同者而用之，使喜怒必当义而出，如寒暑之必当其时乃发也。""为人君者，正心以正朝廷，正朝廷以正百官，正百官以正万民，正万民以正四方。四方正，远近莫敢不壹于正，而亡有邪气奸其间者。是以阴阳调而风雨时，群生和而万民殖，五谷熟而草木茂，天地之间被润泽而大丰美，四海之内闻盛德而皆徕臣，诸福之物，可致之祥，莫不毕至，而王道终矣。""凡灾异之本，尽生于国家之失。国家之失，乃始萌芽，而天出灾害以谴告之。谴告之而不知变，乃见怪异以惊骇之。惊骇之尚不知畏恐，其殃咎乃至。以此见天意之仁而不欲陷人也。"为政者要随时观察自然界的变化，作出妥善应对。"木有变，春凋秋荣，秋木冰，春多雨"，是由于徭役繁多，赋税太重，百姓离散所致，应该用"省徭役，薄赋敛，出仓谷，赈困穷"的办法来解决。"火有变，冬温夏寒"，是由于君主不明，善人不赏，恶人不黜，庸人在位，贤士不举的缘故，应该用"举贤良，赏有功，封有德"的办法来解决。"土有变，大风至，五谷伤"，则说明君主不信用仁义贤士，不敬父兄，淫荡无度，宫室美盛，解决的办法是"省宫室，去雕文，举孝悌，恤黎元"。

以上是通过政策和行政办法可以解决的问题。至于求雨、止雨之类的事情，则可用其他的办法解决。董仲舒认为："人之阴气起，而天地之阴气亦宜应之而起。""四时皆以水日为龙，必取洁土为之结盖，龙成而发之。"在求雨之日，要开阴闭阳，"禁男子无得行入市"，"丈夫欲藏匿，女子欲和而乐"。在他看来，"致雨非神也，而疑于神者，其理微妙也"。而止雨之法，则要"开阳而闭阴，阖水而开火"，"以土日塞水渎，绝道，盖井，禁妇人不得行入市"。董仲舒免除自然灾害的方法，完全是以天人感应、同类相动的理论为依据的。

班固说："仲舒治国，以《春秋》灾异之变推阴阳所以错行，故求雨，闭诸阳，纵诸阴，其止雨反是；行之一国，未尝不得所欲。"可是有一次，辽东高庙、长陵高园殿发生火灾，董仲舒在家里用天人感应论和阴阳五行说推说其意，草成文章，被来访的中大夫主父偃看见，窃其书而上奏皇帝。汉武帝读后大为震怒，把董仲舒下吏入狱，判处死刑。后来，经其弟子们百般请求，董仲舒才得以免死，从此再也不敢妄言灾异。

三纲五常与天不变道亦不变

董仲舒继承发扬孔子关于天道生生、仁德流行的思想，把天看成万物的本原，并从天意之仁引出人间治道。他说："天者，群物之祖也，故遍覆包函而无所殊，建日月风雨以和之，经阴阳寒暑以成之。故圣人法天而立道，亦溥爱而亡私，布德施仁以厚之，设义立礼以导之。"天意是仁爱的，圣人法天以治万民，行王道以施仁义，制礼作乐以明教化，则天下太平，万物和畅，德润四海而人民安乐，这是万古不变的常道。

他进一步说："天令之谓命，命非圣人不行；质朴之谓性，性非教化不成；人欲之谓情，情非度制不节。是故王者上谨于承天意，以顺命也；下务明教化民，以成性也；正法度之宜，别上下之序，以防欲也。修此三者，而大本举矣。"承天意以顺天命，明教化以成善性，正法度以防人欲，这就是所谓"王道之三纲，可求于天"。首先，"天道之大者在阴阳，阳为德，阴为刑，刑主杀而德主生。是故阳常居大夏，而以生育养长为事；阴常居大冬，而积于空虚不用之处。以此见天之任德不任刑也。天使阳出布施于上而主岁功，使阴入伏于下而时出佐阳；阳不得阴之助，亦不能独成岁。终阳以成岁为名，此天意也。王者承天意以从事，故任德教而不任刑"。其次，"天生民性，有善质而未能善，于是为之立王以善之，此天意也。民受未能善之性于天，而退受成性之教于王，王承天意以成民之性为任者也"。再次，"天之道，春暖以生，夏暑以养，秋清以杀，冬寒以藏。暖暑清寒，异气而同功，皆天之所以成岁也。圣人副天之所行以为政，故以'庆'副暖而当春，以'赏'副暑而当夏，以'罚'副清而当秋，以'刑'副寒而当冬。庆赏罚刑，异事而同功，皆王者之所以成德也"。

把三纲具体化，就是五常。"《诗》云：'宜民宜人，受禄于天。'为政而宜于民者，固当受禄于天。夫仁谊礼知信五常之道，王者所当修饬也；五者修饬，故受天之佑，而享鬼神之灵，德施于方外，延及群生也。"具体来说：（1）"仁者，憯怛爱人。谨翕不争，好恶敦伦，无伤恶之心，无隐忌之志，无嫉妒之气，无感愁之欲，无险陂之事，无辟违之行。故其心舒，其志平，其气和，其欲节，其事易，其行道，故能平易和理而无争也。如此者，谓之仁。"（2）"宜在我者，而后可以称义。""大小不逾等，贵贱如其伦，义之正也。"（3）"礼者，继天地，体阴阳，而慎主客，序尊卑贵贱大小之位，而差外内、远近、新故之级者也。""夫礼，体情而防乱者也。"（4）"何谓之智？先言而后当。凡人欲舍行为，皆以其知先规而后为之。其规是者，其所为得，其所事当，其行遂，其名荣，其身故利而无患。""智者见祸福远，其知利害早。物动而知其化，事兴而知其归，见始而知其终。""其言寡而足，约而喻，简而达，省而具，少而不可益，多而不可损。其动中伦，其言当务，如是者，谓之智。"（5）"著其情，所以为信也。""竭愚写情，不饰其过，所以为信也。"综上所述，"天之亲阳而疏阴，任德而不任刑也。是故仁义制度之数，尽取之天"，"王道之三纲，可求于天"。

三纲五常是圣人效法天意而设立的治国之道，是万古不变的王道纲领，是判断天下有道与无道的基本标准，行之者是王道，废之者是霸道。"道之大原出于天，天不变，道亦不变，是以禹继舜，舜继尧，三圣相受而守一道。"凡是符合儒家政治理想的王道，其王者之所作，只是"改正朔、易服色，以顺天命而已。其余尽循尧道，何更为哉！故王者有改制之名，亡变道之实"。董仲舒的这些理论，把儒家的王道政治和德政思想神圣化了。

三、今文经学和古文经学

> 儒经的流传，在汉代出现两种版本。一种是秦始皇焚书之后儒生们口耳相传、用汉代通行的隶书写成的今文经，另一种是后来在孔壁中发现、用先秦各国文字写成的古文经。由于两种版本的经文和解释不同，导致儒家经学出现了长达两千年的今文学与古文学之争。

今古文经学之异同

纵观儒家经学史，在学术倾向上有汉学与宋学之别。广义的汉学包括西汉的今文经学和东汉的古文经学及其支流，狭义的汉学仅指东汉以后的古文经学。宋学是指宋儒继承和发挥思孟学派的"性命义理"之学并兼综佛、道二教思想而形成的"性理学"，也就是一般所谓宋明理学或道学。宋学与思孟学派、董仲舒新儒学、魏晋玄学以及隋唐之中国化佛学思潮一脉相承，实际上是今文经学的变种。如此说来，儒家经学实际上只是古文经学和今文经学相互作用、交替登场的历史。所谓汉学与宋学之争，其实质还是古文经学与今文经学之争。

秦始皇焚书之后，儒家经典除《易经》以卜筮之书得以幸存，其余各经皆为秦火所毁。入汉之后，五经传授全靠记忆，师徒之间一代代口耳相传，由汉人用当时通行的隶书记录成书。由于记忆不确、口音不清等原因，西汉经学形成许多不同的师法和家法，这些师法和家法不能随意改变。汉武帝初设五经博士时规定："各以家法教授"。后来增设博士时，这个传统被保留下来。终西汉之世，共设了十四个博士，即：三个易经博士（施氏、孟氏、梁丘氏），三个书经博士（欧阳生、大夏侯、小夏侯），三个诗经博士（申培、辕固生、韩婴），三个礼经博士（大戴、小戴、庆氏），两个春秋博士（颜氏和严氏）。其中，《春秋公羊传》强调大一统、华夷之别、尊主弱臣和复九世之仇，最得汉武帝宠信。有人说，汉武帝独尊儒术，归根到底是尊《春秋公羊传》。上述各经皆用西汉通行的隶书写成，称为今文经，以之为依据的儒术就是今文经学。

在今文经学传承发展的同时，有一些古本经典被从地下或孔壁中发掘出来，包括在孔子宅壁中发现的《礼记》《孝经》《尚书》《论语》，以及通过其他途径发现的《左氏传》《周官》《礼经》《古孝经》《礼古经》等。这些典籍用先秦六国文字写成，称为古文经。西汉两百年间，一直是今文经学占统治地位；古文经虽有传本，但或藏秘府，或于民间流传，不立于学官。西汉末年，刘歆向哀帝建议把《左传》《毛诗》《古文尚书》等列于学官，遭到今文学博士反对，刘歆又写了《移让太常博士书》予以反击，从而开始了今古文之争。

王莽篡汉时，出于学习周公"制礼作乐"的政治需要，大力佑助古文经，使《周礼》《左传》《毛诗》《古文尚书》立于学官。光武帝上台后又尽罢古文经，今文经又一次受到尊崇和褒奖，但古文经并未被扼杀，古文经学家仍然可以做官和讲学。古文经内容丰富而新颖，东汉时诵习者甚众，出现了许多古文经学大师，其中以马融的成就最大。马融学问广博，兼通各经，弟子数千，他遍注群经，首开贯通今古文经学之先河。马融的弟子郑玄更是博习古文经、今文经和谶纬之学，他采用今文经学的长处遍注群经，融今古文经学于一炉，结束了今古文经学之争论，成为两汉经学的总结者。此后，今文经学便由郑学取而代之了。

今文经和古文经原本只是记录文字不同，后来却发展为两个对立的学派。他们各立师法，标榜门户，在史料解释、治学原则和方法上多有分歧。今文经学家认为，六经皆孔子手定，孔子删定六经是经学的开辟时代；古文经学家则认为，六经只是古代史料，并非始于孔子。今文经学家以孔子为政治家兼宗教家，尊孔子为有帝王之德而无帝王之位的素王，认为六经是孔子的治国之道，偏爱其中的微言大义，注重从中寻求和阐发治国安邦的道理；古文经学家则以孔子为史学家，尊孔子为先师，把六经当史料看，有"六经皆史"的说法。

古文经学家把六经当史料，所以按时代顺序排列各经：伏羲画八卦，所以《易经》列第一；《书经》首篇为《尧典》，所以列第二；《诗经》中最早的是《商颂》，所以列第三；《礼》《乐》是周公所作，分列第四和第五；《春秋》是鲁史，由孔子整理而成，列在最后。今文经学家把六经当成孔子教授学生的不同课程，其中《诗》《书》《礼》《乐》为初级课程，分列在前；《易》和《春秋》为高等课程，所以排列在后。

从学统上说，今文经学以《春秋公羊传》为主，古文经学以《周礼》为主；今文经学家把六经看成孔子"托古改制"的手段，古文经学家则只把孔子看成古代史籍的继往开来者；今文经学家一般好讲阴阳五行、灾异谶纬及天人合一之学，古文经学家则注重名物训诂，学风朴实而烦琐。此外，今文经学家以为古文经的传授不大可靠，疑为刘歆伪造，斥古文经学为变乱师法；古文经学家则以为今文经只靠口耳相传，是秦火之残余，斥今文经学家为抱残守缺。

总的来看，今文经学长于哲学思辨，善言性与天道，是孔孟之道开拓者，受到哲学界和思想史界重视；古文经学长于考据训诂，是中国语言文字学的开拓者，多得语文学界青睐。

白虎观会议与经学法典化

东汉初年，儒家经学呈现出今文经学、古文经学和谶纬之学互相冲突的景象。总的情况是，今文经学根基深厚，古文经学势头日高，谶纬之学也登上了统治思想宝座，形成三家鼎立之势。建初四年（公元79年），杨终向章帝建议："宣帝博征群儒，论定五经于石渠阁。方今天下少事，学者得成其业，而章句之徒破坏大体。宜如石渠故事，永为后世则。"所谓章句之徒破坏大体，是说各方经师皆以己说解经，标新立异，六经章句越来越烦琐，内容互相冲突，难以担当国学重任，必须加以统一才行。于是，章帝下诏说："盖三代导人，教学为本。汉承暴秦，褒显儒术，建立五经，为置博士。其后学者精进，虽曰承师，亦别名家。孝宣皇帝以为去圣久远，学不厌博，故遂立大小夏侯《尚书》，后又立京氏《易》。至建武中，复置颜氏、严氏《春秋》，大小戴《礼》博士。此皆所以扶进微学，尊广道艺也。中元元年诏书，五经章句烦多，议欲减省。至永平元年，长水校尉樊鯈奏言，先帝大业，当以时施行。欲使诸儒共正经义，颇令学者得以自助。"于是，太常、将、大夫、博士、议郎、郎官及诸生诸儒共聚白虎观，讲议五经异同。由五官中郎将魏应提出问题，侍中淳于恭把诸儒的解答上奏，章帝亲临白虎观，以诏制作出裁决。后令史臣班固撰集成《白虎通德论》，又称《白虎通义》，简称《白虎通》。

参加白虎观会议的学者大都是今文经学家,讨论的也大多是今文经学的问题,所以《白虎通义》主要是一部统一今文经学的国学法典。同时,参加会议的还有贾逵、班固等少数古文经学家,而裁判者章帝也爱好古文经学,所以《白虎通义》也受到古文经学的影响。谶纬之学的基本理论阴阳五行学说和天人感应论与今文经学是一致的,所以《白虎通义》也保留了不少纬书中的内容。另外,在殿文中对答最好的是丁鸿,被誉为"殿中无双丁孝公",丁鸿的特点是兼通今古文。因此,《白虎通义》虽以今文经学为主,却也可以视为三家学说的初步综合,反映了东汉经学的发展方向。后来,今古文经学终于在郑玄等人的著作中达到统一。

《白虎通义》共汇集儒教经学的43个条目进行解释,内容涉及社会、礼仪、风习、国家制度、伦理道德等各个方面。如对爵、号、谥、三纲、六纪、宗族、姓名、嫁娶、崩薨、丧服、三军、诛伐、五刑、社稷、封公侯、巡狩、考黜、谏诤、致仕、耕桑、商贾等各个方面都有规范性解释和说明,具有经义标准和国家法规的性质。

《白虎通义》的中心思想是为封建君主专制作论证,所以首先对三纲六纪作了规定:"三纲者何谓也?谓君臣、父子、夫妇也。六纪者,谓诸父、兄弟、族人、诸舅、师长、朋友也。故《含文嘉》曰:君为臣纲,父为子纲,夫为妻纲。又曰:敬诸父兄,六纪道行,诸舅有义,族人有序,昆弟有亲,师长有尊,朋友有旧。何谓纲纪?纲者,张也;纪者,理也。大者为纲,小者为纪,所以张理上下,整齐人道也。人皆怀五常之性,有亲爱之心,是以纲纪为化,若罗网之有纪纲而万目张也,《诗》云'亹亹文王,纲纪四方'。"

《白虎通义》的名词解释包含了不少哲学思想,如关于天地、五行、人、性情等。关于天地:"天者何也?天之为言镇也,居高理下,为人镇也。地者,易也,言养万物怀妊,交易变化也。""天道所以左旋、地道右周何？以为天地动而不别，行而不离。所以左旋右周者，犹君臣阴阳相对之义。"关于五行："五行者，何谓也？谓金木水火土也。言行者，欲言为天行气之义也。地之承天，犹妻之事夫、臣之事君也。谓其位卑，卑者亲事，故自周于一行，尊于天也。""火者阳也，尊，故上；水者阴也，卑，故下；木者少阳，金者少阴，有中和之性，故可曲可直，从革。"关于人："人含五常而生，声有五音。""人所以有姓者何？所以崇恩爱、厚亲亲、远禽兽、别婚姻也。""姓，生也，人所禀天气所以生者也。""命者，何谓也？人之寿也，天命已使生者也。命有三科以记验：有寿命以保度，有遭命以遇暴，有随命以应行。""死之为言澌，精气穷也。""尸之为言失也，陈也，失气亡神，形体独陈。"关于性情："性情者，何谓也？性者，阳之施；情者，阴之化也。人禀阴阳气而生，故内怀五性六情。情者，静也；性者，生也。此人所禀六气以生者也。故《钩命决》曰：情生于阴，欲以时念也；性生于阳，以就理也；阳气者仁，阴气者贪，故情有利欲、性有仁也。"这些思想综合了三家学说，是对董仲舒新儒学思想的进一步发展。

古文经学大家许慎和《说文解字》

汉代经学的发展可分为两个阶段。西汉盛行今文经学，即十四博士之学，主要代表有伏胜、叔孙通、晁错（从伏胜受《尚书》）、胡母生（传《公羊春秋》，为齐学之祖）、辕固生（传《齐诗》）、韩婴（开创韩诗学）、孔安国（作《古文尚书》和《古文孝经传》）、董仲舒、公孙弘、江公（传《穀梁春秋》）、儿宽（传《今文尚书》和《穀梁春秋》）、夏侯胜（治《今文尚书》）、后苍（传《今文礼》）、韦玄成（治《鲁诗》）、匡衡（治《齐诗》）、戴圣（治

《小戴礼记》）、翟方进（治《穀梁春秋》），以及刘向、刘歆父子。其中，刘歆既是今文经学大家，又是第一个倡导古文经学的人。古文经在汉武帝时陆续发现，一直在民间私授。西汉末年以后，通过刘歆的努力和王莽的支持，古文经学逐渐兴起，到东汉中叶已大有取代今文经学地位而跃居独尊之势。东汉古文经学的主要代表有郑兴（东汉初左氏学大家）、郑众（郑兴之子）、卫宏（治《毛诗》《古文尚书》）、孔奋（从刘歆受左氏学）、杜林（得漆书《古文尚书》）、贾逵（兼通《古文尚书》《毛诗》《周官》《左传》《穀梁传》等）、许慎、马融、卢植（著《尚书章句》《三礼解诂》）和郑玄等。其中，被誉为"五经无双"的许慎是当时公认的古文经学大师，著《说文解字》和《五经异义》，有力地捍卫了古文经学的地位。此外，马融有弟子数千，对古文经学的传播作出了重要贡献，他的学生郑玄在古文经学的立场上兼采今文学的经说，取得了古文经学的最后胜利。

许慎（约公元58—约147年），字叔重，东汉汝南召陵（今河南郾城）人，约生于东汉明帝时期，少年时博习今文学经籍，后来拜古文经学大家贾逵为师，学习古文经学。许慎曾做郡守的属官功曹史，掌人事及其他政务，"奉上以笃义，率下以恭宽"，颇显儒者美德，被举为孝廉，并被授予太尉南阁祭酒之职，后来又升为洨县之长。其《说文解字》是我国语言文字学史上第一部分析字形、解说字义、辨析字音的名著，成为后人解读先秦典籍的桥梁，极受语文学家推崇。但此书的写作动机是为了捍卫古文经学。今文经学发展到东汉，其内部已经腐朽，"说《尧典》篇目两字之说至十余万言"，胡乱发挥，烦琐之极，更有用谶纬附会经义，早已失去经学原旨。为重新焕发儒学的生命力，许多有识之士纷纷转向古文经学，一方面斥责今文经学的谶纬妖妄，同时极力强调文字训诂对治经的重要性。卢植在给皇帝的奏疏中说："古文科斗近于为实，而厌抑流俗，降在小学，中兴以来，通儒达士班固、贾逵、郑兴父子，并敦悦之。"他认为，训诂不明则经义不彰，应该重视语言文字之学，把它作为经学的基础性内容。许慎说："文字者，经艺之本，王政之始。"正因为如此，他才撰写《说文解字》，以发挥"五经之道"。

《说文解字》有正文14篇，另有自序一篇，收字9 353个，异体字1 000多个，解说词133 400多字，对每个汉字皆从音形义几方面逐一分析和解说，成为集古文经训诂之大成的经学名著。许慎在自序中讲到所依据的经传书目，有《易》孟氏、《书》孔氏、《诗》毛氏、《礼·周官》、《春秋》左氏、《论语》和《孝经》等，都是古文经传，这又使它成为第一部系统研究先秦语言文字的语文学名著。此外，许慎还有《五经异义》等书，专主古文经学，今佚。据史书记载，当时流传有"五经无双许叔重"的评语，这说明许慎无愧于古文经学大师的美名。

党锢之祸与经学衰落

在王莽灭亡和东汉建立的过程中，士族起了决定性作用。因此，在东汉初期，士族和与其关系密切的儒生们享受了空前的尊宠和荣誉。不仅"三老""五更"受到尊养，连皇帝本人也以充当经学大师的门生为荣。可是，随着士族力量的不断增长，他们总想把皇权置于自己的控制之下，这最终导致皇权与士族之间的尖锐矛盾。

在各种社会力量中，最便于皇帝利用的是宦官和外戚。皇帝信用宦官和外戚来对付士族，必然招致士族和儒生们反对。他们上书说："地者阴精，当安静承阳，而今动摇者，阴道盛也。其日戊辰，三者皆土，位在中宫，此中臣近官盛于持权用事之象也。"又说：

"今梁氏一门，宦者微孽，并带无功之绂，裂劳臣之土，其为乖滥，胡可胜言！"这种矛盾的激化和升级，最终导致了党锢之祸。所谓党锢之祸，实质是宦官、外戚和皇权共同打击士族及经学知识分子的惨剧，其中的一个直接结果，便是导致盛极一时的两汉经学走向衰落。

党锢之祸连续发生过数次。第一次在延熹九年（公元166年）。"时河内张成善说风角，推占当赦，遂教子杀人。李膺为河南尹，督促收捕，既而逢宥获免。膺愈怀愤疾，竟案杀之。"于是，张成弟子勾结宦官，"上书诬告膺等养太学游士，交结诸郡生徒，更相驱驰，共为部党，诽讪朝廷，疑乱风俗"。皇帝早想收拾这邦士族知识分子，得此借口，马上下诏逮捕李膺等二百多人入狱。后虽释放，却终身不许做官。三年后，灵帝在宦官侯览、曹节挟持下，又收捕李膺、杜密等一百多人下狱处死，并陆续杀死、流放、囚禁六七百人。熹平五年（公元176年），灵帝又在宦官挟制下命令凡党人之门生故吏、父子兄弟都免官禁锢，并连及五族。这被称为第二次党锢之祸。司马光说："天下豪杰及儒学有行义者，宦官一切指为党人"。这两次党祸，堪比秦朝的"焚坑"之祸，对儒家经学造成了致命打击。

党锢之祸的发生，也与朝政腐败及广大儒生对弊政的尖锐抨击有关。"逮桓灵之间，主荒政缪，国命委于阉寺，士子羞与为伍，故匹夫抗愤，处士横议。遂乃激扬名声，互相题拂，品核公卿，裁量执政。婞直之风，于斯行矣。"汉代儒术独尊，经学繁荣，社会上儒生激增。他们手捧经书，志行高洁，自以为"修大道""有经艺之本""道胜于事"，看不起文吏和官场腐败。与儒生们怀才不遇的心情和对官场的激烈批评相反，文吏们却看不起这帮在野知识分子，把他们看成一帮死守章句、不晓事理的废物。

王充说："儒生不习于职，长于匡救，将相倾侧，谏难不惧。案世间能建蹇蹇之节、成三谏之议、令将检身自敕不敢邪曲者,率多儒生。阿意苟取容幸、将欲放失、低嘿不言者,率多文吏。文吏以事胜,以忠负;儒生以节优,以职劣。""儒生无阀阅,所能不能任剧,故陋于选举,佚于朝廷。""文吏幼则笔墨,手习而行,无篇章之诵,不闻仁义之语。长大成吏,舞文巧法,徇私为己,勉赴权利。考事则受赂,临民则采渔,处右则弄权,幸上则卖将。一旦在位,鲜冠利剑,一岁典职,田宅并兼,性非皆恶,所习为者违圣教也。""儒生学大义,以道事将,不可则止,有大臣之志,以经勉为公正之操,敢言者也。"

儒生与文吏的矛盾不断激化,再加上宦官外戚专权和政局腐败,使儒家知识分子与朝廷的矛盾更为尖锐:"流言转入太学,诸生三万余人,郭林宗、贾伟节为其冠,并与李膺、陈蕃、王畅更相褒重。学中语曰:'天下楷模李元礼,不畏强御陈仲举,天下俊秀王叔茂。'又渤海公族进阶、扶风魏齐卿,并危言深论,不隐豪强。自公卿以下,莫不畏其贬议,屣履到门。"这帮儒生们博通坟籍,持志清高,"隐不违亲,贞不绝俗,天子不得臣,诸侯不得友",不能为宦官、外戚和皇帝所容,最终被他们一网打尽。

党锢之祸后,儒家经学力量元气大伤,盛极一时的两汉经学不可避免地走向了衰落。遭受党锢之祸的经学大师郑玄隐居不出以避祸,同时开始了两汉经学的总结整理工作。郑玄之后,儒学的主流表现出明显的清谈倾向,预示着两汉经学开始向魏晋玄学转化。

融今古文经学为一体的郑玄

郑玄(公元127—200年),字康成,北海高密(今山东高密)人,出身于没落封建士大夫家庭。身长八尺有余,美目秀眉,尤喜饮酒,年青时做过乡啬夫(掌管听讼、征收赋税的小吏)。家境贫寒,却不愿为吏,一心向往师儒之道。先师事京兆第五元先,学习《京氏易》《公羊春秋》《三统历》《九章算术》,熟悉了今文经学;后来又随东郡张恭祖学习《周官》《礼记》《左氏春秋》《韩诗》《古文尚书》等古文经,打下了坚实的古文经学基础。在此期间,他还往来南北游学十余年。"在位通人,处逸大儒,得意者咸从捧手,有所受焉"。在此基础上,他又西行入关,以扶风经学家马融为师。

马融(公元79—166年)乃马太后(明帝皇后)侄子,贵族地位增强了他作为经师的声望,当时有门徒四百多人,优秀者五十余人。他只对少数高材生面授,然后由这些学生转相传授。郑玄在马融门下三年,却未得见其一面,只是通过他的学生学习其经说。后来,马融召集门徒讨论图纬,听说郑玄擅长历算才召见了他。郑玄终于有机会请教了自己在治学中遇到的问题。请教完毕,郑玄告辞回乡,马融这才发现郑玄是个人才,对弟子们说:"郑生今去,吾道东矣!"

郑玄回乡时已四十多岁,由于家境贫困,他一边躬耕田里,一边授徒东莱,从学弟子成百上千。以他的学识和名望,本来可以出仕为官;但由于党锢之祸,被禁锢十四年之久,不许做官。于是专心著述,隐修经业,闭门不出,学问大进。

当时,任城经学家何休独好《春秋公羊传》,曾用十七年时间写成《春秋公羊解诂》,有较大影响。他还写了《公羊墨守》《左氏膏肓》《穀梁废疾》三文,认为《春秋》三传中只有《公羊传》义理深远,而《左传》和《穀梁传》则不值得研究。针对何休的文章,郑玄分别写了《发墨守》《针膏肓》《起废疾》三文予以驳斥。何休读了郑玄的文章后,叹服地说:"康成入吾室,操吾戈以伐我乎!"

汉灵帝末年,党锢禁解,大将军何进钦慕郑玄的学问和名望,请他去做官,他不肯去,后来被迫见面,住了一宿便告辞了。后来,北海相孔融对郑玄很敬佩，指令高密县令为他特立一乡，称"郑公乡"，并号称他的家门为"通德门"。董卓迁都长安时，亦曾推举郑玄为相，大将军袁绍也推荐他为左中郎将，都没有就职。建安五年（公元200年），袁绍与曹操在官渡会战，袁绍的儿子袁谭强迫郑玄随军而行，遂于六月病逝，享年七十四岁。

郑玄一生博览群经，尤擅训诂，以古文经学立场遍注群经，同时兼采今文经学的观点，择善而从，创立了融今古文经学为一体的新经学——郑学。具体来说，郑玄注《易》用费氏古文，注《尚书》兼采今古文，笺《诗》以《毛诗》为主而兼采鲁、齐、韩三家诗说，注《仪礼》并存今古文，注《论语》以《鲁论》为主而参考《齐论》和《古论》，注《孝经》则多从今文说。郑学的这些特点，逐渐泯灭了今古文经学的界限，使两汉以来的经学出现了一个小统一的局面。郑玄的经注推出后，原来各守门户的今文经学和古文经学逐渐不为人们遵信，学者们转而崇尚郑学，郑学因而成为天下所宗的儒学。

四、谶纬之学与经学神学化

儒术在西汉获得国教地位，特别是董仲舒的天人感应论成为国家神学，极大地刺激了儒家天命论的发展，导致谶纬神学的兴盛和法典化，使谶纬之学与今文经学、古文经学一起成为汉代儒学的三驾马车，并且为道教和玄学的产生以及佛教在中国的传播创造了条件。

什么是谶纬

儒学作为中国封建王朝的国学和国教，必须解决的一个理论问题是由谁来当皇帝、怎么当皇帝。按照儒家天命论，皇帝是天之长子，由上天任命。可上天不会说话。孔子云："天何言哉？四时行焉，百物生焉，天何言哉！"那么，人们怎么才能知道上天的任命呢？孔子和董仲舒说，要看符瑞。孔子曾说："凤鸟不至，河不出图，吾已矣夫。"意思是说，上天没有任命迹象，我没戏了。董仲舒的天人感应论是在当朝皇帝问策时阐述的，主要解决怎么当皇帝的问题，而不用解决谁当皇帝的问题。可是，朝代更替终究会到来，后面这个问题必须回答。于是，符谶、图谶或谶言——这种通过语言文字表达的任命或神学预言，就应运而生了。

谶的起源很早。《三苍》云："谶，秘密书也。"《说文解字》云："谶，验也。有征验之书，河洛所出书曰谶。"谶书往往附图，又称图谶。《隋书·经籍志》云："汉末郎中郗萌集图纬谶杂占为五十篇，谓之《春秋灾异》。"把图谶和杂占当作同类性质的书看待。《史记》载，秦穆公病，七日而寤，告诉公孙支与子舆说："我之帝所，甚乐。……帝告我：'晋国且大乱，五世不安。其后将霸，未老而死。霸者之子且令而国男女无别。'"公孙支书而藏之，秦谶于是出矣。秦始皇令徐福入海求仙，徐福回来后献《图录》，其中说："亡秦者胡也。"秦始皇以为"胡"是指胡人，即北方的匈奴，于是派蒙恬领三十万大军北筑长城以防之。后来，秦朝亡于二世，秦二世名胡亥。《尚书帝命验》有谶云："天鼓动，王弩发，惊天下，贱类出，高将下。"据说"贱类"指秦始皇，"高"指赵高，其实是秦朝的儒生们编出来骂秦始皇的。

"纬"是"经"的补充。孔子传授《诗》《书》《礼》《乐》《易》《春秋》六经，留下许多口义，《论语》当为最重要的部分。其他口义整理成册，称为《传记》。如《易》有《易传》，《书》有《书传》，《礼》有《礼记》，《乐》有《乐记》，《诗》有《诗传》，《春秋》有《公羊传》《穀梁传》《左传》等。只有把经文与传记结合起来，才能把握经学全貌。到了汉代，这些经和传已经不够用了，于是儒生们就自己发挥。他们说，孔子作六经后又作了一些补充和说明，称为纬，圣人传六艺，有经有纬才符合常道。实际上，所谓纬，不过是他们的神学附会，假托孔子之名罢了。《四库全书总目》云："纬者，经之支流，衍及旁义。盖秦汉以来，去圣日远，儒者推阐论说，各自成书，与经原不相比附，如伏生《尚书大传》、董仲舒《春秋阴阳》，核其文体，即是纬书，特以显有主名，故不能托诸孔子。其他私相撰述，渐杂以术数之言，既不知作者为谁，因附会以神其说。迨弥传弥失，又益以妖妄之词，遂与谶合而为一。"清儒王祎作《青岩丛录》云："大抵纬书之说，以谓孔子既叙六经以明天人之道，知后世不能稽同其意，故别立纬谶以遗来世，其书出于汉哀、平之世，盖夏贺良之徒为之，以为有经则有纬，故曰纬书。"

图谶在汉代发展为谶纬，在哀平之世兴盛泛滥。《汉书》述哀平之世云："阴阳错谬，岁比不登，天下空虚，百姓饥馑，父子分散，流离道路，以十万数。而百官群职旷废，奸宄放纵，盗贼并起，或攻官寺，杀长吏。"在统治阶级内部，豪强、宗室及后党、外戚争权夺利，各自编造谶语来为其政治斗争服务。如刘氏皇朝为神化其政权而编造谶语说："卯金出轸，握命孔符。""帝刘之秀，九名之世，帝行德封刻政。""刘受纪，昌光出轸，五星聚井。"反映后宫和外戚专权的谶语如："后族专权，地动摇宫。""星在月角者，臣与黄门僮女阴奸为贼。两星在月角者，臣与人君共作奸。一星在月中者，臣与妇女共做奸谋。一星在月下者，后宫列女要臣为奸也。"反对刘氏皇朝者也编造谶语，如："君臣无道，不以孝德治天下，乌云蔽日，茫茫滉滉，四方凄惶。""岁星入北斗，天下大乱，改政易王，国有大丧，期三年。""日蚀之后，必有亡国弑君，奔走乖离，相诛，专政拥主，灭兵车，天下昏乱，邦不宁。"汉末黄巾起义中所谓"苍天已死，黄天当立，岁在甲子，天下大吉"也是一种谶语。

儒生的方士化和神化孔子

与今文经学和古文经学有经典依据不同，谶纬之学空口无凭。为增加可信度，儒生们只好像方士一样编造神话，从感生、异表、符命、制法、先知等方面对孔子进行神化。《论语纬·撰考》说："叔梁纥与征在祷尼丘山，感黑龙之精，以生仲尼。"《春秋纬·演孔图》说："孔子母征在游于大冢之陂，睡梦黑帝使请与己交。语曰：'女乳必于空桑之中。'觉则若感，生丘于空桑之中。""故曰玄圣"。儒生们认为，夏为白帝之子，殷为黑帝之子，周为苍帝之子，孔子乃殷人之后，故为感黑帝精而生。这是从"感生"方面对孔子的神化。

儒生们还认为，"圣人皆有异表"，所以他们在纬书中这样描绘孔子："孔子反宇（注：谓其头顶像反置的天穹），是谓尼丘，德泽所兴，藏元流通。""孔子长十尺，大九围，坐如蹲龙，立如牵牛，就之如昴，望之如斗。""仲尼斗唇，舌理七重吐教，陈机授度。""仲尼虎掌。""仲尼龟脊。""夫子辅喉骈齿。""仲尼海口，言若苍泽。""孔子胸应矩。""孔胸文曰：'制作定，世符运。'"这是从"异表"方面对孔子的神化。

儒生们接受邹衍"五德终始"说，认为历史按木、金、火、水、土逐一相克的次序发展，每到一德皆有相应的符瑞出现，如"凤鸣西山"是周之火德将要代商（金德）的祥瑞。儒生们认为，孔子有帝王之德而无帝王之位，是生不逢时（德运）造成的。"丘为制法，主黑绿不代苍黄"，其意是说，孔子为黑龙之精，为水德，不合代周家木德之苍。于是，他们编造纬书说："子曰：吾作《孝经》，以素王无爵禄之赏、斧钺之诛，与先王以托权"，"孔子曰：丘揽史记，援引古图，推集天变，为汉帝制法，陈叙图录"，这是从"符命"方面来神化孔子。

儒生们认为，孔子来到人间是专为汉家制法的。纬书说："孔子为治《春秋》之故，退修殷之故历，使其数可传于后。""哀公十四年春，西狩获麟，作《春秋》，九月书成。""昔孔子受端门之命，制《春秋》之义，使子夏等十四人求周史记，得百二十国宝书，九月经立。""孔子作《春秋》，陈天人之际，记异考符。""圣人不空生，必有所制，以显天心。丘为木铎，制天下法。""子曰：吾作《孝经》，以素王无爵禄之赏、斧钺之诛，与先王以托权，目至德要道以题行，首仲尼以立情性，言子曰以开号，列曾子以示撰辅，《书》《诗》以合谋。""孔子云：欲观我褒贬诸侯之志，在《春秋》；崇人伦之行，在《孝经》。"这是从"制法"方面对孔子的神化。

儒生们认为，孔子不但是圣，而且是能预知未来的神。《白虎通义》说："圣人所以能独见前睹，与神通精者，盖皆天所生也"。儒生们编造说："驱除名政，衣吾衣裳，坐吾曲床，滥长九州，灭六王，至于沙丘亡。""得麟之后，天下血书鲁端门曰：'趋作法，孔圣没，周姬亡，彗东出，秦政起，胡破术，书记散，孔不绝。'""孔子曰：传我书者，公羊高也。"意思是说，后来发生的一切孔子早就预言到了。这是从"先知"方面对孔子的神化。

把孔子神化之后，他们就可以利用孔子来大造图谶，为汉朝政治服务了。《孝经右契》说:"孔子作《春秋》,制《孝经》,既成,使七十二弟子向北辰星磬折而立,使曾子抱《河》《洛》事北向。孔子斋戒,簪缥笔,衣绛单衣,向北辰而拜,告备于天曰:'《孝经》四卷,《春秋》《河》《洛》凡八十一卷,谨已备。'天乃洪郁起,白雾摩地,赤虹自上下,化为黄玉,长三尺,上有刻文。孔子跪受而读之,曰:'宝文出,刘季握,卯金刀,在轸北,字禾子,天下服。'"就是说,刘季统一天下,完全是天意。又说:"孔子夜梦三槐之间,丰沛之邦,有赤氲气起,乃呼颜渊、子夏侣往观之。驱车到楚西北,范氏之街,见前刍儿捶麟,伤其前左足,束薪而覆之。孔子曰:儿来,汝姓为谁?儿曰:吾姓为赤松,名时乔,字受纪。孔子曰:汝岂有所见乎?儿曰:吾见一禽,如麇,羊头,头上有角,其末有肉,方以是西走。孔子曰:'天下已有主也!为赤刘,陈、项为辅,五星入井从岁星。'儿发薪下麟,示孔子,孔子趋而往。麟向孔子,蒙其耳,吐三卷图,广三寸,长八寸,每卷二十四字。其言:'赤刘当起日,周亡,赤气起,火曜兴,玄丘制命,帝卯金。'"这同样是说,刘氏建立汉朝是天意使然。

光武帝刘秀与谶纬

汉初的谶纬,主要是为刘氏政权的合法性和神圣性制造舆论的。随着汉王朝政治危机加深,出于各种政治目的的谶语随之出现。如《河图·圣洽符》有这样的谶语:"荧惑守候星,天下饥,兵草起,国有忧,期二年。"《雄图·三光占》则说:"荧惑入北斗魁,中而守之,十日,天下大乱,易其王,天子死,五都亡,期二年,远三年。"这些内容显然对汉王朝不利。面对严重的政权危机,夏贺良向哀帝奏"赤精子之谶"说:"汉家历运中衰,当再受命，宜改元易号。"哀帝乃下诏，改建平二年为太初元将元年，改称号为陈圣刘太平皇帝。但王莽却说这个谶语的意思是要他代汉的，又要改元为初始。后来，王莽终于以长安无赖哀章伪造的《天帝行玺金匮图》和《赤帝行玺某传予黄帝金策书》为借口，正式代汉为帝。

王莽代汉后，深知谶纬危险，下令严禁，可无济于事。王莽越是禁止，反王莽的势力越是利用谶纬来反对他。王莽末年，天下连岁灾蝗，寇盗峰起。李通制造"刘氏复起，李氏为辅"的谶语鼓动刘秀起兵。刘秀见王莽败局已兆，天下方乱，遂与李通定谋，举兵而起。刘秀起兵后，连连破敌，战果累累，诸将一再劝他称帝，他均不肯。后来，耿纯进谏说："天下士大夫捐亲戚，弃土壤，从大王于矢石之间者，其计固望其攀龙鳞、附凤翼，以成其所志耳。今功业即定，天人亦应，而大王留时逆众，不正号位，纯恐士大夫望绝计穷，则有去归之思，无为久自苦也。大众一散，难可复合。时不可留，众不可逆。"于是，刘秀答应说："吾将思之。"

后来行军至鄗，刘秀原来在长安时的同舍生强华从关中奉《赤伏符》说："刘秀发兵捕不道，四夷云集龙斗野，四七之际火为主。"于是，诸将奏请说："受命之符，人应为大，万里合信，不议同情，周之白鱼，曷足比焉？今上无天子，海内淆乱，符瑞之应，昭然著闻，宜答天神，以塞群望。"于是，刘秀命有司设坛场于千秋亭五成陌，于六月己未日即皇帝位。乃燔燎告天，禋于六宗，望于群神。其祝文说："皇天上帝，后土神祇，眷顾降命，属秀黎元，为人父母，秀不敢当。群下百辟，不谋同辞，咸曰：'王莽篡位，秀发愤兴兵，破王寻、王邑于昆阳，诛王郎、铜马于河北，平定天下，海内蒙恩，上当天地之心，下为元元所归。'谶记曰：'刘秀发兵捕不道，卯金修德为天子。'秀犹固辞，至于再，至于三，群下佥曰：'皇天大命，不可稽留。'敢不敬承！"

刘秀以图谶发达后，对谶纬更加崇信。汉光武帝建武五年（公元29年）出现旱灾和蝗灾，刘秀下诏说："久旱伤麦，秋种未下，朕甚忧之。将残吏未胜，狱多冤结，元元愁恨，感动天气乎？其令中都官、三辅、郡、国出系囚，罪非犯殊死一切勿案，见徒免为庶人。务进柔良，退贪酷，各正厥事焉。"第二年九月丙寅，发生日食，他又下诏说："吾德薄不明，寇贼为害，强弱相凌，元元失所。《诗》云：'日月告凶，不用其行。'永念厥咎，内疚于心，其敕公卿举贤良、方正各一人；百僚并上封事，无有隐讳；有司修职，务遵法度。"又一年三月，癸亥晦，有日食，刘秀避正殿，寝兵，五日不听事，并且下诏说："吾德薄致灾，谪见日月，战栗恐惧，夫何言哉！今方念愆，庶消厥咎。其令有司各修职任，奉遵法度，惠兹元元。百僚各上封事，无有所讳。其上书者，不得言圣。"汉光武帝建武二十二年（公元46年），五月日食，九月地震。刘秀下诏说："日者地震，南阳尤甚。夫地者，任物至重、静而不动者也。而今震裂，咎在君上。鬼神不顺无德，灾殃将及吏人，朕甚惧焉。其令南阳勿输今年田租刍稿。遣谒者案行，其死罪系囚在戊辰以前，减死罪一等；徒皆弛解钳，衣丝絮。赐郡中居人压死者棺钱，人三千。其口赋逋税而庐宅尤破坏者，勿收责。吏人死亡，或在坏垣毁屋之下，而家赢弱不能收拾者，其以见钱谷取佣，为寻求之。"

光武帝刘秀迷信谶纬，每见灾异，必反躬自责，作政治检讨。汉光武帝建武三十一年（公元55年）十一月甲子，又日食。这一年，刘秀起明堂、灵台、辟雍及北郊兆域，并宣布图谶于天下，赋予纬书国宪般的神圣地位。从此，谶纬之学更加泛滥。

古人为观测天文星象而建观象台，称为灵台。汉代的儒生们认为，不同的天象表达老天的不同秘意，统治者要善于解读天象的含义,以便适时调整政治行为,所以纬书中说:"灵台,候天意也。经营灵台,天下附也。""礼天子灵台,所以观天人之际、阴阳之会也,揆星辰之征,验六气之瑞,应神明之变化,睹日气之所验,为万物履福于无方之原。"光武帝刘秀建灵台时,特召群儒开会,讨论灵台该建在何处。《公羊》家说:"灵台在国之东南二十五里。"《韩诗》说:"在南方七里内。"《左传》则说:"在太庙之中"。刘秀根据《诗·含神雾》中"作邑于丰,起灵台"的说法,想把灵台建于邑内,便以此去征求桓谭的意见。桓谭不信谶纬,沉默了一会儿说:"臣不读谶。"竟然触怒了刘秀,遭到贬黜。

刘秀迷信图谶,还常以谶语为据来提拔官员。因为《赤伏符》里有"王梁主卫作玄武"一句,他就据此把一名叫王梁的官员提拔为大司空。他还根据"孙咸征狄"的谶语用孙咸行大司马事。有个叫尹敏的儒生被刘秀任命去校刊图谶,便乘机在谶文的缺脱处加上"君无口,为汉辅"六字,希望借此得到重用。刘秀见到此谶,感到太离奇,便去察问,尹敏说:"臣见前人增损图书,敢不自量,窃幸万一。"刘秀虽然很生气,却并未降罪于他。

范晔评论说:"光武尤信谶言,士之赴趣时宜者,皆驰骋穿凿争谈之也。故王梁孙咸,名应图箓,越登槐鼎之任。郑兴贾逵,以附同称显;桓谭尹敏,以乖忤沦败。自是习为内学,尚奇文,贵异数,不乏于时矣。是以通儒硕生,忿其奸妄不经,奏议慷慨,以为宜见藏摈。子长亦云:'观阴阳之书,使人拘而多忌。'盖为此也!"

五、经学演变

汉朝灭亡之后,中国进入乱世。在谶纬神学思潮中产生的道教,以及在这种文化氛围下传入的佛教,开始与儒教争夺群众。魏晋南北朝时期,国家分裂,民族交融,儒学的国教地位受到冲击,佛教和道教趁势而起,中国文化出现三教并立局面,儒家经学随之而变。

经学的统一

儒家经学发展到东汉末年,几乎是郑学一统天下。魏文帝以后,统治者不再以经术取士,而代之以九品中正制,只有门阀世族才能做官,今古文之争在政治上已没什么意义。由于士族阶层对礼的重视,郑注《三礼》受到推崇。同出马融门下的王肃,主要根据马融的经说为《尚书》《诗经》《论语》《三礼》《左传》等古文经作注,挑战郑学。凡郑学主古文说者,他都以今文说攻之;凡郑学主今文说者,他则以古文说驳之,甚至伪造《孔子家语》和《孔丛子》两书,假托圣言讥短郑学。起初,有魏帝曹髦支持郑学博士以反对王学,后来王注诸经受司马氏支持而得列学官,一时压倒了郑学。此后,郑学之徒马昭和孙炎与王学之徒孔晁、孙毓等人进行了不少争论,东晋时郑学又压制了王学，郑注诸经大都重立于学官。魏晋时期，王学与郑学之争代替了汉代的今古文之争。王、郑二家偏重古文说，实际上成了古文经学内部的争论。在郑、王两家之外，又有王弼注《周易》、杜预注《左传》、范宁注《穀梁》、何晏注《论语》、梅赜伪作《古文尚书》行世，他们的做法几乎把汉代今古文两家的注解全部推翻了。西晋永嘉之乱后，今文经几乎全部丧失，西汉十四博士之学几乎灭绝，只有古文经行世了。

南北朝经学有南学和北学之分。"江左，《周易》则王辅嗣，《尚书》则孔安国，《左传》则杜元凯；河洛，《左传》则服子慎，《尚书》《周易》则郑康成，《诗》则并主于毛公，《礼》则同遵郑氏。"南学承魏晋学风，重文辞而轻经术；北学继东汉学风，斥老庄而崇儒术。与汉代的明经之学相比，南北朝的经学为义疏之学，其注经多根据一家之说，逐字、逐句、逐章地讲解古文，成为唐代五经义疏的先导。唐朝初年，李世民吸取隋朝统治者崇佛轻儒甚至迫害儒生的历史教训，特别注意倡导儒术以延揽人才。他在弘文殿集四部之书二十余万卷，殿侧开弘文馆，立十八博士，分班轮值讲述经义，议论朝政。后来又改祭孔子和颜渊，广征天下儒士为学官，令祭酒博士讲解经义，学生凡能通一经以上者皆任用为官，遂使儒学一时大盛。同时，为了消除学出多门、章句繁杂的混乱局面，建立统一的经学以便于科举取士，他又召集学者考定《左传》《尚书》《周易》《毛诗》《礼记》等经书的文字，责令国子祭酒孔颖达领衔撰定五经义疏，称为《五经正义》，颁行全国，以达到统一经义的目的。

孔颖达（公元574—648年），字冲远，冀州衡水人。自幼博闻强记，勤奋好学。八岁就学，日诵千余言，成年后于书无所不观，尤明儒家经典，兼善天文历算，文章超群。曾慕名向闻名全国的儒学大师刘焯请教，刘焯以其年少而有所轻慢，孔颖达提出质疑后，刘焯大感意外，遂改变态度，留他一起研究儒学。孔颖达初以教书授徒为业，隐居乡里却名声远播。隋炀帝大业初年，而立之年的孔颖达高中明经科举人，被授予河内郡博士官职。隋炀帝为统一思想，曾在洛阳召集各郡名儒宿士，与国子监秘书学士一起辩论经文，孔颖达亦在应召之列，并以博识善辩赢得桂冠，成为太学助教。但他也因此招来了先辈宿儒的忌恨，他们"耻为之屈"，甚至派刺客害他，他幸得礼部尚书杨玄感保护而免难。唐高祖武德四年（公元621年），李世民开馆延请名儒，隐居武牢的孔颖达被引荐为文学馆学士，成为初唐十八博士之一。玄武门之变后，擢授国子博士。贞观初年，封曲阜县男，转给事中，后历国子司业、太子右庶子、散骑常侍和国子祭酒，晋为子爵。同时，还参与《隋书》修撰。孔颖达为人刚直，中正无私，颇能犯颜直谏，太子乳母安夫人劝他说："太子成长，何宜屡致面折！"他却回答："蒙国厚恩，虽死无恨！"俨然儒臣气象。

孔颖达在儒学史上的最大贡献是主编《五经正义》。其中，《毛诗正义》40卷，毛亨传、郑玄笺；《尚书正义》20卷，伪孔安国传；《周易正义》16卷，王弼、韩康伯注；《礼记正义》70卷，郑玄注；《春秋正义》（《左传正义》）36卷，杜预集解。每经皆由数儒分治，作出符合时代需要的"正义"。所谓正义，是端正前人义疏之意，依据统一的注经标准和格式，对传注加以疏通解释，严遵经文，疏不破注，以为士子习经之宗。对《五经正义》的编撰，孔颖达不但总揽大纲，而且亲自参与，常常为经师们解答疑难。唐太宗说："卿等博综今古，义理该洽，考前儒之异说，符圣人之幽旨，实为不朽。"为求精审，孔颖达后来又奉诏对《正义》作了详细的审核，力求准确精当，以便"垂法后进"。贞观十八年（公元644年），孔颖达的画像被刻于凌烟阁，与开国勋臣们同列。孔颖达死后五年，唐高宗又召集名儒对《五经正义》作了订误，然后正式颁行全国。从此，"明经取士,皆遵此本",汉代以来的纷纭经说彻底结束。

儒学的玄学化

古文经学的崛起,促进了语言文字学的发展,却抑制了治国理政思想的发展。在儒家思想日趋枯竭的同时,长于哲学思辨的道家学说日益受到人们重视。王弼与何晏、夏侯玄等人援道入儒,以老庄思想注释儒经,发展国学,遂开一代玄风,史称"正始之音"。

王弼(公元226—249年),字辅嗣,魏国山阳(今河南焦作)人。"幼而察慧,年十余,好老氏,通辩能言。"吏部郎裴徽见而异之,问道:"夫无者,诚万物之所资也,然圣人莫肯致言,而老子申之无已者何?"王弼答道:"圣人体无,无又不可以训,故不说也。老子是有者也,故恒言有所不足。"寥寥数语、轻描淡写地解决了援道入儒的理论难题。吏部尚书何晏亦对王弼的才智惊奇不已,感叹道:"仲尼称:后生可畏。若斯人者,可与言天人之际乎!"

王弼的代表作是《周易注》。《周易》是儒经中最富哲理的一部。王弼看准了这一点,用老庄玄理解易,使《周易注》成为经学玄学化的代表作。玄学尽弃两汉经学的象数推演和名物训诂,力图为儒家学说奠立新的哲学基础。玄学家的经注一出,除了《毛诗》、郑注三礼及何休《春秋公羊解诂》外,汉代今、古文经学家的经注全被推倒,儒教经学发生巨变。

两汉易学的突出特点是象数学和卦气说,王弼易学的特点则是"得象忘言,得意忘象",强调透过象数和名物之迹参悟无象无状、不可言说的宇宙本体。儒学的玄学化克服了两汉经学的烦琐之弊,使人们从经学独断论的束缚中解放出来,这就为佛教的传播和道教的发展创造了条件。在经学玄学化的同时,道教思想和佛教的中国化得到进一步发展，在本体论、心性论等有关宇宙人生基本问题的解答上超过了儒学。但两汉以来的儒家经学在国家政治生活中的实用性和基础地位无法取代，这样就形成了中国文化史上"三教鼎立"的局面。

王通与三教并奖

魏晋南北朝时期，儒家经学不仅在哲学思想和神学理论上落后于道教和佛教，它所极力维护的封建纲常名教也受到了乱世的冲击。佛教和道教更加彻底的神学理论不但满足了普通群众的精神需要，而且吸引了大量喜究玄理的儒家知识分子，儒家阵营则只剩下一些皓首穷经、死读书的干禄之士，几乎没有什么理论创新。到了隋朝，面对儒门冷落局面，河东郡龙门县通化镇（今山西万荣）的大儒王通誓守孔子之道，明确提出了"三教可一"的主张。

王通（公元584—617年），字仲淹，出身于六世冠冕、世宦兼儒学的家庭。自幼受学，勤奋非常，年十五而为人师。后来到处游历问学，"不解衣者六岁"。仁寿三年（公元603年），西游长安，见了隋文帝，奏"十二太平策"，尊王推霸，稽古验今，文帝大悦，但因公卿们反对而未用。后来，王通被任为蜀郡司户书左、蜀王侍读。大业末年辞官回家，以著书讲学为业。著有《十二策》《续六经》《中说》等书，其中《续六经》包括《续诗》10卷、《续书》25卷、《礼论》10卷、《乐论》10卷、《赞易》10卷、《元经》（续《春秋》）15卷。他说："吾《续诗》以存汉晋之实，《续书》以辩六代之俗，修《元经》以断南北之疑，赞《易》道以申先师之旨，正《礼》《乐》以旌后王之失，如斯而已矣。"又说："《书》以辨事，《诗》以正性，《礼》以制行，《乐》以和德，《春秋》《元经》以举往，《易》以知来，先王之蕴尽矣。"可惜《续六经》全都亡佚。

王通的著作只留下《中说》。该书是他与弟子们对问的笔记，经其子王福畤整理而成，类似孔子的《论语》。相传，王通于大业中隐居于家乡附近的白牛溪，"续孔氏《六经》近百余卷，门人弟子相趋成市"，时人称此溪为"王孔子之溪"。他的胞弟王绩说：王通生于隋末，"伤世忧乱，有道无位，作《汾亭澡》，盖孔子《龟山》之流也"。王通死后，其弟子私谥为"文中子"，《旧唐书》称他为"隋末大儒"。

　　魏晋玄学家们也主张内圣外王，其理想人格是"身在庙堂之上，心在山林之间"的"圣王"。可是，精神的自由和现实的事功很难统一，导致内圣与外王分离。王通的理想人格则是内有周孔之道德、外有三王之功业，要求圣人与王者统一。他说："卓哉！周孔之道，其神之所为乎！顺之则吉，逆之则凶。"弟子问天道人事如何，他说："顺阴阳仁义，如斯而已。"他认为，自己所处的时代已经礼崩乐坏："冠礼废，天下无成人矣；婚礼废，天下无家道矣；丧礼废，天下遗其亲矣；祭礼废，天下忘其祖矣。""上失其道，民散久矣。"他一生的活动就是要明王道、继圣业，施仁义而兴礼乐。他表示："如有用我者，吾其为周公所为乎！"

　　在人性问题上，王通重新回到了孟子的性善论，并对性与情、道心与人心作了区分。他说："以性制情者鲜矣，我未见处歧路而不迟回者。""'人心惟危，道心惟微'，言道之难进也。故君子思过而预防之。"这一思想启发了理学家们的思考方向。他还认为，在当时情况下实现王道，除了要以儒教为主外，佛、道二教亦不可废；真君建德灭佛之事，"适足推波助澜，纵风止燎尔"。他说："诗书盛而秦世灭，非仲尼之罪也；虚玄长而晋室乱，非老庄之罪也；斋戒修而梁国亡，非释迦之罪也。《易》不云乎：'苟非其人，道不虚行。'"当他读到其祖父所著《皇极谠议》时，惊喜地说："三教于是乎可一矣。"魏徵问他什么意思，他说："使民不倦。"意思是说，三教可以互相补充，交相为用，共同为王道政治服务。唐朝统治者实行三教并奖政策，建立了前所未有的功业，这多少是对王通新儒学思想的一个证明。

王通的个人生活极其严谨。他自知其王道理想一时难以实现，所以独善其身，修身立于世，有意为世人作出榜样。"子闲居俨然，其动也徐，若有所虑；其行也方，若有所畏。其接长者，恭恭然如不足；接幼者，温温然如有就。"他的穿着简俭而干净，绮罗锦绣不入于室，宴请宾客只一个菜。"食必去生，味必适"，果菜非其时不食，非其土不食。他还亲自躬耕田里，别人问他是否太劳苦了，他说："一夫不耕，或受其饥，且庶人之职也。亡职者，罪无所逃于天地之间，吾得逃乎？"他不相面，不祷疾，不卜非义，主张"君子不受虚誉，不祈妄福，不避死义"。别人毁伤他，他也不理会，并且说："恶衣薄食，少思寡欲，今人以为诈，我则好诈焉。不为夸炫，若愚似鄙，今人以为耻，我则不耻也。"朱熹评价说："王仲淹生乎百世之下，读古圣贤之书而粗识其用，则于道未尝亡者盖有意焉。而于明德新民之学，亦不可谓无其志矣。"

韩愈与儒教道统论

唐代国学的基本特点是儒释道三教鼎立，但三教势力并不相等。就神学思想的社会影响而言，佛教最大、道教次之、儒教最小。当时，佛、道二教不仅寺院和宫观热闹非凡，理论创新和宣传也相当活跃，儒教的文庙却门庭冷落，理论水平也很低，值得称道的东西不多。晚唐诗人罗隐《谒文宣王庙》诗云："晚来乘兴谒先师，松柏凄凄人不知。九仞萧墙堆瓦砾，三间茅殿走狐狸。雨淋状似悲麟泣，露滴还同叹凤悲。倘使小儒名稍立，岂教吾道受栖迟。"在这种情况下，韩愈和柳宗元等大倡古文运动，主张"文书自传道"，复兴孔孟之道。

韩愈不但从理论上力诋佛教，而且主张用行政手段加以禁绝，为儒教开辟天地。在努力排佛的同时，韩愈仿照佛教的传法系统，为儒教搞了一个圣人心传的道统，希望"使其道由愈而粗传"。事实证明，韩愈的做法相当成功，他所阐扬的"道统说"完全被后来的宋明理学继承了。现代史学家陈寅恪认为，韩愈不但"结束南北朝相承之旧局面"，而且"开启赵宋以降之新局面"，是"唐代文化学术史上承前启后、转旧为新关捩点之人物"。

韩愈（公元768—824年），字退之，号昌黎，邓州南阳人。出身寒微，"家贫不足以自活"，自称"布衣之士"。幼年丧父，由兄嫂抚养。年轻时勤奋好学，三试不中。后虽中进士，却无官可做。到处托人求情，终于借王公大人之力而跻身上层，相继为监察御史、国子博士、刑部侍郎、国子祭酒、吏部侍郎、御史大夫等。曾说："布衣之士，身居穷约，不借势于王公大人则无以成其志。"他的志向除了谋取禄位，还有经国济世、复兴儒教之意。他曾表示："君子居其位，则思死其官；未得位，则思修其辞以明其道。我将以明道也。"年轻时，他曾上奏过一本《御史台上论天旱人饥状》，请求减免徭役赋税，结果得罪了皇帝，被贬到南方当县令。

元和十四年（公元819年），唐宪宗李纯要把陕西凤翔法门寺"护国真身塔"里的一块"佛骨"迎到宫中供养，激起了极大的宗教狂热。"王公、士庶竞相舍施，唯恐弗及。百姓有破产舍施者，有烧顶、灼臂而求供养者。"以至于"焚顶烧指，百十为群，解衣散钱，自朝至暮，转相仿效，惟恐后时,老少奔波，弃其业次"。韩愈上《论佛骨表》，主张将佛骨"投诸水火，永绝根本，断天下之疑，绝后代之惑"，结果险些送命，被贬为潮州刺史。他在去潮州的路上写了一首有名的诗："一封朝奏九重天，夕贬潮州路八千。欲为圣明除弊事，肯将衰朽惜残年。云横秦岭家何在，雪拥蓝关马不前。知汝远来应有意，好收吾骨瘴江边。"

韩愈在文学上成就极高。他不但是古文运动的领袖，而且身居"唐宋八大家"之首，苏轼赞他有"文起八代之衰"的功劳。韩愈绝不只是一位文学家，他的目标更在于续接儒家的圣学道统。他说："愈之所志于古者，不惟其辞之好，好其道焉耳。""读书以为学，缵言以为文，非以夸多而斗靡也。盖学所以为道，文所以为理耳。"因此，他不但全力排佛，而且写了不少有分量的阐发儒学义理的文章，成为中国儒学从汉唐经学向宋明理学转变的关键人物。

唐代儒家之所以门庭冷落，一个重要原因是佛、道二教以彻底的有神论和丰富的哲学思想吸引普通百姓和才智之士，而儒家却是一种弱有神论。所谓"儒门淡泊，收拾不住，皆归释氏"，主要是因为儒家缺乏能吸引人的"道"。为此，韩愈作了《原道》《原人》《原性》《原鬼》《原毁》等文，一方面驳斥佛、道两教之"道"，另一方面则阐发儒教之道。

他说："天道乱，而日月星辰不得其行；地道乱，而草木山川不得其平；人道乱，而夷狄禽兽不得其情。天者，日月星辰之主也；地者，草木山川之主也；人者，夷狄禽兽之主也。主而暴之，不得其为主之道矣。是故圣人一视而同仁，笃近而举远。"所谓"人者，夷狄禽兽之主"，是针对佛、道二教而发的。佛教是外来的，他贬之为夷狄之教。道家主张返归自然，孔子有"鸟兽不可与同群"之语。韩愈认为，佛、道皆有偏弊，儒家圣人之道"笃近而举远"最好。

韩愈主张的圣人之道是："博爱之谓仁，行而宜之之谓义，由是而之焉之谓道，足乎己无待于外之谓德。仁与义为定名，道与德为虚位。"意思是说，"道"与"德"的形式是可以各教通用的，但其"仁"和"义"的内容是不能改变的。他批评道教言道德而去仁义、佛教去君父而趋寂灭，要用儒家的修身齐家治国平天下之道德来抗衡它们。

从六经中发掘出《大学》以重建新儒学规模，是韩愈的一大贡献。他说："《传》曰：'古之欲明明德于天下者，先治其国；欲治其国者，先齐其家；欲齐其家者，先修其身；欲修其身者，先正其心；欲正其心者，先诚其意。'然则古之所谓正心而诚意者，将以有为也。"这是用儒家圣人之道的有为主义来反对道家的无为和佛教的寂灭。为此，他特意为圣人之学搞了一个"道统"，以对抗佛教的"祖统"。他说："尧以是传之舜，舜以是传之禹，禹以是传之汤，汤以是传之文、武、周公，文、武、周公传之孔子，孔子传之孟轲。轲之死，不得其传焉。"又说，天"如使兹人有知乎，非吾其谁哉！""使其道由愈而粗传，虽灭死万万无恨！"其意是说，孟子之后圣人之道虽有中断，却并非无人继其道统，这个继承者就是他韩愈。

韩愈的人性论思想是"性情三品"说，继承了汉儒董仲舒的"性三品"说。但他的儒教道统说却抹去了对儒学国教化作出重要历史贡献的荀况和董仲舒，因为他们罕言心性，不像孟子一样讲尽心知性知天，不利于发展儒家的心性论。与佛教的心性论相比，韩愈的"性情三品"说未免太粗浅。有鉴于此，韩愈的学生李翱（公元772—841年）大量吸收佛教思想，提出复性论，为完善儒教心性论作出了贡献。李翱认为，人性可以从性和情两个方面来认识。"性者，天之命也，圣人得之而不惑者也。""清明之性鉴于天地，非自外来也。"性是秉天地而来的，"人之性皆善"，凡圣皆同。"情由性而生，情不自情，因性而情。""情有善有不善。"圣人"虽有情也，未尝有情也"，其实是说，情只属于凡人，是恶的："情者，妄也，邪也。"

道德修养的目的就是要去情而复性。他说："人之所以为圣人者，性也；人之所以惑其性者，情也。喜怒哀惧爱恶欲七者，皆情之所为也。情既昏，性斯匿矣。非性之过也，七者循环而交来，故性不能充也。""情不作，性斯充矣。""情者，性之动也，百姓溺之而不能知其本者矣。""视听言行，循礼法而动"，以"忘嗜欲"，以"归性命之道"。只有克制欲念，使情不生，才能成为至诚的圣人。"弗虑弗思，情则不生；情既不生，乃为正思。正思者，无虑无思也。""知本无有思，动静皆离，寂然不动者，是至诚也。"所谓至诚，就是复性的境界："广大清明，照乎天地，感而遂通天下之故。""物至之时，其心昭昭然，明辨焉而不应于物者，是致知也，是知之至也。"所以，他写《复性书》，以"开诚明之源"。

清儒全祖望说："退之作《原道》，实阐正心、诚意之旨，以推本之于《大学》；而习之（注：李翱的字）论复性，则专以羽翼《中庸》。"韩、李二人从六经中发掘出《大学》和《中庸》这两篇讲心性的文章，用中国化的佛学思想附会之，为儒学的理学化指明了方向。后来，朱熹作《四书集注》，大有以"四书"取代"五经"之势，这一转折由韩李开其端。

柳宗元与援佛入儒

韩愈仿照佛教祖统为儒教建立道统，对复兴儒教功不可没。但是，究竟怎样吸取佛教中的有用成分来丰富儒教，以便最终在理论上战胜佛教，却仍然是个问题。与韩愈共倡古文运动的著名领袖人物还有柳宗元，他同样主张"文以载道"，为复兴儒学不遗余力。所不同的是，韩愈极力辟佛，而柳宗元颇为好佛，希望"统合儒释"。因为这一点，宋儒评价说："退之辟浮图，子厚佞浮图，子厚不及退之。"

所以，后来的理学家们大都认同韩愈，而很少提及柳宗元。实际上，宋明理学能够在理论上战胜佛教，其秘密正在于对佛学的明挤暗用，清儒批评宋明理学"骨子里全是禅"。宋明理学所走的，正是柳宗元开辟的"统合儒释"之路。

柳宗元（公元773—819年），字子厚，号河东，山西永济人。自幼好学，遍读古书，尤好孔子之道。他说："仆蚤好观古书，家所蓄晋魏时尺牍甚具。又二十年来，遍观长安贵人好事者所蓄，殆无遗焉。"通过泛观博览，他认定"夫子之道闳肆尊显，二帝三王其无以侔大也"，"自孔氏以来，兹道大阐，家修人励，刓精竭虑者，几千年矣"。于是，他决心行尧舜孔子之道，"惟以中正信义为志，以兴尧舜孔子之道，利安元元为务"，"吾之所云者，其道自尧、舜、禹、汤、高宗、文王、武王、周公、孔子，皆由之"。这与韩愈的道统说如出一辙。

柳宗元说："圣人之为教，立中道以示于后，曰仁、曰义、曰礼、曰智、曰信，谓之五常，言可以常行者也。"在五常之中，他尤重仁义。他说："圣人之所以立天下，曰仁义。仁主恩，义主断。恩者亲之，断者宜之，而理道毕矣。蹈之斯为道，得之斯为德，履之斯为礼，诚之斯为信，皆由其所之而异名。"韩、柳都强调仁义，这一点也为后来的理学家所继承。

在对待圣人问题上，柳宗元反对把他们神化，认为圣人也是人。他说："圣人之道，不穷异以为神，不引天以为高，利于人、备于事，如斯而已矣。"只要在人事上寻求，就可以"有得于圣人"，甚至成为圣人。后来，宋儒一个个要做圣人，就从这里发端。关于为学问题，他主张泛观百家而归于孔子，在综合基础上创新。他说："当先读《六经》，次《论语》、孟轲书，皆经言。左氏、国语、庄周、屈原之辞，稍采取之。榖梁子、太史公甚峻洁，可以出入。余书俟文成，异日讨也。其归在不出孔子，此其古人贤士所懔懔者。求孔子之道，不于异书。""君子之学，将有以异也，必先穷究其书，穷究而不得焉，乃可以立而正也。""然务先穷昔人书，有不可者而后革之，则大善。"宋儒的疑经精神与理论勇气，与柳宗元的影响不无关系。

柳宗元对百家之说"通而同之，搜择融液"，以丰富儒学，集中体现在"统合儒释"上。他说："吾自幼好佛，求其道，积三十年。世之言者罕能通其说。于零陵，吾独有得焉。"这使他在会通儒佛上有所成就。苏轼说："子厚南迁，始究佛法，作曹溪、南岳诸碑，绝妙古今……儒释兼通，道学纯备"。柳宗元好佛，但不迷于佛，而是企图有所汲取。他认为，佛教有迹与言之分，宗教行为之迹不足尚，其哲理之言则可借鉴，其中有不少可以用来丰富儒学的"韫玉"。他说："浮图诚有不可斥者，往往与《易》《论语》合。诚乐之，其于性情奭然……虽圣人复生不可得而斥也。"他认为，佛教讲"中道""孝道""性善"，与儒家是一样的。《礼记》云："人生而静，天之性也。"柳宗元说："孔子无大位，没以余言持世。更杨墨黄老益杂，其术分裂。而吾浮图说后出，推离还源，合所谓'生而静'者。……其教人，始以性善，终以性善，不假耘锄，本其静矣。"对于中土诸家，他也主张应有所采："余观老子，亦孔氏之异流也，不得以相抗。又况杨墨申商刑名纵横之说，其迭相訾毁抵牾而不合者，可胜言耶？然皆有以佐世。""庄周言天曰自然，吾取之。"这种广采百家的胸怀，为理学家"综罗百代"开了先河。

第三章 儒家之盛——理学

汉唐时期作为中国封建王朝新国学的经学，在宋元时期发展为富有哲学思辨特点的理学。理学以客观之"理"为世界本体，是吸收佛教心性论和道教宇宙论而创立的新儒学。

宋明理学主要以《大学》《中庸》《论语》《孟子》"四书"为依据，其地位实际上超过了汉唐经学的传统经典《诗》《书》《礼》《易》《春秋》"五经"。

作为中国封建王朝晚期的新国学，宋明理学初建于北宋的程颢和程颐兄弟，由南宋的朱熹集大成，在宋末元初成为新国学，一直到清王朝覆灭，后人称为"程朱理学"。

一、理学之兴

> 理学的产生,源于魏晋南北朝以来佛、道二教对儒教的冲击,以及隋唐儒者对佛、道二教的回应。魏晋玄学的产生,表明以弱有神论为特点的两汉经学受到了道教强有神论的挑战,隋唐佛教的兴盛则表明儒教的唯心论和弱有神论更受到佛教彻底唯心论和超强有神论的挑战。晚唐大儒韩愈大力排佛、创立儒教道统论和人性论,以及柳宗元援佛入儒、综合百家的努力,显示了儒教的理论自觉和价值自信,为宋代儒教复兴和战胜佛、道二教奠定了思想基础。

宋初三先生"始明正学"

赵宋统一中国后,总结历史经验,采取"重文轻武"策略,造成了这样一个结果:一方面,宋朝的军事力量很薄弱,屡遭北方少数民族侵扰,显得"极弱",这最终导致了宋朝的覆灭和元朝的建立;另一方面,宋朝文教事业空前繁荣,新儒学思想异彩纷呈,出现了声势浩大的理学思潮。理学家们重心性而轻功利、从天理而灭人欲的思想倾向,既与深受道教思想特别是佛教彻底唯心论和超强有神论影响有关,也与统治者"重文轻武"的政术有关。

宋朝的新儒学有很多流派,被称为"宋初三先生"的胡瑗、孙复、石介实开其端。

胡瑗（公元993—1059年），字翼之，泰州海陵（今江苏泰县）人，因世居陕西路的安定堡，学者称之为安定先生。他认为，致天下之治者在人才，成天下之才者在教化，教化之所本者在学校。因此，他办学授徒，促进了书院讲学之风。他有个重要思想："命者禀之于天，性者命之在我，在我者修之，禀于天者顺之。"其学派称安定学派，其儒学称"明体达用之学"，开宋儒性命之学的先河。

孙复（公元992—1057年），字明复，晋州平阳（今山西临汾）人，青年时应举进士不第，乃隐居泰山聚徒讲学，人称"泰山先生"。他治经探寻本义，不惑于传注，开宋代以义理解经之风。

石介（公元1005—1045年），字守道，兖州奉符（今山东泰安东南）人，隐居徂徕，世称徂徕先生，与孙复、胡瑗共倡"以仁义礼乐为学"，因而并称"宋初三先生"。

《宋元学案》说："宋兴八十年，安定胡先生、泰山孙先生、徂徕石先生始以师道明正学，继而濂洛兴矣。故本朝理学虽至伊洛而精，实自三先生而始，故晦庵有'伊川不敢忘三先生'之语。"三先生之后，周敦颐之学称为"濂学"，程颢、程颐之学称为"洛学"。程颐著作多，又较长寿，其学说对理学影响大，又有"伊洛学"之称。理学集大成者朱熹之学称为"闽学"。

宋代新儒学流派纷呈，以程朱理学为主流。南宋灭亡后，元朝统治者扶植理学，以朱熹的《四书集注》为教科书和义理标准，程朱理学成为统治哲学，也就是所谓"正学"。

二、周敦颐开创理学

> 在"三教鼎立"而"儒门淡泊"的情况下，儒者们要想重振儒教，就必须吸收佛、道二教之长以弥补自身之短。因此，以儒教经典为基础，从佛教、道教中汲取宇宙论和心性论思想，丰富发展儒教的世界观和人生观，就成了宋儒的不二选择。周敦颐从儒、道二教共治的《易经》入手吸收道教宇宙论思想，建立儒教本体论和人性论，为开创理学奠定了基础。

高风亮节，独爱莲花

周敦颐（公元1017—1073年），字茂叔，原名敦实，后避英宗旧讳而改名敦颐，道州营道（今湖南道县）人。祖上"族众而业儒"，父亲为进士，官至贺州桂岭县令，累赠谏议大夫。周敦颐年十五而父亡，偕母入京师开封，投靠舅父龙图阁直学士郑向，由郑向抚养成人。

二十岁时，郑向"叙例应荫子"，乃奏补周敦颐，"试将作监主簿"。二十五岁时，调任洪州分宁县主簿，表现出高超的断案才能。此地有狱久不决，"敦颐至，一讯立辨，邑人惊曰：老吏不如也！"二十八岁时，吏部使者高其才，荐为南安军司理参军。次年，狱有一犯，法不当死，而转运使王逵欲以死刑处之，无人敢辩。周敦颐据理力争，王不听，乃凛然道："如此尚可仕乎？杀人以媚人，吾不为也！"欲弃官而去。王逵感其诚，免死刑，荐周敦颐为彬州县令。为令七年，治绩斐然，得诸大臣推荐，改任大理寺丞，知洪州南昌县。"南昌人见先生来，喜曰：'是初仕分宁，始至能辨其疑狱者，吾属得所诉矣。'于是遍相告语，莫违教命。"

年届不惑，改任太子中舍佥书，署合州判官事，士大夫闻其学问，多来求见。有薄宗孟者前来拜见，"相与款语，连三日夜，退而叹曰：世有斯人欤！"于是从学者益盛。五年后，解职还京，铜梁令吕陶作序相送："舂陵周茂叔，志清而材醇，行敏而学博，读《易》《春秋》探其原，其文简洁有制，其政抚而不柔。与人交，平居若泛爱。及其判忠谀、拯忧患，虽贲育之力，莫亢其勇。"并作诗道："外任安济德，中养澄静源。未易泛沧浪，时平斯道尊。"东归之时，遇通儒王安石，与语连日夜，令其"退而精思，至忘寝食"。

第二年，迁国子博士，通判虔州。路过江州时，爱庐山景物之盛，乃买田建书堂于山下，对友人潘兴嗣说："此濂溪者，异时与子相从于其上，歌咏先王之道，足矣。"于是定庐山为引退传道之所。五十岁时迁朝奉郎，摄邵州事，大兴学校，成为复兴儒学的一代宗师。吕公著闻其名，荐为广南东路转运判官，提点刑狱。周敦颐"尽心职事，务在矜恕"，竟致癯疾。乃以病辞官，归隐于庐山莲花峰下，终其天年。

周敦颐为官一生，清正廉洁，被士大夫们赞为高雅之士。黄庭坚说："舂陵周茂叔，人品甚高，胸怀洒落，如光风霁月，好读书，雅意林壑，初不为人窘束世故。"据记载，"先生平日俸禄，悉以周宗族、奉亲友，及分司而归，妻子膳粥或不给，旷达不以为意"。知洪州南昌县时，潘兴嗣到家中探望，但见"服御之物，止一敝箧，钱不满百，人莫不叹服"。其生活清贫如此。年五十，作诗一首寄家乡族人说:"老子生来骨性寒,宦情不改旧儒酸。停杯厌饮香醪味,举箸常餐淡菜盘。事冗不知筋力倦,官清赢得梦魂安。故人欲问吾何况,为道春陵只一般。"这种清廉俭朴的仕宦生活,与他深厚的道学修养有关,为儒者树立了典范。

周敦颐博览群书,出入佛老而返归六经,自创道学本系,传道授业,以成圣为宗旨。他常常自诵说:"俯仰不怍,用舍惟道,行将遁去山林,以全吾志。"曾作游道观诗云:"久厌尘坌乐静元,俸微犹乏买山钱。徘徊真境不能去,且寄云房一榻眠。"他还深研佛理,认为"一部《华严经》,只消一个《艮》卦可了",并作《爱莲说》一篇,以出污泥而不染的莲花自喻。

黄庭坚说:"茂叔虽仕宦三十年,而平生之志终在丘壑。"周敦颐虽然身在仕途,却一心挂记着兴学传道。孔延之作《邵州新迁州学记》说:"周君好学博通,言行政事,皆本之六经,考之孟子,故其所施设,卓卓如此。异时宋史周君之善,以为后世法,未必不以邵学为先。"《宋元学案》评价说:"孔孟而后,汉儒止有传经之学,性道微言之绝久矣。元公崛起,二程嗣之,又复横渠诸大儒辈出,圣学大昌。故安定、徂徕卓乎有儒者之矩范,然仅可谓有开河之先。若论阐发心性义理之精微,端数元公之破暗也。"

《太极图说》和儒学本体论

周敦颐一生妙悟玄机,参透大道,惜墨如金,语出惊人。他除了留下少量诗文外,只有《太极图》一幅、二百多字的《太极图说》一篇和二千多字的《通书》一卷传世。区区一幅《太极图》,寥寥二百多字的《太极图说》,却为急欲超越佛、道二教的宋明理学构筑了一座广远而深宏的本体论大厦,被后儒誉称为"有宋理学之宗祖"。朱熹认为,《太极图说》粹然为孔孟渊源,上接《论语》《孟子》,凌架汉唐诸儒,"真得千圣以来不传之秘"。

周敦颐的《太极图》,源于华山道士陈抟的道教易学。"自汉以来,诸儒言易,莫有及太极图者。惟道家者流,有《上方大洞真元妙经》,著太极三五之说,唐开元中,明皇为制序,而东蜀卫琪注《玉清无极洞仙经》,衍有无极、太极图。"道教的《太极先天秘图》,是道士研易修仙的体会,表达了道教人士对宇宙生成及其结构的基本看法。陈抟根据自己的研究心得和修仙体会,细化为从形而下的玄牝之门开始,通过炼精化气、炼气化神,以至五气朝元、取坎填离,直到炼神还虚、复归无极的形而上神秘境界的修仙程序,取名《无极图》。

对于易学中的太极图,道教界看重的是具体的修炼方法和程序,儒教需求的则是一个内容精湛、具有概括力和包容性的宇宙结构图式。周敦颐得到《无极图》后,根据"自上而下,顺则生人"的原则,将之修改为新儒学所需要的《太极图》。至于《图说》的内容,道书中类似的内容很多,而周敦颐的最后"开悟"却得之于佛教禅师之力。他曾师事鹤林寺僧寿涯,得到"有物先天地,无形本寂寥,能为万象主,不逐四时凋"的偈语。《濂溪学案》说:"《性学要旨》谓:元公初与东林总游,久之无所入,总教之静坐。月余,忽有得,以诗呈曰:'书堂兀坐万机休,日暖风和草自幽。谁道二千年远事,而今只在眼睛头。'总肯之,即与结青松社。"通过这样一个出入佛老而返于六经的过程,《太极图说》便诞生了。

《太极图说》计二百五十余字,共两段。第一段论天道,构造了新儒学的宇宙论和本体论;第二段论人道,奠立了新儒家的心性论和伦理学。

第一段为:"自无极而为太极。太极动而生阳,动极而静;静而生阴,静极复动。一动一静,互为其根;分阴分阳,两仪立焉。阳变阴合而生水火木金土，五气顺布，四时行焉。五行，一阴阳也；阴阳，一太极也，太极本无极也。五行之生也，各一其性。无极之真，二五之精，妙合而凝，乾道成男，坤道成女。二气交感，化生万物；万物生生，而变化无穷焉。"

大意是说，宇宙的最高层次是无极，其次是太极、阴阳、五行和万物。无极之真表现为太极元气，是无象无状的形而上者，它寂然不动，感而遂通，是灵妙善应的宇宙本体；它不疾而速，不行而至，是动而未形、有无之间的神几；它动而无动，静而无静，却又不像万物那样的不动不静、顽固不化，而是以神应之性妙润万物的灵机。阴阳与五行是形而上本体和形而下万物之间的中间环节，介于清通与质碍之间，是万物运动及其规律的体现者。无极之真化为太极元气，通过二五之精的妙凝作用产生出具有阴阳五行之性的万物，万物在阴阳五行的交感与生克作用下生化无穷，最终又复归于形而上的太极和无极。

整个宇宙的物质运动，就这样被高度概括为几个不同层次的转化和交融，成为一个生机盎然、真空不害妙有的太和结构。通过《太极图说》和《通书》的理论创造，儒、佛、道三教各领风骚的局面逐渐结束，中国传统文化的发展开始走向三教合一、致广大尽精微的新儒学方向，随之而来的是一个哲学思维若天马行空、智慧之花若天花乱坠的新时代。

仁义中正和圣人之道

关于周敦颐对理学的开山之功，朱熹作过这样的评价："盖尝窃谓先生之言，其高极乎无极太极之妙，而其实不离乎人伦日用之间；其幽探乎阴阳五行之赜，而其实不离乎仁义礼智刚柔善恶之际。其体用之一源、显微之无间，秦汉以下诚未有臻斯理者，而其实不外乎《六经》《论语》《中庸》《大学》《七篇》之所传也。……性此理而安焉者，圣也；复此理而执焉者，贤也。自尧舜以来，至于孔孟，其所以相传之说，岂有一言异此哉！……及先生出，始发明之，以传于程氏，而其流遂及于天下，学者始知圣贤相传之实乃出于此，有以用力焉。此先生之继往圣、开来学，而大有功于斯世也。"正所谓"善言天者必有征于人"，周敦颐的大道理不只是讲天道，更重要的是讲人道。《太极图说》的天道观虽然取之道教，其内容却是以儒家赞易的形式表达的，其第二段为："惟人也，得其秀而最灵。形既生矣，神发知矣，五性感动而善恶分，万事出矣。圣人定之以中正仁义，而主静（无欲故静），立人极焉。故圣人与天地合其德，日月合其明，四时合其序，鬼神合其吉凶。君子修之吉，小人悖之凶。故曰：'立天之道，曰阴与阳；立地之道，曰柔与刚；立人之道，曰仁与义。'又曰：'原始反终，故知死生之说。'大哉易也，斯其至矣！"

大意是说，在无极之真和二五之精妙合而凝、生化万物的过程中产生了人。人之高于万物者，以其独秉阴阳五行之秀气，因而最灵最妙，最为天下贵，所谓"天下之众，本在一人"。由于阴阳与五行的内在运动，使人在肉体生成的基础上显发出神思和智慧。阴以生形，阳以发神，木火土金水五行秀气则借助无极之真而表现为仁义礼智信五常之性。五常之性秉受无极而太极的神应与灵妙，受形而下万物的感发而产生善与恶的分际，人世间万事随之而来。在这种情况下，人中之圣者便开始制礼作乐，塑造出中正仁义的道德规范，用寡欲养心主静的方法修身成圣，从而确立起人类社会的太和秩序。人世间的圣者，须是达到天人合一神秘境界的超人，他们以高深的道德修养与天地自然和阴阳四时融为一体，其静动语默无不中节合律，因而能穷神知化，主宰宇宙。总之，天道无形，统于阴阳；地道有形，摄于柔刚；人生天地间，秉天之仁，秉地之义，遂成人道；大至宇宙万有的原始终要，小至人伦万事的生死变化，无一可逃乎三才之道与六爻之动。易理的广大精微，真是无与伦比啊！

周敦颐所赞的易理，就是理学家所谓千古秘传的圣人之道，核心内容是至诚至静和仁义中正。《通书》说：诚者，圣人之本，纯粹至善者也。"圣人之道，仁义中正而已矣。"周敦颐的整个学说，都是要人学做圣人，而不是教人读死书。《太极图说》的精湛内容，只有通过学做圣人的实践才能转化为现实。他认为，人道之极首先体现在仁义礼智信这五常之中，而五常又以仁义为核心。仁为泛爱之德，义乃合宜之谓，其关键在中正二字上。所谓中，就是中道、中和、中节。"天下之达道也，圣人之事也，故圣人立教，俾人自易其恶，自至其中而止矣。"所谓正，就是"静无而动有，至正而明达"，"动而正曰道"。"师范立，则善人多，则朝廷正，而天下治矣。"达到了中正仁义，就达到了人道之极，也就成圣了。

怎样才能做到仁义中正呢？要用诚和静的方法，其理论根据全在《周易》中。周敦颐说："一阴一阳之谓道，继之者善也，成之者性也。""乾道变化，各正性命，诚斯立焉。""元、亨，诚之通；利、贞，诚之复。大哉易也，性命之源乎！"佛、道二教的心性之学和修养方法，就这样被周敦颐揉入儒家易学之中。对诚的强调，是周敦颐新儒学的重要特色。"圣，诚而已矣。诚，五常之本，百行之源也。"要想达到诚的境界，就要主静，主静之法在于寡欲。"君子乾乾不息于诚，然必惩忿窒欲，迁善改过而后至。乾之用其善是，损益之大莫是过，圣人之旨深哉！""圣可学乎？曰：可。曰：有要乎？曰：有。请闻焉。曰：'一'为要。一者，无欲也，无欲则静虚动直。静虚则明，明则通；动直则公，公则溥。明通公溥，庶矣乎！"

周敦颐对圣人的要求是非常高的，但又是普通人通过儒教修行和主观努力而能够达到的。人们一旦修养成圣，就将成为像道教的太上老君和佛教的释迦牟尼佛一样可以主宰宇宙和十方世界的超人。他说："寂然不动者，诚也；感而遂通者，神也；动而未形，有无之间者，几也。诚精故明，神应故妙，几微故幽。诚、神、几，曰圣人。"这样的圣人，其实就是儒教的孔圣、道教的老君和佛教的释迦牟尼佛的有机统一。新儒家有了这样伟大而包容的圣人，其取代佛、道二教而占居中国传统国学的主流主导地位，也就有其理论基础了。

三、邵雍创立象数学

> 在儒家经典中，《周易》是最有哲学底蕴的一部，但是孔子及其弟子却很少发挥易理。据《论语》记载，孔子罕言"性与天道"，使弟子们"不得而闻也"，导致儒家哲学缺少像样的本体论和宇宙论。在"儒门淡泊，收拾不住"的情况下，宋儒开始大量借鉴道教易学来发展自己的本体论和宇宙论，其开创性工作就是周敦颐的义理易学和邵雍的象数易学。

"天挺人豪"邵康节

邵雍（公元1011—1077年），字尧夫，赐号康节，是宋明理学中最著名的象数易学大师。宋明理学家普遍喜《易》，而邵雍成就最高。朱熹说：自有《易》以来，只有康节能说一个物事如此整齐，包括得尽。"'……他腹里有这个学，能包括宇宙，终始古今……'，因诵其诗云：'日月星辰高照耀，皇王帝伯大辅舒。'可谓人豪矣！"

邵雍的祖籍在河北范阳，幼年随父迁徙共城（今河南辉县），居苏门百源之上，开始刻苦自奋的易学生涯。他家境贫寒，布衣蔬食，却以饮食之油贮灯夜读。"寒不炉，暑不扇，夜不就席者数年。"他兴趣广泛，于书无所不读，尤喜《周易》。曾手抄《周易》一部，贴于墙上，日诵数十遍而不止。为了参透易理，他常常"昼夜危坐以思"，废寝忘食而不觉。他还四处游历，实地考察与易学有关的历史故迹，以弥补书本知识之不足。当时的共城令李之才，是华山高道陈抟老祖先天易学的第三代传人，见邵雍潜心易理，有坚韧不拔之志，便主动收为弟子，授以"物理性命之学"。待其"既可语五经大旨"，便把《河图》《洛书》和伏羲八卦六十四卦图象等道教易学的"不传之秘"授于他。通过深入细致的研究和体会，邵雍终于悟到了易学的真髓，乃喟然叹道："道在是矣！"于是，"探赜索隐，妙悟神契，洞彻蕴奥"，建立起弥纶天地、囊括古今的先天象数学体系，成为"纯一不杂，汪洋浩大"的理学宗师。

邵雍"悟道"后，胸襟大开。嘉佑间路过洛阳，爱其山水风俗之美，始有卜筑之意。后来，他终于在门生的帮助下迁居洛阳。一开始，条件十分艰苦，"蓬荜环堵，不蔽风雨"。他亲自打柴做饭以事父母，"虽平居屡空，而怡然有所甚乐"。不久，司马光和吕公著等人共同出钱买了一块宅基，建屋三十间，请他迁居，并供给衣食，他的生活从此改善。为此，他特意赋诗一首道："嘉佑卜居终是僦，熙宁受券遂能专。凤凰楼下新闲客，道德坊中旧散仙。""青春未老尚可出，红日已高犹自眠。洞号长生宜有主，窝名安乐岂无权。敢于世上明开眼，会向人间别看天。"称新居为长生洞、安乐窝，自号安乐先生。

邵雍居洛阳三十余年，讲学于家，"未尝强以语人，而就问者日众"，乡里化之，远近尊之，士人道之。士之过洛者，"有不之公府，而必至先生之庐"。邵雍性情旷放，常于风和日丽时节出游，"出则乘小车，一人挽之，惟意所适"，"士大夫家识其车音，争相迎候，童孺厮隶皆欢相谓曰：'吾家先生至也！'不复称其姓字"。所到之处，"凡其家妇姑、妯娌、婢妾有争竞经时不能决者，自陈于前，先生逐一为分别之，人人皆得其欢心。于是酒肴竞进"。

邵雍一生没有做官，虽数次被荐举出仕，均固辞不受，宁愿混迹百姓之中，过悠闲日子。曾赋《后园即事》诗云："太平身老复何忧，景爱家园自在游。几树绿杨阴乍合，数声幽鸟语方休。竹侵旧径高低迸，水满春渠左右流。借问主人何似乐，答云殊不异封侯。"

邵雍晚年体弱多病，常常卧疾不起，却得司马光、张载、程颢和程颐等大儒"晨昏候之"。后来，程颢为其作《墓志》云："先生少时，自雄其才，慷慨有大志。既学，力慕高远，谓先圣之事为必可致。及其学益老，德益劭，玩心高明，观天地之运化，阴阳之消长，以达乎万物之变，然后颓然其顺，浩然其归。"

邵雍的先天学体系，包罗万象，广博精深。程颢说："尧夫欲传数学于某兄弟，某兄弟那得工夫？要学，须是二十年功夫！"其后学们则说："康节先天之学，非妙契天地之心，不足以知此。某盖尝玩之，而陋识浅闻，未及足以叩其关键。""康节本是经世之学，今人但知其明易数，知未来事，却不了他学问。"

邵雍留下的著作有两种。"其心术之精微在《皇极经世》，其宣寄情意在《击壤集》。"朱熹为其画像作赞诗云："天挺人豪，英迈盖世；驾风鞭霆，历览无际；手探月窟，足蹑天根；闲中今古，醉里乾坤。"

先天图与先天学

关于《周易》卦象的排列方法，《周易·说卦》提示了两个系统。邵雍根据"天地定位，山泽通气，雷风相薄，水火不相射"的传文，搞出一种八卦次序和八卦方位，推演出六十四卦的次序和方位，称为伏羲易；又根据"帝出乎震，齐乎巽，相见乎离……"的传文，搞出另一种八卦次序和方位，称为文王易。他认为，伏羲易只有图画而没有文字，反映了天地未生以前的状态，所以是先天易；文王易虽有图画，但以文字为主，反映了天地万物产生以后的状况，所以是后天易。经云"形而上者谓之道，形而下者谓之器"。道为本，气为末，所以先天易为体，后天易为用。先天易是研究宇宙本体的学问，后天易是研究万事万物的学问。他作《道装吟》云："如知道只在人心，造化功夫自可寻。"认为只要对反映本体界规律的先天易心领神会，就可以掌握整个宇宙的秘密。所以说："先天之学，心也；后天之学，迹也。"邵雍对儒家易学的最大贡献，就是在道教陈抟易学的基础上悟创了先天学。

邵雍的先天学，是对先天图的解说和发挥。他留下的易图很多，现择其精要概括为《先天易综合图》，如图3-1所示。他说："图虽无文，吾终日言而未尝离乎是，盖天地万物之理尽在其中矣。"朱熹认为，邵雍的先天图乃"易学纲领，开卷第一义"，然古今未有识之者，至康节先生始传先天之学得其说，且以此为伏羲氏之易。

图3-1 先天易综合图

中国易学的最大特色，是从宇宙万物的同源同构和全息关联入手，融逻辑思维、图象思维和灵感思维为一体的象数思维。邵雍的先天学，就是这种象数思维高度发展的产物。西方哲学的特点是把世界分为本体和现象两面，用逻辑思维探讨范畴之间的概念辩证法。中国易学则建立起本体世界的象数模型，用数术推演宇宙时空的气化流行。邵雍说："先天学，心法也，故图皆自中起（自中者，天也），万化万事生乎心也。"认为先天学主乎诚，至诚可以通神明，不诚则不可以得道，融宇宙论、认识论及修养论于一炉。

先天图的中心一圈是太极，代表天、道、心，是动静之间的玄机。玄机一动，则生阴阳二爻；阳主动，阴主静，阴阳交而四象分。阳爻化出太阳和少阴两个二爻卦，分主天之阴阳；阴爻化出太阴和少阳两个二爻卦，分主地之柔刚。阴、阳、柔、刚为易之四象。四象再分阴阳，便有乾一、兑二、离三、震四、巽五、坎六、艮七、坤八等八个三爻卦，这就是易之八卦。天之四卦统于阴阳，分别为太阳、太阴、少阳、少阴；地之四卦统于刚柔，分别为少刚、少柔、太刚、太柔。此处所谓天和地，只是阴阳的代称，并非指后天有形的天和地。先天图的基本含义大致如此，它反映了本体界的象数结构和演化规律，统属于形而上之道。

邵雍认为，"诚则明，明则神"。人若通过"自诚明"的修养方法与天地融为一体，以吾心契合太极玄机，就可以成为参赞化育的圣人。圣人"能以一心观万心，一身观万身，一物观万物，一世观万世"，能以心代天意、口代天言、手代天功、身代天事，能上识天时、下尽地理、中尽物情、通照人事，因为他掌握了本体界的象数结构这个"造化之玄机"。其《苍苍吟》云："须识天人理，方知造化权。"说的正是这个意思。和周敦颐一样，邵雍所塑造的这个圣人，是综合至圣先师、太上老君、释迦牟尼佛的产物，是人的理性思维和想象力极度膨胀的哲学偶像，是理学家用以取代一切异端思想与宗教信仰的神器和法宝。

至于《先天易综合图附表》（见表3-1），则是先天象数结构的后天展现，体现了邵雍在先天易的指导下对形而下万物的理性把握，是一种与《黄帝内经》中的五行分类表有异曲同工之妙的四分法。《黄帝内经》以阴阳统五行，邵雍则以阴阳刚柔说四象。他发挥《说卦》传"立天之道曰阴与阳，立地之道曰柔与刚"的理论，寓先天象数的信息结构于后天的万事万物，融形而上与形而下于一炉，以发挥先天易的后天之用。

表3-1　　　　　　　　先天易综合图附表

乾	兑	离	震	巽	坎	艮	坤
太阳	太阴	少阳	少阴	少刚	少柔	太刚	太柔
日	月	星	辰	石	土	火	水
暑	寒	昼	夜	雷	露	风	雨
性	情	形	体	木	草	飞	走
目	耳	鼻	口	气	味	色	身
元	会	运	世	岁	月	日	时
皇	帝	王	霸	易	书	诗	春秋

合一衍万的先天象数学

邵雍的先天象数学，其实是包括宇宙生成、宇宙结构、宇宙运动及其规律在内的博大体系，是对宇宙间万事万物及其内在联系所作的象数解剖和易理说明，是理学家究天人之际、通古今之变、穷性命之源的思想成果和理论武器。邵雍用象数的运动计算宇宙的历史，极深研几三十年，观天地之消长、推日月之盈缩、考阴阳之度数、察刚柔之形体，创成《皇极经世》一书，以包天地人物之理，以演天地创化之微。他的儿子邵伯温解释说："至大之谓皇，至中之谓极，至正之谓经，至变之谓世。""穷日月星辰飞走动植之数，以尽天地万物之理；述皇帝王伯之事，以明大中至正之道。阴阳之消长，古今之治乱，较然可见。故书谓之《皇极经世》，篇谓之《观物》焉。"

关于先天象数学的基本内容，邵雍曾概括地说："太极，一也，不动；生二，二则神也。神生数，数生象，象生器。太极不动，性也；发则神，神则数，数则象，象则器，器之变，复归于神也。"这就是说，宇宙结构的最高层次是浑然不分、神应清通的太极元气，由它生出神化不测的阴阳二气，阴以聚质，阳以散力，由于阴阳二气的比量不同而构成垂天之象和在地之器，从而形成天地万物；而天地万物的发展变化，最终必然走向复归本体的反向运动。这是大宇宙的整体循环和层级转换运动。

具体地说："太极既分，两仪立矣。阳下交于阴，阴上交于阳，四象生矣。阳交于阴，阴交于阳，而生天之四象；刚交于柔，柔交于刚，而生地之四象，于是八卦成矣。八卦相错，然后万物生焉。是故，一分为二，二分为四，四分为八，八分为十六，十六分为三十二，三十二分为六十四。故曰：'分阴分阳，迭用柔刚，故易六位而成章也'。十分为百，百分为千，千分为万，犹根之有干、干之有枝、枝之有叶，愈大则愈少，愈细则愈繁，合之斯为一，衍之斯为万。是故，乾以分之，坤以翕之，震以长之，巽以消之。长则分，分则消，消则翕也。"这就是说，宇宙万象虽然纷繁复杂，其实只是太极一元逐级二分的产物，纷然林立的后天事物最终还要在矛盾运动中走向统一的大循环，这也是事物总是表现为壮老交替、生死循环的原因。世界万物的运动形式虽然复杂多样，其实不外乎乾的发散作用、坤的敛聚作用、震的生长作用、巽的消减作用这四种基本形式和类型。生长必然要发散，发散必然要消减，消减之极必然敛聚，敛聚之极则必然发散，大宇宙就是通过这四种力的推动作循环运动的。

在宇宙的各级层次结构中，邵雍尤其看重阴阳、四象、八卦这三个层次。而天之四象太阳、少阳、太阴、少阴和地之四象太刚、少刚、太柔、少柔则是他把握宇宙万象的基本象数工具。他说："天之大，阴阳尽之矣；地之大，刚柔尽之矣。"天地万物皆可由阴阳与刚柔统摄之。"天，生于动者也；地，生于静者也；一动一静交而天地之道尽之矣。动之始则阳生焉，动之极则阴生焉，一阴一阳交而天之用尽之矣。静之始则柔生焉，静之极则刚生焉，一柔一刚交而地之用尽之矣。"太极元气动而发散，形成天空，静而凝聚，形成大地。天地之道，只是太极元气的动静作用。较小的运动速度，是阳的发散作用；发散到极点，便转化为阴的聚敛运动。天之用，只是阴阳的交互运动。相对的静止，产生液态的事物；极端的静止，产生固态的事物。地之用，只是固态与液态之间的转化运动。"动之大者，谓之太阳；动之小者，谓之少阳；静之大者，谓之太阴；静之小者，谓之少阴。"先天的太阳、少阳、太阴、少阴在天成象，表现为后天的日、月、星、辰，日、月、星、辰交而天之体尽之矣。"静之大者，谓之太柔；静之小者，谓之少柔；动之大者，谓之太刚；动之小者，谓之少刚。"先天的太柔、太刚、少柔、少刚在地成形，产生出后天的水火土石，水火土石交而地之体尽之矣。日月星辰与水火土石八者具备，然后天地之体备矣；天地之体备，而后变化生成万物也。这日月星辰，是天体之四象，并非具体特指的天体；这水火土石，是地质之四象，并非具体的事物。这天地八象是形而上与形而下的中介系统，是先天之气象转化为后天之形质的最后阶段。

在天地八象的基础上，后天的时空结构和万事万物逐渐形成。"日为暑，月为寒，星为昼，辰为夜，暑寒昼夜交而天之变尽之矣。水为雨，火为风，土为露，石为雷，雨风露雷交而地之化尽之矣。""暑变物之性，寒变物之情，昼变物之形，夜变物之体，性情形体交而动植之感尽之矣。雨化物之走，风化物之飞，露化物之草，雷化物之木，走飞草木交而动植之应尽之矣。"总之："性情形体者，本乎天者也；走飞草木者，本乎地者也。本乎天者，分阴分阳之谓也；本乎地者，分柔分刚之谓也。夫分阴分阳分柔分刚者，天地万物之谓也。备天地万物者，人之谓也。"具体说：万物之感于天之变，性者善目，情者善耳，形者善鼻，体者善口；万物之应于地之化，飞者善色，走者善声，木者善气，草者善味。盖其所感应有不同，故其所善亦有异。至于人则得天地之全，暑寒昼夜无不变，风雨露雷无不化，性情形体无不感，飞走草木无不应；目善万物之色，耳善万物之声，鼻善万物之气，口善万物之味。盖天地万物皆有阴阳刚柔之分，人则兼备阴阳刚柔，故灵于万物而能与天地参也。人而能与天地参，故天地之变，有元会运世；人事之变，有皇帝王霸。元会运世，有春夏秋冬，为生长收藏；皇帝王霸，有《易》《书》《诗》《春秋》，为道德功力。是故元会运世、春夏秋冬、生长收藏，各相因而为十六；皇帝王霸、《易》《书》《诗》《春秋》、道德功力，亦各相因而为十六。十六者，四象相因之数也。凡天地之变化，万物之感应，古今之因革损益，皆不出乎十六，十六而天地之道尽矣。

元会运世与皇帝王霸

邵雍认为，学不际天人，不足以谓之学。他用"以一心观万心、一身观万身、一物观万物、一世观万世"的方法究天人之际、通古今之变，把整个宇宙自然史和人类社会史都统入他的先天象数结构中，制成一个反映自然与社会之演变过程的历史年表，用元会运世来计算，称为《皇极经世图》。他认为，整个宇宙是一个合一衍万的象数系统，不同层次之间全息相似而信息同构，可以用"以一观万"的象数法则来洞彻全宇宙的精微。本体界的象数结构转化为后天万物之后，先天信息以时空圆融和全息相关的方式遗传于天地万物的时空结构中，使万事万物的时空形式表现为层级之间的相似性。时空的圆融性表现为春夏秋冬和东南西北的对应性和可转化性，时间层次的全息相关性表现为春夏秋冬与昼夜晨昏、年月日时与元会运世的相似性和成比例性，空间层次的全息相关性表现为自然史与人类史、宇宙结构与人体结构的相似性和成比例对应性。前述《先天易综合图附表》中所列内容之间的对应性和相互转化，也是时空圆融的表现。

根据时间层次的全息相关原理："十二与三十迭相为用"，1年=12月，1月=30日。大则：1元=12会，1会=30运，1运=12世，1世=30年；小则：1日=12辰，1辰=30分。那么：1元=12会=360运=4 320世=129 600年=1 555 200月=45 656 000日=559 872 000辰。天地间的事物一年一荣枯，天地本身一元一荣枯，因为"一元在大化之间犹一年也"。"自元之元更相变而至辰之元，自元之辰更相变而至辰之辰而后数穷矣。穷则变，变则生，生而不穷也。皇极经世但著一元之数，使人伸而引之，可至于终而复始也。"

邵雍以天地一元的时间（129 600年）配先天六十四卦，用以说明天地的一次荣枯，再配阴阳五行和天干地支及十二消息卦以推演人类历史的治乱兴衰之运。一元的129 600年分属子丑寅卯辰巳午未申酉戌亥12会，每会10 800年，再分给30运，则每运360年。12会对应于12消息卦，体现了阴阳二气在六爻之间的一个变化周期：前6会为生长阶段，后6会为衰退阶段。天地形成的时间是："天开于子，地辟于丑，人生于寅。"此处的人不仅指人类，而是天地人三才之一，是天地之间万事万物的代称。人类历史发展到巳会之30运之9世为顶点，是中国历史上的唐尧时期。此后，阳极阴生，进入午会，从夏商周一直到北宋皆属这一会。午会之后是未会，到戌亥之会则万物归藏、天地闭合，再开始新的一元（见表3-2）。

表 3-2　　　　　　　　皇极经世一元消长图表

元	会	运	世	年	消息	历史
甲	子	30	360	10 800	复	
	丑	60	720	21 600	临	
	寅	90	1 080	32 400	泰	开物，星之巳
	卯	120	1 440	43 200	大壮	
	辰	150	1 800	54 000	夬	
	巳	180	2 160	64 800	乾	唐尧始，星之癸187辰2 157
	午	210	2 520	75 600	姤	夏、商、周至五代、宋
	未	240	2 880	86 400	遁	
	申	270	3 240	97 200	否	
	酉	300	3 600	108 000	观	
	戌	330	3 960	118 800	剥	闭物，星之戌315
	亥	360	4 320	129 600	坤	
日	月	星	辰	年		

在元与元之间的大循环中，一元之内的人类历史又有小的循环：中国历史上的三皇、五帝、三王、五霸就是一个小的循环。三皇之世如春，五帝之世如夏，三王之世如秋，五霸之世如冬。三皇以道化民，民亦以道归之，故尚自然；五帝以德教民，民亦以德归之，故尚让；三王以功劝民，民亦以功归之，故尚政；五霸以力率民，民亦以力归之，故尚争。诗曰："三皇之世正熙熙，鸟鹊之巢俯可窥；当日一般情味好，初春天气早晨时。""五帝之时似日中，声明文物正融融；古今盛世无如此，过此其来便不同。""三王之世正如秋，权重权轻事有由；深谷为陵岸为谷，陵迁谷变不知休。""五伯之时正似冬，虽然三代莫同风；当初管晏权轻重，父子君臣尚且宗。"判断皇帝王霸的标准是："用无为，则皇也；用恩信，则帝也；用公正，则王也；用

智力,则霸也。"再退一步说:"霸以下,则夷狄;夷狄而下,是禽兽也。"

不管哪个朝代或社会,其治道皆在《易》《书》《诗》《春秋》之中。"皇帝王霸者,《易》之体也;虞夏商周者,《书》之体也;文武周召者,《诗》之体也;秦晋齐楚者,《春秋》之体也。"具体地说:"以化教劝率为道者,乃谓之《易》矣;以化教劝率为德者,乃谓之《书》矣;以化教劝率为功者,乃谓之《诗》矣;以化教劝率为力者,乃谓之《春秋》矣。此四者,天地始则始焉,天地终则终焉,始终随乎天地者也。"

根据上述原则,邵雍对自春秋战国到宋代的历史评价如下:"七国,冬之余冽也。汉,王而不足;晋,伯而有余;三国,伯之雄者也;十六国,伯之丛者也;南五代,伯之借乘者也;北五朝,伯之传舍也。隋,晋之子也;唐,汉之弟也;隋季诸郡之伯,江汉之余波也;唐季诸镇之伯,日月之余光也;后五代之伯,日未出之星也。"但邵雍并不认为人类社会到此已经无望了。在他看来,只要统治者能够行"仲尼之道",即便是后世也可以达到三王五霸及五帝的治道。诗云:"羲轩尧舜虽难复,汤武桓文尚可循;事既不同时又异,也由天道也由人!"他说:"苟有命世之人,继世而兴焉,则虽民如夷狄,三变而帝道可举。"

皇帝王霸的历史退化论表达了邵雍对已趋没落的封建社会的绝望,他对"仲尼之道"和"命世之人"的过分期许却有点孔子那般"知难而进"和"知其不可为而为之"的味道了。

邵雍的象数学体系,显得神秘而奇妙。他说:"天有四时,地有四方,人有四肢,是以指节可以观天,掌文可以察地,天地之理具乎指掌矣。"以微察著,以小见大,宇宙万象入乎掌中,这似乎有点看相算命先生的味道。但后儒的评价却极高。张行成说:"《观物篇》立言广大,措意精微,如《系辞》,然稽之以理,既无不通,参之以数,亦无不合。先生之书不过万一千六百余言,而天地之物之象之数之理,否泰消长、损益因革,其间罔不包罗。自六经以来,诸子百家之作,原道析理,未有如此之简要也。"

蔡文定说,邵雍是"自秦汉以来一人而已"。杨龟山说:"《皇极》之书,皆孔子所未言者。然其论古今治乱成败之变若合符节。"二程说:"尧夫历差之法妙绝乎古人矣。"王植说:"邵子内圣外王之学,其于天地万物之理究极奥蕴,古今治乱兴废之由洞如指掌。"朱熹说:"邵子之学,只把元会运世四字贯尽天地万物。"邵雍的皇极经世体系,是宋儒"为天地立心"的主体意识和迈古绝今的豪杰气魄的集中表现。

四、张载创立关学

构建儒教的天道性命学说,必须回应道教的"无本论"(以"无"为宇宙本体)和佛教的"空本论"(以"空"为宇宙本体),确立儒教的"有本论"(以"有"为宇宙本体)。周敦颐的"无极论"和邵雍的"太极论"为构建儒教本体论进行了探索,但没有从根本上与道教本体论区别开来,而且没有说清楚"无极"和"太极"究竟是何方神圣。张载继承和发展王充与柳宗元的元气论思想,用"气"来解释佛、道二教的虚空本体,把儒教的天命性情思想建立在"气本论"(以"气"为宇宙本体)的基础上,为构建儒教本体论作出了新贡献。

大化秦人的关学领袖

张载（公元1020—1077年），字子厚，北宋凤翔人，因住郿县横渠镇，在横渠传道授业，世称横渠先生。其弟子大都是关中人，世人因称其学派为关学。张载祖上世居大梁（今河南开封），其父张迪仕仁宗朝殿中丞，知涪州（今四川涪陵），卒于任所。当时，张载兄弟年幼，无力返回故里，便全家侨居凤翔县横渠镇，以数亩薄田维持生计。张载少孤自立，志气豪纵，尤喜谈兵。当时，西北党项族所建西夏政权经常侵扰边境，所到之处，焚荡庐舍，屠掠民畜，严重危害家国安全。张载年方十八，便慨然以功名自许，并欲"结客取洮西之地"。宋仁宗康定元年（公元1040年），西夏入侵，宋军败北，仁宗委任儒将范仲淹为陕西经略安抚副使，兼知延州，主持西北边事。二十一岁的张载北上延州，上书谒见范仲淹，建议于边境用兵。范仲淹一见张载便知其为远器，遂引导他说："儒者自有名教可乐，何事于兵！"劝他读《中庸》。张载读《中庸》后果然受益匪浅，可"虽爱之，犹未以为足也。于是又访诸释老之书，累年尽究其说"，最后终于返归《六经》，在《周易》中找到安身立命之所。王夫之说："张子之学，无非《易》也。立天、立地、立人，反经研几，精义存神，以纲维三才，贞生而安死，则往圣之传，非张子其孰与归！"

嘉佑二年（公元1057年），张载登进士第，先后任祁州司法参军、丹州云岩县令和渭州军事判官等职。在云岩（今陕西宜川县云岩镇）任职期间，他十分重视道德教化和移风易俗，其政事"大抵以敦本善俗为先，每以月吉具酒食，召乡人高年会于县庭，亲为劝酬，使人知养老事长之义，因问民疾苦，及告所以训戒子弟之意"。他办事认真，政令严明，"一言之出，虽愚夫孺子无不预闻知"。在他的教化下，关中风俗为之大变，人民日益敦厚纯朴，社会道德趋于良好。宋神宗熙宁三年（公元1070年），经御史中丞吕公著推荐，神宗召见张载，咨以治道。他对策道："为政不法三代者，终苟道也。"其意是说：仁政必自经界始，若贫富不均，教养无法，虽欲言治，皆苟而已。神宗遂命之为崇文院校书。当时，神宗任用王安石为参知政事，进行变法活动。王安石问张载："新政之更，惧不能任事，求助于子何如？"张载答："朝廷将大有为，天下之士愿与下风。若与人为善，则孰敢不尽！如教玉人追琢，则人亦故有不能。"由于政见不合，张载辞去了校书崇文之事，回横渠讲学著书。司马光作《哀横渠》诗云："声光动京师，名卿争荐延。置之石渠阁，岂徒修简编。丞相正自用，立有荣枯权。先生不可屈，去之归卧坚。"

张载回到横渠后，敝衣蔬食，与诸生讲学，每告以知礼成性、变化气质之道，要弟子"学必如圣人而后已"。他认为，"知人而不知天，求为贤人而不求为圣人，此秦汉以来学者大蔽也"。他非常重视学以致用，曾说："如其诚然，则志大不为名，亦知学贵于有用也。"程氏兄弟评价说："关中之士，语学而及政，论政而及礼乐兵刑之学，庶几善学者。"

在教学的同时，张载还进行了艰苦的理论创造。他常常"终日危坐一室，左右简编，俯而读，仰而思，有得则识之，或中夜起坐，取烛以书。其志道精思，未始须臾息，亦未尝须臾忘也"。经过多年的精思和潜悟，终于完成了《正蒙》这部光辉的新儒学著作。他自豪地对弟子们说："此书予历年致思之所得，其言殆与前圣合与！大要发端示人而已，其触类广之，则吾将有待于学者。正如老木之株，枝别固多，所少者润泽华叶尔。"朱熹建立理学体系，大量吸取张载的思想；王夫之的气学思想体系，也主要是通过发挥《正蒙》的思想来进行。杨时曾说："《正蒙》之书，关中学者尊信之与《论语》等，其徒未尝轻示人。"

在讲学与著书的同时，张载非常关心下层人民的疾苦，"慨然有意三代之治"，希望正经界、制井田，以解决贫富悬殊的社会矛盾。他曾计划与学者"共买一方田，画为数井，上不失公家之赋役，退以其私正经界，分宅里，立敛法，广储畜，兴学校，成礼俗，救灾恤患，敦本抑末，足以推先王之遗法，明当今之可行"，但这一计划最终未能付诸实施。

熙宁十年（公元1077年），吕大防上奏说："张载之学，善法圣人之遗意，其术略可措之以复古，乞召还旧职，访以治体。"张载因此再次被召入朝，任职太常礼院。后来，因与礼官在礼的问题上意见不合，加之有病，便辞职回陕。路过洛阳时，曾与二程论道。临行时对二程说："某之病必不起，尚可及长安也。"行至临潼县时，他浴沐更衣而寝，及弟子看时，已"寿终正寝"了。张载死后，"贫无以敛，门人共买棺，奉其丧还"。

知太虚即气则无无

张载认为，"知人而不知天"是秦汉以来儒家之"大蔽"，正是这个弊端造成了儒学命运的千年幽暗，让佛、道二教占居了主导地位。其弟子范育在《正蒙序》中说："自孔孟没，学绝道丧千有余年，处士横议，异端间作，若浮屠、老子之书，天下共传，与六经并行。而其徒侈其说，以为大道精微之理，儒家之所不能谈，必取吾书为正。世之儒者亦自许曰：'吾之六经未尝语也，孔孟未尝及也'，从而信其书、宗其道，天下靡然同风，无敢置疑于其间，况能奋一朝之辩，而与之较是非曲直乎哉！"因此，张载非常重视本体论，以补传统儒学天道观之不足；同时，他也不忘批驳佛道二教的本体论，以破辅立，希望用新儒学的天道观取而代之。

他的观点是，全宇宙只是一气，气可以有不同的存在形式：聚则为有形之物，因其反光而为人所见；散则为无形之物，因其不反光而看不见，但不能因其看不见就否定它是有。太虚无形，是气的本来状态，其聚其散，只是气化的表现形式，气本身不会产生和消灭，它自己就是宇宙的本原和本体。"若谓虚能生气，则虚无穷，气有限，体用殊绝，入老氏'有生于无'自然之论，不识所谓有无混一之常"，"若谓万象为太虚中所见之物，则物与虚不相资，形自形，性自性，形性天人不相待而有，陷于浮屠以山河大地为见病之说"。总之，太虚本身就是气，根本不存在空和无的问题。"知太虚即气，则无无。""知虚空即气，则有无、隐显、神化、性命通一无二，顾聚散、出入、形不形，能推本所从来，则深于《易》者也。"

张载认为，宇宙只是一气，但气有许多不同层次，其中最细微清虚的是太虚，是宇宙的本体，是气的最普遍、原始、恒常形式。"虚者，天地之祖，天地从虚中来。""太虚者，天之实也，万物取足于太虚，人亦出于太虚。""游气纷扰，合而成质者，生人物之万殊。"太虚之气演化凝聚，产生出世界上一切事物；万事万物不断运动变化，最终仍然复归太虚，宇宙就是一气流通、聚散的无限过程。对于作为本体的太虚，张载尚有专门论述。"太虚为清，清则无碍，无碍故神。"太虚是最清通之气，所以它无所不在，弥散在宇宙的一切角落，而不妨碍其他事物的存在，它渗透在一切事物之中，与任何事物都是一体的，它自己浑然不可分，因而万事万物、全宇宙亦浑然不可分，整个宇宙因此而成为一个太和整体。由于太虚之气遍在一切又清通无碍，它又是神化不测的，宇宙因此是灵性的，而不是顽固僵死的自在之物。太虚之灵性表现在人身上，就是人的性源、人性的本体，因而人在本质上也像太虚之气一样神化不测。如果人能穷理尽性，与太虚契合，就可以洞彻全宇宙，了知一切事物。张载的这一思想，与佛教所谓"如来藏性海"颇为类似，也和道教体无以成道的思想如出一辙。

民胞物与和仁孝之理

在横渠传道时，张载曾于学堂的双牖之上写有两篇标语性短文，左名《砭愚》，右名《订顽》，集中体现了他的哲学思想和教学宗旨。后来，程颐为其改名为《东铭》和《西铭》，对《西铭》尤其推崇备至。所谓《西铭》（右窗上的《订顽》），其实就是"座右铭"。程颐说："《订顽》之言，极纯无杂，秦汉以来学者所未到。""此横渠文之粹者也。""《西铭》之为书，推理以存义，扩前圣所未发，与孟子性善、养气之论同功。得此文字，省多少言语！且教化人读书，要之，仁孝之理备于此，须臾而不于此，则便不仁不孝也。"

张载认为，整个宇宙不过是太虚一气所化，万事万物因太虚之气的神应妙润而成为一个浑然不可分割的太和整体；我个人是此宇宙的一分子，同样受到太虚之气的神化妙润，因而和万事万物及整个宇宙构成一个有机统一体。"性者万物之一源，非有我之得私也。惟大人为能尽其道，是故立必俱立，知必周知，爱必兼爱，成不独成。"天地之性是万人和万物的共同本源，所以大其心而尽其道的圣人把全宇宙看成自身，而不妄作分别、局限于区区小我。他们自立，就是立全宇宙；他们认识，就是穷神知化，洞彻全宇宙；他们自爱，就是爱全宇宙；他们成功，就是成就全宇宙。所以，仁人志士，要"为天地立志，为生民立道，为去圣继绝学，为万世开太平"，把自己的事看成全宇宙的事，把全宇宙的事看成自己的事。

张载说:"乾称父,坤称母,予兹藐焉,乃混然中处。故天地之塞,吾其体;天地之帅,吾其性;民,吾同胞;物,吾与也。"其意是说,天可称为人父,地可称为人母,我与万物则非常渺小,混然生存于天地之间。所以,充塞天地之间的气质万物是我的身体,统帅万物的太虚神应之气是我的根本人性(天地之性),广大百姓和民众是我的同胞兄弟,自然界的万物是我的亲密同伴。与此相联系,天下的君主是天地父母的长子,他的大臣是父母和兄长的管家;我尊敬老年人是尊敬我的同胞兄长,慈爱孤儿弱子是慈爱我的同胞兄弟;天下所有的残疾孤寡之人,都是我的受苦受难的兄弟。所以,我们要爱一切人、爱一切物、爱全宇宙,就像爱我们自己的身体一样。张载的这一思想,其实体现的是一种"慈航普渡,利乐有情"的大乘佛教精神,而他却完全是用儒家的仁爱思想来表达的。

张载被认为是北宋时期最深邃、最富于创见性的思想家,他的新儒学创造对当时及后来的理学家产生了极大的影响。其实,张载的绝大部分思想都是佛、道二教影响的产物,然后用儒教的言辞加以表达而已。二程说:"横渠道尽高,言尽醇,自孟子后,儒者都无他见识。"王夫之说:"张子之学,上承孔孟之志,下救末兹之失,如皎日丽天,无幽不烛,圣人复起,未有能易焉者也。"又说:"张子之学,无非《易》也,即无非《诗》之志、《书》之事、《礼》之节、《乐》之和、《春秋》之大法也,《论》《孟》之要归也。"他们把张载视为最有创见的醇儒。于此可见,张载对佛、道二教思想的吸收与融合是非常成功的。然而,他的天道观毕竟带有太多的道教色彩,而他的民胞物与思想也带有太多的大乘佛教精神,所以他不可能成为理学的正统;佛、道二教思想的真正儒教化,还得靠二程和朱熹来完成。

五、二程初建理学

> 张载以"虚空"非空、非无的"气本论"解决了对佛、道二教虚空本体论的辩证否定问题，但是没有很好地解决理学中的"气"与经学中的"天"是何关系的问题，也没有从根本上把儒教之"气"与道教之"气"区别开来。二程把佛教华严宗的"空理"挖了过来，改造为儒教的"实理"，提炼出"天理"二字，建立了"理本论"，很好地解决了理学之"理"与经学之"天"的连接问题，在超越佛、道二教的同时发展了经学，初步建立起儒教理学体系。

一团和气的程颢

程颢与程颐为亲兄弟，河南洛阳人，出身于官宦世家。童年时代随父任辗转各地，十五六岁时受学于周敦颐，因闻其"论道"而厌科举之业，慨然有"求道"之志，因"未知其要，泛滥于诸家，出入于老释者几十年，返求诸六经而后得之"，成为宋明理学的创建者。

程颢（公元1032—1085年），字伯淳，号明道。少年中进士，久任地方官，理政以教化为先，所辖诸乡皆有乡校。他经常利用闲暇时间到学校去，召集父老谈心，亲自为儿童所读书正句读，检查教师的教学情况。有的地方风俗甚野，不知为学，"先生择子弟之秀者聚而教之，去邑才十余年而服儒服者盖数百人矣"。他为人宽厚，平易近人，待人接物"浑是一团和气"，门人交友从之数十年而未尝见其有忿厉之容。遇事优为，虽当仓促而不动声色。"先生为令，视民如子，欲办事者，或不持牒，径至庭下，陈其所以，先生从容告语，谆谆不倦，在邑三年，百姓爱之如父母。"他不但"仁民"而且"爱物"，"其始至邑，见人持竿道旁，以黏飞鸟，取其竿折之，教之使勿为"。百姓议论说："自主簿折黏竿，乡民子弟不敢畜禽鸟。不严而令行，大率如此。"他还善于破除迷信："茅山有龙池，其龙如蜴蜥而五色。祥符中，中使取二龙，至中途，中使奏一龙飞空而去，自昔严奉以为神物。先生尝捕而脯之，使人不惑。"

程颢曾被举入朝，授太子中允，权监察御史里行。但他坚决反对宋神宗和王安石变法，数月之间，奏章几十次，极陈变法之弊，"言既不行，乃求外补"，遂改任镇宁军节度判官。适逢当地发生洪水，曹村堤决，州帅刘公涣以事急告。程颢从百里之外一夜驰至，对刘帅说："曹村决，京城可虞。臣子之分，身可塞亦为之。请尽以厢兵见付，事或不集，公当亲率禁兵以继之。"刘帅遂以官印授于程颢说："君自用之。"程颢得印后，径走决堤，对士卒们说："朝廷养尔辈，正为缓急尔。尔知曹村决则注京城乎？吾与尔曹以身捍之！"士众皆被感动而自效力。他先命善泅者衔细绳以渡，然后引大索以济众，两岸并进，昼夜不息，数日而合。

在进身仕途的同时，程颢也不失归隐林泉的仙家道趣，曾写诗云："吏纷难久驻，回首羡渔樵。""功名未是关心事"，"道胜岂因名利荣"。"辜负终南好泉石，一年一度到山中。""襟裾三日绝尘埃，欲上篮舆首重回；不是吾儒本经济，等闲争肯出山来。"正因为有这样的修养和情致，他显得温润、宽厚、和气、纯粹。他那种大中至正的人格形象，对时人具有很大的示范和感化作用，这也是他对后世产生较大影响的一个重要原因。程颢后来以双亲年老为由求为闲官,居洛阳十几年,与其弟程颐讲学于家,化行乡党。其教人则说:"非孔子之道,不可学也。"士人从学者不绝于馆,甚至有不远千里而至者。范祖禹说:"盖自孟子没而《中庸》之学不传,后世之士不循其本而用心于末,故不可与入尧舜之道。先生以独智自得,去圣人千有余岁,发其关键,直睹堂奥,一天地之理,尽事物之变。故其貌肃而气和,志定而言厉,望之可畏,即之可亲,叩之者无穷,从容以应之,其出愈新,真学者之师也。"

程颢的传世之作有《识仁篇》和《定性书》等。《识仁篇》说:"学者须先识仁。仁者,浑然与物同体,义礼智信皆仁也。识得此理,以诚敬存之而已,不须防检,不须穷索。"首次赋予"仁"本体论意义,并以"仁"为"天理"的基本内容,用来对抗佛教的"空理"。其《定性书》则说:"所谓定者,动亦定,静亦定,无将迎,无内外。"并据以建立起动静合一、性无内外的儒教心性修养学说。程颢开出的"道学一脉",在当时就有很大影响。后学们一致认为,孟子之后,传圣人之道者,唯程颢一人而已。程颐为其作《墓表》云:"周公没,圣人之道不行;孟轲死,圣人之学不传。道不行,百世无善治;学不传,千载无真儒。无善治,士犹得以明夫善治之道,以淑诸人,以传诸后;无真儒,天下贸贸焉莫知所之,人欲肆而天理灭矣。先生生千四百年之后,得不传之学于遗经,志将以斯道觉斯民。"

一本正经的程颐

程颐(公元1033—1107年),字正叔,号伊川。他从小养成了"非礼勿动"的品性。年方十八即上书仁宗皇帝:"臣所学者,天下大中之道也，圣人性之为圣人，贤者由之为贤者，尧舜用之为尧舜，仲尼述之为仲尼。"其年轻气盛如此！他还说："道必充于己，而后施以及人。是故，道非大成，不苟于用；然亦有不私其身、应时而作者也。所谓不私其身、应时而作者，诸葛亮及臣是也。"可见其自视之高，但未得朝廷答复。成年之后，性格严谨冷峻，甚至有些刻板，律己极严，没有丝毫姑息。他自少时起便不肯乘轿，有一次，二使者非得要他乘轿不可，他坚决不同意，诘其故，则说："某不忍乘，分明以人代畜！"在个人情趣方面，他毫无文人墨客的闲情逸致，凡琴棋书画、花鸟虫鱼之类一无所好，以为玩物丧志。有一次，他到邵雍家作客，邵雍率同游天门街看花，他推辞说："平生未尝看花。"邵雍说："庸何伤乎？物物皆有至理，吾侪看花，异于常人，自可以观造化之妙。"他这才说："如是则愿从先生游。"

宋代有名的蜀党与洛党之争，多半也与程颐的古板性格有关。苏轼作为文坛领袖，是一个性喜诙谐、狂放不羁的骚人豪士，对程颐的端方谨严、循轨蹈矩不以为然，因而常怀嘲弄之心。程颐对苏轼的嬉笑怒骂也有些看不惯。在一个皇家庆典之日，正赶上司马光去世，各大臣在参加过庆典后又准备去吊唁司马光，程颐却以庆吊不同日的古礼表示反对，从而引来了苏轼的嘲笑，两人就此结仇。后来，在一个国忌日，程颐令供素馔，苏轼诘问说："正叔不好佛，胡为素食？"程颐说："礼，居丧不饮酒食肉。忌日，丧之余也。"于是，程派吃素，而苏派吃肉。后来，苏轼指使谏议大夫孔文仲弹劾程颐，最终把程颐挤出了京师。

程颐自己循规蹈矩，对别人也相当严苛。有一次，范仲淹的儿子范忠宣为其门人饯行，邀请二程参加。按照当时的风气，名士相聚往往请歌妓陪酒唱曲，以示风雅，所以范忠宣也邀来当地名妓到场助兴。二程来到长亭晏所后，与诸名士揖让一番便要入席，忽然瞥见几位艳妆美女立在一旁。程颢一向宽厚,没说什么;程颐却感到受了侮辱,冲着主人拱手道:"很抱歉,小弟来时匆匆,忘了一件要紧事,恕不奉陪!"不等主人答话,扭头便走。程颐向来敬重哥哥,可当他第二天见到程颢时,却满脸怒气地说:"昨天那些人,都是圣人之后、国家栋梁,又身为一方父母官,不思教化人民、报效国家、倡明圣道,却要狎妓作乐,放纵自己。连你竟然也能安心地跟他们厮混,连往日的名声也不要了吗?"程颢本来也反对邀请歌妓,昨天之事,只是勉强应酬而已。他见弟弟如此认真,便微笑着说:"你呀,你呀!我与诸位饮酒,坐中虽有妓,心中却无妓;你今日在家里,宅中本无妓,心中却还有妓,这能算修养到家了吗?你为人这样严苛,固然是诚心,却不能算是明道了啊!"

程颐的严格,还表现在教育学生上,甚至对皇帝也不例外。程颢教学,尤长于循循善诱。朱光庭见过程颢后,对人们说:"光庭在春风中坐了一个月。"这就是"如坐春风"的来历。与此相反,程颐却留下了一个"程门立雪"的典故。程颐的高足杨时、游酢来见程颐,见他瞑目静坐,便侍立一旁。直到天黑,程颐才睁开眼对他们说:"贤辈尚在此乎?日既晚,且休矣。"待出门看时,外边的雪已下了一尺深。

程颢曾说:"异日能使人尊严师道者,吾弟也。"程颐五十多岁时,司马光等向皇帝推荐说:"程颐学极圣人之精微,行全君子之纯粹,真儒者之高蹈、圣世之逸民,伏望圣慈特加召命,擢以不次,足以矜式士类。"遂被授予崇政殿说书,成为哲宗皇帝的老师。可在受命之前,他却提出了三个条件:其一,宜选贤德,以备讲官,陈说道义,涵养德性;其二,内侍之人,选老成厚重者,动息以语讲官,或随事规谏;其三,请令讲官坐讲,以养人主尊儒重道之心及敬畏之德。程颐受命后,"以师道自居,侍上讲,色甚庄,以讽谏,上畏之"。

当时，文彦博以太师平章军国事，身任宰辅，年过八旬，却对皇上非常恭敬，常常终日侍立，皇上屡次劝他休息，他却只是顿首谢恩，不肯坐下。有人问程颐：文潞公对皇上那样恭敬，你却如此倨傲，是何道理？程颐回答："潞公以三朝大臣事幼主，不得不恭。吾以布衣为上师傅，其敢不自重？吾与潞公所以不同也。"在程颐给皇帝讲课时，文彦博、吕公著等也来听讲。程颐"以天下自任，论议褒贬，无所顾避"，颇令诸人叹服，一时士人们拜师受学成风。

程颐春风得意，苏轼颇为不满。蜀党分子上奏说：程颐污下险巧，素无乡行，经筵陈说，僭横忘分，于经义全无发明，却借无根之语摇撼圣听；上德未有嗜好，却常启以无近酒色；上意未有信向，却常闻以勿用小人，"岂惟劝导以所不为，实亦矫欺以所无有"，请"放还田里，以示典刑"。于是，程颐被罢去崇政殿说书，改任他职。在这种情况下，程颐屡次上书，请求辞职，他说："今既有罪，不使劝讲，则所受之官，理当还夺。""始闻其善而用之，陛下急贤之心也；后见其恶而去之，至公之道也。""臣非不知享禄胜于躬耕，贫匮不如温足，顾以读书为儒，粗知廉耻，不敢枉道以求苟安。"可是，皇帝始终不允。直到后来，哲宗改元，召用新党，有人弹劾程颐为司马光旧党，他才被削职为民，继续从事讲学活动。

邵雍临死时，曾"举张两手以示之"，想给程颐一个劝告。程颐不知是什么意思，邵雍说："面前路径，须常令宽。路径窄，则自无著身处，况能使人行也。"可是，程颐终是秉性难移。程颢之子与章氏之子同为王氏家女婿，后来程颢之子死，章氏纳其妇。程颐对此极为不满："岂有生为亲友，死娶其妇者？"王氏来馈送，程颐一概谢绝；章氏欲见程颢之子的孩子，程颐却说："母子无绝道，然君乃其父之罪人也。"其意是说，他妈妈要来见他则可以，你娶了他爸的遗孀已属不义，又来见他作甚！后来，有弟子问程颐："或有孤孀贫穷无托者，可再嫁否？"他回答："只是后世怕寒饿死，故有是说，然饿死事极小，失节事极大。"后来，程朱理学成为官方哲学，程颐的这番话也成了不许妇女再嫁的金科玉律，对她们造成了极大的痛苦。

程颐的传世之作首推《颜子所好何学论》。安定先生胡瑗主教太学时，曾出此题考试诸生，程颐以此文大受赏识并获学职。他说："圣人之门，其徒三千，独称颜子为好学。夫诗书六艺，三千子非不习而通也。然则颜子所独好者，何学也？学以至圣人之道也。圣人可学而至欤？曰然。"他认为："凡学之道，正其心，养其性而已。中正而诚，则圣矣。君子之学，必先明诸心，知所养，然后力行以求至，所谓自明而诚也。故学必尽其心。尽其心，则知其性，知其性，反而诚之，圣人也。"发掘原始儒学的圣人修养论，以对抗当时盛行的道教修仙论和佛教证道论，是北宋新儒学的时代课题。程颐单刀直入，切中要害，对这个问题作了完全儒家式的回答，成为儒学界的一面旗帜。他指出："人皆可以至圣人，而君子之学必至于圣人而后已。不至于圣人而后已者，皆自弃也。"他号召人们都来做第一流的人，成为超今迈古的大圣人。

绍圣四年（公元1097年），党论大兴，程颐以六十三岁高龄被贬涪州，门人弟子四散。渡汉江时，恶浪滔天，船至中流几覆，舟中行人皆号哭，独程颐正襟安坐如常。当船靠岸时，同舟有老父问他："当船危时，君正坐色甚庄，何也？"程颐回答："心存诚敬耳。"在涪州被管制期间，程颐失去了人身自由，但他潜心研究《周易》，完成了《伊川易传》这部千古名著。十三年后，程颐蒙赦回到洛阳，气貌容色须发皆胜往昔，门人问其故，他则说："学之力也。大凡学者，学处患难贫贱若富贵荣达，即不须学。"正当其准备大有作为时，又遭小人虚辞弹劾，朝廷下令河南府"尽逐学徒，复隶党籍"。于是，程颐又迁居龙门之南，并对弟子们说："遵所闻、行所知可矣，不必及吾门也。"大观元年（公元1107年）九月十七日，程颐与世长辞，享年七十五岁。后赐谥公正，封伊川伯，从祀孔子庙庭。

二程对儒教理学的最大贡献，是提炼出了"天理"这个根本性概念。程颢说："吾学虽有所受，'天理'二字却是自家体贴出来。"因此，宋明理学的本体论确定下来了。

理为天地人之本的天理论

在三教九流中，儒释道三教的本体论不乏相通之处，但各有所主：儒教本天，道教本道，佛教本心。自孔孟及董仲舒以来，历代儒者大都通过对天的解释来阐发其本体论思想。二程的新儒教本体论，用"天道生生之仁"这一传统儒学的核心内容来解释佛教华严宗的性空之理，把佛教的空理改造为儒教的实理，既吸收了其理事圆融的辩证法内核，又显示出儒教特色。程颢体贴出来的"天理"二字，其实是用儒教的"天"来统帅佛教华严宗的"理"，实乃援佛入儒的成功范例。程颐说："天有是理，圣人循而行之，所谓道也。圣人本天，释氏本心。"二程所谓的圣人之道，就是天理，即天的自然之理，也就是生生之仁。用他们的话说："天地以生物为心"，"天以生为道"，"可观莫如万物之生意"，"观生理可以知道"。

《周易》云："昔者圣人之作易也，将以顺性命之理，是以立天之道曰阴与阳，立地之道曰柔与刚，立人之道曰仁与义。"以天地人为三才，主要是象数易学的说法；义理易学主要讲天，以地和人皆归天，用天来指称全宇宙。二程说，地是天，人也是天，"天人本无二"，在天为天道，在地为地道，在人为人道，其实只是一个道。

"夫天大无外，造化发育皆在其间，自无内外之别。"对于这个天，可以从不同角度给予不同的说法。"夫天，专言之则道也。……分而言之，则以形体谓之天，以主宰谓之帝，以功用谓之鬼神，以妙用谓之神，以性情谓之乾。"我们看到的自然界，只是狭义的形体之天，现象后面的本体为天帝，广义的天还包括现象与本体的交互作用及其神化、健生、妙用等性质。广义的天就是一切，后天的万事万物万理皆来源于这个囊括一切的天。"天之付与之谓命，禀之在我之谓性，见于事业之谓理。""天所赋为命，物所受为性。"所谓命，是指造化。万事万物在形态、性质、数量、条件、环境等方面各不相同，这是天的赋予不同，也就是天地自然的造化不同，这就是命。因为造化不同，万事万物各有其内在的规定性，这就是事物的性，在物为物性，在人为人性，人的一切行为就是人性与物性之间的交互作用，表现出来就是理。所以，性、命、理其实是同一个东西的不同表现或不同说法。"理也，性也，命也，三者未尝有异。"这个东西说到底就是天的内在必然性，称为天理。总的说，只是一个天理；分开说，则有造化之命、物禀之性和事业之理。二程说："穷理，尽性，至命，一事也。才穷理便尽性，尽性便至命。"以柱为例："此木可以为柱，理也；其曲直者，性也；其所以曲直者，命也。理、性、命，一而已。"事业、物性、造化所表现的只是一个天理。穷尽事理也罢，穷尽物性也罢，穷尽造化也罢，其指向的目标只是一个，那就是天理。

"天有是理，圣人循而行之，所谓道也。"天理的具体内容是什么呢？圣人作易将以顺性命之理，因而有三才之道。所谓天理，在天叫阴阳，在地叫柔刚，在人叫仁义。三才之道其实只是天理一道。二程说："一人之心即天地之心。"又说："至显者莫如事，至微者莫如理，而事理一致，微显一源。古之君子所谓善学者，以其能通于此而已。"天理至微至远，而人心人事至近至显，人事之理与天理又是一致的，所以只要在人事上穷理就可以了。只要穷尽了人事之理，便可一举多得，性命与天理都穷尽了。圣人"立人之道曰仁与义"，穷尽了仁义之理就是穷尽地道的刚柔之理和天道的阴阳之理，仁义之理就是天理。更进一步，程颢说："学者先须识仁。仁者，浑然与物同体，义礼智信皆仁也。识得此理，以诚敬存之而已，不须防检，不须穷索。"五常之德统于仁，这个仁又是浑然与物同体的宇宙本体，也就是天理。学者识仁，只是存诚持静的涵养动夫而已。涵养的关键是定性，定性是为了尽性，尽了性便识了仁，识了仁便识了天理。尽了心，知了性，明了天理，就是圣人。

一二合而为三的造化论

二程认为，天地之化，自然生生不穷，往来屈伸，只是天理流行。"天理云者，这一个道理，更有甚穷已？不为尧存，不为桀亡。人得之者，故大行不加，穷居不损。这上头来，更怎生说得存亡加减？是它元无少欠，百理俱备。"天理是不依人的意志为转移的客观存在。"实有是理，故实有是物；实有是物，故实有是用；实有是用，故实有是心；实有是心，故实有是事。是皆原始要终而言也。"因为理是实实在在的，所以才有同样实实在在的万事万物。具体说，"有理而后有象，有象而后有数。《易》因象以明理，由象而知数。得其义，则象数在其中矣"。天理通过象和数产生了万事万物。圣人作《易》，因象数以明天理。我们只要懂了易理，就能明了天理。所谓易理，就是《周易》所说"一阴一阳之谓道"。二程说："离了阴阳更无道。所以阴阳者，是道也；阴阳，气也。气是形而下者，道是形而上者。"又说："道之外无物，物之外无道，是天地之间无适而非道也。""至微者理也,至著者象也,体用一源,显微无间。"天理虽然精微,却可以通过象数来求得,义理与象数本无二。

二程说:"天地万物之理,无独必有对,皆自然而然,非有安排也。""万物莫不有对,一阴一阳,一善一恶,阳长则阴消,善增则恶减。斯理也,推之其远乎?人只要知此耳。"天地间万事万物的运动变化,只是一阴一阳的相互消长而已,"盖天下无不二者,一与二相对待,生生之本也"。具体说,"天地阴阳,其势高下甚相背,然必相须而为用也。有阴便有阳,有阳便有阴;有一便有二,才有一二,便有一二之间,便是三,已往更无穷。老子亦曰三生万物,此是生生之谓易,理自然如此"。有一是指有理,有是理则有一阴一阳之道,这便是二;二气冲和,非一非二,便是三,是一个新的事物,也是万物生生之几。"天地阴阳之运,升降盈虚,未尝暂息。阳常盈,阴常亏,一盈一亏,参差不齐而万变生焉。"所谓盈亏,就是聚散攻取,氤氲交感。"天地之气相交而密,则生万物之化醇。醇谓浓厚,浓厚犹精一也。男女精气交构,则化生万物,唯精醇专一,所以能生也。""阴阳交感,男女配合,天地之常理也。"所谓感,是指运动和感应,"感,动也,有感必有应,凡有动皆为感,感则必有应,所应复为感,感复有应,所以不已也"。所谓动,是指翕辟开合,屈伸往来,"天地之气开散,交感而和畅,则成雷,雷雨作而万物皆生发甲坼"。凡物参和交感则生,不合分散则死;交感而和合,便是天理生生之常。"天地之生,万物之成,合而后遂。天下国家至于事为之末所以不遂者,由不合也;所以不合者,由有间也。故间隔者,天下之大害,圣王之所必去也。"只有打破间隔,让事物自由地交感和合,不断地生生变动,才是常久之道。"天下之理未有不动而能恒者也。动则终而复始,所以恒而不穷。凡天地所生之物,虽山岳之坚厚,未有能不变者也。故恒非一定之谓也,一定则不能恒矣。唯随时变易,乃常道也。"

损人欲以复天理的修养论

二程认为，至微莫如理，至显莫如事。"盖上天之载，无声无臭，其体则谓之易，其理则谓之道，其用则谓之神，其命于人则谓之性。"这个天理无所不在，是十分微妙的。然而，天理必然通过人事表现出来，又是至显的。"人只以耳目所见闻者为显见，所不见闻者为隐微，然不知理却甚显也。"天理无所不在，必然随处表现，因而在至著的事象中有至微的天理。"体用一源，显微无间……故善学者求言必自近。"这个寻求天理的近处，就是人伦日用之事。"凡下学人事，便是上达天理"，一点也不复杂。二程说："尽性至命，必本于孝悌；穷神知化，由通于礼乐。"只要在日常的礼乐孝悌上体会，便不难穷得天理。学生问："孝悌之行，何以能尽性至命也？"二程答："世之言道者，以性命为高远，孝悌为切近，而不知其一统。道无本末精粗之别；洒扫应对，形而上者在焉。"洒扫应对之间，就有天理；为人处事，严格遵循三纲五常等传统道德而行，就是天理的显现和流行。

二程的全部学说，归根到底要落脚到道德修养上来，所以他们极重视对人性和理欲的研究。他们说："道孰为大？性为大。"天理通过造化之功体现在人身上，是人之至善的理性；天气通过生生之理表现在人身上，则是有善有恶的气禀，称为生性或气性；人性进一步显形和发动，则为人心和人情。自理性而行，则皆善也。圣人因其善则为仁义礼智信，仁为全体，义礼智信为四肢。仁为性理之公，是人区别于动物的本质属性；义是性理之宜，是权衡是非轻重的原则；礼是性理之别，是立身处世的等级名分；智是性理之知，知而后能行；信是性理之真实无妄，是至诚。性理之善是"极本穷源之性"。由气禀之生性，则有善恶的分别。禀清气者贤，禀浊气者恶，禀至清之气者为圣人。天性之柔缓刚急，皆为气禀之性的表现。人的气禀又称为才，"大凡所受之才，虽加勉强，止可少进，而钝者不可使利也。惟理可进。除是积学既久能变得气质，则愚必明，柔必强"。天理又通过性表现为心。"在天为命，在人为性，论其所主为心，其实只是一个道。"仁义礼智皆根于心。"心，一也。有指体而言者，寂然不动是也；有指用而言者，感而遂通天下之故是也。"心之体寂然不动，谓喜怒哀乐未发之中，圣人之心平静如止水；心之用感而遂通，谓喜怒哀乐发而止节之和，君子极高明而道中庸。人性之动，则表现为情。"若既发，则可谓之情，不可谓之心。"心是体，情是用，心本善，情则有善有恶。《颜子所好何学论》云："其本也真而静，其未发也五性具焉，曰仁义礼智信。形既生矣，外物触其形而于动中矣。其中动而七情出焉，曰喜怒哀惧爱恶欲。情既炽而益荡，其性凿矣。是故觉者约其情使合于中，正其心，养其性，故曰性其情。愚者则不知制之，纵其情而至于邪僻，梏其性而亡之，故曰情其性。"

二程说："圣贤千言万语，只是欲人将已放之心，约之使反，复入身来，自能寻向上去，下学而上达也。"而下学人事以上达天理的关键，则是寡欲。二程认为，人性表现为人心时，又有人心和道心的不同，人心是人欲，道心是天理。"人心私欲，故危殆；道心天理，故精微；灭私欲则天理明矣。"如口目耳鼻四肢之欲是性而不是欲。"饥食渴饮，冬裘夏葛"这类自然需求，如果没有"私吝心"，则是"天职"，也不是人欲。"且譬如椅子，人坐此便安，是利也。"这不是人欲。"如求安不已，又要褥子，以求温暖，无所不为"，甚至"夺之于君，夺之于父"，这就是人欲，是"趋利之弊"。正常的饮食、宫室、刑罚、征伐是本，进一步的峻宇雕墙、酒池肉林、淫酷残忍、穷兵黩武则是末。"先王制其本者，天理也；后王流于末者，人欲也。

损人欲以复天理，圣人之教也。"可见，二程所谓"损人欲以复天理"，其实是指黜霸道而行王道，并不是要灭绝人的一切物质欲望，其实质是对剥削阶级侈靡之风的一种批判。

二程认为，"人之为不善，欲诱之也。诱之而弗知，则至于天理灭而不知反，故目则欲色，耳则欲声，以至鼻则欲香，口则欲味，体则欲安，此皆有以使之也"。当人对奉身的外物事事要好时，却不知道自家身与心却已先不好了。为此，必须损人欲以复天理。首先，要通过深思和反省来窒欲。"学莫贵于思，唯思为能窒欲。""人心至灵，一萌于思，善与不善，莫不知之。"其次，要克己复礼为仁。"非礼处便是私意，既是私意，如何得仁？凡人须是克尽己私后，只有礼，始是仁处。""颜渊问克己复礼之目，夫子曰：'非礼勿视，非礼勿听，非礼勿言，非礼勿动。'四者身之用也，由乎中而应乎外，制于外所以养其中也。颜渊事斯语，所以进于圣人；后之学圣人者，宜服膺而勿失也。"程颐作《动箴》诗云："哲人知几，诚之于思，志士厉行，守之于为。顺理则裕，从欲惟危。造次克念，战兢自持，习与性成，圣贤同归。"有人说："先生谨于礼四五十年，应甚劳苦。"程颐答："吾日履安地，何劳何苦？他人日践危地，此乃劳苦也。"还说："人只有个天理，却不能存得，更作甚人也？泰山孙明复有诗云：人亦天地一物耳，饥食渴饮无休时，若非道义充其腹，何异鸟兽安须眉？"

六、朱熹集理学大成

> 在周邵程张诸儒奠定的新儒学基础上，特别是在二程的天理论和修养论基础上，朱熹集北宋新儒学思想之大成，创立了既吸收佛、道二教思想又加以超越的新儒教体系，把佛、道二教的本体论、宇宙论、心性论特别是宗教修行论和禁欲主义思想融入儒教，完成了"三教合一"而"统之于儒"的历史使命，为中国封建社会后期构建起强大的国家意识形态。

从祀孔庙的徽国公

朱熹（公元1130—1200年），字元晦，后改仲晦，号晦庵，又号云谷老人、遁翁等，祖籍徽州婺源（今属江西）。祖上世代为官，以儒名家。父亲朱松初任南剑州尤溪县尉，历任秘书省正字、校书郎、著作佐郎及史馆校勘等职，后因反对秦桧议和而出知饶州，曾师事罗从彦，与李侗为同门友。朱熹出生在尤溪县城外毓秀峰下郑氏馆舍，自幼庄重颖悟，接受父亲的儒学教育。八岁读《孝经》，十岁读《孟子》，刻苦异常。"家贫儿痴但深藏，五年不出门庭荒。"稍长，好为天外之思，励志圣贤之学。年十四，父逝，从父命师事胡宪、刘勉之和刘子翚三人，三儒抚教如子侄，后刘勉之以女儿嫁朱熹。从此，出入于释老者十余年，凡禅、道、文、辞、诗、兵等书无所不读，思悟玄理未透便不肯入睡，常常连续数夜穷究不止。十九岁中进士，二十二岁铨试，授左迪功郎泉州同安县主簿。三十岁时正式受学于李侗门下。

当年，杨时从学于二程门下，及其南归，程颢说："吾道南矣。"杨时倡道东南时，唯罗仲素能"潜思力行，任重诣极"，因得其传。李侗受学于罗仲素而得其传，其为人"如冰壶秋月，莹沏无暇"，其为学主静坐，验喜怒哀乐未发之前气象，以求所谓中，以为"学问之道不在多言，但默坐澄心，体认天理，若真有所见，虽一毫私欲之发，亦退听矣，久久用力于此，庶几渐明"。朱熹受学后，颇得乃师赏识，赐字元晦，取"木晦于根，春容晔敷；人晦于身，神明内腴"之意。李侗说："元晦进学甚力，乐善畏义，吾党鲜有，晚得此人商量所疑，甚慰。""此人极颖悟，力行可畏，讲学极造其微处，渠所论难处，皆是操戈入室，从源头体认来。"五年后，李侗去世，朱熹得其传，成为程颢的四传弟子。他体究李侗关于未发与已发的教诲，作诗云："半亩方塘一鉴开，天光云影共徘徊；问渠那得清如许，为有源头活水来。"

朱熹三十八岁时，曾被调往崇安救灾，与县官共议赈恤之事，遍走山谷十余日，深刻体会到"今时肉食者漠然无意于民"的社会现实，以为道学不明则天下事决无可为之理，从而开始了长达十余年的著书生涯，其大部分著作皆完成于此时。朱熹知南康军时，曾立周敦颐祠于学宫，以二程配享，并在南唐遗址重建白鹿洞书院。其时，一豪门子弟跃马于市，一小儿被踏将死，朱熹下令将案犯送军院处置，吏人回报已如法栲治。后来，朱熹发现案犯并未受栲，便将吏人与案犯一并治罪。有人劝道：此是豪家弟子，可高抬贵手，放过了事。朱熹正色凛然道："人命所系，岂可宽弛！若云子弟得跃马踏人，则后日将有甚于此者矣。况州郡乃朝廷行法之地，保佑善良，抑挫豪横，乃其职也。纵而不问，其可得耶？"

朱熹五十二岁时，受命提举两浙东路常平茶盐公事，次年奏劾绍兴府指挥使密克勤盗窃赈粮4 160石，衢州守李峄隐瞒灾情致使山民流离死亡，江山知县王执中、宁海知县王辟纲不职，前台州知州唐仲友不法等案。其中，唐仲友之事牵动朝中大僚王淮等人，朱熹连续六次上书奏章，唐仲友终被削职。朱熹因此而得罪了朝廷要员，他们连续上疏诋毁程氏之学以影射朱熹，王淮的亲信面奏皇上说："近日荐绅有所倡道学者，大率假名以济伪，愿考察其人，摈弃勿用。"从而拉开"庆元学禁"的序幕。同年，朱熹下令拆毁永嘉县学的秦桧祠，撰文痛斥秦桧。

次年，朱熹结庐武夷山五曲，名"武夷精舍"，四方学士慕名而来者甚众。接着，朱熹开始辩驳陆九渊的心学和陈亮的事功之学。他说："海内学术之弊不过两说，江西顿悟、永康事功。若不极力争辩，此道无由得明。"朱熹五十九岁时上封事，极言纲纪风俗之弊："一有刚毅正直守道循理之士出乎其间，则群讥众排，指为道学之人而加以矫激之罪，上惑圣聪，下鼓流俗。盖自朝廷之上以及闾里之间，十数年来，以此二字禁锢天下之贤人君子，复如崇宣之间所谓元佑学术者，排摈诋辱，必使无所容措其身而后已。呜呼！此岂治世之事而尚复忍言之哉？"六十五岁时，受命知谭州湖南路安抚使，修复了岳麓书院。适逢赵汝愚执政，朱熹被召入朝。朱熹借机向皇帝大讲其理学思想，并劝其读书穷理，居敬持志，作存天理灭人欲的修养功夫。宁宗皇帝批示说："朕悯卿耆艾，方此隆冬，恐难立讲，已除卿宫观。"朱熹在朝只有四十六日，便被逐出。

庆元元年（公元1195年），正言李沐等人诬劾赵汝愚植党，以宗室危谋社稷，赵被罢相外贬，凡上书审冤者皆遭贬逐。朱熹草封事数万言欲救赵，弟子恐其致祸，故力劝，朱熹不听。蔡元定请求用蓍筮决断，得《遁》之《家人》卦，朱熹乃悉焚奏稿，改号遁翁。第二年，有人奏称"伪学之魁以匹夫窃人主之柄，鼓动天下"，要求将语录之类并行焚毁，朱熹落职罢祠。庆元三年（公元1197年），刘三杰奏称伪学已变为逆党，五十九人被置入伪学之籍。庆元五年（公元1199年），朝野盛攻伪学，有人上书乞斩朱熹，凡以儒名世者皆无容身之所。第二年，朱熹卒于考亭，享年七十一岁，葬建阳县唐石里大林谷。数年后，"学禁"解除，朱熹被赐谥文公。朱熹死后二十七年，被特赠为太师，追封徽国公。朱熹死后三十四年，从祀孔庙。

关于朱熹在儒教史上的历史地位，著作郎李道传曾说："孔孟既没，正学不明。……至于本朝，河洛之间，大儒并出，于是孔孟之学复明于世。……近世儒者又得其说而推明之，择益精，语益详，凡学者修己接物、事君临民之道，本末精粗，殆无余蕴。诚使此学益行，则人才众多，朝廷正而天下治矣。往者权臣顾以此学为禁，十数年间，士气日衰，士论日卑，士风日坏，识者忧之。"朱熹的门人说："道之正统，待人而后传。自周以来，任传道之责、得统之正者不过数人，而能使斯道章章较著者，一二人而止耳。由孔子而后，曾子、子思继其微，至孟子而始著。由孟子而后，周、程、张子继其绝，至先生而始著。"

宇宙之间一理

朱熹的本体论学说，主要是通过解释周敦颐的《太极图说》来阐发的。周敦颐说"自无极而为太极"，以无极为宇宙本原，有明显的道教色彩。朱熹改之为"无极而太极"，把无极并入太极之中，以太极为本原和本体，使其合于《周易》太极生两仪的说法，抹掉了道教色彩。他解释说："上天之载，无声无臭，而实造化之枢纽、品汇之根柢也。故曰'无极而太极'，非太极之外复有无极也。""不言无极，则太极同于一物，而不足为万化根本；不言太极，则无极沦于空寂，而不能为万化根本。"他把无极说成太极的修饰词，用以形容太极无声无臭、无象无状的特性。其意是说，太极虽然看不见、摸不着，却是天地万物的造化之本。实际上是用"无"来形容"有"，把本体规定为即有即无、非有非无，也就是有与无的辩证统一。老子说："天下万物生于有，有生于无。"有与无异名同谓，"同谓之玄，玄之又玄，众妙之门"，也正是以本体为有与无的统一体。老子贵无，是为了强调本体的恍惚无状之性。朱熹贵有（太极），则是为强调本体的实有性，同时也是想与老子划清界限，为复兴儒教服务。

　　朱熹的理论创造，并不在于把本体规定为有与无的统一体，而在于他用二程发明的天理来解释太极。他说："太极只是一个理字"，"总天地万物之理，便是太极"。这样，朱熹的本体论学说便不再称为太极本体论，而称为理本论。他说："无极而太极，只是说无形而有理。"他强调，实实在在的理是万物的本原和本体。他发挥道："盖有是实理，则有是天；有是实理，则有是地。如无是实理，则便没这天，也没这地，凡物都是如此。""实有是理，故有是人；实有是理，故有是事。""天下之物，皆实理之所为，彻头彻尾，皆是此理所为，未有无此理而有此物也。"客观实在的理，产生了客观实在的天、地、人及万事万物。"宇宙之间，一理而已。天得之而为天，地得之而为地，而凡生于天地之间者，又各得之以为性；其张之为三纲，其纪之为五常，盖皆此理之流行，无所适而不在。若其消息盈虚、循环不已，则自未始有物之前以至人消物尽之后，终则复始，始复有终，又未尝有顷刻之或停也。"无形而有理的本体，蕴藏着全宇宙的密码信息，这个密码信息通过造化的遗传作用，成为万物的自性；天之为天、地之为地、人之为人、物之为物，皆因这个理的造化之妙；这个信息通过人身与人事的放大作用，表现为五常诸德和三纲等伦理秩序。总之，哪里有事物，那里就有这个天理的流行；甚至在万物产生之前、人消物尽之后，这个信息仍然循环流转，伺机显其造化之功。正是因为这个不生不灭、流行不已的天理，才有宇宙万象的神功妙用和物质世界的永恒运动。

天理无声无臭、无象无状，却又无所不在、随处显现，可比附为宇宙信息。万事万物莫不有结构，莫不有其"所以然之故"和"当然之则"，统称信息。信息既在物事之内，也弥散在物事周围，同时向全宇宙辐射。事事物物的形迹可以散在而异处，其信息却交织而互渗，成为一个统一的因陀罗信息网，就是天理。信息具有组织功能，但不会造作出万物，天理是通过气来创造万物的。朱熹说："天下未有无理之气，亦未有无气之理。""既有理，便有气；既有气，则理又在乎气之中。"理与气是两物又不可分，圆融无碍。广义的气（与理相对）包括能量（清虚之气）和物质（凝聚态的气），狭义的气只指能量（与质料相对）。理气圆融无碍，也就是信息与物质、能量的圆融无碍。朱熹说："一元之气，运转流通，略无停间，只是生出许多万物而已。"元气的流转，在于其中有理的作用，是信息的组织功能在起作用。没有信息，宇宙只是个不可想象的死寂之物。元气化阴阳，阴阳化五行，阴阳交感消长，五行生克制化，便产生万事万物。不论为何物，皆为天理之作用。天理通过阴阳表现出来，是聚散屈伸之性；通过五行表现出来，是曲直、炎上、稼穑、从革、润下诸性。五行之性通过人的变形和放大，便是仁义礼智信五常之德；阴阳之性通过人类社会的变形和放大，则是君臣、父子、夫妇等伦理秩序。

理一分殊，月印万川

朱熹说："二气五行，天之所以赋受万物而生之者也。自其末以缘本，则五行之异，本二气之实，二气之实，又本一理之极，是合万物而言之，为一太极而已也；自其本而之末，则一理之实，而万物分之以为体，故万物之中各有一太极。"宇宙间的存在虽然纷繁复杂，却不外太极、阴阳、五行和万物等层次，太极寓于阴阳，阴阳寓于五行，五行又寓于万物，层次虽异，一理贯穿。万物之理统于五行，五行之理统于阴阳，阴阳之理统于太极。太极是宇宙全息元、化生万象的全息胚。天理无所不在，以全息方式充塞全宇，又时时处处通过二气五行及万事万物表达出来，就是天理流行。天理是全息结构、全息存在，是宇宙因陀罗信息网，无不弥漫，无不充塞，无不渗透。天理信息是整体性存在，至大无外，至小无内，浑沌不分，一点一滴就是全体，全体只是一个无内之点。天理信息是全宇宙，全宇宙是天理信息。在天理信息这个"洁净空阔"的世界，天南就是地北，地北就是天南，此是彼，彼是此，感通妙应，不疾而速，不行而至，神无方而易无体，无在而无不在。一物之太极，便是全宇宙的太极。天理只通过物物的太极表达自己。朱熹说："本只是一太极，而万物各有禀受，又自各全具一太极尔。如月在天，只一而已，及散在江湖，则随处而见，不可谓月已分也。"用禅僧玄觉的《永嘉证道歌》说："一性圆通一切性，一法遍含一切法；一月普现一切月，一切水月一月摄。"

朱熹又说："论万物之一原，则理同而气异；观万物之异体，则气犹相近而理绝不同也。气之异者，粹驳之不齐；理之异者，偏全之或异。"全宇宙一个太极，事事物物各有太极，所有的太极只是同一个天理，这是气质不同而理同。万物的气质结构虽然千差万别，却不过是二气五行的不同结合方式，所谓气犹相近也。事物的阴阳五行结构之所以是这样而不是那样，又是因为理的作用有别，所谓理绝不同也。万物气质结构不同，是二气五行纯驳不齐，或阴多而阳少，或金水多而木火少，或为纯粹之金木，或为水土之混杂，所以不同也。万物之理不同，是对天理信息的表达有偏全之异。或此方面显著表达而彼方面隐而未现，或此方面在这时这地表达而彼方面于那时那地表达，所以看起来不同。阴表达太极的翕聚之性，阳表达太极的辟散之性。金表达天理的从革之性，木表达天理的曲直之性，水表达天理的润下之性，火表达天理的炎上之性，土表达天理的稼穑之性。植物放大了木的曲直之理而隐没了金水火土之理，金石珠玉放大了金的从革之性而隐没了木火水土之理，液态事物放大了水的润下之性而隐没了木火土金之理，火焰太阳等物放大了火的炎上离明之性而隐没了金木水土之理，大地沙土放大了土的生化稼穑之性而隐没了金木水火之理。所谓隐没，并非不显，只是难见而已。

自然事物有太极，人类社会亦有天理流行。阴阳五行之理通过人类社会放大，表现为三纲五常及其他妙用。朱熹说："万物皆有此理，理皆同出一原，但所居之位不同，则其理之用不一。……如为君须仁，为臣须敬，为子须孝，为父须慈。物物各具此理，而物物各异其用，然莫非一理之流行也。"人人皆有天理的全部信息，但因气禀之偏全纯杂有别而表现出不同个性，又因社会角色不同而表现天理的不同方面，以显示天理的不同作用。仁义礼智信五常之德人人所具，但"得木气多者仁较多，金气多者义较多"。同时，五常又因社会角色不同而表现有所偏主，为君当用仁，为臣当用敬，为父当用慈，为子当用孝，大家各演其角各行其事，共同构成和谐的天理秩序。天理通过造化赋予万物的太极，又称为性或命。人得五气之灵秀与二五之精华，更显著地表达出三纲与五常等天理信息。不同的人又因气禀之厚薄清浊有别，造成了体现天理的层次和程度不同，因而有富贵穷通及寿夭等不同的命。气禀清者为圣为贤，气禀浊者为愚不肖，气厚者福厚而富，气薄者福薄而贫，得气之华美者富盛，得气之衰飒者卑贱，又因气禀之所拘、只通得一路而造成许多差别，"或厚于此而薄于彼，或通于彼而塞于此，有人能尽通天下利害而不识义理，或工于百工技艺而不解读书"。然圣人之学，又有变化气质之道，只要循圣人之道而力行之，不断地存天理、灭人欲，格物以穷理，则又可下学而上达，变愚不肖为圣贤。但是，朱熹又说："富贵、死生、祸福、贵贱，皆禀之气，而不可移易者。"

正君心是大本

朱熹竭平生之力著《四书集注》，以《大学》为入德之门，大阐"正心诚意，修身齐家、治国平天下"的内圣外王之道，目的是用王道取代霸道，实现儒家的政治理想。按照儒家一贯的理想，皇帝应由在道德和智慧方面修成正果的圣人来做，只有圣人才能成为真正合格的王者。可是，自有阶级社会以来，国家政权从来都是武力征伐的结果，没有任何一朝的江山是依靠儒家的道德心性修养得来的，也没有任何一位具有圣人之德的大儒仅凭借其道德学问而取得皇位。对于这个无法回避的历史悖论，历代儒家人士不应该不清楚，为此，他们必须把已经夺取政权的统治集团作为其理论思考的中心目标，不断地纺织越来越精巧美妙的理论花环，随时随地都做好"请君入瓮"的思想准备，以便"引君当道"。对于真正的大儒来说，引君当道的最好办法莫过于给皇帝当老师，不断地向他灌输儒教的修养功夫和王道思想。程颐有过这样的殊幸，他敢冒君道之大不韪而向皇帝摆师道尊严，处处以仁德教育皇帝，希望能以盛德化成天下，实现儒家的圣人之道。朱熹也有这样的理想，他继承和发展了张载和二程的人性论学说和道德修养方法，利用十分难得的入朝之机多次上封事向皇帝宣讲其理学思想，企图把用杂霸之术夺取政权的宋朝皇帝引向王道政治的轨道。但统治者没有接受他的说教，他被诬为伪学之魁而遭受削职禁讲之难。一代大儒在"亲旧凋零，益无生意"中逝去，他留下了以"正君心"为核心的新儒学思想，按照理学的思路，这应是无往而不在的"天理信息"的又一个独特放大。

朱熹看到，自孔子和孟子发明内圣与外王相统一的王道思想以来，秦汉以下千有余年，没有任何君主符合其要求。"秦汉而下，二气五行自是较昏浊，不如太古之清明纯粹。"即便是被后世统治者奉为圭臬的汉唐之君，也不过是些利欲之徒。"视汉高帝、唐太宗之所为而察其心，果出于义耶？出于利耶？出于邪耶？正耶？若高帝，则私意分数，犹未甚炽，然已不可谓之无。太宗之心，则吾恐其无一念之不出于人欲也。直以其能假仁借义，以行其私，而当时与之争者，才能术智既出其下，又不知有仁义之可借，是以彼善于此而得以成其功耳。""使膏粱之子弟不学而居士民上，其为害岂有涯哉？且以汉诸王观之，其荒纵淫虐如此，岂可以治民！"

朱熹认为，造成这种状况的主要原因还是圣人之道不传。他说："自邹孟氏没，而圣人之道不传，世俗所谓儒者之学，内则局于章句文词之习，外则杂于老子、释氏之言，而其所以修己治人者，遂一出于私智人为之凿，浅陋乖离，莫适主统，使其君之德不得比于三代之隆、民之俗不得跻于三代之盛。若是者，盖已千有余年于今矣。"不仅如此，"秦汉以来，道不明于天下，而士不知所以为学。言天者，遗人而无用；语人者，不及天而无本；专下学者，不知上达，而滞于形器；必上达者，不务下学，而溺于空虚；优于治己者，或不足以及人；而随世以就功名者，又未必自其本而推之也。夫如是，是以天理不明而人欲炽，道学不传而异端起。人挟其私智，以驰骛于一世者，不至于老死则不止，而终亦莫悟其非也"。他强调："人只是这个人，道只是这个道，岂有三代汉唐之别！但以儒者之学不传，而尧舜禹汤文武以来转相授受之心不明于天下，故汉唐之君虽或不无暗合之时，而其全体却只在利欲上。"

为此，朱熹以续接圣人之道于千年之后的大儒自任，竭平生之力斟酌《四书章句》，决心一匡天下。基于千余年封建专制的历史事实，朱熹认为，正天下必从正君心始。"天下万事有大根本，而每事之中又各有要切处。所谓大根本者，固无出于人主之心术；而所谓要切处者，则必大本既立，然后可推而见也。如论任贤相、杜私门，则立政之要也；择良吏、轻赋役，则养民之要也；公选将帅，不由近习，则治军之要也；乐闻警戒，不喜导谀，则听言用人之要也。推此数端，余皆可见。然未有大本不立，而可以与此者，此古之欲平天下者，所以汲汲于正心诚意以立其本也。"总之，"天下之事，千变万化，其端无穷，而无一不本于人主之心者"。"天下事有大根本，有小根本，正君心是大本。"只有正君心才能正天下。天下之事本于君心，君心不正遗害无穷，"惟恐此心倾刻之间或失其正而已，原其所以然者，诚以天下之本在是，一有不正，则天下万事将无一物得其正者，故不得不谨也"，"人主所以制天下之事者，本乎一心，而心之所主，又有天理人欲之异"。因此，欲正人君之心术，必须使其"革尽人欲、复尽天理"，以"严恭寅畏为先务，声色货利为至戒，然后乃可为者"。他上封事要求皇帝要"恭畏存心"，"兢兢业业，精之一之，克之复之，如对神明，如临渊谷，未尝敢有须臾之怠"。朱熹指出："君心不能以自正，必亲贤臣、远小人，讲明义理之归，闭塞私邪之路，然后乃可得而正也。古先圣王所以立师傅之官、设宾友之位、置谏争之职。"必须使君主自己反省自己、内修仁义，再由诸臣明谏规正，才能双管齐下，取得功效。

朱熹等理学家们似乎认识到，中国封建政治发展到宋代，已经不可避免地要走下坡路了。按照邵雍的象数学，宋代历史已发展到了阳极返阴的"午会"之末，随之而来的将是二阴消阳的《遁》卦。朱熹本来希望以"失传千年"的"圣人之道"为走向没落的封建王朝培补阳气，却遭到了封建皇帝的禁逐。朱熹死后，南宋的统治者终于对他的学说有所"领悟"。

穷理为先，力行终之

朱熹用以引导封建皇帝从霸道走向王道的具体方略，是由理学家们逐渐发明和完善起来的一套心性修养方法，就是"明天理，灭人欲"。他说："孔子所谓'克己复礼'，《中庸》所谓'致中和，尊德性，道问学'，《大学》所谓'明明德'，《书》曰'人心惟危，道心惟微，惟精惟一，允执厥中'，圣人千言万语，只是教人明天理，灭人欲。"具体怎么做呢？他提出"主敬以窒欲"。"欲，只是要窒。""敬，则天理常明，自然人欲惩窒消治。"他正是用这个方法来教导皇帝的。怎样落实这个"敬"呢？"故圣贤教人，必以穷理为先，而力行以终之。"先要用"格物致知"的方法穷理；穷了理，才能知得分明；知得分明，才能行得分明。只有见诸现实行动，才能"革尽人欲，复尽天理"。所谓人欲，是指人心出了毛病，"循之则其心私而邪"，"只为嗜欲所迷，利害所逐，一齐昏了"。如果人心尤其是君心出了毛病，被无限膨胀的人欲所驱使，势必祸国殃民，天下无宁日。"若是饥而欲食，渴而欲饮，则此欲亦岂能无！""虽是人欲，人欲中自有天理。"他以为，广大劳动人民维持生存需要的饮食之欲，乃天理之自然，绝不可窒。孟子讲民贵君轻，制民恒产，正是要满足这种欲望。只有统治阶级贪得无厌、声色犬马的腐朽要求才是人欲。所谓天理，"只是仁义礼智之总名，仁义礼智便是天理之件数"。朱熹在给孝宗皇帝的奏章中说："三纲五常，天理民彝之大节，而治道之本根也。"君主应该以仁义治国，以道德化成天下，这就是朱熹所谓的天理流行。

朱熹说："学者工夫，唯在居敬、穷理二事。此二事互相发。能穷理，则居敬工夫日益进；能居敬，则穷理工夫日益密。"首先要穷理，"万事皆在穷理后。经不正，理不明，看如何地持守？也只是空"。穷理要以虚心静虑为本，要"虚心切己，整齐严肃"。"穷理者，欲知事物之所以然与其所当然者而已。知其所以然，故志不惑；知其所当然，故行不谬。"具体说："穷理，如性中有个仁义礼智，其发则为恻隐、羞恶、辞逊、是非，只是这四者。任是世间万事万物，皆不出此四者之内。"其次要涵养，也就是做居敬工夫。"敬之一字，真圣门之纲领，存养之要法。"所谓敬，"只是一个畏字"，只是内无妄思、外无妄动。"不恁地放纵，便是敬。"其具体德目，是"坐如尸，立如齐，头容直，目容端，足容重，手容恭，口容止，气容肃"。"人心常炯炯在此，则四体不待羁束，而自入规矩。"总之，"涵养中自有穷理工夫，穷其所养之理；穷理中自有涵养工夫，养其所穷之理。两项都不相离"。

如何穷理呢？朱熹说："穷理之学，诚不可以顿进，然必穷之以渐，俟其积累之多而廓然贯通，乃为识大体耳。"为此，须不断地做格物致知功夫。"须是物格知至，方能循循不已，而入于圣贤之域。""所谓格物，便是要就这形而下之器穷得那形而上之道理而已。"首先，"大而天地阴阳，细而昆虫草木，皆当理会；一物不理会，这里便缺此一物之理"。其次，格物，"为人君止于仁，为人臣止于敬"，"事父母，则当尽其孝；处兄弟，则当尽其友。如此之类"。

"如今说格物，只晨起开目时，便有四件在这里，不用外寻，仁义礼智是也。""凡看道理，须要穷个根源来处。如为人父，如何便止于慈？为人子，如何便止于孝？为人君、为人臣，如何便止于仁、止于敬？"穷理的方法很多，"如或读书，讲明道义；或论古今人物，而别其是非；或应接事物，而处其当否。皆穷理也"。而读圣贤之书尤其重要，"天下之物莫不有理，而其精蕴则已具于圣贤之书，故必由是以求之。然欲其简而易知，约而易守，则莫若《大学》《中庸》《论语》《孟子》之篇也"。

要格物，更要致知。"致，推极也；知，犹识也。推极吾之知识，欲其所知无不尽也。""知至，谓天下事物之理知无不到之谓。若知一而不知二，知大而不知细，知高远而不知幽深，皆非知之至也。要须四至八到，无所不知，乃谓至耳。"朱熹认为，"欲养其知者，惟寡欲而已矣。欲寡则无纷扰之杂，而知益明矣"，"致知，乃本心之知，如一面镜子，本全体通明，只被昏翳了。而今逐旋磨去，使四边皆照见，其明无所不到"。关于格物与致知的关系，朱熹说："致知是自我而言，格物是就物而言。""格物以理言也，致知以心言也。""格物是逐物格将去，致知则是推得渐广。""格物是零细说，致知是全体说。"其实"致知格物是一事"。"格物者，穷事事物物之理；致知者，知事事物物之理。无所不知，知其不善之必不可为。"总之，致知是为了穷理，穷理须从格物始。"所谓致知在格物者，言欲致吾之知，在即物而穷其理也。盖人心之灵莫不有知，而天下之物莫不有理，惟于理有未穷，故其知有不尽也。是以《大学》始教，必使学者即凡天下之物，莫不因其已知之理而益穷之，以求至乎其极。至于用力之久，而一旦豁然贯通焉，则众物之表里精粗无不到，而吾心之全体大用无不明矣。此谓格物，此谓知之至也。"按如上方法去做，"则天理自明，人欲自消"。

朱熹最后强调，一切道德修养都必须落实到现实行动上，知行功夫要"相须并通"。"致知力行，论其先后，固当以致知为先；然论其轻重，则当以力行为重。""学之之博，未若知之之要；知之之要，未若行之之实。""欲知知之真不真、意之诚不诚，只看做不做。如何真个如此做底，便是知至意诚。""为学之实，固在践履。苟徒知而不行，诚与不学无异。"所以说"功夫全在行上"。总之，"格物、致知，便是要知得分明；诚意、正心、修身，便是要行得分明"。只有把格物、致知、诚意、正心、修身等内圣功夫做好了，才能做好齐家、治国、平天下的外王之事。封建皇帝必须补修居敬以修身、存天理以灭人欲这一课，只有使自己在道德修养上达到内圣的境界，然后推广出去，才能符合儒家王道政治的要求。

作为教育家的朱熹

对朱熹来说，用他的理学思想"正君心"固然重要，但用他的学说培养崇德化民、辅政治国的儒学人才似乎更为基本。所以，他在出仕与干政的同时，几乎把所有精力都投入了教育事业。他一生从事教育达五十年之久，曾整顿过县学、州学，创办了同安县学、沧州精舍、武夷精舍，重建了白鹿洞书院和岳麓书院，并同十八所书院发生教育上的联系。他培养弟子无数，其中高足六十八人、见称者七十一人、存姓者一百八十人。他一生不停地著书立说，不倦地授业解惑，留下大量精辟的教育思想，无愧为我国历史上的大教育家之一。

朱熹认为，为了社会安定与和谐，须对人们进行开发天理和良知的儒学教育。上自帝王元子，下至庶民百姓，只有通过儒家的圣学教育，才能变化气质、下学上达，成为合格的圣王、贤臣和王者之民。他说："古之圣王，设为学校，以教天下之人，使自王世子、王子、公侯、卿大夫、元士之适子，以至庶人之子，皆以八岁而入小学，十有五岁而入大学，必皆有以去其气质之偏、物欲之蔽，以复其性，以尽其伦而后已焉。"圣王设教的目的是恢复人人本具的先天善性，以便按照天理原则扮演好各自的社会角色。"昔者圣王作民君师，设官分职，以长以治，而其教民之目，则曰：父子有亲，君臣有义，夫妇有别，长幼有序，朋友有信，五者而已。盖民有是身，则必有是五者，而不能以一日离；有是心则必有是五者之理，而不可以一日离也。是以圣王之教，因其固有，还以导之，使不忘乎其初。"人有气质之身，便有五伦之事；人心中有天理信息，便有五伦之理。圣王设教，只是因势利导，令其恢复本来的天理秩序。同时，"圣贤教人为学，非是使人缀缉言语、造作文辞，但为科名爵禄之计，须是格物、致知、诚意、正心、修身，而推之以至于齐家、治国，可以平治天下，方是正当学问"。在复性、明理以尽伦的同时，更要培养内具圣人之德、外有王者之才的圣王合一型人才，以担负治国平天下的重任。"今之公卿子孙，亦不可用者，只是不曾教得，故公卿之子孙莫不骄奢淫佚。不得已而用草茅新进之士，举而加之公卿之位，以为苟胜于彼而已。然所恃者，以其知义理，故胜之耳。若更不知义理，何所不至！古之教国子，其法至详密，故其才者既足以有立，而不才者亦得以薰陶渐染，而不失为寡过之人，岂若今之骄骜淫奢也哉！"

朱熹认为，人才的培养应按年龄分设小学和大学，逐次进行不同内容的教育。他说："人生八岁，则自王公以下，至于庶人之子弟，皆入小学，而教之以洒扫、应对、进退之节，礼、乐、射、御、书、数之文。"小学教育的主要内容是仪礼规则和知识技能，只教他按规矩去做，至于其中道理则只说个大概，到了大学再详细讲。"及其十有五年，则自天子之元子、众子，以至于公卿大夫元士之适子，与凡民之俊秀，皆入大学，而教之以穷理、正心、修己、治人之道。"大学教育的内容是儒家的内圣外王之道，使受教育者"无不有以知其性分之所固有、职分之所当为，而各俛焉以尽其力"。小学教育只是要其懂规矩，大学教育则是要其懂得道理后自觉地按规矩去做。大学阶段要博览群书，但须有次第。他说："某要人先读《大学》，以定其规模；次读《论语》，以立其根本；次读《孟子》，以观其发越；次读《中庸》，以求古人之微妙处。《大学》一篇有等级次第，总作一处，易晓，宜先看。《论语》却实，但言语散见，初看亦难。《孟子》有感激兴发人心处。《中庸》亦难读，看三书后，方宜读之。"他的《四书集注》充分发挥其理学思想，元末明初以后成为科举考试的标准课本。他还说："凡读书，先读《语》《孟》，然后观史，则如明鉴在此，而妍丑不可逃。若未读彻《语》《孟》《中庸》《大学》便去看史，胸中无一个权衡，多为所惑。"关于读史，他提议"先读《史记》，《史记》与《左传》相包，次看《左传》，次看《通鉴》，有余力则看全史"。当然，最重要的还是要研读六经："古之圣人作《六经》以教后世。《易》以通幽明之故，《书》以纪政事之实，《诗》以导情性之正，《春秋》以示法戒之严，《礼》以正行，《乐》以和心。其于义理之精微，古今之得失，所以该贯发挥、究竟穷极，可谓盛矣！"

对具体的教学方法，朱熹亦有很多论述。他说："圣贤教人，下学上达，循循有序，故从事其间者、博而有要、约而不孤，无妄意凌躐之弊。"认为教学必须循序渐进。另外，"君子教人，但授以学之之法，而不告以得之之妙"。他强调："事事都用你自去理会、自去体察、自去涵养。书用你自去读，道理用你自去究索。某只是做得个引路底人，做得个证明底人，有疑难处同商量而已"，认为必须确立学生的主体性。再有，"圣贤施教，各因其材，小以成小，大以成大，无弃人也"。他指出，"德行者，潜心体道，默契于中，笃志力行，不言而信者也；言语者，善为辞令者也；政事者，达于为国治民之事者也；文学者，学于诗书礼乐之文，而能言其意者也。盖夫子教人，使各因其所长以入于道"，认为必须因才施教，不能用一个模子框人。总之，"草木之生，播种封植，人力已至，而未能自化。所少者，雨露之滋耳，及此时而雨之，则其化速矣。教人之妙，亦犹是也"。以上是就教师方面而言。作为学生，则应该从立志、猛进、内求、博览、持敬、践履等六个方面着手。他说："学者大要立志，才学，便要做圣人是也。""为学须是痛切恳恻做工夫，使饥忘食、渴忘饮始得。"

七、理学独尊

　　南宋乾淳年间（公元1165—1194年），由于"东南三贤"朱熹、张栻和吕祖谦及陆九渊等硕儒的新儒学创发和讲学活动，北宋五子以来的理学思潮一时大兴。可是，由于朱熹"正君心"失败，以及统治集团内部赵、韩两派的权力之争，导致了庆元年间（公元1195—1200年）的"学禁"之祸，理学家被当作"逆党"纷纷贬逐，理学被视为"伪学"惨遭禁止，一时间从游之士伏蛰匿影、销声四散，甚至"变易衣冠、狎游市肆，以自别其非党"。此后二十余年间，"老师宿儒，零替殆尽；后生晚辈，不见典型"。在这种情况下，却有两位"志同气合"的朱学后劲"慨然以斯文为己任"，对朱子之学讲习而服行之，终于使党禁解除后"正学遂明于天下后世"。这两位为儒教理学在政治上争得统治地位的重要人物，就是真德秀和魏了翁。

宋末真德秀、魏了翁与"正学"

真德秀（公元1178—1235年），号西山，建宁浦城（今属福建）人。魏了翁（公元1178—1237年），号鹤山，邛州蒲江（今属四川）人。二人同为庆元五年进士，同被理宗召入朝廷。真德秀为户部尚书，后改翰林学士，拜参知政事而卒，谥文忠；魏了翁为礼部尚书兼吏部尚书，官至签书枢密院事，资政殿大学士，卒谥文靖。黄百家说："从来西山、鹤山并称，如鸟之双翼、车之双轮，不独举也。"

魏了翁一生，主要致力于提倡理学，以矫正士习、转移风气。在世人都讳言理学的时候，魏了翁首起为理学辩诬。他说："所谓伊洛之学，非伊洛之学也，洙泗之学也；非洙泗之学，天下万世之学也。……奚其伪？而被以此名，屏不得传？"他认为，程朱理学就是当代的孔孟之道，理当发扬光大。他上奏疏说，圣学兴衰关系世道治乱：孟子之后圣学不传，故治日少而乱日多，至周、程出，才使圣学中兴，人们"始得以晓然于洙泗之正传"，因此应该给周、程赐爵定谥，以"开阐正学"。可是，谥法历来受品秩限制，周敦颐与程颢未曾显仕于朝，因而难以准奏。不过，由于魏了翁的一再请奏，朝廷最终还是为周子与二程赐了谥，正式表彰其开创理学的功绩。于是，各州郡纷纷为周、程建祠，魏了翁则到处为其作祠礼，大张理学旗帜。他说："不有周、程诸子为图为书，披聋发聩，如是而为极、为仪、为性命、为仁义礼智、为阴阳鬼神，即躬行日用之常、示穷理致知之要，则人将泯泯愦愦，无所于闻。""夫人生于两间，而与天地同体；出乎百世之下，而与圣贤同心。使皆能以周子之说反而求之，寡欲以养其心，养心以极于无欲，则是心之运，明通公溥，岂有一毫之私间之哉！"

庆元党禁期间，由于体现时代精神的理学被禁，学子们无所归依，社会风气严重破坏。"比年以来，士大夫不慕廉靖而慕奔竞，不尊名节而尊爵位，不乐公正而乐软美，不敬君子而敬庸人，既安习以成风，谓苟得为至计。良由前辈长老零落殆尽，今之负物望、协公论者不聚于朝廷，后生晚进议论依据，学术无所宗主，正论益衰，世风不竞。"为此，魏了翁上疏说："嘉定以来，虽曰更辙，然后生晚学，小慧纤能，仅于经解语录揣摩剽窃，以应时用，文辞剽浅，名节堕顿。盖自始学，父师所开导，弟子所课习，不过以哗众取宠，惟官资、宫室、妻妾是计；及其从仕，则上所以轩轾，下所以喜悦，亦不出诸此。"为此，他请求道："愿陛下毋以书生为迂腐，毋以正论为阔疏，敷求硕儒，开阐正学。"通过他的努力，理学不久便兴隆起来。

与魏了翁相呼应，真德秀主要致力于朱熹之学的改造与提炼，以便更适于"正君心"的需要。他用颇具神秘性和权威性的"天"来取代朱熹的"理"，提出"德性天与"的命题，并用"穷理持敬"的修养方法来教导皇帝。他自作《大学衍义》呈进于皇上说："为人君者，不可以不知《大学》，……《大学》一书，君天下者之律令格例也，本之则必治，违之则必乱。格物、致知、诚意、正心、修身、齐家、治国、平天下八条之教，为人君立万世之程。"理宗接受了他的说教，并称赞说："《衍义》一书，备人君之轨范焉。"从此，理学家苦心编制的内圣外王之道终于被封建统治者明确接受了。后儒云："乾淳诸老之后，百口交推，以为正学大宗者，莫如西山。""党禁开而正学明，回狂澜于既倒，盖朱子之后一人也。"

真德秀用董仲舒以来的天来代称朱熹的理，强化了被程朱淡化了的天。他说："天地赋我以此形，与我以此性，形既与禽兽不同，性亦与禽兽绝异。何谓性？仁义礼智信是也，惟其有此五者，所以方名为人。我便当力行此五者，以不负天之所与。""帝王当尊者莫如天，所当从事者莫如敬。……夫天道甚明，不可欺也；天命惟艰，不易保也。昧者徒曰：'高高在上，不与人接。'而不知人君一升一降于事为之间，天之监观未尝不一日在此也。""为人君者，但当恪守一敬，静时以此涵养，动时以此省察，以此存天理，以此遏人欲，工夫到极处，即所谓致中致和，自然天地位、万物育。"真德秀倡导的所谓"正学"，不过如此。

理学成为官方思想之后，很快就成了利禄小人的玩具。魏了翁指出："自比岁以来，不惟诸儒之祠布满郡国，而诸儒之书家藏人诵，乃有剽窃语言、袭义理之近似，以眩流俗，以欺庸有司，为规取利禄计。此又余所甚惧也。"为此，他特别强调，如果只看先儒解说而不读《六经》，"不到地头亲自涉历一番，终是见得不真；又非一一精体实践，则徒为谈辩文乘之资耳"。他要求，学者不应"于卖花担上看桃李，须树头枝底方见活精神也"。

后来，他干脆转而尊信起心学来。他说："心者，人之太极，而人心又为天地之太极，以主两仪，以命万物，不越诸此。""乾道变化，各正性命，根于理者为仁义礼智之性，禀于气者为血肉口体之躯，而心焉者，理之会而气之帅，贯通古今，错综人物，莫不由之。""此心之外，别有所谓天地神明者乎？抑天地神明不越乎此心也。""人与天地一本也。天统元气以覆万物，地统元形以载万物，天地之广大，盖无以加也。而人以一心兼天地之能，备万物之体，以成位两间，以主天地，以命万物，辟阖阴阳，范围造化，进退古今，莫不由之，其至重至贵盖若是。"魏了翁提倡心学，本来是要救正理学官方化之后的流弊。可是这样一来，势必会造成与理学对立的心学兴盛起来。由于宋元更替，心学的兴盛被延缓了一百年。

元初"理学宗师"许衡

在蒙古人入主中原的元朝,程朱理学的地位得到了巩固。元朝有三位理学家被人称道,他们是许衡、刘因和吴澄。世称许衡与刘因乃"北方两大儒","元之所藉以立国者"。刘因本为金人,祖上世代业儒,元灭金、宋后,他眷恋金朝文物,视为亡金遗血,屡作哀文,悲恸之极。因其思想感情一直与元蒙格格不入,虽被荐入朝,却不到一年即借故辞归,四十六岁便离开了人世,因而影响远不及许衡。比许衡稍后,吴澄在南方直承宋学端绪,被誉为"正学真传,深造自得"。因此,后儒又有"南吴北许"之称,二人实为元朝前期的理学代表。

许衡(公元1209—1281年),字仲平,河内(今河南沁阳)人,又称鲁斋先生。自幼好学,因家贫无书,每当听说别人有书时,必前往求观,即便在蒙古人灭金的乱世仍嗜学不辍,待河内安定后即开始讲学授徒。二十九岁时,蒙古贵族在河内取士,许衡入选为儒。宋元鼎革之际,南宋的理学逐渐北传,赵复"传正脉于异俗,衍正学于异域",被誉为"入元开道统"的功臣。姚枢获赵复所传程朱之书,隐居苏门(今河南辉县西北)讲学。许衡当初所学,不过是金朝"落第老儒"的句读之学,待从姚枢那里获读并抄录《伊川易传》《四书集注》《小学》等理学著作后,便对弟子们说:"昔所授受,殊孟浪也,今始闻进学之序。若必欲相从,当悉弃前日所学章句之习,从事小学洒扫应对,以为进德之基。不然,当求他师。"众弟子无不欣然,许衡"遂悉取向来简帙焚之,使无大小,皆自小学入"。他自己"亦旦夕精诵不辍,笃志力行,以身先之"。就这样,许衡终于成了有元一代的理学宗师。

面对蒙古人的异族统治，许衡的夷夏观已比前儒有很大进步，他赋诗说："直须眼孔大如轮，照得前途远更真。光景百年都是我，华夷千载亦皆人。"他根据《中庸》"素夷狄行乎夷狄"一语，理直气壮地说："见在夷狄，便行那夷狄所当事。"从而积极地投入元王朝的政治生活中，成为推动元朝统治者"行汉法"的中坚人物。元世祖召许衡入朝，任命为集贤殿大学士和国子祭酒，他欣然应召，对忽必烈说："考之前代，北方之有中夏者，必行汉法，乃可长久，故后魏、辽、金历年最多；他不能者，皆乱亡相继，史册具载，昭然可考。使国家而居朔漠，则无事论此也。今日之治，非此奚宜？夫陆行宜车，水行宜舟，反之则不能行；幽燕食寒，蜀汉食热，反之则必有变。以是论之，国家之当行汉法，无疑也。"据此，他书奏"时务五事"，包括立法、用贤、修德、爱民，以及重农桑、设学校、定民志等内容，颇得重视。他又历考古今制度，"援唐宋之故典，参辽金之遗制，设官分职，立政安民，成一王法"。对此，后儒评价说："夷狄之俗，以攻伐杀戮为贤，其为生民之害大矣。苟有可以转移其俗，使生民不至于鱼肉糜烂者，仁人君子尚将尽心焉。况元主知尊礼公（注：许衡），而以行道济时望之，公亦安忍犹以夷狄外之，固执而不仕哉！"

身处宋元鼎革的历史时期，许衡在坚持理本论的时尤其强调随时通变。他指出，宇宙就是个生生不息的大历程，"造化万物，日新无敝"，人们应该以变为常，"遇变而通之"，以达于"自然之数"。他说："天下事，常是两件相胜负，从古至今如此，大抵只是阴阳刚柔相胜。……但胜者不能止其分，必过其分然后止；负者必极甚，然后复。各不得其分，所以相报复，到今不已。"又说："日月行有度数，人身气血周流亦有度数。天地六气运转亦如是也。""天地间为人为物，皆有分限。分限之外，不可过求，亦不得过用，暴殄天物，得罪于天。"

关于治心与践履，许衡也有独特的说法："人心虚灵，无槁木死灰不思之理。""人之一心虽不过方寸，然其本体至虚至灵，莫不有个自然知识"，"惟知故能思"。"人禀天命之性为明德，本体虚灵不昧，具众理而应万事，与尧舜神明为一。""明德虚灵明觉，天下古今无不一般，只为受生之初所禀之气有清者、有浊者、有善者、有恶者，得其清者则为智，得其浊者则为愚，得其美者则为贤，得其恶者则为不肖。若得全清全美，则为大智大贤，其明德全不昧也，身虽与常人一般，其心中明德与天地同体，其所为便与天地相合，此大圣人也。若全浊全恶，则为大愚大不肖，其明德全昧，虽有人之形貌，其心中暗塞，与禽兽一般，其所为颠倒错乱无一是处，则大恶人也。若清而不美，则为人有志而不肖；若美而不清，则为人好善而不明。"

总之，"天下之人，皆有自己一般的明德，只为生来的气禀拘之，又为生以后耳目口鼻身体的爱欲蔽之，故明德暗塞，与禽兽不远"。为了"明明德"，使本心重放光明，须作持敬、存养、省察的修养工夫。"为学之初，先要持敬。""静时德性浑全要存养，动时应事接物要省察。"同时，"学问思辨，既有所得，必皆着实见于践履而躬行之"。

许衡也是一位杰出的教育家。他受命主持太学，为元朝培养了大批治国之才。"数十年间，彬彬然号称名卿士大夫者，皆出其门下。"他教学以"明人伦"和"为国用"为宗旨，以《小学》和《四书集注》为主，认为精通此二书"他书虽不治可也"。官立学校中以朱熹所编《小学》和《四书集注》为正式教材便始于此，后来成了元、明、清各代官私学校教育的定则。许衡的教学方法亦很有特色。他说："大概人品不一，有夙成者，有晚成者，有可成其大者，有可成其小者，且一事有所长，必一事有所短，千万不同，遽难以强之也。……故教人不止，各因其材，又当随其学之所至而渐进也。盖教人与用人正相反，用人当用其所长，教人当教其所短。"他教学尤强调少而精，并要求学以致用。遇难解处，必引证设譬，使人人通晓而后已。"尝问诸生：此章书义，若推之自身，今日之事，有可用否？大凡欲其践行而不贵徒说也。"同时，他极善寓教于乐，创造了许多方法来调动学生的积极性，取得良好的教学效果。

由于许衡的努力，程朱理学成了元朝的官方哲学，并成为在整个元代社会占支配地位的意识形态。全祖望说："有元立国，无可称者，惟学术尚未替。"这个功劳应归于许衡。

元中叶"正学真传"吴澄

元朝中期，在许衡之后堪称理学大师者首推吴澄。许衡的理学修养只是通过间接方式"私淑"程朱而来，其工作主要是向蒙元宣传和推广普及理学，无愧为程朱理学的忠实信奉者和杰出实践家。与许衡不同，吴澄本为南宋人，自幼通经传，"知用力圣贤之学"，十五岁读朱熹《大学章句》，十六岁拜程若庸为师。程若庸是饶鲁的弟子，而饶鲁为朱熹的高弟及女婿黄干的门人，所以吴澄乃朱熹的四传弟子，得其正传。吴澄二十七岁时遭受亡国之耻，忽必烈派程钜夫到江南求贤，吴澄被荐于京师，虽历任江西儒学副提举、国子监丞、翰林学士、经筵讲官等职，却也是"旋进旋退"，"官止于师儒，职止于文学"，多数岁月身处陋乡，"研经籍之微，玩天人之妙"，以指点山中后学为业。所以，与许衡的"粗迹"之学相比，吴澄得"正学真传，深造自得"，他才是程朱理学在元代当之无愧的继承者和发扬者。

吴澄（公元1249—1333年），字幼清，抚州崇仁（今属江西）人，因其所居数间草房被同门程钜夫题名为"草庐"，又称草庐先生。吴澄十六岁即已"厌科举之业，慨然以豪杰之士自期"。他所谓的豪杰，其实是指圣贤。像北宋诸大儒一样，他不仅仅以学圣贤之学为满足，而是要自做圣贤。他曾努力践履圣贤之道，觉得"豁然似有所见，坦然若易行，以为天下之生我也，似不偶然也，吾又何忍自弃于是？"他曾颇有深意地说："程、朱夫子十七八时，已超然有卓绝。……今愚生十有九年矣。"于是作《道统图》，以朱熹之后的道统自居。他把儒家的历史按顺序分成上古、中古和近古三个时代，每个时代又有元、亨、利、贞四个阶段。他说："道之大原出于天，神圣继之。尧舜而上，道之元也；尧舜而下，其亨也；洙泗鲁邹，其利也；濂洛关闽，其贞也。分而言之，上古则羲皇其元，尧舜其亨，禹汤其利，文武周公其贞乎！中古之统，仲尼其元，颜曾其亨，子思其利，孟子其贞乎！近古之统，周子其元也，程张其亨也，朱子其利也。孰为今日之贞乎？未之有也。然则，可以终无所归哉？"显然，他是以贞自任了。

他用豪杰之士来说儒家圣贤，认为孔子之学曾被杨、墨之学淹没，孟子生当其时而独愿学孔子，卒得其传，可谓"旷古一人，真豪杰之士！"孟子之后千有余年，"溺于俗儒之陋习，淫于老佛之异教，无一豪杰之士生于其间"。直到北宋才出了周、张、程、邵几位豪杰，朱熹是南宋豪杰。"以绍朱子之统而自任者，果有其人乎？"他要继朱熹做元代的豪杰。

吴澄在仕之日不长，主要以校定五经和授徒讲学为业。从朱熹二传饶鲁开始，其学已"多不同于朱子"。吴澄曾师事主张"和会"朱陆的程绍开，也有调合两家之意。一方面，他推崇朱熹的格物、诚意说，认为"朱子于道问学之功居多"；另一方面，他又推崇陆九渊的尊心之说，认为为学之要在于心，陆九渊则以尊德性为主。他说："问学不本于德性，则其弊必偏于言语训释之末，故学必以德性为本，庶几得之。"有人甚至据此而视吴澄所治为陆氏之学。然全祖望说:"草庐之著书,则终近乎朱。"吴澄晚年有《五经纂言》问世,其《三礼纂言》实际上完成了朱熹的未竟事业。汉代以来,三礼"残章断简,无复铨次",在五经中号称难治。朱熹曾与吕祖谦订其篇次,欲为校订注释,却未能完成。朱熹曾打算以《仪礼》为经,取《礼经》及诸经史杂书所载有及于礼者附其下,以成《仪礼经传通解》,却只留下一个"草创之本",临终嘱咐黄干完成,黄干虽用力其中却没有完成。直到吴澄,才积数十年之功,发朱熹未尽之意而成书。学者们认为,吴澄疏解三礼,继往开来,为治礼学最著者。此外,《五经纂言》中的《易纂言》亦颇见功力。吴澄表示,他对此书用功至久,皆自得于心,"有功于世为甚大"。

  吴澄认为,太极本是"全体自然",可称为理或天,其赋予万物者可称为命,物受以生则为性,具于心则为仁,理、命、心、性、仁本来为一,也就是全体自然的太极。体悟天理须以尊德性为本,要从自己身上实学,反求诸己方可。吴澄还有以象数学为基础的宇宙论,认为天地日月和人物的形成皆本于一气,即清浊未分的混元太一,太一之上是太极。太极无象状,无增减,寂然不动,是至尊至贵无以复加的宇宙本原。太极寓于阴阳之中,含动静之理,主宰太一之气,化生二气五行以至天地万物。从太一、二气、五行以至天地万物皆因阴阳交感而矛盾运动,整个宇宙就是一个不同物质层次相互转化的永恒过程。吴澄一生以讲学为主,"出登朝署,退归于家,与郡邑之所经由,士大夫皆迎请执业,而四方之士不惮数千里,蹑屩负笈来学山中者,常不下千数百人"。在元明交接之际,吴澄无愧为一位承前启后的理学宗师。

元末"朱熹世嫡"许谦

除许衡和吴澄外，元末还有位非常重要的理学大师叫许谦，后儒把他和许衡并称为"二许"。《增补宋元学案》云："程子之道，得朱子而复明；朱子之道，至许公而益尊。"可见他在理学史上的崇高地位。和吴澄一样，许谦之学也出于黄干，但属于另一个传承系统。

话说南宋末年，黄干任临川令时收了一位弟子叫何基，乃教导他说："为学须先办得真实心地刻苦工夫，随事诱掖，始知伊洛之渊源。"临别时又说："但读熟四书，使胸次浃洽，道理自见。"何基告别乃师后返回浙江，隐居金华北山的盘溪，"研精覃思，平心易气，以俟义理之通"，终于有所心会，遂开金华一脉，人称北山学派。何基说："某少受学勉斋黄先生，授以紫阳夫子之传。"但他"未尝立异以为高，徇人而少变"，《宋史》称其"绝类汉儒"。何基终生不事科举。"闭关方喜得幽栖"，"不将一步出盘溪"。但名声在外，闻而来学者"次第汲引，而愿执经门下"。于是执教乡里，而王柏登其门。王柏字会之，号鲁斋，南宋金华人，"幼孤失学，颠倒沉迷，浸浸乎小人之归矣。一旦幡然醒悟，弃其旧习，杜门谢客，一意读书，屏绝科举之业，克去禄仕之念，日夜探讨洙泗伊洛之渊源，与圣贤相与周旋于简册"，遂开一代新风。王柏"相与周旋"的圣贤，实指何基。与何基之拄守古训不同，王柏极富怀疑精神，"质问难疑，或一事至十往返"，致使何基"文集三十卷，而与柏问辨者十八卷"。王柏多次任教于丽泽书院，晚年犹受聘主讲于天台上蔡书院，弟子众多，以金履祥为高。

金履祥（公元1232—1303年），字吉夫，号次农，家居兰溪仁山之麓，人称仁山先生。年十八而中待补太学，二十三岁受业于王柏，并从登于何基之门。以宋之国事不可为，乃绝意进取，执教于严陵（今浙江桐庐）钓台书院。蒙元灭宋，深怀亡国之痛，作《广箕子操》，以抒胸志。不仕新朝，乃携妻避居金华山中，后以讲学、著书终其年。金履祥不仅博学多识，对天文、地理、礼乐、田乘、兵谋、阴阳、律历亦有很高造诣，而且治学极善由博返约，"不为性理之空谈"，"尤为明体达用之儒，浙学之中兴也"。元末"朱熹之世嫡"许谦出其门下。

许谦（公元1270—1337年），字益之，自号白云山人。九岁时国亡家破，遂侨寓借书，刻苦攻读。三十一岁就学于金履祥时，乃师已年届七十，门下弟子数十，而许谦独得器重，成为北山学派的最后传人，与其师祖合称"北山四先生"，虽隐逸不仕，而声名自溢，从学者翕然。远而幽、冀、齐、鲁，近而荆、杨、吴、越，莫不有寻访之士。垂师四十年，著录弟子千余人。"四方之士以不及门为耻，缙绅先生之过其乡邦者，必即其家存问焉。"三先生之学卒以大显于世。许谦晚年，"独以身任正学之重，远近学者以其身之安否为斯道之隆替焉"。

许谦幼时记忆力超人，其母口授《孝经》与《论语》，"入耳辄不忘"。稍长，即制定计划，将经史子集四部之书昼夜诵读。及受业金履祥，尽得其精华，并受其影响，于书无所不读，对天文、地理、典章、制度、食货、刑法、字学、音韵、医药、术数及释老之说无不极深研几，穷其晬奥，却唯对朱熹《四书集注》推崇备至，曾说："学以圣人为准的，然必得圣人之心，而后可学圣人之事。圣贤之心具在《四书》，而《四书》之义备于朱子。"《元史》称，"何基、王柏、金履祥殁，其学犹未大显，至谦而其道益著"。这与许谦既有宽广的知识面，又得理学正传有关。许谦的治学方法尤其非同一般。他极重自我检讨，每天夜间必将当天所为记录在册，辑为《自省编》。如果有的行为不便记录,他就誓不去做,这不但使他人格醇正,而且使他恰当地实践了强调内省的先儒箴言。他擅长诗文,可如果不是有益于发挥经义,或者对世教有所帮助,便不肯轻易下笔,这就使他的诗作极为清醇且富于哲理。许谦虽服膺朱学,却并不拄守一家,而兼受陆九渊的本心之论。他说:"心妙众理","此心即有此理","天者理之所出,心者理之所存","格物之理,所以推致我心中之知"。这种和会朱陆的倾向,显然是欲对朱学的流弊有所矫正。于此可见,由理学向心学的过渡自有其内在逻辑。

在理学思想方面,许谦的许多论说颇为精当。他说:"夫太极,理也;阴阳,气也;天地,形也。合而言之,则形禀是气,而理具于气中;析而言之,则形而上、形而下,不可以无别。""理为之体,而气为之用也。盈天地之间者唯万物,其所生物者,气也;其所以生物者,理也。""太极生阴阳,而太极即具阴阳之中;阴阳生五行,而太极、阴阳又具五行之中,安能相离也?"于此可见,许谦对象数学有极深的领悟,并把其中的精义融入了他的理学思想。因为许谦精通术数,所以其辩证思想也高出朱熹一畴。针对《太极图说》的不当之处,他说:"《易》以阴阳之消长而概括事物之变化,《图》明阴阳之流行,而推原生物之本根。《图》固所以辅乎《易》也,惟以两仪为天地,则大不可。以《易》之两仪为天地,则四象、八卦非天地所能生;以《图》之两仪为天地,则五行亦非天地所可生也。""太极之中本有阴阳,其动者为阳,静者为阴,生则俱生,非可以先后言也。一元浑沦,而二气分肇,譬犹一本析之为二,两半同形,何先后之有!""动静开阖,往来屈伸,只是两端而已,故古之圣人定阴阳之名;然消必不能遽长,暑必不能遽寒,皆有其渐,故又定五行之名。五行之名既立,则见得造化,或相生以循环,或相制以成物,错综交互,其用无穷矣。然而,阴阳生五行,而五行又各具阴阳,亦不可指其先后也。"此外，许谦还极善于用诗句来表达"气流物化"的辩证思想，如："大化运甄陶，众汇归冶锻"。"譬彼阴阳流，屈伸理相继。""林间十亩地，坐笑观枯荣；白云与流水，无心谁能争？""一叶异颜色，元气已不贯。是中毫厘差，遽尔生死判！"

关于心性修养和知行工夫，许谦亦不乏妙语。他说："人之所得乎天，原明德之所从来。虚灵不昧，解明字；具众理，应万事，解德字。虚灵，正说；不昧，反说。作一贯看下，惟虚故灵，虚是体，灵是用；惟虚灵，故不昧，故能具众理。虚灵不昧是体，具众理是用；惟其具众理，故能应万事，具众理是体，应万事是用。又分看，惟虚灵，故能具众理；惟不昧，故能应万事。""气禀是内根，物欲是外染。气禀浊驳有微甚，则物欲所染有浅深。明明德，是要变化气禀，清除物欲。气禀已一定，物欲则日增。用功者，但要随时随事，止遏物欲使不行，开廓气禀使通畅。是皆开发吾本有之光明所能至。"又说："人之于道，不过知行两事耳。知者，智也；行者，仁也。"在行的问题上，他又强调择善而从，动则中理。他说："古今之德皆可师，而制行不同，不可拘一定之师，在于择其善而已。天下之理虽善，而随时取中，则又不可拘一定之主。所以，参会考比之者，又在于此心之克一而已。盖古今德行，或柔或刚，或正直或清，或和或无为，或勤劳，在我不可拘一定之法，必择善者从之。""善无定主。均一事也，或施之彼时则为是，施之此时则为否；均一节也，或用之此事则非，或用之彼事则是，所谓时中是也。"总之，"于接物之际，动皆中理"，"动与天理合，而天自然归之"。

明初"理学之冠"曹端和薛瑄

朱元璋推翻蒙元、建立明朝后，为加强皇权，在用内阁制取代丞相制的同时强化科举制，规定以八股取士，专以四书五经命题试士。"一宗朱子之书，令学者非五经孔孟之书不读，非濂、洛、关、闽之学不讲"。明成祖朱棣命胡广等儒臣纂修《五经大全》《四书大全》《性理大全》，亲自作序，颁行天下，"使天下之人，获睹经书之全，探见圣学之蕴，由是穷理以明道，立诚以达本，修之于身，行之于家，用之于国，而达之天下；使家不异政，国不殊俗，大回淳古之风，以绍先王之统，以成熙雍之治"。在皇帝倡导下，程朱理学兴盛到极点。

随着程朱理学的独尊，其流弊也达到了空前程度。"当日儒臣奉旨修四书五经大全……仅取已成之书，抄誊一过，上欺朝廷，下诳士子……无非窃盗而已。"上面如此，下面亦然。"有明学术，从前习熟先儒之成说，未尝反身理会，推见至隐，所谓'此亦一述朱，彼亦一述朱耳'。"更为严重的是，"世之治举业者，以《四书》为先务，视《六经》为可缓。以言《诗》，非朱子之传义弗敢道也；以言《礼》，非朱子之家礼弗敢行也。推是而言，《尚书》《春秋》非朱子所授，则朱子所与也。言不合朱子，率鸣鼓而攻之"。

其结果，"士以为爵禄所在，日夜竭精敝神以攻其业，自《四书》一经外，咸束高阁，虽图史满前，皆不暇目，以为妨吾之所为。于是，天下之书不焚而自焚矣"。除此之外，试风尤其败坏。顾炎武指出："今日科场之病，莫甚乎拟题。且以经文言之，初场试所习本经义四道，而本经之中，场屋可出之题不过数十。富家巨族，延请名士，馆于家塾，将此数十题各撰一篇，计篇酬价，令其子弟及僮奴之俊慧者记诵熟习。入场命题，十符八九，即以所记之文抄誊上卷，较之风檐结构，难易迥殊，《四书》亦然。发榜之后，此曹便为贵人，年少貌美者多得馆选，天下之士靡然从风，而本经亦可以不读矣"。于是，"昔人所须十年而成者，以一年毕之；昔人所待一年而习者，以一月毕之。成于剿袭，得于假借，卒而问其所未读之经，有茫然不知为何书者。故愚以为，八股之害，等于焚书，而败坏人才，有甚于咸阳之郊所坑者但四百六十余人也"。

明代初期，程朱理学表面繁华，内里空虚，殊少可观，惟曹端和薛瑄二人被清儒推为"明初理学之冠"。其初，曹端"特从古册中翻出古人公案，深有悟于造化之理"。虽然大旨以朱学为归，但作《辨戾》对朱熹的理气说提出异议，有开新风。其后，薛瑄闻风而起，"以复性为宗"，尤重心性。薛瑄之后，理学基本上没落了，代之而起的是心学思潮。

曹端（公元1376—1434年），字正夫，号月川，河南渑池人，永乐戊子举于乡，第二年登乙榜第一，授山西霍州学正，前后任职近二十年，外无其他仕宦活动。平生不信轮回、福祸、巫觋、风水之说，亦不喜佛老，惟以读书明礼劝人，主于力行。他反对以气解释太极，亦反对把理说死，主张把太极解释为自能动静的活理。他说："太极，理之别名耳。天道之立，实理所为；理学之源，实天所出。"朱熹为了说明理对气的主宰作用，有人马之喻："理之乘气，犹人之乘马，马之一出一入，而人亦与之一出一入。"曹端指出："若然，则人为死人，而不足以为万物之灵；理为死理，而不足以为万化之原。理何足尚而人何足贵哉？今使活人乘马，则其出入行止疾徐，一由乎人驭之如何耳。活理亦然。"曹端之学，"立基于敬，体验于无欲"，认为"吾辈做事，件件不离一敬字，自无大差失"，"一诚足以消万伪，一敬足以敌千邪"，"学者须要置身在法度之中，一毫不可放肆"。此外，他又强调"事事都于心上做工夫，是入孔门底大路"，而且对孔颜乐处亦有所发明："孔颜之乐者，仁也。非是乐这仁，仁中自有其乐耳。且孔子安仁而乐在其中，颜子不违仁而不改其乐。安仁者，天然自有之仁；而乐在其中者，天然自有之乐也。不违仁者，守之之仁；

而不改其乐者，守之之乐也。"表现出一定的心学色彩。

薛瑄（公元1389—1464年），字德温，号敬轩，山西河津人，典型的实践之儒。永乐中登进士第，宣德初授监察御史，正统初为山东提学佥事，后因拒绝阿附中官王振，曾被诬下狱论死。景泰初任南京大理寺卿，英宗复辟后升礼部右侍郎兼翰林学士并入内阁。薛瑄一生严辨公私，宁可上忤权贵，亦不肯枉公徇私。其学由主敬入手，"于坐立方向、器用安顿之类，稍大有不正，即不乐，必正而后已"。他极重视存心和求放心的功夫，时刻注意省察检点。"每呼此心曰：主人翁在室否？至夕必自省曰：一日所为之事合理否？"曾说："二十年治一怒字，尚未消磨得尽。"临终遗诗道："七十六年无一事，此心始觉性天通。"后谥文清。

薛瑄不但继承了曹端的太极自会动静之说，而且对朱熹的理先气后说有所修正。他说："窃谓理气不可分先后。盖未有天地之先，天地之形虽未成，而所以为天地之气，则浑浑乎未尝间断止息，而理涵乎气之中也。"他继承了胡宏以天地之成毁只为宇宙演化一阶段的思想，认为气是与宇宙一样的永恒存在："今天地之始，即前天地之终。其终也，虽天地混合为一，而气则未尝有息。但翕寂之余，犹四时之贞，乃静之极耳。至静之中，而动之端已萌，即所谓太极动而生阳也。原夫前天地之终静，而太极已具；今天地之始动，而太极已行。是则太极或在静中，或在动中，虽不杂乎气，亦不离乎气也。"他还认为，气有形而理无形，有形之气可以聚散，无形之理则不可以聚散，是永恒的存在。

薛瑄的格物穷理论更具实践品格。他说："天地之间，物各有理。理者，其中脉络条理合当是如此者是也。""如君之仁、臣之敬、父之慈、子之孝之类，皆在物之理也。于此处之各得其宜，乃处物之义也。""穷理者，穷人物之理也。人之理则有降衷秉彝之性，物之理则有水火木金土之性，以至万物万事皆有当然之理。于众理莫不穷究其极而无一毫之疑，所谓穷理也。""格物所包者广，自一身言之，耳目口鼻身心皆物也，如耳则当格其聪之理，目当格其明之理，……推而至于天地万物，皆物也，天地则当格其健顺之理，人伦则当格其慈、孝、仁、敬、智、信之理，鬼神则当格其屈伸变化之理，以至草木鸟兽昆虫则当格其各具之理。又推而至于圣贤之书、六艺之文、历代之政治，皆所谓物也，又当各求其义理精粗、本末、是非、得失，皆所谓格物也。"于此可见，薛瑄的理学思想已显示出向气学转化的苗头。

薛瑄的心性功夫论亦表现出较强的实践品格。他说："心体至虚至明，寂然不动，即喜怒哀乐未发之中，天下之大本也。"为使喜怒哀乐达到发而中节之和，必须"居敬以立本，穷理以达用"。他说："静而敬，以涵养喜怒哀乐未发之中；动而敬，以省察喜怒哀乐中节之和，此为学之切要也。"他尤其强调正心的重要性："心统性之静，气未用事，心正则性亦善；心统情之动，气已用事，心正则情亦正。心有不正则情亦不正矣。"而且要求时刻不忘操存："勿忘最是学者日用切要工夫。人所以心与理背驰者，正缘忘于有所事耳，诚能时时刻刻不忘操存省察等事，即心常存而天理不忘矣。"薛瑄本人践履极笃极严，他对居敬功夫的要求亦比程颐更严峻，对后世封建专制主义禁锢人心起到了强化作用。

理学在清代之余响

由于封建制度衰败，资本主义萌芽，明代理学日渐没落。到明中叶，一直潜滋暗长的陆氏心学因陈献章和王阳明的努力而勃然大兴。"盖自弘治、正德之际，天下之士，厌常喜新，风会之变，已有其从来，而文成以绝世之资，唱其新说，鼓动海内。"一时间，王学门徒遍天下，而笃信程朱者无复几人。这是一个解放思想、破除迷信的时代。儒者们相信，我的良知即知是知非的神明，朱孔之言不必对，匹夫之言不必错，一切是非善恶都须接受主体良知的圣裁。发展到泰州颜农山、何心隐一代，心学诸公多有能以赤手搏龙蛇者，已非理学名教所能羁络，"诸公掀翻天地，前不见古人，后不见来者"。在体现资本主义精神的泰州心学的冲击扫荡下，封建名教濒于崩溃，以扶植纲常为要务的程朱理学亦开始退出历史舞台。

可是，清兵入关打断了中原历史的正常进程。清政府落后的政治经济政策无情地践踏了刚刚萌生的资本主义幼芽，资产阶级新儒学的建立亦告无望。当时，以理学保守阵营和心学保守派为主的一帮封建士大夫，把明王朝的灭亡和满族的统治归咎于由阳明心学导致的思想解放运动。他们对阳明心学尤其是泰州主体精神充满仇恨，力图恢复已经失去吸引力的程朱理学。理学保守分子陆陇其说："余以为明之天下，不亡于寇盗，不亡于朋党，而亡于学术。""每论启、祯丧乱之事而追原祸始，未尝不叹息痛恨于姚江，故断然以为今之学非尊程朱而黜阳明不可！"在清朝统治者的大力扶植下，程朱理学重新占居了统治思想宝座。理学在清代毫无理论建树，但朝廷中有不少实践之儒，他们极力提倡务实而反对务虚，如孙奇逢、汤斌、费密、陆陇其、张伯行等。他们一个个律己极严，处处为人师表，笃实可叹，被康熙皇帝称赞为"真理学"。尤其是陆陇其，为官极清廉，谢绝一切馈赠，命妻女织布种菜自给，去官之日唯图书数卷和织机一具，被清朝统治者奉为"本朝理学儒臣第一"，陪祀孔庙。

在皇帝亲自提倡和朝中儒臣的影响下，民间亦不乏践履理学的真儒。被誉为清初大儒的陆世仪隐居不仕，在学术上涉猎颇杂，他强调："世有大儒，决不别立宗旨。"张伯行说，陆氏理学"力矫时趋，黜华崇实"。《四库提要》则说:"世仪之学,主于敦守礼法,不虚谈诚敬之旨;主于施行实政,不空为心性之功。于近代讲学诸家最为笃实。"张履祥也终生生活于民间,亲自参加农业生产劳动,其名言是:"学者肯实去做工夫,方是学,如学耕须去习耕。"

理学是系统化、哲理化、宗教化的儒学,不但统治了中国,而且走出国门,成为朝鲜、日本等东亚国家以及越南等东南亚国家的主流意识形态,塑造了东亚文化圈。理学的思辨性远超魏晋玄学,它大谈心性,强调反躬内识,主张存天理而灭人欲,是典型的中世纪哲学。理学统治中国一千年,从根本上塑造了中国人的民族性格,近代中国人的各种优点和缺点大多与之有关。

第四章 儒家之变——心学

心学又称陆王心学，兴于南宋，盛于明朝，为程朱理学的反对派，是资本主义萌芽在儒学上的反映。理学独尊后日趋腐败，心学有补偏救弊之功，也有破坏解构之效。

心学家以"心"释"理"，以"心本论"（以心为宇宙本体）取代"理本论"（以理为宇宙本体），用主观唯心论代替客观唯心论，具有张扬个性、解放思想的作用。

心学强调"知行合一"，以"致良知"为主旨，明中叶以后影响极大，最著名的是以王艮为首的泰州学派。心学在近代复活，对近代新学和现代新儒家产生重要影响。

一、心学之兴

理学家吸收佛、道二教思想建立儒教体系,既为儒教战胜佛、道二教发挥了积极作用,也为儒教在明清时期分裂为理学、心学、气学三大派别埋下了种子。理学开创者周敦颐深受禅宗和庄学影响,其理学思想一开始就包含了心学的种子。心学思想肇端于周敦颐,萌生于他的学生程颢,发扬于程颢的学生谢良佐及其后学张九成,最终在陆九渊那里形成气候。

周敦颐为人,性情高洁,独爱莲花。二程就学时,周敦颐教他们"寻颜子仲尼乐处,所乐何事"。后来,程颢领悟圣人之"心","吟风弄月而归,有吾与点也之意"。他认为,"仁者以天地万物为一体,莫非己也。认得为己,何所不至?若不有诸己,自不与己相干。如手足不仁,气已不贯,皆不属己",强调"夫天地之常,以其心普万物而无心;圣人之常,以其情顺万事而无情。故君子之学,莫若廓然而大公,物来而顺应",指出"与其非外而是内,不若内外之两忘也。两忘则澄然无事矣。无事则定,定则明,明则尚何应物之为累哉?圣人之喜,以物之当喜;圣人之怒,以物之当怒。是圣人之喜怒,不系于心,而系于物也。是则圣人岂不应于物哉?"正是孟子"不动心"之意。程颢此学后来为"洛学之魁"谢良佐承扬。

朱熹曾说:"上蔡之说,一转而为张子韶,子韶一转而为陆子静。"谓谢良佐的心学思想启发了张九成,而张九成的心学思想又启发了心学开创者陆九渊。

谢良佐(公元1050—1103年),字显道,人称上蔡先生,见明道时已中进士,自负学问广博,谈吐之间颇所征引,不遗一字。程颢说:"贤却记得许多,可谓玩物丧志!"令其"汗流浃背,面发赤",随即道:"只此便是恻隐之心。"颇富机锋。后来,明道又说:"尔辈在此相从,只是学某言语,故其学心口不相应,盍若行之!"因问如何行,答曰:"且静坐。"从此,谢氏深察默识,切己自修,终而有成。他说:"穷理则是寻个是处,有我不能穷理。人谁识真我?何者为我?理便是我。穷理之至,自然不勉而中,不思而得,从容中道。"又说:"心者何也?仁是已。仁者何也?活者为仁,死者为不仁。今人身体麻痹不知痛痒,谓之不仁。""桃杏之核,可种而生者,谓之桃仁杏仁,言有生之意,推此仁可见矣。……仁,操则存,舍则亡,故曾子曰:'动容貌,正颜色,出辞气'。出辞气者,从此广大心中流出也。"认为程颢所谓"鸢飞鱼跃,活泼泼地"是"勿忘勿助"之意,"知此则知夫子与点之意。从此解悟,便可入尧舜气象"。谢良佐强调"静坐"的心学思想,在张九成那里得到了进一步的丰富和发展。

张九成(公元1092—1159年)。张氏祖籍开封,徙居浙江钱塘。"少小有高志,思与古人亲;二十学文史,三十穷典坟。"子韶"夙学天成,八岁默诵六经,通大旨。父积书坐旁,命客就试,公答如响。且置卷敛衽曰:'精粗本末无二致,勿谓纸上语不足多。下学上达,某敢以圣贤为法。'诸老惊叹曰:'真奇童子也!'十岁善文,时侪称雄。十四游郡庠,闭阁终日。寒折胶,暑铄金,不越户限。比舍生穴隙以视,则敛膝危坐,对置大编,若与神明为伍,更相惊服而师尊之"。曾说:"学不贵于言语,要须力于践履。践履道者其味长,乃尽见圣人用处。古之人所以优入圣域者,盖自此路入也。"

张九成不但自己静坐,而且跟禅僧学佛。四十一岁始仕,因触犯秦桧,落职江州。乃与禅师宗杲游,叹曰:"人生如梦,无一实法,有梦尚有思,无梦真无垢。"号无垢居士。曾道:"谪居大庾,借僧居数椽。"有客以为,张九成以儒者之身自适于万物之外,为可耻之事,对曰:"物各有趣,人各有适。子方以窜逐为耻,我独以适心为贵。""今夫竹之为物也,其节劲,其气清,其韵高,冒霜雪而坚贞,延风月而清淑。吾诵书而有味,考古而有得,仰首而见,俯首而听,如笙箫之在云表,如圣哲之居一堂,爽气在前,清阴满几,陶陶然不知孰为我,孰为竹,孰为耻,孰为不耻。盎盎如春,醺醺如醉,子亦知此乐乎?"

张九成说:"心性即天地。天下万事,皆自心中来。千圣虽往,此心原不去。六经之言,皆圣贤之心也。吾自格物,先得圣贤之心,则六经皆吾心中物耳。吾之体,不止吾形骸,塞天地间,如人,如物,如山川,如草木,如禽兽昆虫,皆吾体也;吾之性,不止于视听言貌思,凡天地之间,若动作,若流峙,若生植飞翔潜泳,必有造之者,皆吾之性也。"又说:"惟深造者,自天下之本,溯流沿叶,进进不已,而造极于格物。是故于一念之微,一事之间,一物之上,无不原其始而究其终,察其微而验其著,通其一而行其万,则又收万以归一,又旋著以观微,又考终而要始,往来不穷,运用不已,此深造之学也。夫如是,则心即理,理即心,内而一念,外而万事,微而万物,皆会归在此,出入在此,非师友所传,非口耳所及,非见闻所到,当几自见,随事自明,岂他人能知哉?此所谓以道欲其自得之也。"我的心性即天人之本,切己体认,识得此理,乃为深造之学。这正是孟子万物皆备于我及反身而诚、尽心知天思想的发展。

张九成还发展了孟子的民本思想,提出"以民为主"的王道说,对陆九渊的重民思想有所启发。他说:"予以为圣王之学,其本为天下国家,故其说以民为主者此也。夫霸者之学,其本在于便一己,故其说以利为主,而使民糟糠不厌、裋褐不全、田庐不保,以至墟人宗庙、覆人社稷、暴骨成山、流血成河,此鬼魅道中事也。以民为主,必欲使天下之民父子相保、兄弟相扶、室家相好、乡闾族党亲戚朋友相往来,鸡豚黍稷、酒醴牛羊相宴乐而后已。予尝求王道而不知其端,今读《孟子》乃知所谓王道者必保民。使如前数者,乃所谓王道也。"因此认为:民者,邦之本。尽君臣之道者,皆当以爱民为主。夫圣王之学,自致知格物,以至为天下国家,其本在于民而已。夫人者,天地之德,阴阳之交,鬼神之会,五行之秀气,岂可不保护爱惜,而戕贼残毁之如此哉?他指出,得罪于人者,必得罪于天;而民爱之者,天亦必爱之也。此理之自然者。从古以来,君臣易位,邦家兴废,固难必也。民归之则为天子,民去之则为匹夫。一民不得其所,则邦本亦为之摇动。

二、陆九渊开创心学

南宋时期,在朱熹吸收佛教华严宗思想发展二程学说集理学大成之时,陆九渊吸收佛教禅宗思想发展张九成学说建立心学体系,以主观唯心主义与朱熹的客观唯心主义相对立,成为宋明心学的创立者。

举头天外望，无我这般人

陆九渊（公元1139—1193年），字子静，号存斋，又称象山先生，南宋江西抚州金溪县青田人。其八世祖曾任唐昭宗之宰相，六世祖于五代末避乱徙居，遂成金溪陆氏。到陆九渊时，已成一九世共炊、人口逾百的大家庭。金溪陆氏由最年长者任家长，掌管大小家政。每年，家长都要根据家中子弟的年龄和才能等条件分派差事，或管田产，或管税赋账目，或管家务饭食，或管接待宾客。家族的公田只够全家人一年的口粮，各家按人口打饭，自办菜肴；各家的私房奴仆由各小家供给饭食，亦可把口粮交到大灶上打伙。每天清早，需搭伙者把各自的口粮交给家族的伙食管理员，掌厨者收下后发给饭牌，饭熟后按饭牌打饭。家中来了客人，先由接待员会见，然后汇报家长，由家长接待。每位客人可以饮五杯招待酒，吃饭则同家人一道在大灶上吃；只有到了晚上，客人才可以开怀畅饮，即使逗留到深夜亦可，主人绝不会失礼。

每日早晚，家长都要率领全家老幼在宗祠行礼。男人们在厅外打恭作揖，女人们在内堂互道万福。早间行揖拜礼时，要击鼓三次，由一子弟随鼓声吟诵：

听！听！听！劳我以生天理定。若还懒惰必饥寒，莫到饥寒方怨命。虚空自有神明听！

接着，大家齐唱：

听！听！听！衣食生身天付定。酒肉贪多折人寿，经营太甚违天命。定！定！定！

陆氏家教极严。子弟有了过失，家长召集全族人口，当众批评教育；若不改过，则当众责打；若仍不悔改，则或交官府处置，或流放远方。由于家道整肃，州里闻名，被宋孝宗称赞为"满门孝悌"。陆九渊的父亲陆贺，赠宣教郎，以"究心典籍，见于躬行"著称。

陆九渊自幼颖悟，性若天成。三四岁时，经常服侍父亲，极善发问。一日，忽然问道："天地何所穷际？"其父笑而不答，他则"深思至忘寝食"；其父呵之，便姑置不想，而胸中疑团不散。五岁读书，六岁受《礼经》，八岁读《论语》《孟子》，尤善察辨。闻人诵程颐语录，便说："伊川之言，奚为与孔子、孟子之言不类？"从此对程颐的理学产生怀疑。十一岁时，常于夜间起来秉烛检书。其读书不苟简，而勤考索。十三岁时，与复斋共读《论语》，忽发议论："夫子之言简易，有子之言支离。"一日，复斋（时年二十）于窗下读《伊川易传》，读到《艮》卦，对程颐的解释反复诵读，适逢陆九渊经过，便问："汝看程正叔此段如何？"陆九渊答："终是不直截明白。'艮其背，不获其身'：无我。'行其庭，不见其人'：无物。"又一日，读书至古人对"宇宙"解释"四方上下曰宇，往古来今曰宙"时，恍然大悟道："原来无穷！人与天地万物，皆在无穷中者也。"便发挥道："宇宙便是吾心，吾心即是宇宙。东海有圣人出焉，此心同也，此理同也；西海有圣人出焉，此心同也，此理同也；南海北海有圣人出焉，此心同也，此理同也；千百世之上，至千百世之下，有圣人出焉，此心此理，亦莫不同也。"陆九渊心学之大端，于此尽显无遗。后来，门人詹阜民问："先生之学亦有所受乎？"陆九渊说："因读《孟子》而自得之。"这正是陆九渊与理学家的不同之处。

陆九渊十五六岁时，读三国六朝史，见夷狄乱华，便"剪去指爪，学弓马"，欲习武复仇。他后来回忆说："曾读《春秋》，知中国夷狄之辨，二圣之仇，岂可不复？今吾人高居无事，优游以食，亦可为耻，乃怀安，非怀义也。"陆九渊少年时即善赋诗，气魄尤其宏大。有诗曰："从来胆大胸膈宽,虎豹亿万虬龙千,从头收拾一口吞;有时此辈未妥帖,哮吼大嚼无毫全。"这应该是表白他读书兼收并蓄、敢于藐视前人的胸襟。

二十四岁参加乡试,以《周礼》中举。曾说:"吾自应举,未尝以得失为念。场屋之文,只是直写胸襟。"主考官说:"毫发无遗恨,波澜独老成。"三十三岁再入乡试,以《易经》中举。次年春试南宫,吕祖谦任考官,以慧眼"识先生之文于数千人之中",赞曰:"超绝有学问者,必是江西陆子静之文,此人断不可失也。"五月廷对,赐同进士出身。四十岁授建宁府崇安县主簿。四十三岁除国子正,赴国学讲《春秋》,享明堂,为分献官;次年,迁敕令所删定官。四十七岁转宣义郎,主管台州崇道观;同年回乡讲学,"乡曲长老亦俯首听诲。每诣城邑,环坐率二三百人,至不能容,徙寺观。县官为设讲席于学宫,听者贵贱老少,溢塞途巷"。

陆九渊为官清廉,归来时囊中空空,由同僚赠予财物。后来,修整贵溪应天山(后改称象山),"孺人捐奁中物助之"。五十岁开讲于象山,名讲堂为精舍,又于山间设方丈,四方学者云集。他常居方丈,清晨于精舍鸣鼓,后升讲座,"容色粹然,精神炯然"。他讲学"首诲以收敛精神,涵养德性,虚心听讲,诸生皆俯首拱听。非徒讲经,每启发人之本心也"。有时,他也"举经语为证,吐音清响,听者无不感动兴起"。初见面者,或欲质疑,或欲争辩,或以学自高自负,及闻诲之后,多自屈服,不敢复发。平时,他"或观书,或抚琴。佳天气,则徐步观瀑,至高诵经训,歌楚辞及古诗文,雍容自适。虽盛暑,衣冠必整肃,望之如神。诸生登方丈请诲,和气可掬,随其人有所开发,或教以涵养,或晓以读书之方,未尝及闲话,亦未尝令看先儒语录"。居山五年,来见者逾数千人。

五十三岁时,奉旨守荆门军,此处乃古今争战之所、宋金边界重地，素无城壁。早有人欲意修筑，却惮费重不敢轻举。陆九渊仔细研究后，只用三万即告完成。平日常常检阅士卒习射，中者受赏，郡民亦可参与。料理一年，兵容大振，周丞相称赞说："荆门之政，可以验躬行之效。"肯定了心学的修身应事之功。冬十二月得疾，从容告僚属道："吾将告终。"十数日后病危，仍与同僚议论政事如常，卒于任所，享年五十四岁。吏民号哭致奠，充塞途道有日。

宇宙便是吾心，吾心即是宇宙

尚在童幼时，陆九渊即开始探究"天地何所穷际"这个哲学问题。想当年，待人接物"浑是一团和气"的程颢，曾有捕食神龙以去民惑的故事。到如今，同样是"和气可掬"的陆子静，正欲光大"仁者浑然与物同体"的心学慧脉，但他已不满足仅以一龙一蛇来填牙缝了，他要亿万龙虎一口吞，哮吼大嚼无毫全。他说："人心非气血，非形体，广大无际，变化无方。倏焉而视，又倏焉而听；倏焉而言，又倏焉而动；倏焉而至千里之外，又倏焉而穷九霄之上。'不疾而速，不行而至'，非神乎？不与天地同乎？""心，只是一个心。某之心，吾友之心，上而千百载圣贤之心，下而千百载复有一圣贤，其心亦只如此。心之体甚大，若能尽我之心，便与天同。"所以，当他看到"四方上下曰宇，往古来今曰宙"这句古文时，他便不禁发出感慨："天地无穷，我心亦无穷。""万物森然于方寸之间，满心而发，充塞宇宙，无非此理。"因而，"宇宙便是吾心，吾心即是宇宙"，"宇宙内事乃己分内事，己分内事乃宇宙内事"。所以，他要人"收拾精神，自作主宰"，不崇拜古人，不迷信先儒，做顶天立地的超人。

陆九渊所谓"心"，启于孟子"知性知天"之说，也是对佛教"本心""真心"之说的吸收利用。孟子有"万物皆备于我"的主体认识论，以为人与宇宙同源同构，只要穷尽自我的心性本源，也就穷尽了宇宙万物的本源。佛教以本心或真心为宇宙本体，万事万物皆此心之作用。程颢以仁者之心浑然与物同体，则有把本体之心与认识之心合而为一的倾向。陆九渊所说的心，正是本体心与认识心的统一体。"心之体甚大"是指本体之心，此心虚而无形，无所不在，至灵至妙，其用不穷。"若能尽我之心，便与天同。"这个欲穷尽本心的主体，则是指后天的认识之心，是本心的流行和发用。本心流行发用，产生依附于人体的认识之心；认识心反身而诚，自穷其源，则本心显露，算是恢复本来面目。本心与"末心"乃一体之两端，一而二，二而一，密不可分。所谓"人皆有是心，心皆具是理，心即理也"。"心，一心也；理，一理也。至当归一，精义无二。此心此理，实不容有二。"此处所谓理，乃借程朱之说，指客观的宇宙本体。在陆九渊看来，人与宇宙万物同源同构，只能有一个本原和本体，人之本在其心，心之本在其性；既然宇宙万物以理为本，则人亦以理为本，人与万物岂能有两个不同的本原和本体？显然，心性与理必为一体，心即理，理即性，不容有二。同样一个本体，在人为本心，在物为性理，说法不同，其实则一。从主体认识论角度讲，与其称之为理，不如称之为心。

人之有认识，以其有主客体之分。客体须是客观实在，飘忽不定、扑朔迷离、若有若无的东西不可能成为认识客体。只有相对于主体具有可观察、可认识的稳定性的东西，才能成为客体。主体要求客体为客观实在，是因为主体本身是客观实在。一个连自身的存在都无法确定的东西不可能成为认识主体。"我思故我在。"我的认识心可以随意起用，随时随地进行思考，这是主体的客观实在性。有了主体的客观实在性，才能要求客体的客观实在性，特定主体要求与自己同样客观实在的客体。所以，客体的客观实在性，首先是指相对于特定主体的稳定性。某存在之所以被特定主体确定为客体，是因为它与此主体具有同在性、同构性、同质性。是主体以自己的质和性选择了客体。脱离了特定主体的存在永远不是客体，它不能和主体发生联系，对主体是无。主体的本质在其能动性，心灵的自由发用和映现功能使它成为认识主体。与我心不具有同质同构关系的存在不可能被我心反映，它是无。我心的质与性，决定了认识的可能性空间。我心为自己选择了客体世界。陆九渊的弟子杨简说："天地，我之天地；变化，我之变化。无他物也。""天者，吾性中之象；地者，吾性中之形。故曰：'在天成象，在地成形。'皆我之所为也。"陆九渊作诗说："物非我辈终无赖，书笑蒙庄只强齐。"万事万物之所以能进入我的客体世界，是因为它们同具有相对于我的可映现性和客观实在性。就相对于我具有可认识性，或者说，就都为我的客体这一点说，它们本来就是齐一的，万物的统一性在于它们都具有相对于我的客观实在性，万物本齐一，庄子讲齐物多此一举。

总之，宇宙无穷是我的客体无穷，说到底是作为主体之我心的无穷。我心无穷，选择不已，追寻不已，才有宇宙的无穷。宇宙是我心的客体，是我心的发用；我心是宇宙的主体，是宇宙的映现者、选择者和追寻者。宇宙内事，原来是吾分内事，吾分内事即是宇宙内事，这就是主客体之间对立统一的生动情景。吾分内事，只是吾心中事，亦是宇宙中事。吾心即宇宙，宇宙即吾心，本来是一，不容有二。

六经当注我，我何注六经

根据"宇宙便是吾心，吾心即是宇宙"的主体认识论，陆九渊讨论了六经注我和我注六经的关系。在他看来，圣人作六经，乃宇宙内事；宇宙内事，乃吾分内事。圣人作六经，乃注宇宙，注宇宙即是注我心。六经乃圣人之心的陈迹,圣人之心即我之心,东西南北海之圣人,千百万年之前之后的圣人,皆是此心,人同此心,心同此理,所以六经也是我心的陈迹;六经是圣人之心的发用流行,亦是我心之发用流行。圣人之学,只是心学而已;吾人只要发明自己的本心,即得圣人之心;圣心之学,即是我心之学。所以"学苟知本,六经皆我注脚"。

自孔子创立儒家之始,儒家就成了中国国学的传承者和发扬者。汉唐诸儒继承这一传统,传经讲经、注经读经成风,这对保存和发扬古代文化作出了重大贡献。可是,孔子和孟子不仅是古代文化的传承者,他们更是新文化的创造者、新社会的鼓吹者和推行者。孔子以天下为己任,孜孜于天下归仁,奔波一生,不辞劳苦。孟子以命世之才自居,抨苛政,行王道,不遗余力。而后世儒生只以读经注经为职志,并以为博取利禄之具,早已丧失了圣人本旨。陆九渊说:"姬周之衰,此道不行,孟子之没,此道不明。千有五百年之间,格言至训熟烂于泛文外饰,功利之习泛滥于天下。"

淳熙八年(公元1181年),陆九渊访朱熹于南康,登白鹿洞书院讲义利之辨。他指出,学者终日读圣贤书,内心所追求者,"惟官资崇卑、禄廪厚薄是计","今人只读书便是利,如取解后,又要得官,得官后又要改官。自少至老,自顶至踵,无非为利",直指学者心病,讲得痛快感人,在座学者至有流涕者;朱熹本人也深受感动,当时天气微冷,而汗出挥扇。

陆九渊认为,"二程见周茂叔后,吟风弄月而归,有'吾与点也'之意。后来,明道此意却存,伊川已失此意","伊川蔽固深,明道却通疏","元晦(朱熹)似伊川"。他说:"直是至伊洛诸公,得千载不传之学,但草创未为光明。到今日若不大段光明,更干当甚事!"他以光大程颢以来的心学慧脉为己任,直欲让人摆脱六经传注和科举利禄束缚，确立自我主体性，强调即使不识字、不读书，也要堂堂正正做个人。只要"先立其大者"，行那大丈夫所当行之事，则自有孔孟诸圣为我作注，我何劳神去注六经！

收拾精神，自做主宰

汉唐以来，由于封建统治者极力神化孔子和六经，并且常常用行政手段硬性规定六经传注的标准答案，使六经及其有关文字成了只能从信而不容怀疑的教条。其结果，不但导致儒家学者哲学思维的枯竭，而且扼杀了儒生们的主体性。士子们往往只是迷信六经的言辞，盲从先儒传注，而不敢开动脑筋独立思考。士子们死抠六经词句和先儒传注，也往往只是以博取功名利禄为目的，并非真心想学圣人。北宋以来，程朱等理学家虽然不乏独立思考精神，而且践履也相当笃实，可是士子们循着程朱理学的路径以往，仍有沉迷于经书义理、重内圣修养而轻外王事功的弊端。针对这种情况，陆九渊提出了"收拾精神，自作主宰"的口号，号召士子们率性而行，摆脱六经传注和仕宦利禄束缚，简易直接地去行那圣人之事，做堂堂正正的大丈夫。

陆九渊说："学者须是有志。读书只理会文义便是无志。"所谓有志，就是要学做圣人，时时处处行圣人所当行之事。学者如果只是以理会六经文义为满足，便是玩物丧志，只能成为读死书、死读书的书呆子，而不能成为内圣与外王兼备的大圣人。事实上，儒家之强调内圣，目的还是为了外王；如果舍弃了外王事功，内圣不但变得毫无意义，而且会成为有害的精神枷锁。程朱的本意，原是要"正君心"，给已经攫取王位的统治者补内圣课，转霸道为王道。对于封建社会的士众来说，最重要的是立圣人之志，用实际行动来争取王道政治，以期天下归仁。如果整日读书，沉迷于文义之间而不能返，看似一心只读圣贤书，其实刚好与圣人之意相反，无异于以经书自毙。陆九渊指出："圣人教人，只是就人日用处开端。如孟子言：'徐行后长，可为尧舜；不成，在长者后行，便是尧舜。'怎生做得尧舜样事？须是就上面着工夫。圣人所谓'吾无隐乎尔'，'谁能出不由户'，直截是如此。"圣人教人是要人面向现实，研究和解决现实问题，他们并没有让人整天只读书。孔子说："行有余力则以学文。"孟子叫人一步步地去做，自然可以成为尧舜，并没说读书使人成尧舜。圣人只是克己复礼，居仁行义，显而易见，明明白白，直截是如此，哪里有朱熹所说的那么多事？"此心此理，我固有之，所谓'万物皆备于我'，昔之圣贤先得我心之所同然耳。"我们只要发明自己的本心即得圣人之心，有此圣人之心，便可行那圣人之事。"汝耳自聪，目自明，事父自能孝，事兄自能悌，本无少阙，不必他求，在乎自立而已。"只要立志做圣人，当下就能行圣人之事，并不是读了书才能孝、才能悌。陆九渊不是一味反对读书，他反对的是把读书当作一切，而不去立志实行。

陆九渊曾说："近有议吾者云：'除了先立乎其大者一句，全无伎俩。'吾闻之曰：诚然。"所谓先立乎其大者，就是反身而诚，发明本心，确立自我主体性，真诚地按自己的良知行事，而不是在六经中寻章摘句。弟子杨简问陆九渊："如何是本心？"陆九渊只背孟子的话来回答："恻隐，仁之端也；羞恶，义之端也；辞让，礼之端也；是非，智之端也。此即是本心。"杨简说："这几句话我儿时已晓得，毕竟如何是本心？"他反复问，陆九渊只是重复孟子的话，杨简不得其解。偶有卖扇者争讼于庭，杨简为其断了是非曲直，然后又问。陆九渊说："闻适来断扇讼，是者知其为是，非者知其为非，此即是敬仲本心。"杨简当下大悟，忽省此心之无始末，无所不通。陆九渊遂赞他

"可谓一日千里"。于此可见，陆九渊所谓本心，其实就是人人具有的天赋良知。圣人以是者为是，以非者为非，只是此心；吾人不昧良知，不混淆是非，不颠倒黑白，以是者为是，以非者为非，便是圣人之心，哪里要整日读书才能如此？

为发明本心，保任良知，陆九渊提出要剥落物欲。他认为，我们的本心本来是清明至善的圣心，只为物欲蒙蔽了，这才有昧良心的事。蒙蔽有两种，"愚不肖者之蔽在于物欲，贤者智者之蔽在于意见，高下污洁虽不同，其为蔽理溺心而不得其正则一也"。所谓贤者智者的意见之蔽，显然是对"终日簸弄经语"的儒生们的批评。他指出："田地不净洁，亦读书不得；若读书，则是假寇兵、资盗粮。"如果心术不正，圣人之志不立，只是为了满足私欲去读书，比不读书更坏。为此，要对各种蒙蔽加以剥落，"人心有病，须是剥落。剥落得一番，即得一番清明。后随起来又剥落，又清明。须是剥落得净尽方是"。对于那些真心想学圣人的士子，他更强调减担，帮他们剥落经语教条的束缚，确立自作主宰的主体意识。"圣人之言自明白，且如'弟子入则孝，出则悌'，是分明说与你入便孝、出便悌，何须得传注。学者疲精神于此，是以担子越重。到某这里，只是与他减担，只此便是格物。"陆九渊的格物，不是到外面去穷格，而是格此心之蔽，并且首先是格那经文传注之蔽，彻底解除身上的各种精神伽锁，让人们轻松愉快地去做凭自己的良知真心想做的事。在他看来，只有彻底扫除经文传注及利禄私欲的障蔽，先堂堂正正地做人，才有可能成为圣人；只有"收拾精神，自做主宰"，充分发挥主体自我的主观能动性，才能对王道之实施及天下归仁的儒学理想作出应有的贡献。

以民为心，民大君轻

陆九渊心学的最大特色，是导大源、立大本，单刀直入，抓主要矛盾。宋儒都强调不能只学贤人，而要学做圣人，但理学家的方法未免支离烦琐。陆九渊提出"宇宙便是吾心，吾心即是宇宙"的主体认识论命题，一下子打通了高高在上的外在天理和古代圣人与当下之我心的重重隔膜，把天理的权威与圣学的精髓全都融入我心的良知之中，用我心之清明和灵妙主宰一切，从而确立了自我主体的权威。这样，不管是读经也好、法古也好，都是"当于理者而师之"，以我心之灵明和良知为判断是非之标准，而不是在古人的陈迹中打转。"所法者，皆此理也，非循其迹、仿其事。"坚决反对盲从迷信和教条主义。

确立小民个体的主体性权威，不但要格经义之蔽、格利禄之蔽，而且要格君心之蔽。针对季康子贪欲无止的毛病，孔子说："政者，正也。"强调君主必须格除私欲，君正然后才能民正。有人问陆九渊：你到荆门从政，首先抓什么？他回答："必也正人心乎！"认为"为政在人，取人以身，修身以道，修道以仁。仁，人心也；人者，政之本也；身者，人之本也；心者，身之本也。不造其本而从事其末，末不可得而治矣"。所谓造本，就是用仁德来正心，而正心首先要正君心。"君之心，政之本。"封建皇帝拥有不受约束的统治权，君心不正则大本已坏，不可能使民心归正。"吏之不良，君之责也。""万姓有过，在予一人。"为政的大本，就是用仁德来正君心。

为了确立小民的主体地位，陆九渊根据孟子民贵君轻的民本思想，提出了"民为邦本"的政治主张。他说："民为邦本，'得乎丘民为天子'，此大义正理也。"根据这一圣人心传，他提出判断君子与小人及正与邪的标准："大抵今时士大夫议论，先看他所主。有主民而议论者，有主身而议论者，邪正、君子小人，于此可以决矣。"主民者为正人君子，主身者为邪僻小人。据此，他对当时统治者的不仁行为提出严厉批评："今时郡县能以民为心者绝少，民之穷困日甚一日。抚字之道弃而不讲，掊敛之策日以益滋。甚哉！其不仁也。民为邦本，诚有忧国之心，肯日蹙其本而不之恤哉？"他把这些掊敛民脂的贪官污吏称为"蹶邦本，病国脉"的"民之蠹"，主张必须严刑惩治。他指出："县邑之间，贪饕矫虔之吏……置民于囹圄、械系、鞭箠之间，残其肢体，竭其膏血，头会箕敛，槌骨沥髓，与奸胥猾徒厌饫咆哮其上……田亩之民劫于庭庑械系之威，心悸股栗，箠楚之惨，号呼吁天，毁家破产，质妻鬻子，仅以自免，而曾不得执一字之符，以赴诉于上。"这都是君主之罪，"吏不良，君之责也"。

针对这种黑暗残酷的现实，陆九渊指出："天生民而立之君，使司牧之，张官置吏，所以为民也。'民为大，社稷次之，君为轻。'"君主和官吏不为民，便是逆理和失职，"天位非人君所可得而私"。孟子用王道来游说诸侯，不是要他们行王道来尊周室，而是要他们通过行王道来夺取天位，天位应该属于那些行王道的诸侯。君主不行王道时，诸侯可以采取有道伐无道的措施取而代之。陆九渊在《奏表》中指出，孝宗皇帝"临御二十余年，未有太宗数年之效，版图未归，仇耻未复，生聚教训之实，可为寒心"。根本原因，就在于其身为人君而不行那人君当行之事，整日与群小鬼混，过着纸醉金迷的生活。"神龙弃沧海、释风云，而与鲵鳅校技于尺泽，理必不如。"

因此，陆九渊提出"革弊去蠹""变而通之"的改革主张。在朝野上下一派诋毁王安石的气氛中，陆九渊为王安石说话。针对攻击变法者"祖宗之法不可变"和"介甫不当言利"的论调，陆九渊指出："夫尧之法，舜尝变之；舜之法，禹尝变之。祖宗法自有当变者，使其所变果善，何嫌于同？""夫《周官》一书，理财者居半，冢宰制国用，理财正辞，古人何尝不理会利？"他认为：王安石为人，德美行直，流俗之事卑弃不为，声色利达之事丝毫无动于衷，其洁白操行胜过冰雪；他扫除俗学之凡陋，革除弊法之因循，以孔孟为师而志在伊尹和周公伟绩；他道德诚正，才智光大，出类拔萃，因而得到神宗的擢用。同时，陆九渊对王安石也有批评，首先是用人不当，其次是过于相信法度，忽视了治心的重要性。王安石的错误，也有反对派的责任。"熙宁排公者，大抵极诋訾之言，而不折之以至理。平者未一二，而激者居八九，上不足以取信于裕陵，下不足以解公之蔽，反以固其意，成其事。新法之罪，诸君子固分之矣。"

陆九渊指出，那些以王安石变法失败为据而反对变法的人，"真所谓惩羹吹齑，因噎废食者也"，"今日风俗已积坏，人才已积衰，公储民力皆已积耗。惟新之政，亦良难哉！"主张渐变，反对顿变。"当今天下之好古乐道者，莫不以为必变法，仆以为不必遽及于变也。"事物的发展都有个过程，如果一下子从隆冬变为盛夏，违反了自然变化之道，反而更坏。可是，自盛唐之后，中国封建社会已不可避免地走向衰落，只靠儒家知识分子的理论弥补已很难凑效。如果不是两次被落后民族征服，改变了历史的自然进程，中国社会形态自当有新的变化。

三、朱陆之争与明代心学

二程同为理学创建者,但两人学术不乏异趣。二程门下,上蔡与杨时并称。杨时进士而调官不赴,却去师事程颢,学成辞别时,程颢目送曰:"吾道南矣。"杨时青年时颇受佛道二教影响,时常表现出心学倾向。杨时门人以罗从彦最有见地,罗从彦传李侗,李侗传朱熹。胡安国之子胡宏亦曾师事杨时,其思想成为理学从北宋到南宋的重要环节。胡宏的弟子张栻乃朱熹好友,其学似程颢,较多心学色彩,与朱熹相互影响。朱熹虽大量吸取他以前和同时代的心学思想,但毕竟是北宋新儒学的集大成者。陆九渊之学兴于南宋,他情性超绝,大胆怀疑,耻与人同,大倡心学,遂有与朱熹的鹅湖之会和心与理之争。

鹅湖之会和心与理之争

朱陆都强调"尊德性"与"道问学"须并重,似乎并无多大差别。黄遵羲说:"二先生同植纲常,同扶名教,同宗孔孟,即使意见终于不合,亦不过仁者见仁、智者见智。"黄百家则说:"二先生之立教不同,然如诏入室,虽东西异户,及至室中则一也。"可是,朱、陆以来,真能"入其室"以体会二人"异曲同功之妙"者能有几人?对于大量普通儒者来说,"立教不同",效果就大不一样。先尊德性,发明本心，是确立自我主体权威，以我心之是非为是非，用程颢的话说："只心便是天。""己便是尺度，尺度便是己。"就要打破一切外在权威和偶像，具有摆脱教条、解放思想的性质。先道问学，在圣人的言辞中找答案，然后去体认外在的天理，便是"随人脚跟，学人言语"，有丧失自我主体性的危险，最终可能沦为外在权威和偶像的奴隶。理学家固然有疑经甚至改经的胆识和勇气，可是自己改过之后，是让别人虔诚地遵从呢，还是也希望别人继续改呢？倒不如发明本心，以六经为我注脚来得痛快。

为了调和朱陆之争，曾与朱熹和张栻并称"东南三贤"且为金华婺学代表的吕祖谦开始出面，邀集二人于信州（今江西上饶）会面，"欲会归于一，而定其所适从，其意甚善"。双方于南宋淳熙二年（公元1175年）六月上旬在信州的鹅湖寺会面，列席者有各地学者数十人，听其辩论。两派"始听莹于胸次，卒纷缴于谈端"，结果是不欢而散，分道扬镳。

鹅湖会上，陆九龄诗云："孩提知爱长知钦，古圣相传只此心。大抵有基方筑室，未闻无址忽成岑。留情传注翻榛塞，着意精微转陆沉。珍重友朋勤切琢，须知至乐在于今。"强调发明本心，尊我德性，确立主体是根本；如果忽视这个基础，把精力花到古人传注文义上，恐怕不会有什么好结果。九龄此诗只读了一半，朱熹便道："子寿早已上子静船了也。"于是，陆九渊和诗一首："墟墓兴哀宗庙钦，斯人千古不磨心。涓流积至沧溟水，拳石崇成泰华岑。易简工夫终久大，支离事业竟浮沉。欲知自下升高处，真伪先须辨古今。"以为人见墓墟则兴哀心，见宗庙则起敬心，皆出自然，若欲下学上达，须发明此心方是正途；如果整日沉溺于点点滴滴的支离事业，恐怕只若皂沫空花，不免于伪。朱熹以为讥刺自己，很不高兴。

三年之后，朱熹乃和前诗云："德义风流夙所钦，别离三载更关心。偶扶藜杖出寒谷，又柱篮舆度远岑。旧学商量加邃密，新知培养转深沉。却愁说到无言处，不信人间有古今。"此诗辞气委婉，暗讽陆氏的易简工夫有禅学"无言"之弊，恐难当为"往圣继绝学"之任。后来，朱熹分析两家学术之异同时说："大抵子思以来教人之法，惟以'尊德性，道问学'两事为用力之要。今子静所说专是尊德性事，而熹平日所论却是问学上多。所以为彼学者，多持守可观，而看得义理全不仔细……而熹自觉虽于义理上不敢乱说，却于紧要为己为人上多不得力。今当反身用力，去短集长，庶几不堕一边耳。"而陆九渊却说："既不知尊德性，焉有所谓道问学？"可见，朱熹既是大思想家，又是大学问家，为北宋儒学的总结者；陆九渊则尤其是一位个性鲜明、变革风气的大思想家，乃宋明心学的开创者。

总之，陆九渊以理学有"簸弄经语，以自傅益真"之弊，未免"浮论虚说，谬悠无根之甚"。朱熹则以心学"其病却在尽废讲学而专务践履，却于践履之中要人提撕省察，悟得本心，此为病之大者"。其实，两家学术都为时代精神之精华，二人都无愧为当时最杰出的儒学宗师。就其本人来说，两人同样学识渊博，践履笃实。朱熹对学术的贡献大，他勤于著述，便于后学遵从，有功于文化传承。陆九渊对思想的贡献大，他高扬主体性，大胆怀疑，更具警醒作用，有功于思想解放。二人学术都反映了封建社会走向没落的征兆。若按中原历史的自身逻辑，随之而来的当是以心学为主潮的思想解放运动。无奈蒙元灭了南宋，奉理学为官学，心学被压抑了。百年之后，元朝灭亡，明朝建立，心学终于勃兴，成为时代主潮，并产生了唯物主义的气学思潮。无奈又有满族入主中原，再次把理学奉为官学，心学和气学皆遭压抑，国学之更新再次失败。

陈献章开明代心学之端

陈献章（公元1428—1500年），字公甫，号石斋，晚年自号石翁，广东新会人。因居白沙里，人称白沙先生。因白沙濒临西江入海之江门，人称其学为江门之学。早年有志于科举，二十岁参加会试，中乙榜，入国子监读书。二十三岁赴进士考下第，二十七岁从游于在临川讲伊洛之学的吴与弼，半年后回乡讲学，绝意于科举。三十八岁时，有人劝他赴试以慰老母，乃复入国子监做准备，国子监祭酒邢让以《和杨龟山此日不再得》为题试其才，看到他的和诗后大惊道："龟山不如也！"此言传开，一时京师以为真儒复出，名士皆从之游。可三年后赴试，又落第了。从此南归隐居，潜心其学。后来屡屡有人推荐入朝，皆称病不就，直到终老故里。

陈献章始从吴与弼时，早晨常常贪睡不起，吴乃大叫："秀才！若为懒惰，即他日何从到伊川门下？何从到孟子门下？"便通过各种杂事来磨炼他，间尔讲与经典。回乡之后，闭门读书，足不出户者有年，终无所得。于是，自筑阳春台，整日静坐其中，坚持数年，终于有悟。他回忆说："年二十七，始发愤从吴聘君学。其于古圣贤垂训之书，盖无所不讲，然未知入处。比归白沙，杜门不出，专求所以用力之方。既无师友指引，惟日靠书册寻之，忘寐忘食，如是者亦累年，而卒未得焉。所谓未得，谓吾此心与此理未有凑泊吻合处也。于是舍彼之繁，求吾之约，惟在静坐，久之，然后见吾此心之体隐然呈露，常若有物。日用间种种应酬，随吾所欲，如马之御衔勒也。体认物理，稽诸圣训，各有头绪来历，如水之有源委也。于是涣然自信曰：'作圣之功，其在兹乎！'有学于仆者，辄教之静坐。"在经典书册中考索觅求无所得，却在静坐中发明本心而自得之，于是背离程朱理学，开启有明一代心学新风。

江门之学受佛学影响很深，这也从其诗作中表现出来。如："天涯放逐浑闲事，消得《金刚》一部经。""无奈华胥留不得，起凭香几读《楞严》。""千休千处明，一了一切妙。"在那个"言不合朱子率鸣鼓而攻"的时代，像陈献章这样富于独立思考精神的学者是很难及第的。他曾慨叹："眼前朋友可与论学者，皆失于不知觉悟，而只是对朱学盲目崇信。"于是，他借取了陆九渊"贵疑"的精神，认为小疑则小进、大疑则大进。"疑者，觉悟之机也。一番觉悟，一番长进。"在当时的情况下，像禅宗那样通过静坐明心来启发学者的主体性和怀疑精神，似乎是唯一可行的办法。所以，陈献章极力强调静坐的重要性。"如伊川先生每见人静坐，便叹其善学。此一静字，自濂溪先生'主静'发源，后来程门诸公递相传授，至于豫章、延平二先生，尤专提此教人，学者亦以此得力，晦庵恐人差入禅去，故少说静，只说敬，如伊川晚年之训，此是防微虑远之道。然在学者须自量度何如，若不至为禅所诱，仍多静方有入处。"《明史》本传云："献章之学，以静为主。其教学者，但令端坐澄心，于静中养出端倪。"到了晚年，陈献章的思想风貌更为洒脱潇然，论者以为有"鸢飞鱼跃之乐"。他每每逍遥于自然之中，以养其浩然自得之性。"或浩歌长林，或孤啸绝岛，或弄艇投竿于溪涯海曲。"曾说："此理干涉至大，无内外，无终始。无一处不到，无一息不运，会此则天地我立、万化我出，而宇宙在我矣。"

陈献章认为，为学当于自心中求之。"求之书籍而弗得，反而求之吾心而道存焉，则求之吾心可也。""学者苟不但求之于书而求诸吾心，察于动静有无之机，致养其在我者，而勿以闻见乱之，去耳目支离之用，全虚圆不测之神，一开卷尽得之矣。非得之书也，得自我者也。盖以我而观书，随处得益；以书博我，则释卷而茫然。"以我观书和以书博我，道出了理学与心学的根本区别。他还说："夫养善端于静坐，而求义理于书册，则书册有时而可废，善端不可不涵养也。""诗、文章、末习、著述等路头一齐塞断，一齐扫去，毋令半点介蒂于我胸中，夫然后善端可养，静可能也。"强调从脑中洗去教条对于心学立本的重要性。

在宋明诸儒中，周敦颐、程颢和心学家为洒脱派，程颐和朱熹为敬畏派，前者求孔颜曾点之乐，求洒落胸次，后者主张敬畏恐惧，求整齐严肃。陈献章认为，如果戒慎恐惧伤害了心境之自得与和乐，反而不美，所以他追求洒落境界。"夫学，有由积累而至者，有不由积累而至者，有可以言传者，有不可以言传者。夫道，至无而动，至近而神，故藏而后发，形而斯存。大抵由积累而至者可以言传也，不由积累而至者不可以言传也。义理之融液，未易言也；操存之洒落，未易言也。夫动，已形者也，形斯实矣。其未形者，虚而已。虚，其本也，致虚之所以立本也。戒慎恐惧，所以闲之而非以为害也；然而世之学者不得其说，而以用心失之者多矣。斯理也，宋儒言之备矣，吾尝恶其太严也，使著于见闻者不睹其真，而徒与我哓哓也。"

陈献章强调，学者须自得，以自然为宗。"自得者，不累于外物，不累于耳目，不累于造次颠沛，鸢飞鱼跃，其机在我，知此者谓之善学，不知此者虽学无益也。""人与天地同体，四时以行，百物以生。若滞在一处，安能为造化之主耶？古之善学者，常令此心在无物处，便运用得转耳。学者以自然为宗，不可不著意理会。"如果以自然为宗，则曾点之乐、鸢飞鱼跃的活泼境界、尧舜事业如浮云过月的上蔡精神，皆可自得。

他认为，曾点只讲了乐，而没有讲功夫；孟子把功夫也讲了，就是用勿忘勿助的方法去养浩然之气。如果只讲曾点之乐而不讲孟子的功夫，所谓曾点之乐如同说梦。只有做养气功夫，才能无处不自得，达致"不著一事"的尧舜气象。其和杨龟山诗云:"圣学信非难,要在用心臧。善端日培养,庶免物欲戕。道德乃膏腴,文辞固秕糠。俯仰天地间,此身何昂藏!"

四、王阳明集心学大成

> 明代儒学以心学为盛,启于陈献章,成于王阳明。黄宗羲说:"有明学术,白沙开其端,至姚江而始大明。盖从前习熟先儒之成说,未尝反身理会、推见至隐,此亦一述朱,彼亦一述朱。"《明史·儒林传》云:"原夫明初诸儒,皆朱子门人之支流余裔,师承有自,矩矱秩然。……学术之分,则自陈献章、王守仁始。……嘉隆而后,笃信程朱、不迁异说者,无复几人矣。"

龙场大悟和三变定于心学

王守仁(公元1472—1529年),字伯安,号阳明,浙江余姚人。出身于世代为官的书香门第,乃书圣王羲之后裔。其五世祖王纲有文武才,明初由刘伯温荐为兵部郎中,擢广东参议。高祖王与准精通《易》《礼》,著《易微》数千言。祖父王天叙,号竹轩,"环堵萧然,雅歌豪吟,胸次洒落",有《竹轩稿》《江湖杂稿》行世,封翰林院修撰。父王华,人称龙山公,1481年赐进士及第第一人,仕至南京吏部尚书。明宪宗成化八年（壬辰），王阳明出生于余姚瑞云楼，此楼筑基于龙山北麓，相传其祖母曾有神人衣绯玉云送子的梦景，遂称瑞云楼。据称，王守仁五岁不能言，却已默记祖父所读书。青少年时性格豪放，兴趣广泛，富诗才，其学凡三变而入心学之门，龙场悟道之后，又经三变而最后成熟。

　　黄宗羲说："先生之学，始泛滥于词章。继而遍读考亭（注：朱熹）之书，循序格物，顾物理吾心终判为二，无所得入。于是出入于佛、老者久之。及至居夷处困，动心忍性，因念圣人处此更有何道，忽悟格物致知之旨：圣人之道，吾性自足，不假外求。其学凡三变而始得其门。自此之后，尽去枝叶，一意本原，以默坐澄心为学的。有未发之中，始能有发而中节之和，视听言动大率以收敛为主，发散是不得已。江右以后，专提'致良知'三字，默不假坐，心不待澄，不习不虑，出之自有天则。盖良知即是未发之中，此知之前更无未发；良知即是中节之和，此知之后更无已发。……居越以后，所操益熟，所得益化，时时知是知非，时时无是无非，开口即得本心，更无假借凑泊，如赤日当空而万象毕照。是学成之后，又有此三变也。"

　　少年时代，王阳明曾有一个泛滥于词章的时期。年十一，随祖父赴京师，经金山寺，即席赋诗道："金山一点大如拳，打破维扬水底天；醉倚妙高台上月，玉箫吹彻洞龙眠。"诸客闻之，大为惊异，复命赋蔽月山房诗，应道："山近月远觉月小，便道此山大于月；若人有眼大如天，还见山小月更阔。"次年于京师就读，豪迈不羁，曾问塾师："何为第一等事？"师道："惟读书登第耳。"他却说："登第恐未为第一等事，或读书学圣贤耳。"年十五，游居庸三关，观山川形胜，慨然有经略四方之志。年十七，随舅父到江西洪都（南昌县），娶诸氏为妻。合婚之日，"偶闲行入铁柱宫，遇道士趺坐一榻，即而叩之，因闻养生之说，遂相与对坐忘归，诸公遣人追之，次早始还"。

后于舅父官署学书法，悟"心上学"，喟然而叹："吾始学书，对模古帖，止得字形。后举笔不轻落纸，凝思静虑，拟形于心，久之始通其法。……乃知古人随时随事，只在心上学。此心精明，字好亦在其中矣。"年十八，拜谒理学家娄谅，"语宋儒格物之学，谓圣人必可学而至，遂深契之"。后虽习八股以应科举，却终夜留恋于经史词章与诸子之间。在待人接物上，渐由"和易善谑"改为"端坐省言"，以仿圣人气象。

二十一岁，在浙江乡试中举，专为宋儒格物之学。一日，思先儒谓众物必有表里精粗，一草一木皆涵至理，因指亭前竹子与钱友同格其理。"钱子早夜去穷格竹子的道理，竭其心思，至于三日，便致劳神成疾。"王阳明以为钱的精力不足，便亲自去格，"早夜不得其理，到七日，亦以劳思致疾，遂相与叹圣贤是做不得的。无他大力量去格物了"。此后四年，两次会试不第，"同舍有以不第为耻者，先生慰之曰：世以不得第为耻，吾以不得第动心为耻"。

二十六岁，闻北方农民起义，边报甚急，朝廷慌乱，遂留心武事，精究兵家秘籍，以果核列阵操练，从此"好言兵，且善射"。第二年，忽读朱熹上宋光宗疏论读书法："读书之法，莫贵于循序而致精；而致精之本，则又在于居敬而持志。"乃悔前日未得其要，又循其序以致精，沉郁既久，旧疾复作。从此，决心与朱学分道扬镳，转攻佛、老之学。一日，"偶闻道士谈养生，遂有遗世入山之意"。三十岁游九华山，"闻地藏洞有异人，坐卧松毛，不火食，历岩险访之。正熟睡，先生坐旁抚其足。有顷醒，惊曰：'路险，何得至此？'因论最上乘"。后厌学古诗文，以为"吾焉能以有限精神为无用之虚文"，遂告病回越。

其时作诗，颇有超尘避世之意。有诗云："岩头金佛国，树杪谪仙家；仿佛闻笙鹤，青天落绛霞。""世外烟霞亦许时，至今风致后人思；却怀刘项当年事，不及山中一着棋。""钵龙降处云生座，岩虎归时风满林。最爱山僧能好事，夜堂灯火伴孤吟。""仙骨自怜何日化，尘缘翻觉此生浮。夜深忽起蓬莱兴，飞上青天十二楼。"

归越之后，筑室于绍兴阳明洞中，行神仙导引之术。"久之，遂先知。"一日坐洞中，友人王思舆等四人来访。"方出五云门，先生即命仆迎之，且历语其来迹。仆遇诸途，与语，良合。众惊异，以为得道。"静坐既久，便想离开世人而去，遂醒悟道："此念可去，是断灭种性矣。"于是对此道产生怀疑。一日，见一禅僧坐关，三年不语不视，乃大喝："这和尚终日口巴巴说甚么，终日眼睁睁看甚么！"禅僧惊起，开视对语。阳明问其家，僧道："有母在。"又问："起念否？"僧答："不能不起。"王阳明遂晓之以爱亲本性之理，禅僧涕泣而谢，次日乃离去。从此，又弃绝佛、老，返归于儒，作诗道："阳伯即伯阳，伯阳竟安在。大道即人心，万古未尝改。长生在求仁，金丹非外待。谬矣三十年，于今吾始悔。"不过，正是通过在阳明洞中的潜修，他才得以"始见圣人端绪"。他说："二氏之学，其妙与圣人只有毫厘之间，故不易辨。惟笃志圣学者，始能究析其隐微，非测憶所及也。"

武宗正德元年（公元1506年），王阳明三十五岁。时刘瑾专权，朝政日非，南京给事中戴铣等上疏切谏，激怒刘瑾，被迫害致死。王阳明抗疏救之，亦被刘瑾下诏入狱，廷杖四十，气绝复苏，谪为贵州龙场驿驿丞，强令即刻上任。王阳明起程之后，刘瑾又派人尾随，欲加害于途中。阳明及时察觉，乃托言投江，始得摆脱。龙场驿在今贵州西北修文县境内，地处万山丛棘之中，乃蛊毒瘴疠之乡。阳明居此两年，言语不通，生活自理，备尝艰辛。年三十七，"自计得失荣辱皆能超脱，惟生死一念尚觉未化，乃为石椁，自誓曰：吾惟俟命而已"。日夜端居澄默，以求静一。久之，忽于中夜大悟格物致知之旨。

"寤寐中若有人语之者，不觉呼跃，从者皆惊。始知圣人之道，吾性自足，向之求理于事物者误也。乃以默记《五经》之言证之，莫不吻合，因著《五经臆说》。"于是，正式确立了自己的心学体系。龙场悟道之后，王阳明首倡"知行合一"之论，先后讲学于龙冈书院和贵阳书院，贵州之士始知有心性之学。

后来，刘瑾伏诛，阳明入京为官。其政不事威刑，唯以开导人心为本，门人日众。年四十，调吏部验封清吏司主事，又升南京太仆寺少卿。此后多次平定各地农民起义，战功显赫，屡屡升迁。四十六岁升为都察院右副都御史，荫子锦衣卫，世袭百户，再进副千户。于是，刻印《古本大学》《朱子晚年定论》《传习录》，大力宣传心学。年五十，居南昌，始揭"致良知"之教："我此良知二字，实千古圣圣相传，一点滴骨血也。"并推陆九渊为"孔孟正传"。同年升南京兵部尚书，参赞机务。因受大臣忌能和排斥，次年回越服父丧后在家乡讲学授徒。

随着心学的广泛传播，程朱理学的谤议随之而起。有弟子欲起而反击，阳明加以制止。后来，阳明门人参加会试，或直发师旨，或不答而出，或落第而归。高足钱德洪颇不快意，阳明却说："圣学从兹大明矣！"以为这样一来，天下人皆知有心学一说，必有起而求真者。

年五十三，门人益进，四方从学如云，遂辟讲于稽山书院。八月中秋，皓月如昼，设席于天泉碧霞池上，侍者百余人。酒至半酣，渐起歌声，击鼓泛舟，兴致盎然。阳明见此情景，乃起而赋诗："肯信良知原不昧，从他外物岂能撄；老夫今夜狂歌发，化作钧天满太清。""影响尚疑朱仲晦，支离羞作郑康成；铿然舍瑟春风里，点也虽狂得我情。"

年五十六，奉命平定起义，临行前与弟子讲"四句教"，叮咛道:"二君以后再不可更此四句宗旨。此四句,中人上下无不接着。我年来立教,亦更几番,今始立此四句。"这就是"天泉证道"。年五十七,患肺病将死,弟子问临终遗言,道:"此心光明,亦复何言!"后葬山阴兰亭山。阳明死后,王学以"伪学""邪说"遭禁。四十年后,谥文成,予世袭伯爵。

天地万物本吾一体

孟子有"万物皆备于我矣,反身而诚,乐莫大焉"的遗教,以为我与天地万物一体同源、同质、同构,只要尽我之心、穷我之性,天地万物之理可一并而致。这种强调内心体悟和感通的修养论后来为程颢和张载继承发挥。程颢说:"学者须先识仁。仁者,浑然与物同体,义礼智信皆仁也。识得此理,以诚敬存之而已。""天地之用,皆我之用,须反身而诚,乃为大乐;若反身未诚,则犹是二物有对,以己合彼,终未有之,又安得乐?《订顽》意思,乃备言此体,以此意存之,更有何事?"认为"人有是形,而为形所梏,故有内外生焉;内外一生,则物自物,己自己,与天地不相似矣"。有了主客之分,与天地隔绝,便无法感通。"若夫至仁,则天地为一身,而天地之间品物万形为四肢百体,夫人岂有视四肢百体而不爱者哉!"张载以太虚一气为天地之性,宇宙间万事万物皆为此性统摄无余,遂成一神妙机体;继有"民胞物与"之说,并用"德性之知"来反证神化之妙,会通天地之理。其后,陆九渊提出"宇宙便是吾心,吾心即是宇宙"的主观唯心主义主体认识论,以为孟学真传,从而奠立心学宏基。杨简发挥陆子心学,更得其微。阳明"悟道"之后,起而彰著陆九渊之学,详论物我一体之说,心学至此大备。天地万物本吾一体之说,乃整个心学体系的理论基石。

王阳明说:"大人者,以天地万物为一体者也,其视天下犹一家、中国犹一人焉;若夫间形骸而分尔我者,小人矣。大人之能以天地万物为一体也,非意之也,其心之仁本若是。"因为大人与天地万物本来就是一体同仁的,"是故见孺子之入井而必有怵惕恻隐之心焉,是其仁之与孺子而为一体也。孺子犹同类者也,见鸟兽之哀鸣觳觫而必有不忍之心焉,是其仁之与鸟兽而为一体也。鸟兽犹有知觉者也,见草木之摧折而必有悯恤之心焉,是其仁之与草木而为一体也。草木犹有生意者也,见瓦石之毁坏而必有顾惜之心焉,是其仁之与瓦石而为一体也"。总之,一体之仁充塞宇宙,无处不到,无所不感;但凡万事万物,莫不欲其全、欲其生,莫不恶其毁、恶其死,同源同构,息息相关,妙应无穷。弟子问:"如吾身,原是血气流通的,所以谓之同体。若于人,便异体了,禽兽草木益远矣,而何谓之同体?"阳明说:"岂但禽兽草木,虽天地也与我同体的,鬼神也与我同体的。"弟子请问,阳明说:"你看这个天地中间,什么是天地的心?"弟子说:"人是天地的心。"阳明问:"人又什么叫做心?"弟子说:"只是一个灵明。"于是,阳明发挥道:充天塞地,只有人心这个灵明可以认识事物;有了"灵明"这个主体,才能和客体世界构成认识关系;宇宙间事,只是主客之间的交往活动而已,我心所至,事物才得显现;事物既不能离我心而获得意义,岂不是与我一体同仁的?人只为形体间隔了!

阳明以为,我心即天。"心之本体无所不该,原是一个天。"我心至神,不疾而速,不行而至,充塞宇宙。天地之间只有我心作信息交往,赋予万物以客体的意义。学者须知身、心、意、知、物只是一件事,统是一个主客之间的交往活动。"耳目口鼻四肢,身也,非心安能视听言动?心欲视听言动,无耳目口鼻四肢亦不能,故无心则无身,无身则无心。"身与心乃对立统一关系,言心不可离身,言身不可离心。我心作为主体，与天地间的事事物物也是这个关系，言物不可离心，言心不可离物，心物乃相对而立者也。"但指其充塞处言之，谓之身；指其主宰处言之，谓之心；指心之发动处谓之意，指意之灵明处谓之知，指意之涉着处谓之物。"身、心、意、知、物五者只是认识关系这一件事中的不同方面，合则俱有，分则俱无，不能独立地存在于普遍联系之外。总之，我心与万物绝不可分，"目无体，以万物之色为体；耳无体，以万物之声为体；鼻无体，以万物之臭为体；口无体，以万物之味为体；心无体，以天地万物感应之是非为体"。我的感觉、意识与天地万物本为一体，不可能有离开我心而存在的事物。正如现代新儒家贺麟针对柏雷所谓"自我心中的困难"所说："我们不能'设想'某个事物离开我们的意识而存在，因为'设想'一个事物，那个事物就已经进入我们的观念中了。我们不能说出一个不是观念的事物，因为说的时候，对于那个事物就已经形成观念。"

阳明游南镇时，一友指岩中花树说："天下无心外之物，如此花树在深山中自开自落，于我心亦何相关？"阳明道："你未看此花时，此花与汝心同归于寂；你来看此花时，则此花颜色一时明白起来，便知此花不在你的心外。"宇宙间的一切事物都是我心的可能客体，我心未对着它时，它是潜在客体；我心对着它时，它就成了现实客体，与我心构成当下的认识关系。在阳明看来，吾心本无体，感应天地万物以为体；天地本无心，它只有通过我心之灵明才能实现自我认识；我心之灵明即这天地万物的主宰。充天塞地，中间只有这个灵明。我心之灵明便是天地鬼神的主宰。天没有我的灵明，谁去仰他高；地没有我的灵明，谁去俯他深；鬼神没有我的灵明，谁去辨他吉凶灾祥！天地鬼神万物离却我的灵明，便没有天地鬼神万物了；我的灵明离却天地鬼神万物，亦没有我的灵明。如此便是一气流通的，如何与他间隔得！主客本来就是相对而来的范畴，不能分开。中国儒家的主体性学说，发展到王阳明，可以说已完全成熟了。阳明心学的诞生表明，中国儒家知识分子的主体意识已经觉醒，他们将要从根本上摆脱经书教条束缚，对封建中国的意识形态进行全面反思，进而开辟一个全新的世界。

心即是理，心外无理

阳明所谓心，并非五脏中的一器官，而是作为主体的灵明知觉及其认识能力。心学在本质上是一种解放思想、高扬自我主体性的学说，主张把一切存在都当作为我所用的客体，反对任何高高在上的权威。心学的思维方法处处以主体为核心，强调把整个宇宙看作一个主客交往的过程，一切事物都是主体的意义和价值在不同方面的表现和要素，以主体的认识和实践为转移，不给任何外在权威和神物留地盘。没有我的灵明和主宰，宇宙将是个不可想象的怪物；宇宙之所以成为一个主客交往的"大事件"，是由于我心的照耀和建构。没有灵明知觉，不可谓之真正的人；没有人心的灵明，亦不可想象有真正的宇宙；我的灵明是宇宙的"心"，宇宙对我心只是个"身"。无身则无心，无心亦无身，合则俱显，分则双泯。身与心只是一物之两面，是一件"事"。阳明说："人者，天地万物之心也。心者，天地万物之主也。心即天，言心则天地万物皆举之矣。" 说到底，宇宙只是个心，"人心是天渊，心之本体无所不该"。

把宇宙当作"物"是一种静态的描述。阳明强调的是人的动态实践过程，所以他喜用"事"这个范畴。"物者，事也。凡意之所发，必有其事。意所在之事谓之物。"物只是抽象存在，只有接受意识照耀，才能成为实践活动的要素，成为事。物是抽象、可能，事是具体、现实。物只有成为事，才能获得现实意义；平日所谓物，其实只是事。"身之主宰便是心，心之所发便是意，意之本体便是知，意之所在便是物。如意在于事亲，即事亲便是一物；意在于事君，即事君便是一物；意在于仁民爱物，即仁民爱物便是一物；意在于视听言动，即视听言动便是一物。所以某说无心外之理、无心外之物。"既在我心之内，则物只是事，所谓物理只是事理，事之理只是心之理。"理也者，心之条理也。是理也，发之于亲则为孝，发之于君则为忠，发之于朋友则为信。千变万化，至不可穷竭，而莫非发于吾之一心。"吾心之本体是不学而能的良知，"良知只是一个天理自然明觉发见处；只是一个真诚恻怛，便是他本体"。"天命之性具于吾心，其浑然全体之中，而条理节目森然毕具，是故谓之天理。"这个天赋良知的未发之中，便是廓然大公，"自然感而遂通，自然发而中节，自然物来顺应"。

宇宙本体只是一个性理和良知，一理隐显而有动静，"理之发现可见者谓之文，文之隐微不可见者谓之理"。文与理只是一个东西的不同表现。"其在于人也，谓之性；其灿然而条理也，谓之礼；其纯然而粹善也，谓之仁；其截然而裁制也，谓之义；其昭然而明觉也，谓之智；其浑然于其性也，则理一而已矣。""《大学》所谓厚薄，是良知上自然的条理。不可逾越，此便谓之义；顺这个条理，便谓之礼；知此条理，便谓之智；终始是这条理，便谓之信。"天地之间实理流行，只是个贞常之道，仁义礼智信亦只是这个理，本无内外可说。"君子之学也，于酬酢变化、语默动静之间，而求尽其条理节目焉，非他也，求尽吾心之天理焉耳矣。"

当阳明讲"充天塞地，只有这个灵明"时，他已排除了离开我心的认识而孤立存在的抽象之理。在他看来，所谓理，只是一个与人的认识相联系的范畴，脱离了人的认识的理是无法想象的。他强调："心在物为理",没有离心而存在的理。弟子问:"在物为理,如何谓心即理?"阳明说:"在物为理,'在'字上当添一'心'字,此心在物则为理。如此心在事父则为孝、在事君则为忠之类。"忠孝之理是心与君亲相作用才有的。

阳明讨论一切问题,只是在主客关系中说话。物与意接则为事,这才显出其条理来。离了人心,所谓物只是个抽象潜能,不具有现实性。心物本不可分,不可离心以求物,亦不可离物以求心,心与物只是认识关系这一事之两面,分开了便失去意义。阳明说:"专求本心,遂遗物理,此盖失其本心者也。夫物理不外于吾心,外吾心而求物理,无物理矣;遗物理而求吾心,吾心又何物邪?心之体,性也,性即理也。"心性与物理本来是一体两面,岂能分开!此心虚灵不昧,众理具而万事出。理虽万殊,只在此一心之作用上。"忠与孝之理,在君亲身上?在自己心上?若在自己心上,亦只是穷此心之理矣。"他诘问:"夫求理于事事物物者,如求孝之理于其亲之谓也。求孝之理于其亲,则孝之理其果在于吾之心邪?抑果在于亲之身邪?假而果在于亲之身,则亲没之后,吾心遂无孝之理欤!"

有了人的认识,才有所谓理,不可离开认识而空谈孤立虚托之理。阳明强调:"诸君要识得我立言宗旨。我如今说个'心即理'是如何?只为世人分心与理为二故,便有许多病痛,如五伯攘夷狄尊周室,都是一个私心,便不当理。人却说他做得当理,只心有未纯,往往悦慕其所为,要来外面做得好看,却与心全不相干,分心与理为二,其流至于伯道之伪而不自知,故我说个'心即理',便要使知心、理是一个,便来心上做工夫,不去袭义于外,便是王道之真。此我立言宗旨。"融理于心,不仅是破除权威、打倒偶像,也是反对假道学和伪君子。

致良知，公道与公学

在阳明对其心学"所操益熟，所得益化"的晚年，曾有一次被称为"天泉证道"的讨论。阳明向王、钱两位高足交待了有名的"四句教"，其教曰："无善无恶是心之体，有善有恶是意之动，知善知恶是良知，为善去恶是格物。"阳明临行又反复叮咛："二君以后再不可更此四句宗旨。此四句，中人上下无不接着。我年来立教，亦更几番，今始立此四句。"总此四句，前二句讲本体，后二句讲功夫，本体与功夫本来一贯，而阳明尤强调在功夫上见本体。所谓功夫，只是"致良知"三字。阳明说："吾'良知'二字，自龙场以后，便已不出此意……一语之下洞见全体，真是痛快！""吾平生讲学，只是'致良知'三字。"他表示，"某于良知之说，从百死千难中得来，实千古圣圣相传一点滴骨血也"，"真圣门正法眼藏！"

所谓"致良知"，根本宗旨是确立自我主体性，自信自决，破除一切神圣不可犯的教条和偶像，直接去做开天辟地、建功立业的圣人，而不是做任何外在权威的奴隶。阳明说："人胸中各有个圣人，只自信不及，都自埋倒了。"并对弟子说："尔胸中原是圣人！"做惯了圣人崇拜者的弟子慌忙起立，不敢承当。阳明说："此是尔自家有的，如何要推？"弟子仍说："不敢。"阳明复道："众人皆有之，况在于中，却何故谦起来？谦亦不得！"弟子只好笑而承受。阳明指出："夫道，天下之公道也；学，天下之公学也。非朱子可得而私也，非孔子可得而私也。天下之公也，公言之而已矣。"学术乃天下公器，不可为某人专有。人人皆有天赋良知，它便是判断一切是非善恶的标准，任何伟人、圣人都要接受我良知的审判。"求之于心而非也，虽其言出于孔子，不敢以为是也，而况其未及孔子者乎？求之于心而是也，虽其言之出于庸常，不敢以为非也，而况其出于孔子者乎？"明末东林党人顾宪成指出："当士人桎梏于训诂词章之间，骤而闻良知之说，一时心目俱醒，犹若恍然拨云雾而见白日，岂不大快！"

阳明说："若良知一提醒时，即如白日一出而魍魉自消矣。"又说："良知不由见闻而有，而见闻莫非良知之用，故良知不滞于见闻，而亦不离于见闻。孔子云：'吾有知乎哉？无知也。'良知之外，别无知也。故致良知是学问大头脑，是圣人教人第一义。"那么，究竟什么是良知呢？阳明说："良知是造化的精灵，这些精灵，生天生地，成鬼成帝，皆从此出，真是与物无对！"良知是无形象而有神用的本体。他说："良知，一也。以其妙用而言，谓之神；以其流行而言，谓之气；以其凝聚而言，谓之精。安可以形象方所求哉？""良知即是天植灵根，自生生不息。"用其弟子的话说："造者，自无而显于有；化者，自有而归于无。……吾之精灵，生天生地生万物，而天地万物复归于无，无时不造，无时不化，未尝有一息之停。"良知生灭灭生，创化不已，这才有整个宇宙的大化流行和动态过程。

阳明指出："良知之虚，便是天之太虚；良知之无，便是太虚之无形。日月风雷，山川民物，凡有貌象形色，皆在太虚无形中发用流行。……天地万物俱在我良知的发用流行中，何尝又有一物超于良知之外！"又说："向晦宴息，此亦造化常理。夜来天地混沌，形色俱泯，人亦耳目无所睹闻，众窍俱翕，此即良知收敛凝一时；天地既开，庶物露生，人亦耳目有所睹闻，众窍俱辟，此即良知妙用发生时。可见人心与天地一体，故上下与天地同流。"总之，"天地万物与人原是一体，其发窍之最精处，是人心一点灵明"。正是透过人心灵明这点宇宙发窍的至精处，吾人才能一睹万物本源与天地本体；也正是通过吾人及其灵明，宇宙才能认识自我，以证其良知。

进一步说："良知即是独知，独知即是天理。独知之体，本是无声无臭，本是无所知识，本是无所拈带拣择，本是彻上彻下，独知便是本体。"

阳明说："天理在人心，亘古亘今，无有终始，天理即是良知。""良知是天理之昭灵明觉处。""良知只是个是非之心，是非只是个好恶。只好恶，就尽了是非；只是非，就尽了万事万变。""若是良知发用之思，则所思莫非天理矣。"只要能致良知，就能"看得透彻，随他千言万语，是非诚伪，到前便明，合得的便是，合不得的便非。如佛家说'心印'相似，真是试金石、指南针！"有了良知，便不会被任何权威偶像迷惑，便可以洞彻是非善恶的本质。

那么，如何致良知呢？要解心中之蔽。人心是天渊，只为私欲窒塞了。"念念致良知，将此障碍窒塞一齐去尽，则本体已复，便是天渊了。"心即道，道即天，知心则知道、知天。要见此道，须从自己心上体认，不假外求。"吾辈用功，只求日减，不求日增，减得一分人欲，便是复得一分天理。"不要一味地"从册子上钻研，名物上考索，形迹上比拟"。如果心术不正，则"知识愈广而人欲愈滋，才力愈多而天理愈蔽"。天理与私欲不能并立，须有扫除廓清之意。"才有一念萌动，即与克去，斩钉截铁，不可姑容。"善便存，恶便去，这便是格物的真决、致知的实功。朱熹所谓存天理、灭人欲是迂曲的外向运动，是由枝叶到根本；"致良知者，是培其根本之生意，而达之枝叶者也。"阳明表示，"若鄙人所谓致知格物者，致吾心之良知于事事物物也。吾心之良知，即所谓天理也。致吾心良知之天理于事事物物，则事事物物皆得其理矣。致吾心之良知者，致知也；事事物物皆得其理者，格物也。是合心与理而为一也"。总之，"致知云者，非若后儒所谓充广其知识之谓也，致吾心之良知焉耳"。

知行合一，事上磨炼

在王阳明看来，宇宙本体只是个天理良知，天理良知通过人才得以体现；人的活动，有知行之分。就全宇宙言，良知是体，万物是用。人是天地间的一物，也是用；唯人心乃天地发窍之至精处，以其一点灵明而成为宇宙主宰。就人而言，依然良知是体、知行是用。阳明说："知行二字，亦是就用功上说；若是知行本体，即是良知良能。"由良知本体之发用，乃有知行之名。"体，即良知之体；用，即良知之用。宁复有超然于体用之外者乎？"全宇宙只是个良知及其发用，只是由于人心之发窍才有了知行问题。所谓知，乃是良知的发见；所谓行，是发见此良知。"良知之在人心，无间于圣愚，天下古今之所同也。"本体只是通过人心才得以透露，人人皆有天赋的良知，只是多为障蔽遮盖了。本体的自我实现，要靠吾人去"致"。良知是个天理的昭明灵觉，只是个"知"，要由"行"来致。宇宙只是一事，只是主客交往的动态过程，这个过程是通过"行"来实现的，只"行"便概括了全宇宙。所以，阳明所谓致良知，最终还要知行合一，由行来实现知，"在事上磨炼"才能致得真知。关键只是一个行。

阳明说："知行原是两个字，说一个工夫。"古人说一个知，又说一个行，只是说"致良知"这学问大头脑。"知是行的主意，行是知的功夫；知是行之始，行是知之成。若会得时，只说一个知，已自有行在；只说一个行，已自有知在。"不可把知行分作两事。知行，知行，只是一事，只是良知的自我实现。"只为世间有一种人懵懵懂懂的任意去做，全不解思惟省察，也只是个冥行妄作，所以必说个知，方才行得是。又有一种人，茫茫荡荡悬空去思索，全不肯着实躬行，也只是个揣摸影响，所以必说一个行，方才知得真。此是古人不得已补偏救弊的说话。"

弟子问：自来先儒皆以学、问、思、辨属知，而以笃行属行，分明是两截事，今先生独谓知行合一，不能无疑。阳明说：凡谓之行者，只是著实去做这件事。若著实做学、问、思、辨的功夫，则学、问、思、辨亦便是行矣。学是学做这件事，问是问做这件事，思、辨是思、辨做这件事，则行亦便是学、问、思、辨矣。若谓学、问、思、辨之，然后去行，却如何悬空先去学、问、思、辨得？行时又如何去得做学、问、思、辨的事？行之明觉精察处便是知，知之真切笃实处便是行。若行而不能精察明觉，便是冥行，便是"学而不思则罔"，所以必须说个知；知而不能真切笃实，便是妄想，便是"思而不学则殆"，所以必须说个行。原来只是一个工夫，凡古人说知行皆是就一个功夫上补偏救弊说，不似今人截然分作两件事做。某今说"知行合一"，虽亦是就今时补偏救弊说，然知行体段亦本来如是，吾契但著实就身心上体履，当下便自得。今却只从言语文义上窥测，所以牵制支离，转说转糊涂，正是不能知行合一之弊耳。

总之，知与行须是合一并进，决不可分为二事。阳明说："盖学之不能以无疑，则有问，问即学也，即行也；又不能无疑，则有思，思即学也，即行也；又不能无疑，则有辨，辨即学也，即行也。""非谓学问思辨之后而始措之于行也。是故，以求能其事而言，谓之学；以求解其惑而言，谓之问；以求通其说而言，谓之思；以求精其察而言，谓之辨；以求履其实而言，谓之行。盖析其功而言，则有五。合其事而言，则一而已。此区区心理合一之体、知行并进之功，所以异于后世之说者，正在于是。今吾子特举学问思辨以穷天下之理，而不及笃行。是专以学问思辨为知，而谓穷理为无行也已，天下岂有不行而学者邪？岂有不行而遂可谓之穷理者邪？……是故知不行之不可以为学，则知不行之不可以为穷理矣；知不行之不可以为穷理，则知知行之合一并进，而不可以分为两节事矣。"

在阳明看来，学、问、思、辨、行这五者只是良知在通过人的活动来实现自我时的不同表现，看似五事，其实只是致良知一事，只是复那本体而已。弟子问："如今人尽有知得父当孝、兄当悌者，却不能孝、不能悌，便是知与行分明是两件。"阳明说："此已被私欲隔断，不是知行的本体了，未有知而不行者。知而不行，只是未知。圣贤教人知行，正是要复那本体。"他举例说："《大学》指个真知行与人看，说'如好好色，如恶恶臭'。见好色属知，好好色属行，只见那好色时已自好了，不是见了后又立个心去好；闻恶臭属知，恶恶臭属行。只闻那恶臭时已自恶了，不是闻了后别立个心去恶。……知行如何分得开？此便是知行的本体。"

据此，他指出："夫学问思辨行，皆所以为学，未有学而不行者也。……尽天下之学，无有不行而可以言学者"，并举例说："夫人必有欲食之心，然后知食，欲食之心即是意，即是行之始矣。食味之美恶，必待入口而后知，岂有不待入口而已先知食味之美恶者邪？必有欲行之心，然后知路，欲行之心即是意，即是行之始矣。路岐之险夷，必待身亲履历而后知，岂有不待身亲履历而已先知路岐之险夷者邪？"

王阳明对只知不行、空疏谬妄、支离牵滞的风气进行了猛烈抨击。"文盛实衰，人出己见，新奇相高，以眩俗取誉。""天下靡然争务修饰文词，以求知于世，而不复知有敦本尚实、反朴还淳之行。""于是乎有训诂之学，而传之以为名；有记诵之学，而言之以为博；有词章之学，而侈之以为丽。……记诵之广，适以长其傲也；知识之多，适以行其恶也；闻见之博，适以肆其辩也；词章之富，适以饰其伪也。"这正是分知行为两截的弊端。"我今说个知行合一，正要人晓得一念发动处便即是行了，发动处有不善，就将这不善的念克倒了，须要彻根彻底，不使那一念不善潜伏在胸中，此是我立言宗旨。"具体说，须是"戒慎不睹，恐惧不闻"，使昭明灵觉不受物欲牵累，动容周旋依礼而行，以求洒落自得。"省察克治之功，则无时而可间。如去盗贼，须有个扫除廓清之意。无事时，将好色、好货、好名等私逐一追究，搜寻出来，定要拔去病根，永不复起，方始为快。"只有这样，切实笃行，才能真正收到致良知的效果。

五、明代狂儒泰州学派

黄宗羲说："阳明先生之学，有泰州、龙溪而风行天下。"泰州、龙溪指王艮和王畿，是王阳明的两位最著名的弟子。王艮及其所创泰州学派，尤其体现明中叶以后的时代精神，乃儒学平民化之典型。

以尧舜孔子自任的王艮

王艮（公元1483—1541年），字汝止，号心斋，泰州安丰场（今江苏东台县）人，出身于以煮盐为业的灶丁家庭。七岁入学，十一岁辍学。粗识文字，即被迫参加煮盐劳动。十九岁从事商贩活动。两年间，"经理财用，人多异其措置得宜，人莫能及，自是家道日裕"。年二十五，以富商身份客居山东，谒孔庙，乃奋然有任道之志。青少年时代的王艮除了煮盐、经商和学医外，还时常把《论语》《大学》《孝经》等儒学经典带在身上，逢人便问，久而久之，自然熟悉，甚至达到信口谈解的程度。他还时常闭关静思，默坐体道，累之有年，终于大悟。

二十七岁时，体道之功日熟。一夜，忽梦天坠压身，万人奔号求救，他"奋身以手支天而起，见日月星辰殒乱失次，乃复手整顿如初，民相欢呼拜谢"。继而警醒，但觉汗淋沾席，心体通透，万物一体，体悟"宇宙在我之念益真切不容已。自此，行住语默，皆在觉中"。于是，视宇宙内一人一物不得其所，恻然思有以救之，与物无间。而前者浑然不二于日用者，今则自得而自喻也。因题其壁曰："正德六年间，居仁三月半。"以为超越了曾经"其心三月不违仁"的复圣颜回，"乃毅然以先觉为己任，而不忍斯人之无知也"。年三十二，根据自己的心得讲说经书，不拘泥于传注，并为族长及各场官民出谋划策，排忧解难。

王艮三十七岁时，明武宗率太监与神总兵至安丰场围猎，向当地民众勒索鹰犬。王艮不畏权贵，抗议道："鹰犬，禽兽也，天地间至贱者。而至尊至贵者，孰与吾人？君子不以养人者害人，今以其至贱而贻害于至尊至贵者，岂人情乎？"从此，他开始讲学授徒，书其门曰："此道贯伏羲神农黄帝尧舜禹汤文武周公孔子，不以老幼贵贱贤愚，有志愿学者传之。"从学者日众。

当时，正值王阳明任江西巡抚，极论良知自性，本体内足。大江之南，学者翕然信从。有位江西籍的黄姓塾师听过王艮的讲学之后，诧然而叹："此绝类王巡抚公之谈学问也！"王艮欣喜地说："有是哉！虽然，王公论良知，某谈格物，如其同也，是天以王公与天下后世也；如其异也，是天以某与王公也。"于是，他决意去见王阳明，一辩良知与格物之异同。

早在"悟道"之初，王艮即按《礼经》所载制作了五常冠、深衣、大带和笏板，俨然以古圣人自居。这次，他仍以一贯装束去见王阳明，以二诗为贽礼。其一说："孤陋愚蒙住海滨，依书践履自家新。谁知日日加新力，不觉腔中浑是春。"虽是自报家门，却也不乏神气。其二说："闻得坤方布此春，告违艮地乞斯真。归仁不惮三千里，立志惟希一等人。去取专心循上帝，从违有命任诸君。磋磨第愧无胚朴，请教空空一鄙民。"志向高远，不同凡响。

阳明请见，异其人，降阶而迎。开始，王艮据上坐，阳明问："何冠？"王艮答："有虞氏冠。"又问："何服？"则答："老莱子服。"又问："学老莱子乎？"答："然。"阳明道："将止学服其服，未学上堂诈跌，掩面啼哭也。"王艮闻言，色稍动，心稍折，渐移其坐于侧。及论致知格物，始悟："吾人之学，饰情抗节，矫诸外；先生之学，精深极微，得之心者也。"论毕，则慨叹道："简易直截，吾不及也。"遂反服下拜，执弟子礼。退而绎所闻，间有不合，乃悔道："吾轻易矣。"第二天入见阳明，即告之悔意。阳明道："善哉，子之不轻信从也！"于是，王艮复上坐，继续辩论。辩难既久，始大服，遂为弟子如初。阳明对门人说："向者吾擒宸濠，一无所动，今却为斯人动矣。"王艮原名王银，阳明以为太俗，为其更名王艮，取《周易》艮止之意，又赠字汝止，戒其注意收敛，不可意气太高、行事太奇。

自三十八岁到四十六岁的八年间，王艮一直跟随阳明，成为王阳明最著名的弟子之一。他时常讲学于阳明书院，多指百姓日用以发明良知之学。阳明去世后，王艮开始独立讲学，四方求学者日益增多，一个"相与发挥百姓日用之学"的泰州学派逐渐形成。阳明弟子中以王畿与王艮影响最大，而王艮的影响最终还是胜过了王畿，成为时代精神的代表。黄宗羲说："泰州之后，其人多能以赤手搏龙蛇，传至颜农山、何心隐一派，遂复非名教之所能羁络矣。"

世人谓王阳明的学术有三变，今观王艮之学亦有三变。三十七岁前自立门户为第一阶段，三十八岁后师从王阳明为第二阶段，四十六岁后始创泰州学派为第三阶段。王艮享年五十八岁。王艮之子王襞说："愚窃以先君之学，有三变焉。其始也，不由师承，天挺独复，会有悟处，直以圣人自任，律身极峻。其中也，见阳明翁而学犹纯粹，觉往持循之过力也，契良知之传，工夫易简，不犯做手，而乐夫天然率性之妙，当处受用，通古今于一息，著《乐学歌》。其晚也，明大圣人出处之义，本良知一体之怀，而妙运世之则。学师法乎帝也，而出为帝者师；学师法乎天下万世也，而处为天下万世师。此龙德正中而修身见世之矩，与点乐偕童冠之义，非遗世独乐者侔、委身屈辱者伦也，皆《大学》格物修身立本之言，不袭时位而握主宰化育之柄，出然也，处然也，是之谓大成之圣，著《大成学歌》。"

百姓日用即道

　　王艮在青少年时代就立下一个非常远大的志向，想成就一番像尧舜孔子一样的事业。他曾说："大丈夫存不忍人之心，而以天地万物依于己，故出则必为帝者师，处则必为万世师。"他在正德六年（公元1511年）所做的那个"天坠压身，星辰失次，只手撑天，重整乾坤"的梦，正是这种心态的反映。当然，这也是数千年古老中国即将走向近代的一个信号。

　　王艮说："夫仁者以天地万物为一体，一物不获其所，即己之不获其所也，务使获其所而后已。是故，人人君子、比屋可封、天地位而万物育，此予之志也。"简直要把自己当作圣人再世和上天降下的救世主了。北宋以来逐渐苏醒的主体精神，通过程朱理学和陆王心学的渐次发展，到他这儿可谓完全成熟了。

王艮认为,古代的圣人都是以位天地、育万物为己任的仁者,他自己所要做的也正是这一事业。他说:"观其(注:孔子)汲汲皇皇,周流天下,其仁可知矣。文王小心翼翼,视民如伤,望道而未之见,其仁可知矣。尧舜兢兢业业,允执厥中,以四海困穷为己责,其仁可知矣。观夫尧舜文王孔子之学,其同可知矣。其位分虽有上下之殊,然其为天地立心、为生民立命则一也。"宋明诸大儒虽然皆以"为天地立心,为生民立命"为志,却未免有过多的书卷气,而缺乏王艮这种不可一世的狂者精神。他作了一篇《鳅鳝赋》,以化神龙而救万鳝的泥鳅自比。

　　他写道:肆前有育鳝一缸,覆压缠绕,奄奄然若死之状。"忽见一鳅,从中而出,或上或下,或左或右,或前或后,周流不息,变动不居,若神龙然。"由于泥鳅的活动和影响,诸鳝以转身通气而有生意。"是转鳝之身、通鳝之气、存鳝之生者,皆鳅之功也。虽然,亦鳅之乐也,非专为悯此鳝而然,亦非为望此鳝之报而然,自率其性而已耳。"这是表达其自我实现和拯世济民的统一性。他借一道人的口吻喟然叹道:"吾与同类并育于天地之间,得非若鳅鳝之同育于此缸乎?吾闻大丈夫以天地万物为一体,为天地立心,为生民立命,几不在兹乎?"他接着写道:"少顷,忽见风云雷雨交作,其鳅乘势跃入天河,投入大海,悠然而逝,纵横自在,快乐无边。回视樊笼之鳝,思将有以救之,奋身化龙,复作雷雨,倾满鳝缸,于是缠绕覆压者皆欣欣然有生意。俟其苏醒精神,同归于长江大海矣。"他这种希望以先觉觉后觉,煽起革命风暴,以使万民得以冲破封建政治的罗网,回归自由新天地的救世意识,显然已属资产阶级早期启蒙运动和革命思想的范畴了。而他的这种理想,又是以仁者以天地万物为一体的心学形式表现的,这充分体现了中国儒家早期资产阶级启蒙思想的东方特色。

物质的历史发展到哪里，精神的进程也走到哪里，历史和逻辑是统一的。在王艮的时代，以明王朝为代表的封建政治已经开始崩溃，却还没到最后坍塌的时候。王艮虽然已流露出明显的革命意识，但他还是把讲学启蒙、培养人才和振兴士风作为经世济民的主要形式。他说："唐虞君臣，只是相与讲学。六阳从地起，故经世之业，莫先于讲学以兴起人才者。古人位天地、育万物，不袭时位者也。"又说："只是学不厌、教不倦，便是致中和、位天地、育万物，便做了尧舜事业。"因此，他曾向王阳明请教孔子车制，想仿照孔子车制作车，像孔子一样乘车周游天下。可是，阳明却"笑而不答"。回乡之后，王艮自制小蒲车，上书"天下一人，万物一体"八个大字，招摇四方，随处讲学，宣传仁者救世之旨，以培养志士仁人。

王艮指出，程朱理学所讲的那一套戒慎恐惧、庄敬克制的为学方法，未免太严太苦，束缚心灵自由，不是圣人正学。他认为，"百姓日用即道"，良知本是现成自在的，它的发现不需要着意安排，须一任自然才是。他说："道，一而已矣。中也，良知也，性也，一也。识得此理，则现现成成，自自在在，即此不失，便是庄敬；即此常存，便是持养，真不须防检。不识此理，庄敬未免着意；才着意，便是私心。""天下之学，惟有圣人之学好学，不费些子气力，有无边快乐。若费些子气力，便不是圣人之学，便不是乐。"为此，他专门作了一首《乐学歌》云："人心本自乐，自将私欲缚。私欲一萌时，良知还自觉。一觉便消除，人心依旧乐。乐是乐此学，学是学此乐。不乐不是学，不学不是乐。乐便然后学，学便然后乐。乐是学，学是乐。呜呼！天下之乐，何如此学？天下之学，何如此乐？"

王艮初传"百姓日用即道"时，学者多不信，他便用童仆之往来、视听、持行和反应动作之处的不假安排来指点，指出他们一任自然的举止动作"俱是顺帝之则，至无而有，至近而神"，这就是道。

某友问："如何是无思而无不通？"王艮不答而唤其仆，仆即应；命之取茶，即捧茶至。其友复问，王艮说："才此仆未尝先有期我呼他的心，我一呼之便应，这便是无思无不通。"其友说："如此则满天下都是圣人了。"王艮说："却是日用而不知。有时懒困着了，或作诈不应，便不是此时的心。"其子王襞后来发挥道："饥食渴饮，夏葛冬裘，至道无余蕴"。正如禅师们所说，穿衣吃饭、搬柴挑水，无非妙道。此说进一步发展，便要以广大劳苦民众的温饱和自由为至道了。

据此，王艮提出了被称为"淮南格物"的尊身立本论。他认为，"身与天下国家一物也，惟一物而有本末之谓"。《大学》说"一是以修身为本"，可见"身也者，天地万物之本也；天地万物，末也"。所谓"格"，就是用身这个本去衡量天地万物这些末。"吾身是个矩，天下国家是个方，絜矩，则知立之不正，由矩之不正也。是以只去正矩，却不在方上求，矩正则方正矣，方正则成格矣，故曰格物。"所谓格物，就是正身以正天下。朱熹曾以"止于至善"为明明德，王艮却说："止至善者，安身也。安身者，立天下之大本也。""知身之为本，是以明明德而亲民也。身未安，本不立也。"

由此，王艮进一步提出尊身以立本的尊道思想。他说："身与道原是一件，至尊者此道，至尊者此身。尊身不尊道，不谓之尊身；尊道不尊身，不谓之尊道。"由尊身，他又推出了明哲保身的新思想，反对为那行将就木的封建政治殉身。他说："不知安身，便去干天下国家事，是之为失本。就此失脚，将烹身割股，饿死结缨，且执以为是矣。不知身不能保，又何以保天下国家哉？"显然，他心目中的国家不是理学家们所说的封建国家，此身不能为这个正在没落的国家去死，而应留着去迎接人人得而自由的新天下。

王艮指出："危其身于天地万物者，谓之失本；洁其身于天地万物者，谓之遗末。"既不能失本，亦不能遗末。在他看来，人之为学，先须保身，"人有困于贫而冻馁其身者，则亦失其本而非学也"。为此，经商、务农、做工甚至避世等治生手段都是非常重要的。"明哲者，良知也。明哲保身者，良知良能也。知保身者，则必爱身如宝；能爱身，则不能不爱人；能爱人，则人必爱我；人爱我，则吾身保矣。"大家都爱身，并且互爱其身，就是天地万物一体之仁。有此仁心，就能老吾老以及人之老、幼吾幼以及人之幼。自身不保则奋力以保之，思求像化神龙以救万鳝的泥鳅一样奋力以保之，使亿万同类不受压迫之苦，共入自由幸福之域。

赤子良心当下即是

阳明晚年讲"致良知"，王艮晚年讲"良知致"。在王艮看来，良知学说的优点在其"天然率性之妙"，"致良知"未免有用力相助的毛病，不如"良知致"来得直捷自然。吉安颜钧（字农山）本为阳明弟子，后来师从王艮，亦倡自然说。他说："性如明珠，原无尘染。""人心，妙万物而不测者也。"主张"平时只是率性所行，纯任自然"。有一次，他在讲会上突然起立，就地打滚说："试看我良知！"对一切束缚人性自然的东西都表现出相当的蔑视。这一思想发展到罗汝芳，便有了顺适自然、当下即是的"赤子良心"说。

罗汝芳（公元1515—1588年），字惟德，号近溪，江西南城人。年十五而有志于道学，读薛瑄《读书录》有得，便在静坐息念上下功夫，闭关临田寺，置水镜于几案，对之默坐，力求使心念达到与水镜一样的湛然静止状态。可是，由于用力过猛，"久之而病心火"，生理失调，后读王阳明《传习录》始得好转。年二十六，偶过一寺，见有张榜称言能救治心火者，循迹访之，原来是颜钧在聚众讲学。旁听良久,不禁喜道:"此真能救我心火!"次日五更即往见拜师,遂悟体仁之学。三十九岁进士,历任太湖知县、刑部知事、宁国知府、东昌知府、云南副使和参政等职,同时四处奔走讲学。他口才极好,时人有"龙溪笔胜舌,近溪舌胜笔"之说。

年四十六,于重病中恍惚梦见泰山丈人对他说:"君自有生以来,触而气每不动,倦而目辄不瞑,扰攘而意自不分,梦寐而境悉不忘,此皆心之痼疾也。"他愕然道:"是则予之心得,岂病乎?"丈人道:"人之心体出自天常,随物感通,原无定执。君以夙生操持,强力太甚,一念耿光,遂成结习,不悟天体渐失。岂惟心病,而身亦随之矣。"汝芳随即惊醒,流汗如雨。从此执念渐消,而血脉循轨。由于有深刻的禅修体验,再加上他一生多和道士僧人往来,遂使他的心学思想颇富禅学色彩和体悟光景,具有亦禅亦俗的特点。

罗汝芳经过长期思考之后认为,《大学》只是圣贤格言之选编,格物的"格"是标准之意。 六经的嘉言善行归结起来,只是"孝悌慈"三个字,化民成俗、希圣希天都靠它。孝亲之理,亲亲之情,都是易道生生的体现,本是不学不虑而天然具有的良知良能。互亲互爱、自然而然并不难做,只是后来博览诸家之书、理会各种为学之方后,才变得难做辛苦起来。人们受经书教条的束缚非常普遍,致使天然良知这种可真正受用而易简的为学之方反被埋没,现在是返璞归真的时候了。"从此,一切经书皆必归会孔孟,孔孟之言皆必归会孝悌。以之而学,学果不厌;以之而教,教果不倦;以之而仁,仁果万物一体。"

除了反对理学教条之外,罗汝芳还反对在静坐中妄用功夫。他本人曾有过深刻的禅修体验,认为静中光景不是吾性之真,真正自在灵妙的天常之明是与生俱来的赤子之心和大众日用的平常心。他说:"天地生人,原是一团灵物,万感万应而莫究根源,浑浑沦沦而初无名色,只一'心'字亦是强立。后人不省,缘此起个念头,就会生个识见、露个光景,便谓吾心实有如是本体,本体实有如是朗照,实有如是澄湛,实有如是自在宽舒。不知此段光景原从妄起,必随妄灭,及来应事接物,还是用着天生灵妙浑沦的心。""故圣贤之学,本之赤子之心以为根源,又征诸庶人之心以为日用。若坐下心中炯炯,却赤子原未带来,而与大众亦不一般也。……今在生前能以天明为明,则言动条畅,意气舒展;比至殁身,不为神者无几。若今不以天明为明,只沉滞襟膈,留恋光景,幽阴既久,殁不为鬼者亦无几矣。"

他还说:"夫天,则莫之为而为、莫之致而至者也;圣则不思而得、不勉而中者也。欲求希圣希天,不寻思自己有甚东西可与他打得对同、不差毫发,却如何希得他?天初生我,只是个赤子。赤子之心,浑然天理,细看其知不必虑、能不必学,果然与莫之为而为、莫之致而至的体段浑然打得对同过。然则圣人之为圣人,只是把自己不虑不学的见在对同莫为莫致的源头,久久便自然成个不思不勉而从容中道的圣人也。"天是自然而然,圣是自然而然,赤子之心也是自然而然。以此自然而然的赤子之心去对同那自然而然的天和圣,久之自然就有希圣希天的效果。

他指出:"诸君知红紫之皆春,则知赤子之皆知能矣。盖天之春见于草木之间,而人之性见于视听之际。今试抱赤子而弄之,人从左呼则目即盱左,人从右呼则目即盱右,其耳盖无时无处而不听,其目盖无时无处而不盱,其听其盱盖无时无处而不转展,则岂非无时无处而无所不知能也哉?"这无时无处无不知能的赤子之心,吾人无不有之,只要肯自信从,善于觉悟,当下即是,循此以往,便是从容中道的圣人。

弟子以杂念纷扰就问,汝芳说:"所云杂念忿怒,皆是说前日后日事也。工夫紧要，只论目前。今且说此时相对，中心念头果是如何？"弟子答："若论此时，则恭敬安和，只在专志听教，一毫杂念也不生。"汝芳说："吾子既已见得此时心体有如是好处，却果信得透彻否？"于是，大众忻然而起道："据此时心体，的确可以为圣为贤而无难事也。"

弟子问如何求未发之中，汝芳说："子不知如何是喜怒哀乐，又如何知得去观其气象也耶？我且诘子，此时对面相讲，有喜怒也无？有哀乐也无？"弟子答："俱无。"汝芳说："既谓俱无，便是喜怒哀乐未发也。此未发之中，是吾人本性常体。若人识得此个常体，中中平平，无起无作，则物至而知，知而喜怒哀乐出焉自然，与预先有物横其中者天渊不侔矣，岂不中节而和哉！"总之"赤子之心，纯一无伪，无智巧无技能，神气自足，智慧自生，才能自长，非有所加也。大人通达万变，惟不失此心而已"。"赤子喜便喜，啼便啼，行便行，坐便坐，转处未尝留情，曾有机巧否？曾有伎俩否？我公具如此道根，未能超凡入圣，只是信此未及！"

罗汝芳特别强调胸次的顺适自然和活泼机趣："不追心之既往，不逆心之将来，任他宽洪活泼，真是水流物生，充天机之自然！""一切醒转，更不去此等处计较寻觅，却得个本心浑沦，只不合分别，便无间断，真是坦然荡荡而悠然顺适也！""终日语默动静，出入起居，虽是人意周旋，却自自然然，莫非天机活泼也！"

最后，他指出，人要达到这样的自由境界，须是信得当下，任运平常。"若果然有大襟期，有大气力，有大识见，就此安心乐意而居天下之广居，明目张胆而行天下之大道。工夫难到凑泊，即以不屑凑泊为工夫；胸次茫无畔岸，便以不依畔岸为胸次。解缆放船，顺风张棹，则巨浸汪洋，纵横任我，岂不一大快事也哉！"

何心隐的"异端"儒学

　　王阳明之后，王艮开创的泰州学派屹然崛起于草莽鱼盐之中，以道统自任，一时天下之士率翕然从之，风动宇内，绵延数百年不绝，其门墙之盛、影响之大，大有令浙中、江右诸门黯然失色之势。阳明心学的主导精神可概括为两点：一是打破教条、摆脱束缚、解放思想，高扬人的主体性；一是强调知行合一，重实行，在事上磨炼。泰州和龙溪对此都有继承和发展。不过，泰州学派是对两点全面继承；龙溪学派则着重继承了前一方面，对后一方面有所忽略。所以，王门正传是泰州而不是龙溪。不过，龙溪后学以儒者身份而鄙视经书和语录，颇具狂禅性格，仍然是思想解放的一个重要表现。黄宗羲说："泰州之后，其人多能以赤手搏龙蛇，传至颜山农、何心隐一派，遂复非名教之所能羁络矣。……诸公掀翻天地，前不见有古人，后不见有来者。"这正是阳明后学应有的品格，也是阳明心学合乎逻辑的发展。

　　何心隐（公元1517—1579年），字柱乾，号夫山，江西吉安府永丰县人，出身于富有之家，少负异才，"颖异拔群，潜心经史"。年三十赴郡试，中第一。因不满明王朝腐败，同时仰慕王艮之学，遂弃科举仕途，从学于王艮的门人颜钧，"与闻心斋立本之旨"。三十七岁时，认为《大学》所谓修齐治平，治国平天下从齐家始，于是把家乡本族人合在一起，创办"聚合堂"，做构建理想社会的实验。他亲自管理一族之政，"冠婚丧祭赋役一切通其有无"，行之有成。他本想由此逐步推广，以达治国平天下、改造社会的目的。可是，适逢永丰县令强迫百姓缴纳"皇木银两"遭到百姓反对，何心隐"贻书以诮之"，触怒县令，被捕入狱，判绞罪。后虽得朋友营救出狱，他的理想社会实验却不得不停止。

四十四岁时，何心隐随好友程学颜入京，结识了罗汝芳和耿定向等人，并客居耿氏邸舍讲学。有一日，他侦察到奸相严嵩要向嘉靖皇帝进揭帖，便授计一位名叫蓝道行的道士在给皇帝占卜时说："乩神降语：今日当有一奸臣言事。"皇帝正犹疑时，严嵩揭帖到，皇帝遂对之产生疑心，并最终罢严嵩相，系其子严世蕃下狱，后处死。当时，严党势力颇盛，伺机报复。何心隐从此改姓易名，潜迹讲学，所游半天下。

十几年后，张居正为相，改革弊政，董理朝纲。为了加强思想控制，张居正禁止讲学，诏毁天下书院，遭到人民普遍不满和反对。何心隐写万言长文《原学原讲》阐明必学必讲之理由，驳斥张居正的文化专制政策，指责其"蔑伦擅权，实召天变"，试图以术除之。他因此受到通缉，最终被捕入狱，遭严刑拷打，最后死于狱中。何心隐一生以讲学为事，大力宣扬泰州心学，勇于行动，反封建不遗余力，给腐败没落的明王朝以沉重打击。李贽称王艮是有骨气的真英雄，他的后学也都是英雄，而以布衣倡道的何心隐则更是"猖狂无忌惮，英雄莫比！"

根据阳明和王艮天地万物本吾一体，视天下为一家、中国犹一人的心学思想，何心隐提出了"农工商贾可超而为士""相交而友，相友而师"的平等观和"凡有血气之莫不亲莫不尊"的博爱说，宣传尊重人、爱护人、人人平等和个性解放等启蒙思想，并且设计了以师友关系为基础的"天下国之身之家之"的理想社会，充分体现了新旧社会交替阶段的时代主题。

他认为，既然天地物我本为一体，那就不该有贵贱尊卑和亲疏远近之分，大家都是平等同仁的。他说："仁，无有不亲也，惟亲亲之为大，非徒父子之亲亲已也，亦惟亲其所可亲，以至凡有血气之莫不亲，则亲又莫大于斯；亲，斯足以广其居，以覆天下之居，斯足以象仁也。义，无有不尊也，惟尊贤之为大，非徒君臣之尊贤已也，亦惟尊其所可尊，以至凡有血气之莫不尊，则尊又莫大于斯；尊，斯足以正其路，以达天下之路，斯足以象义也。"总之，真正的仁义必须打破一切既有等级，大家都相互爱护和尊重。

在何心隐看来，君臣、父子、昆弟、师友等关系中，只有师友关系是最公正、最合理的，其他关系则或匹、或昵、或凌、或援，皆不正常、不合理，它们虽然应该存在，但必须融入师友关系，像朋友一样平等。李贽评价说："人伦有五，公舍其四，而独置身于师友贤圣之间。"何心隐认为，人之所以为人，就在于以朋友之间的仁义关系交往，否则同于禽兽。何心隐死后，后人按遗嘱把他和其好友程学颜合葬在一起，以强调朋友关系高于一切。

同时，何心隐还提出士农工商一律平等的思想，认为农工商贾皆可超而为士，都可以成为圣贤，这无疑是对封建等级的抗议和挑战，具有资产阶级启蒙的性质。此外，他还根据万物一体之仁提出万物一体之政，设计了以讲学为组织形式的"会"为理想社会的细胞，取代由父母、昆弟和夫妇等关系结成的旧家庭。

按照《大学》修齐治平的原则，先由一宗一族组织成许多会，大家皆以其为身为家，而不是以一己之私和八口之家为身为家。人人皆有资格担任会长，轮流主会。再以许多这样的会组成国家，进而推及整个天下，成为君子之国、君子之天下。不同阶层和等级的人皆可入会，会长在会为师，在天下、在国家则为君，这个君是轮流担任的元首。

何心隐说："君者，均也。君者，群也。臣民莫非君之群也，必君而后可以群而均也。一身，则心为君也；君呈象于四体百骸，则元首为君也。"大家皆为君，皆为主，这是前提，然后才有君臣和君民关系。这个由君之群构成的国家，实际上相当于人人有自主权的民主社会。总之，不管在什么地位上，大家都是朋友关系和师生关系，不存在等级问题。在这个社会，财产是共同的，机会是均等的，大家共同享受，共同管理和调度，各得其所。这是一个经济和政治关系平等合理、精神文明高度发展和协调的理想社会，类似西方的空想社会主义。

根据王艮人为天地之心、身为天下之本的思想，何心隐提出"与百姓同欲"的"育欲"说，用以反对理学家的无欲说。他指出，孔孟只讲寡欲，不讲无欲。宋儒讲无欲乃释老之旨，非孔孟之旨。他说："性而味，性而色，性而声，性而安逸，性也。"声色臭味安逸等欲是人的自然本性，此欲不可绝，亦不能让有些人穷奢极欲而有些人饥寒交困，须"尽乎其性于命之至焉者也"。又说："凡欲所欲而若有所发，发以中也，自不偏乎欲于欲之多也，非寡欲乎？寡欲，以尽性也。尽天之性以天乎人之性，而味乃嗜乎天下之味以味，而色、而声、而安逸，乃又偏于欲之多者之旷于恋色恋声而苟安苟逸已乎？凡欲所欲而若有所节，节而和也，自不戾乎欲于欲之多也，非寡欲乎？寡欲，以至命也。至天之命以天乎人之命，而父子乃定乎天下之父子，以父以子，而君臣、而贤者、而天道，乃又戾于欲之多者之堕于委君委臣委贤而弃天弃道乎？"让人的自然本性得到应有的满足，就是育欲。"昔公刘虽欲货，然欲与百姓同欲，以笃前烈，以育欲也。太王虽欲色，亦欲与百姓同欲，以基王绩，以育欲也。育欲在是，又奚欲哉？仲尼欲明明德于天下，欲治国、欲齐家、欲修身、欲正心、欲诚意、欲致知在格物，七十从其所欲而不逾乎天下之矩，以育欲也。育欲在是，又奚欲哉？"我欲货色，亦欲天下人得到货色的满足，这就是孔孟所谓仁。从宋儒的窒欲无欲说到何心隐的育欲说，无疑是一个重大的历史进步。何心隐的育欲说，其实是正在兴起的资产阶级追求个人利益的要求在儒学上的反映。

李贽的"异端"儒学

当心学刚创立时，朱熹就批评说："陆子静之学，看他千般万般病，只在不知有气禀之杂，把许多粗恶底气都把做心之妙理，合当恁地自然做将去。……只道这是胸中流出，自然天理，不知气有不好底夹杂在里，一齐羁将去，道害事不害事？看子静书，只见他许多粗暴底意思可畏。"朱熹以其保守的立场看陆九渊，这段话可谓说到要害处。然而，强调从胸中流出自然天理，正是要对传统的教条有所否定；没有点"粗暴可畏"的意思，便不是陆九渊，也就不是心学了。陆九渊的这点"意思"被阳明和王艮进一步发展，至于李贽而达到极致。

李贽（公元1527—1602年），号卓吾，福建泉州晋江县人。其祖先从明初就受命从事航海出使等任务。受其影响，李贽从小"不信道，不信仙释，故见道人则恶，见僧则恶，见道学先生则尤恶"。但后来读四书五经，却颇能入里，唯对朱熹的传注不能心契。二十六岁赴福建乡试得中，三年后授河南共城教谕，此后是长达二十五年的游宦生涯，也是到处碰壁，终至走向叛逆的一段时间。他说："古今人情一也，古今天下事势亦一也。某也从少至老，原情论势，不见有一人同者。故余每每惊讶，以为天何生我不祥如此乎？夫人性不甚相远，而余独不同，非不祥而何？余初仕时，亲见南倭北虏之乱矣；最后入滇，又熟闻土官、瑶、僮之变矣。大概读书食禄之家意见皆同，以余所见质之，不以为狂，则以为可杀也。"整个封建社会上流人物的生活思想与他的性情和看法格格不入，在他们眼中，李贽简直是个疯子。他也很坚决："今世俗子与一切假道学共以异端目我，我谓不如遂为异端，免彼等以虚名加我。"

李贽走向异端，也与他同泰州诸儒的交往有关。他曾读阳明之书，又听赵吉贞讲泰州心学，并与罗汝芳、耿定理、焦竑等泰州学者交往，最后以王艮之子王襞为师，成为泰州学派的重要人物。他认为，道不远人，本在人身中，"人即道也，道即人也；人外无道，道外亦无人。故君子以人治人，更不敢以己治人者，以人本自治。人能自治，不待禁而止之也。若欲有以止之而不能听其自治，是伐之也，是欲以彼柯易此柯也，虽近而实远，安能治之？安足为道也邪？"凡以外在的制度和教条禁止和约束人的做法都是违反道的。"自然之性乃是自然真道学也，岂讲道学者所能学乎？"那些满口道学语言、处处想限制别人的人都是假道学。

在李贽看来，人的本性是自私的，只有满足人的私欲才是真道。"夫私者，人之心也。人必有私，而后其心乃见。若无私，则无心矣。如服田者，私其秋之获，而后治田必力；居家者，私积仓之获，而后治家必力；为学者，私进取之获，而后举业之治也必力。故官人而不私以禄，则虽召之必不来矣；苟无高爵，则虽劝之必不至矣。虽有孔子之圣，苟无司寇之任、相事之摄，必不能一日安其身于鲁也，决矣！此自然之理，必至之符，非可以架空而臆说也。然则为无私之谈者，皆画饼之谈，观场之见，但令隔墙好听，不管脚跟虚实，无益于事，只乱聪耳，不足采也。"这种强调个人价值和利益的学说，实际上是资产阶级新思想对封建旧意识的宣战。

根据人本自私的人性论，李贽提出了一个十分大胆的心学命题："穿衣吃饭即是人伦物理。"这比王艮"百姓日用即道"的命题更直捷了。他说："除却穿衣吃饭，无伦物矣。世间种种，皆衣与饭类耳。故举衣与饭，而世间种种自然在其中。"这就把人的感性现实提到了第一性的地位，以其他种种只是人的感性欲求的派生物。他指出，"好恶从民之欲，而不以己之欲，是之谓礼"，"今之言政、刑、德、礼者，似未得礼意"。礼必须顺民之欲，现存的一切行政制度和道德教条都是戕害民欲的，所以是违反礼的原则的，这是以资产阶级人性论和人权观对封建专制的否定。他强调，必须打破"齐之以礼"的封建教条，让人们的不同欲望都得到满足。"天下至大也，万民至众也，物之不齐，又物之情也。"齐之以礼，"是欲强天下使从己，驱天下使从礼。人自苦难而弗从，始不得不用刑以威之耳"。这显然不合理。合理的做法应该是："千万其人者，各得其千万人之心；千万其心者，各遂其千万人之欲。""贪财者与之以禄，趋势者与之以爵，强有力者与之以权，能者称事而官，懦者夹持而使。有德者隆之虚位，但取具瞻；高才者处以重任，不问出入。各从所好，各骋所长，无一人之不中用。"这才符合人的自然本性。

总之，善与不善不在于是否合乎封建教条，而在于是否合乎民情所欲。李贽坚决反对虚伪，反对循规蹈矩，主张率性自然。他说："不必矫情，不必违性，不必昧心，不必抑志，直心而动，是谓真佛。"他对士大夫们一向鄙视的"市井小夫"给以高度赞扬，说他们"身履是事，口便说是事，作生意者但说生意，力田作者但说力田，凿凿有味，真有德之言，令人听之忘厌倦矣"；而对于一向自以为高贵的士大夫们则给予无情揭露：他们口是心非，道貌岸然，"种种日用皆为自己身家计虑，无一厘为人谋者。及乎开口谈学，便说尔为自己，我为他人；尔为自私，我欲利他"，他们"口谈道德而心存高官，志在巨富；既已得高官巨富矣，仍讲道德说仁义自若也"，"今之讲道德性命者……患得患失，志于高官重禄、好田宅、美风水，以为子孙荫者"，他们口谈道德而志在穿窬，展转反复以欺世获利。

揭去封建道德的温情面纱，李贽宣扬一种自由竞争、弱肉强食的资产阶级道德。他说："夫栽培倾覆，天必因材，而况于人乎？强弱众寡，其材定矣。强者，弱之归，不归必并之；众者，寡之附，不附即吞之。此天道也，虽圣人其能违天乎哉？今子乃以强凌众暴为法所禁，而欲治之，是逆天道之常，反因材而笃，所谓拂人之性，灾必及其身者，尚可以治人邪？"以"强凌众暴"为"天道之常"，表明李贽对资本主义必然代替封建主义的历史规律和趋势已有深刻洞察，表明明代社会确已到了社会形态的转变时期。

与资产阶级的人性论和道德论相联系，李贽还提出了资产阶级的文艺论，即"童心说"。他认为，初生童子的童心是人的真实本心，是最符合人的真实情性的，真正的文艺就应该是这种童心的真实流露。"天下之至文，未有不出于童心焉者也。"可是，当人们长大以后，由于受假道学的熏染，各种所谓道德和教条从耳目而入，而人的童心也随之而失。其结果，大家皆以假人而言假语，皆事假事而文假文，构筑起一个害人的虚假世界，却又要以四书五经为凭藉。为此，李贽反对以孔子之是非为是非，坚决否定各种教条和偶象，要求恢复人人本具的童心，创造具有真情真性的真文艺。"苟童心常存，则'道理'不行，闻见不立，无时不文，无人不文，无一样创制体格文字而非文者。"他说："盖声色之来，发于情性，由乎自然，是可以牵合矫强而致乎？故自然发于情性，则自然止乎礼义，非情性之外复有礼义可止也。惟矫强乃失之，故以自然之为美耳，又非于情性之外复有所谓自然而然也。故性格清彻者音调自然宣畅，性格舒徐者语调自然疏缓，旷达者自然浩荡，雄迈者自然壮烈，沉郁者自然悲酸，古怪者自然奇绝。有是格，便有是调，皆情性自然之谓也。莫不有情，莫不有性，而可以一律求之哉？"

总之，李贽的所谓"异端"儒学，是心学自然发展的一个合乎逻辑的结果。

六、心学流变

> 王阳明三十四岁时,思想发生重大转折,决心摒弃释、老之学而返归圣门。这一年,他与陈献章的弟子湛若水一见如故,相与共倡心学。三年之后,王阳明"龙场悟道"。而在此之前,湛若水早已接受了陈献章的心学思想,并对王阳明有所影响。所以,王阳明始终视湛若水为最亲密的朋友,而后儒也公认湛若水与王阳明共同推进了心学思潮。王阳明之后,心学分化演进,人才辈出,成为时代精神之精华。

湛若水与阳明共倡心学

湛若水(公元1466—1560年),字元明,广东增城人。因居增城的甘泉,故以甘泉为号。年轻时,师事陈献章,并接受其传道于世人的重托。陈氏死后,湛若水独立讲学,足迹所至必建书院以礼其师,对心学的传播做出了很大贡献。但他在许多方面表现出回归程朱的倾向,导致其影响不是很大。年四十而中进士,授翰林院庶吉士,后历仕侍读、南京国子祭酒、南京吏部右侍郎、礼部右侍郎,及礼部、吏部、兵部尚书。晚年居家著述并讲学,有《格物通》和《甘泉文集》传世,享年九十五岁。

湛若水认为，圣人之学皆是心学。所谓心，非偏指腔子里方寸内与事为对者，无事而非心。"心也者，包乎天地万物之外，而贯夫天地万物之中者也。天地无内外，心亦无内外，极言之耳矣。""吾之所谓心者，体万物而不遗者也，故无内外。"心是无内外、无方所而又无所不在的本体，所以格物也就不在心外了。心外无物，心外无理，格物就是致此心之理。心以天地万物为体，体物不遗，认得心体广大则物不能外。"故格物非在外也，格之致之，心又非在外也。"

与王阳明不同的是，湛若水尤其强调随处体认天理。他说：知行并进，学问思辨行，所以造道也。故读书、亲师友、酬应，随时随处体认天理而涵养之，无非造道之功。体认天理而云"随处"，则动、静、心、事皆尽之矣，若云"随事"恐有逐外之病也。孔子所谓"居处恭"乃无事静坐时体认也，所谓"执事敬""与人忠"乃有事动静一致时体认也。

湛若水认为，"体认之功贯通动静显隐"。"心与事应，然后天理见焉。天理非在外也，特因事之来，随感而应耳。故事物之来，体之者心也；心得中正，则天理矣。"天理不是外在的对象，而是此心的中正状态。阳明以为，甘泉讲随处体认天理，有求理于外之嫌。甘泉解释说："体认天理云者，兼知行合内外之言也。天理无内外也。陈世杰书报吾兄，疑仆随处体认天理之说为求于外。若然，不几于义外之说乎？求即无内外也。吾之所谓随处云者，随心随意随身随家随国随天下，盖随其所寂所感时耳。一耳，寂则廓然大公，感则物来顺应。所寂所感不同，而皆不离吾心中正之本体。本体即实体也，天理也，至善也，物也，而谓求之外，可乎？致知云者，盖知此实体也，天理也，至善也，物也，乃吾之良知良能也，不假外求也。但人为习气所蔽，故生而蒙，长而不学则愚。故学问思辨笃行诸训，所以破其愚，去其蔽，警发其良知良能者耳，非有加也。"可见，他虽然对理学有所吸收利用，但所走的仍然是心学的路子。

在具体的修养方法上，湛若水对师门有所背离，而仍走程朱的路子。陈献章尤其强调于静中养出端倪，湛若水却说："涵养须用敬，进学在致知，如车两轮。……而谓有二者，非知程学者也。"他的许多话显然是针对其师门说的："若不察见天理，随他入关入定，三年九年，与天理何干？""静坐久隐然见吾心之体者，盖为初学言之。其实何有动静之间？心熟后，虽终日酬酢万变，朝廷百官万事，金革百万之众，造次颠沛，而吾心之本体澄然无一物，何往而不呈露邪？"他还强调：古人论学，未有以静言者。以静为言者，皆禅也。故孔门之教，皆欲事上求仁。动静著力，何者？静不可以致力，才致力即已非静矣。若《论语》曰"执事敬"，《易》曰"敬以直内，义以方外"，《中庸》曰"戒慎恐惧""慎独"，皆动以致其用力之方也。故善学者，必合动静于一敬。敬立则动静浑沦矣，此合内外之道也。与程朱不同的是，在具体持敬和体认时，湛若水又强调了孟子所谓"勿忘勿助"，这又表现了他归依心学的倾向。他说："勿忘勿助，敬之谓也……勿忘勿助之间乃是一，今云'心在于是而不放'，谓之勿忘则可矣。恐不能不滞于此事，则不能不助也，可谓之敬乎？……勿忘勿助，只是说一个敬字。忘、助皆非心之本体，此是心学最精密处，不容一毫人力，故先师又发出自然之说，至矣。"这显然是对理学弊端的纠正。

湛若水继承了南宋以来调和朱陆的传统，企图各取其长而去其弊。

阳明心学的分化与演进

阳明生前虽政绩显赫，却也始终讲学不辍，一时弟子云集，门墙极盛。王阳明去世后，各方弟子创立书院七十余所，到处举办讲学会，宣传乃师之学，一时有"王学遍天下"之称。

阳明的心腹大弟子钱德洪离官下野三十年，几乎无日不讲学，江、浙、宣、歙、楚、广皆辟有讲舍。王艮于阳明在世时就自带两个仆人四处聚众宣讲，吸引了许多不同阶层的听众，一路进京，聚观如堵，京师为之轰动。阳明去世后，他更是四方交接，广招门徒，遂开泰州一脉。与王艮齐名的还有王畿，他在北京、南京及吴、楚、闽、越、浙等地广辟讲舍，讲学达四十余年，以王学正宗自居，发展出一套极其精细的心学理论，形成影响巨大的浙中学派。

阳明学派首先以讲会的形式扩散，如泾县水西会、宁国同善会、江阴君山会等，后来在各地讲会的基础上形成不同学派。按地域分，则有七派，即浙中学派、江右学派、南中学派、楚中学派、北方学派、粤闽学派和泰州学派。若按学术思想分，则除了以王艮为代表的泰州学派和以王畿为代表的浙中学派外，还有一个江右学派。

王学在学术上的分化，主要表现为对"致良知"的不同理解。王艮提出"百姓日用即道"，认为道就在老百姓的日常生活中。后来，罗汝芳提出"赤子良心当下即是"；再后来，李贽又提出"穿衣吃饭即是人伦物理"。这些统称"良知日用"派。王畿认为，良知当下现成，一悟本体即是工夫，主张在混沌立根，自称"先天之学"，这一派称为"良知现成"派。此外，江右学派又有两类。聂豹、罗洪先等认为，心体虽无动静，但只有静才能存心，主张以修静为入德工夫，称为"良知归寂"派。另一派反对王畿的良知现成说，尤其强调修养工夫，以欧阳德、邹守益和钱德洪为代表。邹守益认为，良知虽清灵精明却须戒慎恐惧才能证得，而钱德洪尤其强调在事上修练，这一派称为"良知修证"派。归寂派和修证派都强调存理灭欲工夫，统称江右学派。从学术思想分野看，王门后学实际上只有三大派，即泰州派、浙中派和江右派。

王龙溪以宗主自居

阳明晚年曾与王畿和钱德洪两位高足有过一次"天泉证道",讨论"四句教"。王畿认为,四句教"恐未是究竟话头。若说心体是无善无恶,意亦是无善无恶的意,知亦是无善无恶的知,物亦是无善无恶的物矣。若说意有善恶,毕竟心体还有善恶在"。这实际上是一种"四无"说。钱德洪则认为,"心体是天命之性,原是无善无恶的。但人有习心,意念上见有善恶在,格、致、诚、正、修,此正是复那性体功夫。若原无善恶,功夫亦不消说矣"。当天晚上,二人依坐天泉桥,请乃师裁判。王阳明说:"我今将行,正要你们来讲破此意。二君之见正好相资为用,不可各执一边。我这里接人原有此二种:利根之人直从本源上悟入,人心本体原是明莹无滞的,原是个未发之中,利根之人一悟本体即是功夫,人己内外一齐俱透了。其次不免有习心在,本体受蔽,故且教在意念上实落为善去恶,功夫熟后,渣滓去得尽时,本体亦明尽了。汝中之见,是我这里接利根人的;德洪之见,是我这里为其次立法的。二君相取为用,则中人上下皆可引入于道。"最后,他尤其强调:"已后与朋友讲学,切不可失了我的宗旨:无善无恶是心之体,有善有恶是意之动,知善知恶的是良知,为善去恶是格物。只依我这话头,随人指点,自没病痛,此原是彻上彻下功夫。"有趣的是,王龙溪正是那"世亦罕见"的"利根之人",唯其如此,他才能提出"四无"之说。

王畿(公元1498—1583年),字汝中,号龙溪,浙江山阴人,天生利根。少年时代放荡不羁,每见方巾中衣往来之讲学者,窃骂之。因而虽为阳明同宗人,却不肯前往受学。阳明为了龙溪,着实费了一番工夫。于时，王龙溪妙年任侠，日日在酒肆博场中，阳明亟欲一会，不来也。阳明令门弟子六博投壶，歌呼饮酒，久之，密遣一弟子瞰龙溪所至酒家与共赌，龙溪笑曰："腐儒亦能博乎？"曰："吾师门下日日如此！"龙溪乃惊，求见阳明，一睹眉宇，便称弟子矣。龙溪从学后，阳明专门为治静室，令居逾年，遂悟虚灵寂感、通一无二之旨，受到特别赏识。龙溪进门虽晚，却特立拔群，很快成为阳明讲学的主要助手。嘉靖五年（公元1526年）赴考，通过了会试，因见主政者不喜心学，遂不廷试而归。两年后又赴廷试，忽闻乃师去世，即往奔丧，再次弃考。直到嘉靖十一年（公元1532年）方中进士，而在仕仅两年，便将全部精力投入讲学传道之中。他会讲数百人，讲舍遍于吴楚闽越，而江浙尤盛，年至八十犹不废出游，遂开浙中一脉。

阳明说："吾教法原有此两种……上根之人，悟得无善无恶心体，便从无处立根基，意与知物，皆从无生，一了百当，即本体便是工夫，易简直截，更无剩欠，顿悟之学也。中根以下之人，未尝悟得本体，未免有善有恶上立根基，心与知物，皆从有生，须用为善去恶工夫，随处对治，使之渐渐入悟，从有以归于无，复还本体，及其成功一也。"龙溪的"四无"说，正是一种一了百当、即本体是功夫的顿教，是对禅宗精神和阳明心学本质方面的创造性继承和发扬。阳明心学原以简易直捷胜，而顿教显然最高；如果只是讲随处对治、渐渐悟入，则和朱子学差别不大，显不出阳明学的特质。龙溪在特质处发展，虽不如泰州学人在日用上着手来得切实，却也不失为对阳明学的一个积极发展。

龙溪说："体用显微，只是一机；心意知物，只是一事。若悟得心是无善无恶之心，意即是无善无恶之意，知即是无善无恶之知，物即是无善无恶之物。盖无心之心则藏密，无意之意则应圆，无知之知则体寂，无物之物则用神。天命之性，粹然至善，神感神应，其机自不容已，无善可名。恶固本无，善亦不可得而有也，是谓无善无恶。若有善有恶，则意动于物，非自然之流行，着于有矣。自性流行者，动而无动；着于有者，动而动也。意是心之所发，若是有善有恶之意，则知与物一齐皆有，心亦不可谓之无矣。"认为"四无"说从无处立根基，以顿悟心体为功夫，是"先天之学"；钱德洪的"四有"说则是从有处立基、由有返无的"后天之学"。龙溪要用先天统后天，用顿教统渐教，这正是对陆九渊用"尊德性"统"道问学"精神的继承和发扬。

龙溪认为，心本至善，动于意始有不善。若能从先天心体上立根，则意所动自无不善，世情嗜欲自无所容，致知功夫自然易简省力。若在后天动意上立根，未免有世情嗜欲之杂，致知功夫转觉烦难。《大学》所谓"正心诚意"，正心即指在本心上用功，是先天学；诚意则是在动意上用功，是后天学。"意即心之流行，心即意之主宰，何尝分得？但从心上立根，无善无恶之心即是无善无恶之意，先天统后天，上根之器也。若从意上立根，不免有善恶两端之抉择，而心亦不能无杂，是后天复先天，中根以下之器也。"他反对戒慎恐惧之法，强调保持洒落心境。"慎之云者，非是强制之谓也，只是兢业保护此灵窍，还他本来清净而已……在明道所谓明觉自然，慎独即是阔然顺应之学。"他承认圣学有两种方法："从顿入者，即本体为工夫，天机常运，终日兢业保任，不离性体，虽有欲念，一觉便化，不致为累，所谓性之也。从渐入者，用工夫以复本体，终日扫荡欲根，祛除杂念，以顺其天机，不使为累，所谓反之也。"

他更强调顿悟，主张把"凡心习态全体斩断，令干干净净，从混沌中立根基"。只有把一切后天习染的封建教条忘得干干净净，才能使本来知是知非的良知全体呈露，忘其是非而得其巧，即所谓悟也。他说："'涓流积至沧溟水，拳石崇成泰华岑。'先师谓象山之学得力处全在积累。须知涓流即是沧海,拳石即是泰山,此是最上一机,不由积累而成者也。""当下本体,如空中鸟迹,水中月影,若有若无,若沉若浮,拟议即乖,趋向转背,神机妙应。当体本空,从何处识他?于此得个悟入,方是无形象中真面目。"又说:"良知者,自然之觉,微而显,隐而现,所谓几也。"良知之体虽然隐微,却在一念之几上自然发见。所谓一念之几,是"思虑未起,不与已起相对,才有起时便为鬼神觑破,非退藏密机。日逐应感,只默默理会。当下一念,凝然洒然,无起无不起,时时觌面相呈,时时全体放下"。

具体来说,若不转念,一切运谋设法皆是良知妙用,皆未尝有所起,所谓万虑而一致也。才有一毫纳交要誉恶声之心,即为转念,方是起了。总之,若果信得良知及时,不论在此在彼、在好在病、在顺在逆,只从一念灵明自作主宰。自去自来,不从境上生心,时时彻头彻尾,便是无包裹。从一念生生不息直到流行常见天则,便是真为性命。"从一念真机绵密凝翕,不以习染、情识参次其间,便是混沌立根。"为了更好地通过一念真机来致良知,可以兼采静坐和调息之法。"圣学存乎真息,良知便是真息灵机。知得致良知,则真息自调,性命自复,原非两事。"习静坐,以调息为入门,使心有所寄,神气相守,亦权法也。委心虚无,不沉不乱,息调则心定,心定则息愈调。真息往来,呼吸之机自能夺天地之造化,含煦停育,心息相依,是谓息息归根,命之蒂也。一念微明,常惺常寂,范围三教之宗。吾儒谓之燕息,佛氏谓之反息,老氏谓之踵息,造化阖辟之玄枢也。以此证学,以此卫生,了此便是彻上彻下之道。

最后,他强调说:"千古圣学,只从一念灵明识取。只此便是入圣真脉路。当下保此一念灵明,便是学;以此触发感通,便是教。随事不昧此一念灵明,谓之格物;不欺此一念灵明,谓之诚意;一念廓然,无有一毫固必之私,谓之正心"。阳明心学经过王龙溪的发挥,变得更为精致细密了。

明末心学殿军刘宗周

明中叶以后，王阳明以绝世之资大倡良知新说，开启了封建社会晚期思想解放的序幕。以泰州学派和浙中学派为主干，心学思潮进一步壮大。到何心隐和李贽，心学逐步显露出从封建儒学向启蒙新学转化的苗头。但心学内部也有激进和保守之分。与阳明学相比，甘泉之学较保守，其再传弟子许孚远更保守。龙溪说："君子之学，贵于得悟。悟门不开，无以征学。""吾人本心，自证自悟。"坚决反对在先儒传注和语录中费心力。这种思想在其弟子周汝登和再传弟子陶望龄那里得到进一步发扬。许孚远指责周汝登说："先生之无善无恶，即释氏之所谓空也。若依四无之说，则格致诚正工夫无可下手处矣。"许氏的弟子刘宗周说："至龙溪，直把良知作佛性看，悬空期个悟，终成玩弄光景，虽谓之操戈入室可也！"刘宗周站在保守派立场上反对浙中心学，建立了一套比阳明学更细致的"慎独"理论来扶植纲常名教，结果不但无济于事，反而和他的学术一道与没落的明王朝同归于尽。心学激进派和保守派之争，是明末封建旧势力与新兴市民阶层之间的价值冲突在儒学思想上的反映。

刘宗周（公元1578—1645年），字起东，号念台，浙江山阴人。因讲学于山阴县城北的蕺山，人称蕺山先生，是一个典型的正直封建士大夫。平生尚忠信，严操守，重气节。二十三岁进士，后受行人司行人，在万历朝历任礼部主事、光禄寺丞、尚宝少卿、太仆少卿和右通政等职。由于直言抗谏，指陈时弊，万历末被革职为民。崇祯时复起为顺天府尹，又任工部左侍郎，再次因指论弊政而被革职为民。后来又起用为吏部左侍郎、左都御史，又因直节敢谏而被革职。虽数起数落而不灰心。李自成入京，明室南渡，复起原职。浙江失守后，看到明朝覆没不可挽回，遂绝食二十日而死。由于操守好，又能殉国难，被清儒公推为不可多得的海内大儒。

刘宗周虽为湛若水的再传弟子，然他的思想也对泰州学派的某些方面有所继承。泰州学者王栋提出："自身之主宰而言谓之心，自心之主宰而言谓之意，心则虚灵而善应，意有定向而中涵。"认为意比心更根本。又说："诚意工夫在慎独，独即意之别名，慎即诚之用力者耳。"刘宗周继承了这一思想，创立了一个以"意"为独体的"慎独"思想体系。

朱熹和王阳明都以意为心之所发，刘宗周则相反，认为意为心之存、心之主宰。他说："心所向曰意，正是盘针之必向南也。……凡言向者，皆指定向而言，离定字便无向字可下，可知意为心之主宰矣。""心体只是一个光明藏，谓之明德。就光明藏中讨出个子午，见此一点光明原不是荡而无归者，愚独以'意'字当之。"认为此意渊然在中，动而未尝动，静而未尝静，不属动念，而为心之主宰。为了强调意在性源上的本根地位，他又称之为"意根"。他说："今人鲜不以'念'为'意'者，道之所以常不明也。"他把意放在良知之上，是为了矫正王门后学以意念为良知、任心而行的自由精神，把日益活动的人心从背离封建名教的路途上拉回来，重新收束在绝对至上的"性理"柱石上。

刘宗周又用《大学》和《中庸》中"慎独"的"独"来释意，把意规定为绝对待的独然本体。"独体"能知善知恶，这就是阳明所谓良知；"独体"又能好善恶恶，他强调这就是作为心之主宰的意。"知善知恶之知即好善恶恶之意"，即知即意。与作为心之体的意和独相对应，刘宗周尤其强调诚和慎的修养功夫。王龙溪重正心而轻诚意，有解放思想的作用。刘宗周要矫正这种作用，所以反其道而行之，尤重诚意。他说："良知原有依据处，即是意。故提起诚意而用致知工夫，庶几所知不致荡而无归也。"他强调，独之外别无本体，慎独之外别无工夫。"大学之道，一言以蔽之，曰慎独而已矣。"慎独也就是诚意，"致知工夫不是另一项，仍只就诚意中看出，如离却意根一步，亦更无致知可言也"。总之，"端倪在好恶之地，性光呈露，善必好，恶必恶，彼此两关，乃呈至善，故谓之如好好色、如恶恶臭。此时浑然天体用事，不着人力丝毫，于此寻个下手工夫，惟有慎之一法，乃得还他本位，曰独"。

刘宗周以其理论创造和德操，在当时产生了较大影响。他创立的蕺山学派，及门弟子不下千人，像黄宗羲、陈确和张履祥等"学行不愧师门者卅五人，再传弟子一人"。其中又有像乃师一样殉明王朝而死且载于《明史》者吴麟征、金铉、章正宸和祁彪佳等。然而，从后来的情况看，刘宗周的慎独之学几乎没有什么明显的历史影响，慎独之学基本上随着刘宗周和明王朝一同去了。他的其他一些不自觉地反映了时代精神的思想，却对其后学有所影响。

心学在清代的历史命运

清初诸儒当然不懂唯物史观，所以唯心地把明王朝的覆灭归咎于理学和心学之无用，而不能从经济基础和上层建筑的矛盾中找原因，再加上清政府的专制统治，导致清代儒学逐渐向经学复古方向发展。清初理学家陆陇其说："至于启、祯之际，风俗愈坏，礼义扫地，以至于不可收拾，其所从来，非一日矣。故愚以为，明之天下，不亡于寇盗，不亡于朋党，而亡于学术。学术之坏，所以酿成寇盗朋党之祸也。"明王朝的覆没，是中国封建社会由生长壮老到衰朽的必然现象。王阳明倡良知之说，正是封建王朝走向没落的表现。反过来，由阳明心学开启的思想解放思潮，也确实破坏了封建教条和纲常名教，促进了明王朝的灭亡，这正是王阳明的历史功绩所在。只有破坏垂死的旧制度，才能解放生产力，加速新社会的到来。清初儒者黜王学而尊程朱的事实表明，中国历史的进程因满族入主中原而无可奈何地倒退了。本已为心学破坏和取代的封建名教与理学在清代复活，是中华国学发展中遭遇的大曲折。清代复古思潮除了程朱理学的复兴外，还有汉唐经学的复兴，后者被清朝皇帝空前绝后的文化专制进一步强化，最终把儒家的哲学生命导向死亡之路。在这种情况下，心学的发展是极其困难的。

清初心学变相地通过两个人表现出来，那就是黄宗羲和傅山。黄宗羲是刘宗周门人，受明末东林党反腐败斗争和清初反清复明斗争的锻炼，基本抛弃了乃师的慎独之学，而继承和发扬了泰州心学的反封建启蒙精神。除了慎独之说，刘宗周在改造阳明心学时还提出了"盈天地间一气而已矣"的命题，用一气的流行来释心，以说明喜怒哀乐的更迭变化。他说："气即理也，天得之以为天，地得之以为地，人物得之以为人物，一也。"反对有气外之理和气外之道，认为"理即气之理，断然不在气之先，不在气之外"。这一思想却为黄宗羲继承。

黄宗羲认为："理气之名，由人而造，自其浮沉升降者而言则谓之气，自其浮沉升降不失其则者而言则谓之理，盖一物而两名，非两物而一体也。"同时又说："理不可见，见之于气；性不可见，见之于心，心即气也。""人与天地万物为一体，故穷天地万物之理，即在吾心之中。""盈天地皆心也，变化不测，不能不万殊，心无本体，功力所至即其本体。"将心、理、气三者合一，以气释心释理，是黄宗羲的一个重大创造，这使他成为明清时期一个介于心学和气学之间的重要人物。一方面，他以心学的反叛精神猛烈抨击封建专制，设计理想社会，提出工商皆本的近代思想，成为心学在清初的重要代表。另一方面，他又以气学的笃实精神研究历史和现实，提出"经术所以经世"的实学思想，成为清代气学的开创者。

与刘宗周相比，黄宗羲要激进得多，因而也深刻得多。黄宗羲十九岁时"入京讼父冤"，二十九岁时参加反宦官斗争，这使他彻底认清了明王朝的反动本质，因而放弃了乃师那种对没落王朝的愚忠，而清王朝的野蛮统治更进一步加深了他对封建制度的仇恨。所有这些，都激发了他的启蒙思想。他说："为天下之大害者，君而已矣。"封建君主"屠毒天下之肝脑，以博我一人之产业，敲剥天下之骨髓，离散天下之子女，以奉我一人之淫乐……使兆人万姓崩溃之血肉曾不异夫腐鼠"。所以，老百姓应该"视之如仇寇，名之为独夫"。为此，他设计了一个"天下为主君为客"的理想社会，要求由学校来公断天下之是非，用法制来代替人治，尊重个人权利，坚持工商皆本，发展生产，强国富民。黄宗羲的这些思想，在清朝专制统治下受到压抑和禁止，后来却在晚清近代社会复兴，有力地推动了中国资产阶级革命。

清初心学精神的另一重要代表是傅山（公元1607—1684年）。傅山出身于书香门第，从小受到严格教育，十五为秀才，二十为贡生。然他少时即以为"举子业不足习"，乃广泛涉猎经史典籍、诸子百家、佛经道藏和医武秘籍，多发反常之论。清兵入关后，他挥师入晋，同时加入道教，道号真山，自号朱衣道人，喻反清复明之义。作诗云："贫道初方外，兴亡着意抈。"表示追念黄帝、老子，要像张良一样报效故国。在前代诸儒中，他尤其赞赏陈亮、阳明和李贽。他自称老庄之徒，同时也和李贽一样以"异端"自居。临终作《病极待死》诗云："生既须笃挚，死亦要精神。性种带至明，阴阳随屈伸。誓以此愿力，而不坏此身。"颇有泰州遗风。

泰州心学只是援禅入儒，以禅宗的主体精神作为反对封建名教的武器。傅山则佛道诸子无所不涉。他批评腐儒的固陋说："失心之士，毫无餐采，致使如来本迹大明中天而不见，诸子著述云雷鼓震而不闻，盖其迷也久矣。虽有欲抉昏蒙之目、拔滞溺之身者，亦将如之何哉？"首开清代诸子学研究之风，极大地推动了经世实学的发展。

　　心学激进派发展到明末，已有公然援禅而不避讳之势。傅山大量批注佛经和诸子书，思想更为解放。他的医术极好，而尤精于妇科。泰州之首王艮即通医术，李贽则尤以收女弟子著称，因此从这点上又反映出傅山身上浓郁的泰州遗风。傅山除了以《傅青主女科》驰名医学界外，还有《傅山拳谱》传世武林。近人梁启超说，傅山曾以"任侠闻于鼎革之交"。据说他的武功极好，因而被后来的小说家描绘成一代武林高手。

　　傅山的心学思想主要表现为一些反封建的"反常之论"，包括扫荡奴性、主张人性解放、反对专制、自由平等等观点，有较强的市民意识和启蒙精神。他对封建社会造成的奴才、奴儒、奴书生、奴师、奴君子的批判不遗余力。他说："沟犹瞀儒者，所谓在沟渠中，而犹犹然自以为大，盖瞽而儒也，写奴儒也肖之。"并作诗云："天地有腹疾，奴物生其中。神医须武圣，扫荡奏奇功！"他大力提倡个性解放，强调"不拘甚事，只要不奴。奴了，随他巧妙雕钻，为狗为鼠已耳！"他的书法极为精妙，却强调"宁钝无利，宁拙无巧，宁朴无妩"，"宁隘、宁涩，毋甘、毋滑；至于宁花柳，毋瓶钵，则脱胎换骨之法"。在学术思想上，他反对家法而提倡野法，要别开生面，反对因袭："法本法无法，吾家文所来。法家谓之野，不野胡为哉！"又说："一扫书袋陋，大刀阔斧裁！"在政治思想上，傅山提出"非圣人能王"的平等观，认为"天下人心之所向背，王之则王，亡之则亡，定势定理"，"市井贱夫可以平治天下"，"言理财者可以平治天下"，反映了资本主义萌芽时期市民阶层的新理想和新精神。

从学术思想的内在逻辑看，明末清初的启蒙思潮是对明末心学激进派的继承和发展，是明末激进心学的变异形态。随着清初遗民相继离去和清朝专制政策的不断加强，南宋以来的心学思潮渐趋寂灭。直到晚清时期，由于西方资本主义列强的入侵，心学思潮才得以重新活跃起来，成为中国近代资产阶级启蒙运动的重要思想来源。

第五章 儒家之化——气学

气学是明朝伴随着中国资本主义萌芽而兴起的儒学思潮，是北宋以来的儒家义学由唯心主义转向唯物主义的产物，是中国儒学从古代走向近代的转折点和桥梁。

儒家气论源于道家，兴于汉唐，是中国古代儒学中宝贵的唯物主义清流。儒家气论的第一种形态是汉朝的元气自然论，在唐朝发展为元气本体论，在北宋发展为元气体用论与太和气化论，在南宋发展为气学事功论并与朱熹的客观唯心主义理学尖锐对立。明中叶以后，儒家气学思想逐渐发展为中国早期启蒙思潮，在明末清初达到古代儒学之高峰化境，成为国学创新之硕果。

儒家气学在清朝发展为强调实践的实事求是之学，为近代新学唯物主义的产生奠定了基础，成为马克思主义顺利传入中国并得以中国化的重要思想文化基础。

一、气论源流

儒家气论源于道家。《老子》有"万物负阴而抱阳，冲气以为和"之说。《管子》中被认定为战国稷下道家的作品对气有系统论述，《内业》云："凡物之精，此（比）则为生，下生五谷，上为列星。流于天地之间，谓之鬼神；藏于胸中，谓之圣人。是故民（名）气，杲乎如登于天，杳乎如入于渊，淖乎如在于海，卒乎如在于己。是故此气也，不可止以力，而可安以德；不可呼以声，而可迎以音（意）。敬守勿失，是谓成德，德成而智出，万物果得。"孟子吸收这一思想，提出"养浩然之气"。汉儒进一步吸收《庄子》和《淮南子》的道家气论思想，建立了儒家气论。董仲舒云："天地之气，合而为一，分为阴阳，判为四时，列为五行。""天地之间有阴阳之气常渐人者，若水常渐鱼也；所以异于水者，可见与不可见耳。""是故惟天地之气而精，出入无形而物莫不应，实之至也。"儒家气论经王充、柳宗元、刘禹锡等人发展，为明清气学奠定了基础。

从元气自然论到元气本体论

东汉思想家王充（公元27—约97年）批判继承两汉经学和谶纬之学中的气论思想，提出唯物主义的元气自然论，为后世儒家的气论思想奠定了基础。王充认为，天地乃含气之自然。天地合气，万物自生。万物皆禀元气而生。天覆于上，地偃于下，下气上蒸，上气下降，万物自生其中。天动不欲以生物而物自生，此则自然也。天地合气，人偶自生。人生于天地也，犹鱼之于渊、虮虱之于人也。因气而生，种类相产。万物生天地间，皆一实也。人，物也，万物之中有智慧者也。其受命于天，禀气于元，与物无异。夫魂，精气也，精气之行，与云烟等。人之所以生者，精气也，死而精气灭。能为精气者，血脉也。人死血脉竭，竭而精气灭，灭而形体朽，朽而成灰土，何用为鬼？人之所以聪明智慧者，以含五常之气也。五常之气所以在人者，以五脏在形中也。五脏不伤则人智慧，五脏有病则人荒忽，荒忽则愚痴矣。人死，五脏腐朽，腐朽则五常无所托矣，所用藏智者已败矣，所用为智者已去矣。形须气而成，气须形而知。天下无独燃之火，世间安得有无体独知之精？王充的元气自然论思想，批判了当时的各种唯心主义和有神论思想，达到了较高的理论水平。

王充的元气自然论在三国西晋被嵇康和杨泉等继承。嵇康说：元气陶铄，众生禀焉。天地生于自然，万物生于天地。自然者无外，故天地名焉；天地者有内，故万物生焉。升谓之阳，降谓之阴，在地谓之理，在天谓之文。蒸谓之雨，散谓之风，炎谓之火，凝谓之冰，形谓之石，象谓之星，朔谓之朝，晦谓之冥，通谓之川，回谓之渊，平谓之土，积谓之山。自然一体，则万物经其常。入谓之幽，出谓之章，一气盛衰，变化而不伤。杨泉说：夫天，元气也。元气皓大，则称皓天。皓天，元气也，皓然而已，无他物焉。所以，立天地者，水也；成天地者，气也。水土之气升而为天。天者，旋也，钧也，阳为刚，其体回旋。日者，太阳之精也。月，水之精，潮有大小，月有亏盈。星者，元气之英也。气发而升，精华上浮，宛转随流，名之曰天河，一曰云汉，众星出焉。风者，阴阳乱气激发而起者也。方土异气，疾徐不同，和平则顺，违逆则凶，非有使者也，气积自然。怒则飞沙扬砾、发屋拔树，喜则不动枝摇草、顺物布气。天地之性，自然之理也。激气成风，热气散而为电。重浊为土，土精为石。石者，气之核也。土气和合，庶类自生。人含气而生，精尽而死。他们都用气的聚散来解释一切自然事物和现象。

魏晋南北朝隋唐时期，佛教、道教盛行，心性问题成为焦点，自然哲学乏善可陈。晚唐时期，在韩愈借鉴佛教法统为儒教建立道统、李翱利用佛教思想建立儒教心性论的同时，柳宗元和刘禹锡发展王充以来的元气自然论思想，初步建立了儒教的元气本体论学说，为发展儒家气论作出了贡献。柳宗元说：本始之茫，惟元气存。彼上而玄者，世谓之天；下而黄者，世谓之地；浑然而中处者，世谓之元气。山川者，特天地之物也；阴阳者，气而游乎其间者也。自动自休，自峙自流，是恶乎为我谋？自斗自竭，自崩自缺，是恶乎为我役？主张元气是自己运动的。刘禹锡说：若所谓无形者，非空乎？空者，形之希微者也。为体也不妨乎物，而为用也恒资乎有，必依乎物而后形焉。以目而视，得形之粗者也；以智而视，得形之微者也。乌有天地之内有无形者耶？古所谓无形，盖无常形耳，必因物而后见耳。浊为清母，重为轻始。两仪既位，还相为用。嘘为雨露，噫为雷风。乘气而生，群分汇从，植类曰生，动类曰虫。认为元气希微而无常形，化生万物之后才有固定形体。柳宗元和刘禹锡的元气本体论思想尚不完备，但有承先启后的作用。儒家的元气本体论思想直到王安石和张载才有了较完善的理论形式。

王安石的元气体用论

北宋儒学的一个突出特点是，通过对太极阴阳之理和五行生克之说的重新解释来援引佛道，创建更具有理论水平的新儒学。当周敦颐作《太极图说》来会通佛道思想、以无极太极和阴阳五行重定儒学规模时，李觏（公元1009—1059年）也从气学角度做着类似的工作。在《删定易图序论》中，李觏根据柳宗元"庞昧革化，惟元气存"和刘禹锡"所谓无形，盖无常形"的思想，把太极解释为"无客体可见"的"无"和"其气已兆"的"有"的统一体，认为即有即无的太极统一体中自含阴阳二气，阴阳二气进一步演化便生出有形有象的五行和天地万物。这已经是一种比较具体的元气本体论了。在此基础上，王安石建立了他的元气体用论。

王安石（公元1021—1086年），字介甫，号半山，江西临川人。出身于一个"仕则有常禄，而居则无常产，舍为仕进则无以自生"的中下层官僚家庭。少年丧父，"内外数十口，无田园以托一日之命"，有诗曰："旻天一朝畀以祸，先子泯没予谁依？精神流离肝肺绝，眦血被面无时曦。母兄呱呱泣相守，三载厌食钟山薇。"二十二岁中进士，开始仕宦生涯，任地方官多年，对土地兼并和人民疾苦有深切体会。有诗曰："丰年不饱食，水旱尚何有。虽无剽盗起，万一且不久。"后结识李觏，称其为"豪士"。宋嘉祐三年（公元1058年）以提点江东刑狱奉召还阙，写成《上仁宗皇帝言事书》，系统地提出施政纲领，被梁启超誉为"秦汉以后第一大文"。

1068年，宋神宗即位，破格提拔重用王安石，推行新法，史称"熙宁变法"。王安石执政后，先后颁行了一系列改革方案，如均输法、青苗法、农田水利法、募役法、易市法、方田均税法、保甲法、保马法、将兵法等，收到一定的富国强兵效果。针对"举人对策，多欲朝廷早修经义，使义理归一"的情况，宋神宗对王安石说："经术，今人人乖异，何以一道德？卿有所著，可以颁行，令学者定于一。"遂命王安石提举经义局，重新解释《诗》《书》《周官》三经，于

1075年编成《诗义》《书义》《周礼义》，合称《三经新义》，颁行全国学校，作为必读教科书和科举考试依据，对宋代儒学产生巨大影响。王应麟说："自汉儒至于庆历间，谈经者守训故而不凿。……至《三经义》行，视汉儒之学若土梗。"熙宁变法伤害了大地主大官僚的利益，遭到强烈反对，王安石执政八年后被罢免，新法被废除，改革失败。王安石乃退居江宁，致力于道家学说和佛教思想研究，形成了自己的元气体用论思想。

王安石以儒家思想注释《老子》，以道为最高范畴，阐发元气体用论思想。他说："道有体有用。体者，元气之不动；用者，冲气运行于天地之间。道，非物也；然谓之道，则有物矣，恍惚是也。道者，天也，万物之所自生。天与道合而为一。"用恍惚无状的元气来释天、释道，以之为宇宙本体。所谓"道之荒大而莫知畔岸"，就是说元气无所不在。为说明宇宙万物的发展变化，王安石发展了阴阳五行学说，提出了"道立于两，成于三，而变于五"的思想。"两"指阴阳二气，"三"指阴阳冲和之气，"五"指五行之气。他说："阴阳代谢，四时往来，日月盈虚，与时偕行。""有阴有阳、新故相除者，天也；有处有辨、新故相除者，人也。""五行也者，成变化而行鬼神、往来乎天地之间而不穷者也，是故谓之行。"元气先分阴阳，阳极上，阴极下，二者交合为冲气，冲气进一步演化生出五行之气，由五行之气生成万物。北方阴极而生寒，寒生水；南方阳极而生热，热生火。故水润而火炎，水下而火上。东方阳动以散而生风，风生木，木者阳中也，故能变，能变故曲直。西方阴止以收而生燥，燥生金，金者阴中也，故能化，能化故从革。中央阴阳交而生湿，湿生土，土者阴阳冲气之所生也。阴阳生五行并遗传秉赋于万物，使万物内部皆有阴阳之性，是事物变化的根据。盖五行之为物，其时、其位、其材、其气、其性、其形、其事、其情、其色、其声、其臭、其味皆各有耦，推而散之，无所不通。一柔一刚、一晦一明，故有正有邪，有美有恶，有丑有好，有凶有吉，性命之理、道德之意皆在是矣。耦之中又有耦焉，而万物之变遂至于无穷。王安石的气论思想已相当丰富具体了。

张载的太和气化论

北宋理学家张载继承和发展了汉唐儒者的气论思想，把儒家气论发展到新高度，为明清气学思潮的形成奠定了重要基础。张载把宇宙看成气的不同形态和存在方式，并把由气构成的宇宙看成一个不断地变化的动态过程。他把整个宇宙看作一个巨大的和合体，称之为"太和"，认为太和的存在方式是"气化"。他说："由气化，有道之名。"气的运动规律称为"道"。他的代表作《正蒙》第一篇是《太和》，一开始就宣讲整个宇宙的道，也就是太和宇宙的气化运动及其规律，即"太和之道"。他说："太和所谓道，中涵浮沉升降、动静相感之性，是生氤氲相荡、胜负屈伸之始。其来也几微易简，其究也广大坚固。起知于易者乾乎！效法于简者坤乎！散殊而可象为气，清通而不可象为神。不如野马氤氲，不足谓之太和。语道者知此，谓之知道；学《易》者见此，谓之见易。不如是，虽周公才美，其智不足称也已。"张载的全部理学思想都以这一段带有神秘色彩的气论为基础，了解他的气论思想也从这里入手。

张载认为，宇宙是一个太和整体，它的存在方式或运动形式（道）称为气化。和合是指天地万有的交融互渗，太和宇宙就是万有交融互渗而成的整体。所谓交融互渗，是指若野马氤氲一样地运动和交感。"野马"一词出于《庄子》，是大鹏展翅飞入万里高空之后返观大地时所看到的奇妙景观。大地上的事事物物皆被混混沌沌的烟云雾气缠绕包裹，绝不存在固定的界限，大家都是一个整体，难分你我，皆在游气的笼罩和浸润之中，这就叫野马氤氲，这就叫和合整体，所谓"不如野马氤氲，不足谓之太和"。宇宙太和合体不是死寂的，而是不断进行着气化运动的过程，否则不能称为和合。宇宙之所以能气化、能和合，是因为气有阴阳二性，阳性的特点是浮、升、动、伸，阴性的特点是沉、降、静、屈。阴阳之性互相交通和感应，遂致氤氲相荡，最终产生升降沉浮和胜负屈伸的气化运动。气的层次是无限的，其最高层次为太虚，"由太虚，有天之名"。太虚的特点是"清通无碍""无象无状"，具感应和妙润性，其性质是"神"，神妙莫测之谓。所谓"其来也几微易简"，是对太虚本体的规定。"几微"是兆端、微妙之意。"易简"指乾坤二卦，是《易》之根本。太和之气的另一极端是天地万物，所谓"其究也广大坚固"。宇宙天体可谓广大，金石之类可谓坚固，概指一切有形可象之物。太和之气虽然层次无穷，却是互相转化流通的，所谓"太虚无形，气之本体；其聚其散，变化之客形尔"，"太虚不能无气，气不能不聚而为万物，万物不能不散而为太虚。循是出入，是皆不得已而然也"。张载认为，只有明白了他所讲的这些大道理，才能算是"知道"和"见易"，也就是说真正把握了物质世界及其运动的本质，否则，即使若周公之美才，也不能说他有智慧。

  张载的气论思想虽然宝贵，但他的"天地之性"和"德性之知"却充满唯心主义的神秘色彩，其新儒学思想属于理学范畴。

二、气学之兴

儒家气学的最大特点是强调实事实功，用八个字来概括就是：实事求是，实干兴邦。在气学思潮正式兴起之前，功利之学首先由南宋的陈亮和叶适所阐发。陈亮和叶适与朱熹同时代，但他们生活在江浙地区，这里是南宋经济、政治和文化中心，商品经济发达。在朱熹大倡心性论的时候，陈亮和叶适能够独倡功利之学，与这里的经济状况有关。中国是12世纪最发达的国家，产值占全球总产值的75%，而江浙又是中国经济最发达的地区。当时，朱熹集理学思想大成，陆九渊为心学思潮奠基，陈亮和叶适倡导气学事功论，初步形成了理学、心学、气学三足鼎立的局面。元朝代宋后，理学成为正统，心学被压抑了。明朝统治者承袭元朝，仍以程朱理学为统治思想，但其很快就被心学思潮战胜了。王阳明集心学大成时，王廷相也为明清气学思潮奠了基，从而使陈亮和叶适的气学思想得到发挥，进而使气学思潮在明末清初成为儒学主流。

陈亮、叶适的气学事功论

陈亮（公元1143—1194年），字同甫，号龙川先生，浙江永康人，永康学派的代表者。他"自处于法度之外，不乐闻儒生礼法之论"，以"功利之学"与朱熹的"义理之学"相对立。叶适（公元

1150—1223年），字正则，号水心先生，浙江永嘉人，永嘉学派的代表者。全祖望云："乾淳诸老既殁，学术之会，总为朱、陆二派，而水心断断其间，遂称鼎足。"陈亮和叶适的"功利之学"，在当时即受到朱熹的攻击，朱熹说："陆氏之学虽是偏，尚是要去做个人；若永嘉、永康之说，大不成学问！不知何故如此？"后来的封建统治者均扶植程朱理学，使功利之学受到压抑。明中叶以后，功利之学才受到气学家重视，被引为同道。陈亮和叶适的事功气学反映了东南地区工商业地主的利益，在政治上主张改革内政、联合抗金，在经济上主张"农商一事""扶助商贾"，在思想上强调"实事实功"，这正是明清气学的基本精神。

陈亮在哲学上主张朴素唯物论，认为宇宙间除了实实在在的具体事物外没有其他超然存在，抽象的道理蕴藏在具体事物之中，人的认识就是在具体事物中求道理，再用这些道理去成就实事实功，所谓"功到成处便是有德，事到济处便是有理"。陈亮说："夫盈宇宙者无非物，日用之间无非事。古之帝王独明于事物之故。""夫道非出于形气之表，而常行于事物之间者也。""夫道之在天下，何物非道！千涂万辙，因事作则。""穷天地造化之初，考古今沿革之变，以推极皇帝王伯之道，而得汉魏晋唐长短之由，天人之际昭昭然可考而知也。"他批评理学家说："世之学者，玩心于无形之表，以为卓然而有见。……安知所谓文理密察之道，泛乎中流，无所底止，犹自谓其有得，岂不哀也哉！""故亮尝以为得不传之绝学者，皆耳目不洪、见闻不惯之辞也。人只是这个人，气只是这个气，才只是这个才。譬之金银铜铁，炼有多少，则器有精粗，岂其于本质之外换出一般，以为绝世之美器哉！"他认为，人的认识须以现实经验为基础，一点一滴积累，绝不存在先验的东西。他还说："穷天地之运，极古今之变，无非吾身不可阙之事也。故君子之道，不以其所已能者为足，而尝以其未能者为歉。一日课一日之功,月异而岁不同,孜孜矻矻,死而后已。"治学的目的是"开物成务",如不能成就实事实功,再妙的道理都是枉然。

叶适继续以事功之学和程朱理学展开辩论。理学家认为,统一的太极生出了万事万物;叶适则认为,抽象的太极是由具体事物概括而来的。他说:"夫极非有物,而所以建是极者,则有物也。君子必将即其所以建者而言之,自有适无,而后皇极乃可得而论也。"理学家的立足点是抽象的理,叶适则以具体的物为立足点。他说:"夫形于天地之间者,物也。皆一而有不同者,物之情也。因其不同而听之,不失其所以一者,物之理也。坚凝纷措,逃遁谲伏,无不释然而解、油然而遇者,由其理之不可乱也。"物是客观外在的东西,人的认识须是"以物用而不以己用",只有"与物皆至",才能"物格而后知至"。人的认识是一个"内外交相成"的过程:先以"耳目之官"接触事物,这是"自外入以成其内";然后发挥"心之官"的作用,则是"自内出以成其外"。理学家们"专以心性为宗主",所得知识只能是"虚意多,实力少,测知广,凝聚狭",大多经不起实践检验。"夫欲折衷天下之义理,必尽考详天下之事物而后不谬。""观众器者为良匠,观众方者为良医,尽观而后自为之,故无泥古之失而有合道之功。"反对从先验的教条出发悬揣物理,主张从客观研究得出可致实功的结论,强调"无验于事者其言不合,无考于器者其道不化。论高而实违,是又不可也"。

从理学转向气学的罗钦顺

进入明代,随着资本主义经济的萌芽,在心学思潮日益高涨的同时,程朱理学内部显露出分化瓦解的苗头。被誉为"明初醇儒"的曹端首先对朱熹的理气论产生怀疑。朱熹曾说:"理之乘气犹人之乘马,马之一出一入,而人亦与之一出一入。"曹端说:若然,则人为死人而不足以为万物之灵,理为死理而不足以为万化之原,理何足尚而人何足贵哉?认为人须是活人、理须是自己能动静的活理,这才能显示人与理对马与气的主宰作用。同样被誉为醇儒和"明初理学之冠"的薛瑄不但继承了曹端的思想,而且进一步对朱熹"未有天地之先,毕竟先有此理"的理在气先说提出质疑:"窃谓理气不可分先后,盖未有天地之先,天地之形虽未成,而所以为天地之气,则浑浑乎未尝间断止息,而理涵乎气之中也。"他认为:"理只在气中,决不可分先后,如太极动而生阳,动前便是静,静便是气,岂可说理先而气后也?"到罗钦顺则认为,理并不是超然于气上的某种不变的抽象实体,而是气本身的条理和规则,本体不是理而是气,从而完成了从理本论到气本论的过渡。然而,罗钦顺的基本立场还是理学的,他"慨然以卫道为己任",辟心学不遗余力,被后来的学者视为"朱学后劲"。就宋元明清儒学发展的整个过程看,罗钦顺正好站在了理学和气学的分水岭上,是一位推动理学向气学转化的思想家。

  罗钦顺(公元1465—1547年),字允昇,号整庵,江西泰和县人。二十九岁进士,授翰林编修,又任南国子司业。刘瑾专权时,因不肯阿附被削职为民。刘瑾被诛后复职,历任南京吏部侍郎、礼部尚书和吏部尚书等。为人正直,生活俭朴,操守谨严。任翰林编修时,"闭户读书,谢绝交谒,有执贽求见者悉拒弗纳"。刘瑾执政时,有人劝他"宜一面瑾",他说"是举吾生平而尽弃之也"。终被刘瑾罢官。嘉靖初,张璁、桂萼以议礼骤贵,秉政树党,屏逐正人。钦顺耻与同列,屡诏不起。后以父丧辞官,里居二十余年,足不入城市,潜心格物致知之学。每平旦衣冠升学古楼,群从入,叙揖毕,危坐观书,虽独处无惰容,食恒二簋,居无台榭,燕集无乐声。

罗钦顺一生"独学无朋",其学经历了一个从章句到禅学再到理学的转变过程。大约二十七岁前,以"从事章句"为主,为应科举取功名而习八股制艺,此后的十年则潜心于禅学。起初,罗钦顺只知有圣贤之训而已,不知所谓禅学者何。后来入京任翰林编修,偶逢一老僧,因漫问何由成佛,僧亦漫举禅语说"佛在庭前柏树子"。他认为此语必有深意,乃为之精思达旦。"揽衣将起,则恍然而悟,不觉流汗通体。既而得《证道歌》读之,若合符节。自以为至奇至妙,天下之理莫或加焉。"但儒者的家国情怀使他跳出了禅学。他说:"尝考两程子、张子、朱子早岁皆尝学禅,亦皆能究其底蕴,及于吾道有得,始大悟禅学之非而尽弃之。非徒弃之而已,力排痛辟,闵闵焉,惟恐人之陷溺于其中而莫能自振,以重为吾道之累。"

大约从四十岁开始,罗钦顺慨然有志于儒学。"后官南雍,则圣贤之书未尝一日去手。潜玩久之,渐觉就实,始知前所见者,乃此心虚灵之妙,而非性之理也。自此研磨体认,积数十年,用心甚苦。年垂六十,始了然有见乎心性之真。"于是,他否定了朱熹以理气为二物的理本论,确立了以理气为一物的气本论,完成了从理学阵营向气学阵营的跨越,成为继往开来、复兴气学的一代儒学大师。然而,罗钦顺毕竟是以理学卫道士面目出现的,与高扬个人主体性的心学相比,他的思想未免过于保守。他辟心学、禅学不遗余力,担心它们的盛行会导致"教衰而俗败",根本目的还在于扶植日趋没落崩坏的程朱理学与纲常名教,为封建社会的延存作最后努力。为了维持封建社会的正常发展,罗钦顺还提出了"经世宰物"的实学思想,这一主张有利于加强儒学的务实功能,客观上促进了气学思潮的发展。

理须就气上认取

罗钦顺虽被清儒誉为"朱学后劲",然而他也继承了曹端、薛瑄和胡居仁改造朱熹理气观的传统,在批评朱熹理本论的基础上提出了理气一物的气本论思想,起到了从内部瓦解理学并使之向气学转化的作用。他说:"理只是气之理,当于气之转折处观之。往而来,来而往,便是转折处也。夫往而不能不来,来而不能不往,有莫知其所以然而然,若有一物主宰乎其间而使之然者,此理之所以名也。"气是不断地往反运动的,并且有其内在根据,使它不得不如此;这一根据很神妙,仿佛在主宰着气的运动,那就是理。"理果何物哉?盖通天地、亘古今,无非一气而已。气本一也,而一动一静,一往一来,一阖一辟,一升一降,循环无已。积微而著,由著复微,为四时之温凉寒暑,为万物之生长收藏,为斯民之日用彝伦,为人事之成败得失,千条万绪,纷纭胶轕,而卒不可乱,有莫知其所以然而然,是即所谓理也。初非别有一物,依于气而立,附于气以行也。"从本体上说,通天地亘古今只是一气,宇宙间除了气没有其他东西。这一气有无数层次,不断地进行升降阖辟、动静往来的辩证运动,可以积微观而为宏观,也可以化宏观为微观,循环往复,没有止息。这种运动看似千条万绪、纷纭胶轕,却并非杂乱无章、无序可寻,而是有一定的秩序和法则在里面,四时之寒热温凉、万物之生长收藏、斯民之日用伦常,乃至人事之成败得失,皆其所为,这一莫知其所以然而然的必然法则就是理。并不是有一个超然的东西存在于气外,依于气而立、附于气而行。理只在气的本身之中,气之条理和运动法则就是理。罗钦顺就这样彻底否定了理的超然之性,把外在的理规定为气之运动的内在条理和秩序,把朱熹的理本论改造为气本论,在本体论上完成了从理学到气学的过渡。

程朱等理学家普遍认为，宇宙间有一个无声无臭、无形无象而又无所不在的理，它是世界的本体和本原。这个理以全息方式为万物秉受，成为事物之性。天之理仿佛空中的月亮，物之性则犹如月亮在不同水域的投影，看似千千万万，其实只是一个，这叫做"理一分殊"。万物除了有这个统一的理之外，还有因其气质结构而产生的理则。这就是说，宇宙间至少有两种理：作为本体的总理和作为事物特性的分理。罗钦顺否定有作为本体的独立的总理存在，认为所谓理只是分理，宇宙间只有具体的气物之理，而没有抽象的本体之理。当然，他不否认天地万物具有统一性，认为统一的理只能通过具体的物理表现出来，普遍规律寓于特殊规律之中。他说："窃尝以为气之聚便是聚之理，气之散便是散之理，惟其有聚有散，是乃所谓理也。"只有聚散之理，没有脱离聚散的抽象之理。又说："若论一，则不惟理一，而气亦一也。若论万，则不徒气万，而理亦万也。"气不同则理亦万殊，气相同则理自不殊。

罗钦顺也讲"理一分殊"，但与程朱的讲法有所不同。他说："窃以性命之妙，无出理一分殊四字……盖人物之生，受气之初，其理惟一；成形之后，其分则殊。其分之殊莫非自然之理，其理之一常在分殊之中，此所以为性命之妙也。语其一，故人皆可以为尧舜；语其殊，故上智与下愚不移。"万物的初秉之理是相同的，但成形之后却具有了差别性，本质相同而现象有异，这就是他所说的理一分殊。

据此，他反对把人性作天命之性和气质之性的划分，认为性只是一个，只因气质结构的差别而表现不同，若硬要以气质和天命对言，则是一性而两名，语终未莹。在心性问题上，罗钦顺基本上同意朱熹的看法，认为"心者，人之神明；性者，人之生理。理之所在谓之心，心之所有谓之性，不可混而为一也"。可是，与他对人性问题的独特看法相联系，他也反对把一心分为人心和道心的看法，认为：性只是一个性，即气质之性；心也只是一个心，即人心。道心只能是未发的性，发了就是人心。他说："道心，性也；人心，情也。心一也，而两言之者，动静之分、体用之别也。"道心是性是体，人心是情是用。"道心，寂然不动者也，至精之体，不可见，故微。人心，感而遂通者也，至变之用，不可测，故危。"把天命之性归入气质之性，并作为寂然不动的未发之体，又把人的已发之心规定为感而遂通的后天之情，这实质上是彻底取消了形而上的超然存在，把整个哲学思考都限定在了形而下的器物层面上了。

据此，罗钦顺对理学家关于天理人欲的看法略出微词："《乐记》'人生而静，天之性也；感于物而动，性之欲也'一段，义理精粹，要非圣人不能言。夫人之有欲，固出于天，盖有必然而不容已，且有当然而不可易者，于其所不容已者，而皆合乎当然之则，夫安往而非善乎？惟其恣情、纵欲而不知反，斯为恶尔。先儒多以去人欲、遏人欲为言，盖所以防其流者，不得不严，但语意似乎偏重。"他认为，欲不可去，亦不可纵，防其欲不可不严，但语气又不可太重。在对待人欲的问题上，他比理学家有所放松，这是个不小的进步。

在格物和穷理问题上，罗钦顺认为格物的物不仅指人心，也应包括万物。既要格我心之理、我心之欲，也要广格万物之理，以达通彻之效。"察之于身，宜莫先于性情，即有见焉，推之于物而不通，非至理也。察之于物，固无分于鸟兽草木，即有见焉，反之于心而不合，非至理也。""所贵乎格物者，正要见得天人物我原是一理，故能尽其性。""天人物我所以通贯为一，只是此理而已。"此外，由于以理气为一体，不承认有超然于气的本体之理，因而他所谓格物穷理只是就具体事物而言，通过格具体气物的理而求得最后贯通。他说："所贵乎格物者，正欲即其分之殊，而有见乎理之一，无彼无此，无欠无余，而实有所统会夫。"由具体之理上升到普遍之理。他强调说:"理须就气上认取,然认气为理便不是。……只'就气认理'与'认气为理'两言,明有分别,若于此看不透,多说亦无用也。"罗钦顺这种取消形而上之理、强调就气上求理的思想,有利于儒家思想摆脱中世纪经院哲学的束缚,为具体科学的发展创造条件。

气学思潮的开创者王廷相

王廷相(公元1474—1544年),字子衡,号浚川,又号平崖,别号河滨丈人,河南仪封(今兰考县)人。幼有文名,后来成为明代文学"前七子"之一。弘治十五年(公元1502年)进士(二十八岁),选翰林庶吉士,又授兵科给事中,"条陈时政,靡所顾忌"。曾就经略边关事宜上疏,"明指利害,陈权宜振刷之策……咸中肯綮",当道者以为有经世济民之才,莫不以大用相期。三十四岁时,遭宦官刘瑾迫害,贬谪亳州判官,遂致力于教育事业,培养了不少"才名播天下"的学生。第二年升高淳知县,曾巡盐山东,抉奸剔蠹,颇令权贵们敛迹。又一年,授监察御史,巡按陕西,通令各地修理城池以固防守,上疏在基层提拔"筹策绝人,胆略出众"的将材。适逢宦官廖镗镇守陕西,"朘削无度,三辅如苦倒悬",王廷相章明条例以阻其计,下令追究科敛馈送银两,清查淹禁狱囚,惩治贪官污吏,颇有成效。后阉党串通廖镗,栽赃陷害,王廷相被逮入狱,后贬为赣榆县丞。后终因"治行卓异"而升宁国知县、松江府同知、四川按察司提学佥事和山东提学副使等职。这期间,正学术、严考校,针对"专尚弥文,罔崇实学,求之伦理,昧于躬行"的士习发布《督学条约》,改革教育和科举制度,要求读书"以经国济世为务,内圣外王为期"。

嘉靖二年(公元1523年),王廷相升任湖广按察使,因数决疑狱，湘民呼为青天。嘉靖六年（公元1527年），王廷相升副都御史，因巡按四川，奉命镇压人民起义，受到皇帝嘉奖。第二年，升兵部右侍郎，着力加强边防。后转兵部左侍郎，严核官府冗冒，清查腾骧四卫勇士，颇有成效。嘉靖九年（公元1530年），升南京兵部尚书，裁减南京进贡马快船只，严惩南京司苑局和神宫监太临私占正军与受财卖放之罪。通过各项有力的财政措施，南京宿弊清肃，兵民得安。民众感其德，绘像以祀。嘉靖十二年（公元1533年），升都察院左都御史，上疏提出：除奸革弊以防因循，伸冤理枉以防苛刻，扬清激浊以防偏私，完销勘合以防淹滞，清修简约以防扰民，抚按协和以防其傲，同时巡视仓库、巡察盗贼、抚恤军士。通过治理整顿，利巧党附及贪污之徒悉皆罢去。同年，还平定了大同兵变。第二年，升兵部尚书。经他疏议，明世宗解除了魏国公徐鹏举的兵权。嘉靖十五年（公元1536年）升太子少保，奉诏查处各地冤假错案，上疏提出"选军""惜马""训练"等军队建设措施，使营务大为改观。

嘉靖十八年（公元1539年），明世宗欲巡游承天，朝中无不知其劳费，却莫敢言，王廷相呈《乞留圣驾南巡疏》建议免行。针对严嵩专权、货贿公行的时弊，上《天变自陈疏》加以揭露，力斥贪污奔竞之风。他说："臣观今日朝野之风，大不类此，廉靖之节仅见，贪污之风大行。一得任事之权，便为营利之计，贿赂大开，私门货积，但通关节，罔不如意。湿薪可以点火，白昼可以通神。是岂清平之世所宜有者乎？在先朝岂无贿者？馈及百两，人已骇其多矣。今也动称数千，或及万数矣。岂无贪者？暮夜而行，潜灭其迹，犹恐人知矣。今也纳贿受赂，公行无忌，岂非士风之大坏乎？""大臣贪浊而日在高位，则小臣得于观感之下者，将无不惟利是图矣。大小效尤，内外征利，由今之道，不变其俗，则在上者日以封殖，在下者日以剥削，民穷盗起，而国事日非矣。岂非时政之大害乎？""臣观今日士大夫之风，殊与此异。恬退者，众诮其拙；奔竞者，咸嘉其能。一登仕宦之途，即存侥幸之志，或以诌谀售，或以贿赂求，或以奉承得。甚至一员有缺，各趋权势之门。讲论年资体例应得之故。先讲者既定，则后讲者或不能得。以是无不争先趋走，一抢而论之，往来频数，闻者厌烦矣。既讲而不得，则又喧嚷腾谤，虽吏部亦难于处措，故京师有讲抢嚷之嘲……夫恬静者，君子之流也；奔竞者，小人之类也。奔竞者进，则恬静者必退，由是以小人引小人，而朝廷之上无君子矣。朝无君子，则法揆何由而清？纪纲何由而振？奸宄何由而除？是奔竞之风炽，世道不详之机也。岂非时政之大蠹乎？"

从王廷相揭露的情况不难看出，市场经济的商品交换法则已然全面侵入封建官场，日趋没落的明王朝已腐败透顶。当时倡导心学的王阳明以镇压农民起义著称，而开创气学的王廷相则以惩治腐败闻名，然而终究不能解决根本问题。事实说明，王阳明和王廷相的新儒学理论，目的均为帮明王朝苟延残喘，客观上却因其反映生产力发展的新要求而加速了明王朝的崩溃。阳明心学后来成为资产阶级启蒙运动的先声，王廷相的气学则为自然科学的发展奠立了哲学基础。

嘉靖二十年（公元1541年），王廷相六十七岁，因勋臣郭氏之事牵连，以"徇私慢上"之罪罢归田里。于是，"闭门谢客，著述日富"，数年后病逝于家，享年七十一岁。王廷相一生，博学多识，对天文、音律及农学、生物等具体科学均有较深入的研究，他的《雅述》和《慎言》等著作成了明清气学思潮的奠基之作，对清儒的实学研究起了重要促进作用。

元气即道体

在罗钦顺以气本论取代理本论的基础上，王廷相进一步发挥张载的太和气化论，提出"元气即道体"的著名命题，翻开了气学史上新的一页。他说："天内外皆气，地中亦气，物虚实皆气，通极上下，造化之实体也。"天地内外、充宇塞宙，除了实实在在的气之外，王廷相不承认有任何其他的存在。他指出："老庄谓道生天地……愚谓天地未生，只有元气。元气具，则造化人物之道理即此而在。故元气之上无物、无道、无理。""元气即道体。有虚即有气，有气即有道，气有变化，是道有变化。气即道，道即气，不得以离合论者。"总之，元气是宇宙万象的本体和本原，天地万物皆为元气所造，一切道理和规则只存在于元气的造化运动之中，离开元气则一切物、道、理均无从谈起。

关于有无及宇宙万物的生成问题，王廷相说：道体不可以言无生有、有无。天地未判，元气混涵，清虚无间，造化之元机也。有虚即有气，虚不离气，气不离虚，无所始、无所终之妙也。不可知其所至，故曰太极；不可以为象，故曰太虚；非曰阴阳之外有极、有虚也。二气感化，群象显设，天地万物所由以生也，非实体乎？是故，即其象可称曰有，及其化可称曰无，而造化之元机实未尝泯，故曰道体不可言无生有、有无。

关于元气的聚散屈伸运动，王廷相也有集中表述："气至而滋息，伸乎合一之妙也；气返而游散，归乎太虚之体也。是故，气有聚散，无灭息。雨水之始，气化也；得火之炎，复蒸而为气。草木之生，气结也；得火之灼，复化而为烟。以形观之，若有有无之分矣，而气之出入于太虚者，初未尝灭也。譬冰之于海矣，寒而为冰，聚也；融澌而为水，散也。其聚其散，冰固有有无也，而海之水无损焉。此气机开阖，有无、生死之说也，三才之实化极矣。"气有聚散，而无生灭；事物可以转换其存在形式，而物质本身未尝有所损益。

整个宇宙是一个气化过程，万事万物只是元气的不同表现而已。

这种思想颇似西方近代科学和哲学中讲的原子论，然原子或元素是非连续的存在，元气则是一种绵延的连续体。此外，元气还是一种蕴藏着宇宙基因的东西，王廷相称之为"种子"。他说："愚尝谓天地、水火、万物皆从元气而化，盖以元气本体，具有此种，故能化出天地、水火、万物。"元气本体包含了一切可能性，万物只是本体信息的自然表达。

根据"元气即道体"的元气实体论，王廷相批驳了程朱理学的理气论，提出了自己的理气观。他认为，宇宙间的气可据有形和无形分为两种形态，即元气和生气。元气即太虚之气，是本体；生气则为事物之气，为现象。不管是元气还是生气，皆有其理，理寓于气中。他说："气也者，道之体也；道也者，气之具也。""夫万物之生，气为理之本，理乃气之载。所谓有元气则有动静，有天地则有化育，有父子则有慈孝，有耳目则有聪明是也。"强调有结构才有功能，有了物质性的气的运动变化才有相应的道理和法则。"虚受乎气，非能生气也；理载于气，非能始气也。世儒谓理能生气，即老氏'道生天地'矣。"

针对程颐"阴阳者气也，所以阴阳者道也"的议论，王廷相说："嗟乎，此大节之不合者也！余尝以为元气之上无物，有元气即有元神，有元神即能运行而为阴阳，有阴阳则天地万物之性理备矣，非元气之外又有物以主宰之也。今曰'所以阴阳者道也'，夫道也者，空虚无着之名也，何以能动静而为阴阳？"在他看来，所谓太极，其实即"天地未判之前太始浑沌清虚之气"，不可谓元气之上还有什么超然的太极或理。他认为，"天地之间，一气生生，而常而变，万有不齐。故气一则理一，气万则理万。世儒专言理一而遗理万，偏矣。天有天之理，地有地之理，人有之人理，物有物之理，幽有幽之理，明有明之理，各各差别。统而言之，皆气之化，大德敦厚，本始一源也；分而言之，气有百昌，小德川流，各正性命也"。这种强调不同事物有不同之理的哲学思想，客观上有利于各种自然科学的发展。

此外，王廷相也对理学家所谓"不朽之理"提出批评："儒者曰：'天地间万形皆有敝，惟理独不朽。'此殆类痴言也。理无形质，安得而朽？以其情实论之，揖让之后为放伐，放伐之后为篡夺，井田坏而阡陌成，封建罢而郡县设，行于前者不能行于后，宜于古者不能宜于今，理因时致宜，逝者皆刍狗矣，不亦朽敝乎哉！"一方面，他认为不能用有形万物之敝朽，说无形之理的不敝朽；另一方面，他又反对有所谓凝固不变的理，主张理随着事物和时代的变化而变化。这种思想具有解放思想和为变法更制提供理论依据的积极意义。

王廷相的元气实体论思想，基本上是对张载太和气化论的继承和重新表述，但他用这一思想来批驳程朱理学的理本论，并以新的理气观取代程朱的理气论，却具有新的历史意义。张载的时代是理学的奠基时期，他的太和气化论被朱熹片面地利用之后便湮没无闻了。王廷相的时代则是一个思想解放、理学解构的新时代，以王阳明为代表的心学首先吹响了摆脱理学教条的号角，王廷相则乘着思想解放之风把儒者的思维空间从形而上的观念王国拉回到形而下的现实世界，他的理论活动具有解构理学、开创气学新时代的历史意义。

知行兼举和动静交相养

与元气实体论联系，王廷相不承认有离开气的超然之理，因而也反对有离开气质的超然之性，认为人性只是气质之性，没有与气质之性并立的天命之性。他说："余以为人物之性，无非气质所为者。离气言性，则性无处所，与虚同归；离性言气，则气非生动，与死同途。是性与气相资，而有不得相离者也。但主于气质，则性必有恶，而孟子性善之说不通矣。故又强出本然之性之论,超乎形气之外而不杂,以傅会于理善之旨,使孔子之论反为下乘,可乎哉?不思性之善者,莫有过于圣人,而其性亦惟具于气质之中。但其气之所禀清明淳粹,与众人异,故其性之所成,纯善而无恶耳,又何有所超出也哉!圣人之性既不离乎气质,众人可知矣。气有清浊粹驳,则性安得无善恶之杂?故曰惟上智与下愚不移。是性也,乃气之生理,一本之道也。"张载首倡天地之性和气质之性说,用前者规范后者,成为程朱理学的基本内容。所以,张载是理学奠基者,而不是气学奠基者。王廷相否定天地之性或天命之性,只承认有气质之性,这正是他作为气学奠基者的重要特征;王廷相的这种思想有利于把人的自然欲望从抽象的道德教条束缚中解放出来,有利于人们对物质财富的正当创造和追求,体现了儒学发展的新动向。

与只承认气质之性相联系,王廷相也只承认见闻之知,而否定不萌于见闻的德性之知。张载认为,德性之知高于见闻之知,他是理学的奠基者。王廷相否定德性之知而独倡见闻之知,所以他是气学的奠基者。他说:"近世儒者务为好高之论,别出德性之知,以为知之至,而浅博学、审问、慎思、明辨之知为不足,而不知圣人虽生知,惟性善、达道二者而已,其因习、因悟、因过、因疑之知,与人大同,况礼乐名物、古今事变亦必待学而后知哉?""心者,栖神之舍;神者,知识之本;思者,神识之妙用也。自圣人以下,必待此而后知。故神者在内之灵,见闻者在外之资;物理不见不闻,虽圣哲亦不能索而知之。使婴儿孩提之时即闭之幽室,不接物焉,长而出之则日用之物不能辨矣,而况天地之高远、鬼神之幽冥、天下古今事变杳无端倪,可得而知之乎?夫神性虽灵,必藉见闻思虑而知,积知既久,以类贯通,而上天下地,入于至细至精而无不达矣。虽至圣莫不由此。夫圣贤之所以为知者,不过思与见闻之会而已。"

在强调只有见闻之知的同时，王廷相也不忘指出梏于见闻的不足："见闻梏其识者多矣，其大有三：怪诞，梏中正之识；牵合附会，梏至诚之识；笃守先哲，梏自得之识。三识梏而圣人之道离矣。故君子之学，游心于造化之上，体究乎万物之实，求中正至诚之理而执之。闻也，见也，先哲也，参伍之而已矣。"这样，王廷相就比较全面地论证了世俗的正常认识，排除了理学家所强调的神秘的内证智慧。王廷相的这一思想，客观上也有利于经验自然科学的发展。

与只承认见闻之知相联系，王廷相尤其强调社会实践对知的重要性，反对静坐默识的内求之法，这也是他与张载及程朱等理学家的重要区别。他说："有为虚静以养心者，终日端坐，块然枯守其形而立，曰学之宁静致远在此矣。……斯人也，空寂寡实，门径偏颇，非禅定则支离，畔于仲尼之轨远矣！何以故？清心志，祛烦扰，学之造端固不可无者，然必有事焉而后可。……夫心固虚灵，而应者必藉视听聪明，会于人事，而后灵能长焉。赤子生而幽闭之，不接习于人间，壮而出之，不辨牛马矣，而况君臣、父子、夫妇、长幼、朋友之节度乎？而况万事万物，几微变化，不可以常理执乎？彼徒虚静其心者，何以异此？"

王廷相对社会实践的强调，有利于矫正混入儒学中的宗教神秘主义，有利于把人们的注意力引向世俗的现实生活。他强调："知行并进，体用兼举，有用之学无过于此。"这是完全从世俗生活和社会实践来考虑问题。他尤其强调在"实践处用功，人事上体验"的重要性。他说："近世学者之弊有二，一则徒为泛然讲说，一则务为虚静以守其心，皆不于实践处用功、人事上体验。往往遇事之来，徒讲说者，多失时措之宜，盖事变无穷，讲论不能尽故也；徒守心者，茫无作用之妙，盖虚寂寡实，事机不能熟故也。"他强调："讲得一事即行得一事，行得一事即知得一事，所谓真知矣。徒讲而不行，则遇事终有眩惑，如人知越在南，必亲至越而后知越之故，江山、风土、道路、城域，可以指掌而说，与不至越而想象以言越者大不侔矣。"王廷相的这种强调实践的认识论思想，客观上也有利于具体科学的发展。

心学的贡献是打破偶象和教条，高扬主体性，王廷相的气学则进一步强调通过社会实践来获得并检验认识。"学者于道，贵精心以察之，验诸天人，参诸事会，务得其实而行之，所谓自得也已。使不运吾之权度，逐逐焉惟前言之是信，几于拾果核而啖之者也，能知味也乎哉？"可见，气学不仅是对理学的否定，也是对心学的纠正，是心学之后必不可少的儒学形态。

作为儒家学者，王廷相也不忘成圣之功。与强调社会实践的知行并举论相联系，王廷相提倡"动静交相养"。他说："儒者以虚静清冲养心，此固不可无者，若不于义理、德性、人事著实处养之，亦徒然无益于学矣。故清心静坐不足以至道，言不以实养也。"又说："动静交相养，至道也。今之学者笃守主静之说，通不用察于事会，偏矣。故仆以动而求灵为言，实以救其偏之弊也，非谓主静为枯寂无觉者耳。"关于动静交相养的具体方法，他说要"存养在未有思虑之前，省察在事机方萌之际"。他论证说："《大学》：'心有所忿懥，有所好乐，有所恐惧，有所忧患，则皆不得其正。'是教人静而存养之功也。能如是，则中虚而一物不存，可以立廓然大公之体矣。《论语》：'非礼勿视，非礼勿听，非礼勿言，非礼勿动。'以克去己私，是教人动而省察之功也。能如是，则克己而一私不行，可以妙物来顺应之用也。圣人养心慎动之学莫大于此，学者当并体而躬行之，则圣人体用一源之域可以循造矣。"

三、气学之盛

　　从明中叶开始，随着资本主义经济因素的萌发，在心学自由思想作用下，气学思想在程朱理学的躯体中潜滋暗长、积蓄能量。到明末清初，气学思想终于发展蜕变为声势浩大的气学思潮，完成了对理学客观唯心主义的辩证否定，形成了拒斥唯心主义、形而上学和有神论，注重社会科学和自然科学研究的启蒙儒学，为中国国学从中世纪式的经院哲学向近代化的启蒙思想转变做好了准备，这突出地通过顾炎武、黄宗羲、方以智、王夫之和颜李学派表现出来。

以天下为己任的顾炎武

　　明末清初，随着儒家人文理性精神的发扬和传统宗教的衰落，儒家气学发生了一个重大的理论转向，就是由宋明理学和心学注重心性本体的形而上学玄思，逐渐向强调故训博雅和通经致用的实学方向转化。这一倾向最突出地通过被誉为"开国儒宗"的顾炎武表现出来。

　　顾炎武（公元1613—1682年），原名绛，字忠清，明亡后改名炎武，字宁人，人称亭林先生，江苏昆山人。出身明末官僚世家，从小受到教诲："士当求实学，凡天文、地理、兵农、水土及一代典章之故，不可不熟究。"崇祯十二年（公元1639年）乡试落第，感四国之多虞，耻经生之寡术，乃弃科举帖括之学，探索国家治乱。数年后，明王朝灭亡，毅然参加了苏州的抗清斗争。不久，苏州兵败，顾炎武家破人亡，遂以蓄发抗拒清廷的剃发令，潜踪息影，辗转于太湖沿岸，继续坚持秘密的抗清斗争。顺治十四年（公元1657年），四十五岁的顾炎武变卖家产，只身北行，开始了二十多年的游历生涯。他"身历万里，名满天下，以行奇学博负海内重望"，被后儒誉为"开国儒宗"。

1661年，郑成功退守台湾，南明永历政权灭亡。顾炎武看到复明无望，遂拔足西行，笃志经史。康熙五年（公元1666年），顾炎武在山东莱州因"逆诗"案入狱。经友人周旋保释后，他以二马二骡驮装书卷，继续到各地考察，取得丰硕成果。晚年以深湛的学术造诣闻名朝野，清廷几度征聘，皆拒绝。翰林院学士熊赐履邀他修《明史》，他表示："果有此举，不为介之推逃，则为屈原之死。"康熙十七年（公元1678年），清廷诏举"博学鸿儒"，内外大吏皆欲推荐顾炎武，他郑重声明："人人可出，而炎武必不可出矣。七十老翁何所求？正欠一死！若必相逼，则以身殉之矣。"为此，他特选定陕西华阴为最后客居地，决计不再入京。他老而无子，只与养子为伴，几个外甥屡次促他返乡养老，都被拒绝。康熙二十一年（公元1682年），顾炎武病逝于山西曲沃，享年七十岁。

顾炎武一生，始终以"国家治乱之源，生民根本之计"为怀，早年奔走国事，中年图谋匡复，直到晚年仍以"救民水火"为怀。他主张："天生豪杰，必有所任。今日者，拯斯人于涂炭，为万世开太平，此吾辈之任也。仁以为己任，死而后已。"他认为："有亡国，有亡天下。亡国与亡天下奚辨？曰：易姓改号，谓之亡国；仁义充塞，而至于率兽食人，人将相食，谓之亡天下。……是故知保天下，然后知保其国。保国者，其君其臣，肉食者谋之；保天下者，匹夫之贱，与有责焉耳矣。"后世所谓"天下兴亡，匹夫有责"的名言，便是由此而来。

在学术上，顾炎武广涉经学、史学、方志舆地、文字音韵、金石考古和诗文等学，著述宏富，成就卓越，对清代儒学产生了极大影响。《日知录》是他的代表作，"平生之志与业皆在其中"，后来成为清代儒生的必读之书，起了开风气的作用。他说："君子之为学，以明道也，以救世也。徒以诗文而已，所谓雕虫篆刻，亦何益哉！某自五十以后，笃志经史，其于音学深有所得，今为《五书》，以续三百篇以来久绝之传。而别著《日知录》，上篇经术，中篇治道，下篇博闻，共三十余卷。有王者起，将以见诸行事，以跻斯世于治古之隆。""向者，《日知录》之刻……意在拨乱涤污，法古用夏，启多闻于来学，待一治于后王。"此外，他的《天下郡国利病书》和《肇域志》也在明代经济史和方志舆地学方面作出了贡献。

在社会政治思想方面，顾炎武提出很多有益见解。比如，反对君主独治，主张天下众治。他说："人君之于天下，不能以独治也。独治之而刑繁矣，众治之而刑措矣。""所谓天子者，执天下之大权者也。其执大权奈何？以天下之权寄之天下之人，而权乃归之天子。自公卿大夫，至于百里之宰，一命之官，莫不分天子之权以各治其事，而天子之权乃益尊。后世有不善治者出焉，尽天下一切之权而收之在上，而万几之广，固非一人之所能操也。"

作为儒家学者，顾炎武极重社会的道德教化和风俗问题，他说："教化者，朝廷之先务；廉耻者，士人之美节；风俗者，天下之大事。朝廷有教化，则士人有廉耻；士人有廉耻，则天下有风俗。""观哀平之可以变而为东京，五代之可以变而为宋，则知天下无不可变之风俗也。""目击世趋，方知治乱之关必在人心风俗，而所以转移人心、整顿风俗，则教化纪纲为不可阙矣。百年必世养之而不足，一朝一夕败之而有余。"

同时，他还强调社会舆论即"清议"对治乱的作用。他说："古之哲王所以正百辟者，既已制官刑儆于有位矣，而又为之立闾师、设乡校，存清议于州里，以佐刑罚之穷。""天下风俗最坏之地，清议尚存，犹足以维持一二；至于清议亡，而干戈至矣。"

在特殊的历史条件下，顾炎武尤其突出"夷夏之防"："君臣之分，所关者在一身；华夷之防，所系者在天下。故夫子之于管仲，略其不死子纠之罪，而取其一匡九合之功，盖权衡于大小之间，而以天下为心也。夫以君臣之分，犹不敌华夷之防，而《春秋》之志可知矣。"这一思想后来被资产阶级革命家继承，在推翻清王朝中起了积极作用。

用新经学取代理学

元明时期，程朱理学被奉为官方哲学，逐渐成为"假道学"。明中叶以后，受心学解放思潮冲击，程朱理学基本上失去人心，开始退出历史舞台。与此同时，王廷相倡导的气学思想逐渐得势，形成一种新的儒学思潮。伴随着气学思潮发展的，还有两种倾向：一是泰州心学的正脉逐渐向激烈的社会批判思潮转化，一是程朱理学的支脉开始向汉唐经学的方向复归。泰州心学的社会批判精神在黄宗羲和傅山那里大放光彩，后来随着清朝专制统治的加强而中绝，直到晚清才以近代新学的形式重新表现出来。"通经学古"的经学倾向则不但因顾炎武的努力而进一步加强，而且因清王朝的专制统治而空前繁荣，成为有清一代的主流思潮。至于气学思潮，经黄宗羲和方以智的努力，到王夫之而集大成，并且出现了注重实践的颜李学派，后来却被乾嘉汉学淹没了。顾炎武在宇宙观上属于气学，其基本观念与王廷相类似。他把明王朝的覆灭归咎于受佛教和道教影响的理学和心学，所以拒斥形而上学，强调通过读经和旅行获取实际知识，对心性问题不感兴趣。他的儒学思想主要是通过其"通经致用"之学表达的。

明王朝的覆灭，对顾炎武打击很大。他没有看到封建制度本身的没落和朝政腐败是明朝灭亡的主要原因，而是把心学的思想解放运动视为导致明朝灭亡的罪魁祸首。泰州心学的批判精神，不过是市民阶层反抗封建统治的斗争在意识形态上的反映。站在明王朝统治者的立场上，顾炎武对泰州心学的批判精神恨之入骨，并把这种仇恨上溯到王艮的老师王阳明身上。他的理由是："昔范武子论王弼、何晏二人之罪深于桀纣，以为一世之患轻，历代之害重；自丧之恶小，迷众之罪大。而苏子瞻谓李斯乱天下，至于焚书坑儒，皆出于其师荀卿高谈异论而不顾者也。"他袭用范武子和苏轼的唯心史观，不从封建政治和经济结构中找原因，却把社会治乱归结于学术思想。他说："盖自弘治、正德之际，天下之士厌常喜新，风气之变，已有所自来。而文成以绝世之资倡其新说，鼓动海内。嘉靖以后，从王氏而诋朱子者，始接踵于人间。而王尚书发策，谓今之学者偶有所窥，则尽欲废先儒之说而出其上；不学，则借一贯之言以文其陋；无行，则逃之性命之乡以使人不可诘。"诋朱子、废旧说，厌常喜新等现象，乃是明代社会进步、思想解放的积极表现，顾炎武却对此极力诋毁，认为心学之罪"深于桀纣"。

宋明儒者为了应对佛教和道教的挑战，曾大量吸收佛道二教的唯心主义心性论和宗教修行方法，为恢复儒教的统治地位发挥了重要作用。但是，这也造成了儒学的宗教化，败坏了汉唐经学的平实之风，使儒学日益狂禅化、清谈化。因此，顾炎武从深刻总结明亡教训的角度批判了历代儒者的"空谈误国"之弊，把儒学重新引向平实。他首先对心学展开激烈批判。他说："刘石乱华，本于清谈之流祸，人人知之。孰知今日之清谈，有甚于前代者！昔之清谈，谈老庄；今之清谈，谈孔孟！未得其精而已遗其粗，未究其本而先辞其末！不习六艺之文，不考百王之典，不综当代之务，举夫子论学论政之大端一切不问，而曰一贯，曰无言。以明心见性之空言，代修己治人之实学，股肱惰而万事荒，爪牙亡而四国乱，神州荡覆，宗社丘墟。"

明王朝利用理学造成的一个恶劣影响，就是士子们只读朱注四书而遗弃五经，造成学术空疏之弊。嘉隆年间，归有光始倡"通经学古"之风，强调："圣人之道，其迹载于《六经》……《六经》之言，何其简而易也。不能平心以求之，而别求讲说，别求功效，无怪乎言语之支而蹊径之旁出也。""汉儒谓之讲经，而今世谓之讲道，夫能明于圣人之经，斯道明矣，道亦何容讲哉！""天下学者，欲明道德性命之精微，亦未有舍六艺而可以空言讲论者也。"在此基础上，顾炎武进一步提出用经学代替理学。他说："理学之名，自宋人始有之。古之所谓理学，经学也，非数十年不能通也。故曰：'君子之于《春秋》，没身而已矣。'今之所谓理学，禅学也，不取之五经而但资之语录，校诸帖括之文而尤易也。又曰：'《论语》，圣人之语录也。'舍圣人之语录，而从事于后儒，此之谓不知本矣。"他以经学为儒学正统，要人们去"务本原之学"，所谓"治经复汉"。他说："经学自有源流，自汉而六朝，而唐而宋，必一一考究，而后及于近儒之所著，然后可以知其异同离合之旨。如论字者，必本于《说文》，未有据隶、楷而论古文者也。"要求续接东汉的古文经学传统。"读九经自考文始，考文自知音始。"要人们从文字、音韵等"小学"开始，把玄学推到一边，先去研究语言文字学。费密响应说："学者必根源圣门，专守古经，以实志道。"于是，一股"通经复古"的汉学思潮便逐渐兴盛起来。因为这个缘故，顾炎武被清代汉学家们尊奉为"开国儒宗"。

顾炎武倡导汉学，绝不止于复古。他的目标是经世致用，用气学家的实用之学取代空谈玄理的理学和心学。针对当时特殊的历史环境，他还提出"博学于文，行己有耻"的口号。他说："君子博学于文，自身而至于家国天下，制之为度数，发之为音容，莫非文也。"他之所谓"文"，亦有内圣外王之道在里面。"愚所谓圣人之道者如之何？曰：博学于文；曰：行己有耻。自一身以至于天下国家，皆学之事也；自子臣弟友以至出入、往来、辞受、取与之间，皆有耻之事也。不耻恶衣恶食，而耻匹夫匹妇之不被其泽。……士而不先言耻，则为无本之人；非好古而多闻，则为空虚之学。以无本之人而讲空虚之学，吾见其日从事于圣人而去之弥远也。"

他不但主张读书，而且主张实践。"人之为学，不日进则日退。独学无友，则孤陋而难成；久处一方，则习染而不自觉。不幸而在穷僻之域，无车马之资，犹当博学审问，古人与稽，以求其是非之所在，庶几可得十之五六。若既不出户，又不读书，则是面墙之士，虽子羔、原宪之贤，终无济于天下。"他还说："君子之为学也，非利己而已矣。有明道淑人之心，有拨乱反正之事，知天下之势之何以流极而至于此，则思起而有以救之。"并且表示，他的《日知录》就是为了"明学术、正人心、拨乱世以兴太平之事"。后儒评价说："先生非一世之人，此书非一日之书也。魏司马朗复井田之议，至易代而后行；元虞集京东水利之策，至异世而见用。立言不为一时，录中固已言之矣。异日有整顿民物之责者，读是书而惕然觉悟，采用其说，见诸施行，于世道人心实非小补。如第以考据之精详，文辞之博辨，叹服而称述焉，则非先生所以著此书之意也。"可是，由此而启的清代汉学思潮，却多数只做考据而不能经世致用。

设计理想社会的黄宗羲

明朝末年，中国东南地区的资本主义因素有了相当的发展，逐渐影响着社会结构的变动。这种现实反映到意识形态领域，便表现为批判封建主义和呼唤新社会的理论倾向。在心学家中，何心隐和李贽皆有突出表现。黄宗羲的师承来自心学，他又生活在工商业发达的浙江，因此批判旧社会和呼唤新社会的要求更为强烈。黄宗羲既发扬了心学家的批判精神，又继承了气学思潮的笃实作风，成为明清之际非常重要的一位儒学大师。

黄宗羲（公元1610—1695年），字太冲，号南雷，人称梨洲先生，浙江省余姚县黄竹浦人。父亲黄尊素是著名的"东林党"名士。黄宗羲少年时随父在京，深受其影响。他不但从东林人物那里学到很多新知识，而且对明王朝的腐败和黑暗的社会现实有了深切体会。黄尊素在激烈的政治斗争中死于诏狱，这给黄宗羲以极大刺激。黄宗羲十九岁时，崇祯皇帝即位，魏忠贤伏诛，黄宗羲便入京为父伸冤，"设祭诏狱中门"，哭声动于禁中，这场反宦官的斗争使他名扬朝野。兹后，他"愤科举之学锢人生平，思所以变之"，乃广泛阅读兵农礼乐、天时地利及人情物理等各种书籍，决心"开物成务"，多著"实用之书"。二十九岁时，宦官势力再起，黄宗羲又一次投入反宦官斗争，与数位青年作《南都防乱揭》，擎起东林后裔复社名士与保守势力作斗争的旗帜。这场斗争对坚定崇祯皇帝反宦官和支持太学清议的决心发挥了积极作用。明王朝灭亡后，浙江人民纷纷起来武装抗清，黄宗羲也集合黄竹浦子弟数百人参加了起义，被称为"世忠营"。这一斗争坚持了八年，终因复明无望而停止。

此后，黄宗羲把主要精力投入著述和讲学之中。其政治学著作

《明夷待访录》有《原君》《原臣》《原法》《置相》《学校》等二十一篇，猛烈抨击封建君主专制，主张统一货币和工商皆本，提出了初步的民主政治要求，乾隆年间被列为禁书。他的史学著作《思旧录》和《行朝录》反思了明亡教训，深刻揭露了封建专制的罪恶。他的《明儒学案》对明代儒学作了详细研究，成为中国第一部学术史专著。《孟子师说》和《易学象数论》则是他的哲学著作。黄宗羲在家治学其间，恢复了刘宗周的证人书院，"四方请业之士渐至"，"大江南北，从者骈集"。他讲学尽弃明人习气，要求受业者先穷经，兼读史书，主张"经术所以经世"。同时，他还保持与清政府不合作的态度，数次拒绝朝廷的礼聘，对后世知识分子产生了重要影响。

黄宗羲政治思想的一个显著特点，是深刻地揭露了封建君主专制的罪恶，提出了对未来理想社会的设计。黄宗羲对封建社会展开批判，首先把矛头指向了君主。他的著名观点是"为天下之大害者，君而已矣！"他指出，最初的君主"不以一己之利为利，而使天下受其利；不以一己之害为害，而使天下释其害"，后来的君主却相反，他们"屠毒天下之肝脑，离散天下之子女，以博我一人之产业……敲剥天下之骨髓，离散天下之子女，以奉我一人之淫乐……视兆人万姓崩溃之血肉，曾不异夫腐鼠"。这样的君主，天下百姓"视之为寇仇，名之为独夫"，只能以俄倾之淫乐换来无穷之悲哀，"远者数世，近者及身，其血肉之崩溃在其子孙"。

据此，他提出了"天下为主君为客"的国家主体思想。他认为，当初国家的主体是天下百姓，人人自由自在；后来，历史发生了颠倒，君主反而成了国家的主宰，从此便天无宁日。他说："古者以天下为主，君为客。凡君之所毕世经营者，为天下也。今也以君为主，天下为客，凡天下之无地而得安宁者，为君也。……向使无君，人各得自私也，人各得自利也。"他认为，国家治乱的标准"不在一姓之兴亡，而在万民之忧乐"，君主和臣民应该是平等的。"君与臣，共曳木之人也。臣之与君，名异而实同"，"我之出而仕也，为天下，非为君也；为万民，非为一姓也"。君授田以养民，应轻其赋敛。"贵不在朝廷也，贱不在草莽也。"关于君主的权利和义务，他说："知天下之不可无衣也，为之授地以桑麻之；知天下之不可无教也，为之学校以兴之；为之婚姻之礼以防其淫，为之卒乘之赋以防其乱。""以千万倍之勤劳，而己又不享其利。"这实际上是要统治者做人民的公仆。他认为，明朝之所以无善治，一个重要的原因是高皇帝罢除了宰相。所以，理想的朝政应该置宰相，以济天子之穷。"天下之大，非一人之所能治，而分治之以群工。"此外，他还主张赋予学校近似议会的性质，"使治天下之具，皆出于学校"。他认为，大是大非不能由君主独断，而应提交学校讨论，所有国家大事学校都要一一过问。太学领袖与宰相等重，每月初一太子临幸太学，祭酒南面讲学，天子亦就弟子之列。"政有缺失，祭酒直言无讳。"在郡县，则每月初一、十五两次学官讲学，郡县官亦就弟子列听讲。"郡县官政事缺失，小则纠绳，大则伐鼓号于众。"这些想法颇具近代民主政治的性质。

关于立法和执法问题，黄宗羲也有一套看法。他认为，法有"无法之法"和"非法之法"两种。天下不可无养，天下不可无教，因而立"无法之法"。这种法的目的是维护百姓利益，非常简单，"法愈疏而乱愈不作"，虽说有法而实无法，可谓"天下之法"。考虑到天子祚命长短、子孙帝业恒暂，而立下一系列法规以保其祚命和帝业，便是"非法之法"。这种法虽密如罗网，却"法愈密而天下之乱即生于法之中"，虽说是法其实非法，可谓"一家之法"。非法之法出于天子私意，"利不欲其遗于下，福必欲其敛于上"。这种法只能梏人手足，遗害天下。无法之法以天下百姓为怀，意在法外，执法之人好固然无事，即便执法之人坏也不致大害天下。所以，治国之要在法而不在人,"有治法而后有治人"。

关于人才问题,他主张"取士也宽,其用士也严"。先改革考试制度,"趋天下之士于平实,而通经学古之人出",然后用科举、荐举、太学、任子、邑佐、辟召、绝学、上书等八种渠道取士,严格把关,严格录用。其中,"绝学"是指"历算、乐律、测望、占候、火器、水利之类",政府考其果有发明,则使待诏,这是要把"奇技淫巧"引入"大雅之堂"。"上书"则鼓励对朝政直谏和著述创新,有发扬民主、鼓励学术创新的倾向。在经济政策方面,他提出"工商皆本"的主张,要求鼓励工商业发展。此外,他还提出"国家无养兵之费则国富,队伍无老弱之卒则兵强"的军事思想,主张振奋军威。总之,《明夷待访录》中设计的理想社会,其中心是为天下百姓争取独立自由和私有财产及参与政治的权利,具有近代民主政治色彩。

气外无理,心即是气

在黄宗羲的时代,儒学史上理本论、心本论和气本论皆已登场,这三种理论在明代都有集中表现。明初是程朱理学的天下,明中叶以后又是心学的天下;在阳明大倡心学的同时,王廷相也创立了完整的气学理论。黄宗羲主持《宋元学案》的编纂,并且亲手写定《明儒学案》,不仅开创了系统编写儒家学术史的先例,也是对宋明各派新儒学的思想内容和演变规律的深入反思和总结。黄宗羲儒学思想的最大特色,就是力图贯通和融汇理学与心学,并把它们确立在气本论的基础上。他所谓的理,是指气的条理和秩序;他所谓的心,是指气的功能和灵妙性质。气既是本体,也是主宰,理和心皆隶属于气,是气的规律和妙用。

在理气问题上,黄宗羲认同罗钦顺。他说:"盖先生之论理气最为精确,谓通天地、亘古今,无非一气而已。……千条万绪,纷纭胶轕,而卒不克乱,莫知其所以然而然,是即所谓理也。初非别有一物,依于气而立,附于气以行也。"他认为,"盈天地皆气也","大化之流行,只一气充周无间","天地间只有一气充周,生人生物"。关于天地的主宰问题,他认为,主宰者是气而不是理。"四时行,百物生,其间主宰谓之天。"天"纯是一团虚灵之气"。"气若不能自主宰,何以春而必夏、必秋、必冬哉?草木之荣枯,寒暑之运行,地理之刚柔,象纬之顺逆,人物之生化,夫孰使之哉?皆气之自为主宰也。"他的结论是:"理气之名,由人而造。自其浮沉升降者而言,则谓之气;自其浮沉升降不失其则者而言,则谓之理。盖一物而两名,非两物而一体也。""理为气之理,无气则无理……盖以大德敦化者言之,气无穷尽,理无穷尽;不特理无聚散,气亦无聚散也。以小德川流者言之,日新不已,不以已往之气为方来之气,亦不以已往之理为方来之理;不特气有聚散,理亦有聚散也。"这是用彻底的气一元论取代了理一元论和理气二元论。

在心物问题上,黄宗羲主张心是气的灵性、妙性和功用,反对把心当成独立本体。他说:"知者,气之灵者也。""志即气之精明者是也。""盈天地皆心也,变化不测,不能不万殊。心无本体,功力所至即其本体。故穷理者,穷此心之万殊,非穷万物之万殊也。"以气为宇宙本体,但不把气看作死寂之物,而是当作生机盎然、活活泼泼的机体,气无不在即是心无不在,宇宙是灵妙的,所谓穷理,就是要穷尽气的聚散规律和灵妙之性。"气未有不灵者,气之行处皆是心,不仅腔子内始是心也,即腔子内亦未始不是气耳。""我与天地万物一气流通,无有碍隔,故人心之理即天地万物之理。""故穷理者,穷此心之万殊,非穷万物之万殊也。"所谓穷此心之万殊,就是广泛研究天地间无所不在之灵气的各种信息变化,而不只是停留在万物之特殊性的表面。就是说，要认识事物的内在本质，而不只是停留在现象上面。

在批判总结宋明理学和心学的基础上，黄宗羲开启了注重当今史实和乡邦文献的清代浙东史学新风，成为清代"史学之祖"。他注重宇宙本体和心性问题，但又不止于此，而是把它们贯彻于经术和历史之中，以期发挥实际作用。他的著名观点是："经术所以经世"，"言性命者，必究于史"。在他的学说中，文史哲是互济互补、完满统一的。诗文所以补史，经术是对史的提炼和开拓。"先生之文章，本之经以穷其源，参之史以穷其委。"以史为根柢，以哲为极致，二者统一融洽以成文。"先生始谓学必原本于经术，而后不为蹈虚；必证明于史籍，而后足以应务。元元本本，可据可依。"这是全祖望对他的评价。

黄宗羲认为，道德性命和事功节气的道理都应该以史为质证。他说，有的人有为天下百姓牺牲的决心，而后能成就大事；有的人有完成天下百姓使命的决心，而后能为天下之事而牺牲；有的人以偷生之心而遇事犹豫，没有不失败的。考之历史，事功必本于道德，节气必原于性命。"离事功以言道德，考亭终无以折永康之论；贱守节而言中庸，孟坚究不能逃蔚宗之讥。"不博古通今，性命之学也是无法精通的。所以，他"以濂洛之统，综会诸家，横渠之礼教，康节之数学，东莱之文献，艮斋、止斋之经制，水心之文章，莫不旁推交通，连珠合璧"，成为宋明儒学的总结者和清代气学新风的开创者。

方以智的质测气学

明末清初，伴随着资本主义因素的增长，在中国兴起了一股前所未有的自然科学研究热潮。当时，不但涌现了一大批卓有成就的自然科学家和达到时代先进水平的科学著作，而且出现了会通古今中西、会通哲学和各门具体科学的综合研究倾向。集科学家和哲学家于一身的方以智便是这方面的杰出代表，他的"质测通几"之学相当成功地进行了哲学与自然科学的联盟，从而把儒家气学建立在自然科学的基础上，成为早期启蒙思潮中独具风貌的理论旗帜。气学集大成者王夫之说："格物者即物以穷理，唯质测为得之。"这是对方以智最好的评价。

方以智（公元1611—1671年），字密之，号曼公、浮山愚者、药地、极丸等，安徽桐城人。出身于官宦儒学世家，七岁随父宦游蜀、闽、幽、燕、齐、鲁等地，历阅名山大川并接触西学。十四岁，徒步百里参加童子试，以磨炼意志，并说："天下将乱，士君子当习劳苦"，"今天下脊脊多事，海内之人不可不识，四方之势不可不识，山川谣俗、纷乱变故亦不可不详也"。年十五，群经史子略能背诵，博涉多奇。流寓南京时，与陈贞慧、吴应箕、侯方域等接武东林，主盟复社，品评人物，议论朝政，切磋学问，成为名噪一时的"明季四公子"之一。有诗曰："繁霜如雪孤南征，莫道能无故国情。斥鷃抱榆方大笑，牵牛负轭总虚名。凌云久动江湖气，杖剑时成风雨声。海内只今信廖落，龙眠山下有狂生。"

三十岁中进士，在京任工部观政、翰林院检讨、皇子定王和永王讲官。李自成攻克北京后，投奔南明弘光政权，因不为所容，遂隐名埋姓，流亡南奥，以卖药为生。顺治三年（公元1646年），参与拥立南明永历政权，并任职其间，因受排挤而遁迹粤西。"曲肱茅屋鸡同宿，举火荒村鬼作邻。"清军南下，指名搜捕，不得已在梧州削发为僧。"只此一腔忠臣孝子血，倒作僧人不作儒。"

方以智出家后，把主要精力投入著书立说。"一柄善刀还自砺，欲挥残日上高春。"他希望以笔锋为无厚之刃而有所作为。平日所延接者皆清孤不屈之士。"士大夫之行过吉州者，鲜不问道青原。至则闻其言，未尝不乐而忘返。"王夫之说："夫药翁非僧也，卒以僧老。其于儒言儒行，无须臾忘也……存主处与沉溺异端者自别。"康熙九年（公元1670年），退居泰和养病。次年春，被粤事牵连下狱，囚于南昌。后在由南昌解送广州途中病逝于万安，享年六十岁。

方以智一生坎坷，而学识渊博。"凡天人、礼乐、律数、声音、文字、书画、医药，下逮琴剑技勇，无不析其旨趣。著书数十万言。"早年融会中西自然科学，作《通雅》和《物理小识》，是著名的科学哲学著作。晚年入佛门后，力图会通儒佛道三家玄旨，著《东西钧》《药地炮庄》《易余》《性故》《一贯问答》《愚者智禅师语录》等，思想深玄超透。

方以智把整个学术按对象不同划分为质测、宰理和通几三类。质测研究物理，概指自然科学；宰理研究政教，指社会政治学说；通几研究宇宙间根本原理，指哲学。

质测之学是方以智最有特色的气学理论，是明清气学思潮深化发展的产物。他说："物有其故，实考究之，大而元会，小而草木螽蠕，类其性情，征其好恶，推其常变，是曰质测。"王夫之说："密翁与其公子为质测之学，诚学思兼致之实功。盖格物者即物以穷理，唯质测为得之。"如果按照中国儒学正常的发展逻辑，气学思潮会很自然地导出发展自然科学的结论。可惜满族入主中原，重新扶植已被时代唾弃的程朱理学，气学思潮被无情地斩断了。

方以智所谓"通几"，是以隐藏在天地万物中的发展契几和内在本质为研究对象的。他说："通观天地，天地一物也。推而至于不可知，转以可知者摄之，以费知隐，重玄一实，是物物神神之深几也。寂感之蕴，深究其所自来，是曰通几。"

关于科学与哲学的关系，方以智认为，哲学应以科学为基础，并克服科学的片面性。他说："质测即藏通几者也。有竟扫质测而冒举通几,以显其宥密之神者,其流遗物。"谓哲学原理即蕴藏在科学知识之中,不可离开科学知识而空谈哲理。又说:"通几护质测之穷。"谓哲学又可以克服具体科学的局限性,获得对世界的全面认识。总之,"常统常变,灼然不惑。……或质测,或通几,不相坏也","本末源流,知则善于统御;舍物,则理亦无所得矣,又何格哉!病于言物者,好奇之士,好言耳目之所不及,附会其说,甚则构虚骇人;其拘谨者,斤斤耳目之前,外此则断然不信。其蔽均也"。

据此,方以智对宋明理学和西学均有所批评。关于程朱理学,他说:"宋儒惟守宰理,至于考索物理时制,不达其实,半依前人。"认为他们的哲学"空穷其心,则倏忽如幻"。关于西学,他说:"泰西质测颇精,通几未举。"肯定西方科学知识而否定传教士的神学思想,主张儒者应虚心学习西方科学,"借泰西为剡子"。但同时,他也并不认为西方科学就完美无缺:"万历年间,远西学人,详于质测,而拙于言通几;然智士推之,彼之质测犹未备也。"他主张,儒者应以气学世界观为基础,即物以穷其理,发展出更详备的自然科学。他说:"古今以智相积,而我生其后……生今之世,承诸圣之表章,经群英之辩难,我得以坐集千古之智,折中其中,岂不幸乎!……大成贵集,述妙于删,千古之智,惟善读书者享之。"认为知识和智慧是随着历史发展不断积累的,后人应该在全面继承前人智慧的基础上集其大成,创造新的文明。

在详于质测的基础上,方以智形成了他的气学宇宙观。"盈天地间皆物也。""一切物皆气所为也,空皆气所实也。""虚,固是气;实形,亦气所凝成者。直是一气而两行交济耳。""考其实际,天地间凡有形者皆坏,惟气不坏。""气凝为形,发为光声,犹有未凝形之空气与之摩荡嘘吸。故形之用,止于其分;而光声之用,常溢于其余。气无空隙,互相转应也。""气凝为形,蕴发为光,窍激为声,皆气也。

而未凝、未发、未激之气尚多，故概举气、形、光、声为四几焉。"

关于气的运动根源，方以智认为是阴阳二端的矛盾运动导致了事物的发展变化。他说："一不可量，量则言二；曰有曰无，两端是也。……尽天地古今皆二也。两间无不交，则无不二而一者。相反相因，因二以济。"把"一分为二"与"合二为一"联系起来加以辩证理解，是方以智的一大贡献。所谓一分为二，是说天地间万事万物莫不有阴阳水火之相反两面。"吾尝言天地间之至理，凡相因者皆极相反。……则所谓相反相因者，相救相胜而相成也。""《易》曰'一阴一阳之谓道'，非用二乎？谓是水火二行可也，谓是虚气实形二者可也。"所谓合二为一，是说任何相反的两面都有一个统一基础，"静沉动浮，理自冰炭，而静中有动，动中有静，静极必动，动极必静。有一必有二，二本于一。岂非天地间之至相反者，本同处于一原乎哉？"

关于生物体的矛盾，方以智认为，也有阴阳水火两方面，但以阳火为主。他说："物物之生机皆火，火即真阳之元气也。""上律天时，凡运动皆火之为也，神之属也；下袭水土，凡滋生皆水之为也，精之属也。""天道以阳气为主，人身亦以阳气为主。阳统阴阳，火运水火也。生以火，死以火，病生于火，而养身者亦此火。"在阴阳水火之中，阳主动辟，可用五行之火代之；阴主静翕，可用五行之水代之。比阴阳二气更根本的元阳之气统摄阴阳，比水火二气更根本的君火统率水火。元阳在人则为真阳元气，是人体生命之本。

以上所述为方以智的质测气学。此外，方以智晚年入空门，会通三教玄旨，还有很玄妙的"通几之学"，因与气学思潮关系不大，兹不述。

四、王夫之集气学大成

> 明朝中后期发展起来的儒家气学思潮，在清朝初年凭借顾炎武、黄宗羲、方以智等几位明朝遗民的坚守而开花结果，通过王夫之苦心孤诣、别开生面的治经努力而达到高峰，发展出近代自然科学产生之前世界上最宏大的古代唯物辩证法体系，为中华民族在近代民主革命中最终接受辩证唯物主义和历史唯物主义及科学社会主义奠定了深厚的思想文化基础。

六经责我开生面

王夫之（公元1619—1692年），字而农，号姜斋，湖南衡阳人。因晚年隐居湘西石船山下，人称船山先生。父亲是位很有学问的读书人，尤其对"春秋学"有较深研究。王夫之自幼颖悟过人。四岁，从长兄王介之读私塾。七岁，读完了十三经。十四岁，从父习五经经义，考中秀才，被保送到衡阳州学读书。十六岁，始攻音韵学，博览经史子集，读诗达十万首。二十岁，就读于岳麓书院，与旷鹏升等结"行社"。二十一岁，又与郭季林等组织"匡社"。二十四岁，参加湖广乡试，以《春秋》经魁中第五名举人，本欲进京会试，因李自成起义而未能行。二十五岁时，张献忠占领衡阳，邀请王夫之兄弟参加起义军，弟兄俩不愿加入，设计逃脱。起义军把其父扣为人质，要挟其加入，王夫之用自残肢体来拒绝。二十六岁时，李自成攻入北京，崇祯皇帝自缢于煤山，明王朝覆没，王夫之闻讯作《悲愤诗》一百韵，以示不忘。及闻北京复被清兵所占，更悲愤欲绝，数日不食。二十九岁时，衡阳被清兵攻陷。第二年，以"能与仇战，虽败犹荣"的心情策划武装起义，未及举事便遭袭击，起义失败。三十一岁时，以为"此非严光魏野时也，违母远出，以君为命，死生以之尔"，遂投奔南明永历政权，在行人司就职。当时，东阁大学士王化澄勾结太监陷害忠良，王夫之三次上书弹劾其"结奸误国"，招致诬陷下狱，幸得降帅高必正仗义营救，始免难，被迫回湘。后来，南明覆亡，又作《悲愤诗》一首以寄忠心和哀思。

回湘后数年，李定国进军楚粤，一度占领衡阳，管嗣裘邀其偕行，"以身殉故主"，王夫之进退萦回，乃求之蓍龟，两次占得《睽》之《归妹》，认为李定国势孤"终凶"，孙可望挟君害相"无悠利"，因担心陷入不忠不义之境，终不行。面对满清野蛮政治，王夫之誓不剃发，只好四处躲避，"退伏幽栖，俟曙而鸣"。从1654年起隐姓埋名，自称瑶人，流亡于零陵、常宁一带的荒山之中。三年后回乡，隐居衡阳莲花峰下"续梦庵"，后相继移居"败叶庐""观生居""湘西草堂"等处。康熙元年（公元1662年），友人劝王夫之出仕清廷，他拒绝说："业已出身事主，不得更忘所事。茹荼饮蘗，吾自安之。"康熙十七年（公元1678年），吴三桂进兵衡阳，欲请王夫之出仕，王夫之又借故躲避。后吴三桂于衡州称帝，派官请王夫之作《劝进表》，王夫之拒绝道："某先朝遗臣，誓不出仕，素不畏死。今何用不祥之人，发不祥之语耶？"康熙二十八年（公元1689年），大中丞郑端巡抚湖南，向王夫之赠送粟帛，并约他在岳麓山下以"渔艇野服"的方式会见，并索其著作予以刊行。王夫之称病不往，但受粟返帛，以

"南岳遗民"的身份致函称谢。

王夫之回湘隐居后，主要以教书为生，通过讲述《春秋》《周易》《黄书》等宣传"夷夏之辨"和反清复明思想，同时进行艰苦的理论探索和著述活动。其子王敔说："自潜修以来，启瓮牖、秉孤灯，读十三经、二十一史及张朱遗书，玩索研究，虽饥寒交迫、生死当前而不变。迄于暮年，体羸多病，腕不胜砚，指不胜笔，犹时置楮墨于卧榻之旁，力疾而纂注颜于堂曰：六经责我开生面，七尺从天乞活埋。"王夫之著述之多，在中国古代堪称第一，涉及范围极广，据不完全统计，达一百多种、四百余卷，约八百万字。

康熙三十一年（公元1692年），王夫之病逝于湘西草堂，享年七十四岁。其《自题墓石》铭文道："抱刘越石之孤愤，而命无从致；希张横渠之正学，而力不能企。幸全归于兹丘，固衔恤以永世。"慨叹虽抱复明之忠愤却不能实现、追求张载正学却力不能及，只得含忧永世。

王夫之在儒学理论上的进步和成就是巨大的。对明亡的悲愤和反思激发了他的哲学思考，而对亡明的愚忠和对清廷的不合作态度则更加深了他对中国历史和文化的反思。他那"六经责我开生面，七尺从天乞活埋"的气慨，表明他无愧为一位真正的儒者。他那"退伏幽栖，俟曙而鸣"的精神，表达了一代大儒向往民族复兴和美好明天的心声。王夫之的苦心孤旨和辛勤劳动，在清初的黑暗年代显得难得可贵。他的富有革命性和充满智慧的气学思想，虽然被清政府的反动统治压抑了近二百年，却能在近代民主革命中发挥积极作用，被谭嗣同称为"昭苏天地"的"一声雷"。章太炎说："当清之季，卓然能兴起顽懦、以成光复之绩者，独赖而农一家而已！"这是历史对王夫之的最高评价，也是他的苦心和努力应得的报偿！

太虚一实，理依于气

通过对儒释道三教哲学的系统研究和深入反思，王夫之建立了中国古代最完善的气本论哲学体系。他继承了宋儒张载以太虚之气为宇宙本体的唯物主义思想，认为太虚是由实实在在的物质之气构成的。他说："人之所见为太虚者，气也，非虚也。虚涵气，气充虚，无有所谓无者。""气弥沦无涯而希微不形，则人见虚空而不见气。凡虚空，皆气也。聚则显，显则人谓之有；散则隐，隐则人谓之无。""散入无形而适得气之体，聚为有形而不失气之常。"总之，宇宙间的事物形形色色，或可见或不可见，都是气，气无所不在，永恒不灭。"生非创有，而死非消灭，阴阳自然之理也。"同时，尤其强调了气的连续性和不间断性。他说："阴阳二气充满太虚，此外更无他物，亦无间隙。天之象，地之形，皆其所范围也。"

太虚之气又称氤氲本体。"凡物，皆太和氤氲之气所成。""氤氲，太和未分之本然。""阴阳未分，二气合一，氤氲太和之真体。""氤氲之中，阴阳具足，而变易以出，万物并育于其中，不相肖而各成形色，随感而出，无能越此二端。""太和之中，有气有神。神者非他，二气清通之理也。不可象者，即在象中。阴与阳和，气与神和，是谓太和。""色何从凝？声何从合？理何从显？皆太虚一实者为之。是两间无太虚也，一实而已。从其目之穷于见、耳之穷于闻、心之无据以测者，遂谓之太虚尔。"王夫之所谓气，相当于辩证唯物论所谓物质，概括宇宙间一切客观存在。气有多种形态，希微者为氤氲本体，有形者为万事万物。物质为能量的凝聚态，质能转化而物质不灭。王夫之的气学本体论思想与现代物理学的相关认识具有很高的吻合度。

王夫之的气学思想不止于一般的科学认识，他还有重要的哲学论证。我们如何知道物质世界是客观存在的呢？他论证说，人类之生存，须依赖于外在事物。"依粟已饥，依浆已渴"，因实有可依，可以肯定其存在。事物之间也是相互依赖的。"粟依土长，浆依水成。依种而生，依器而挹。……物物相依，所依者之足依，无毫发疑似之或欺！""其常而可依者，皆其生而有；其生而有者，非妄而必真。"由事物之间的普遍联系，可以证明宇宙间的事物是客观存在的。同时，任何事物皆有体和用两个方面，可以以用的实在性来证明体的实在性。"天下之用，皆其有用者也。吾从其用而知其体之有，岂待疑哉？用有以为功效，体有以为性情，体用胥有而相需以实，故盈天下而皆持循之道。故曰：诚者物之终始，不诚无物。"所以，他强调说："故善言道者，由用以得体；不善言道者，妄立一体而消用以从之。"

此外，王夫之还用"诚"和"太极"来表述物质一般及其客观实在性。他说："诚也者，实也，实有之、固有之也。无有弗然，而非他有耀也"，"夫诚者，实有者也。前有所始，后有所终也。实有者，天下之公有也，有目所共见，有耳所共闻也"。又说："太极之在两间，无初无终而不可间也，无彼无此而不可破也；自大至细而象皆其象，自一至万而数皆其数，故空不流而实不窒，灵不私而顽不遗，亦静不先而动不后矣。""是故，性情相需者也，始终相成者也，体用相函者也。性以发情，情以充性；始以肇终，终以集始；体以致用，用以备体。""六者异撰而同有，同有而无不至，至则极无不至，则太极矣。"这就是说，物质是被意识反映的客观实在，现象无不在即是本体无不在，体与用是一贯而同在的。

以气本论为基础，王夫之讨论了为理学家们所普遍关注的理气关系。他说："理者，物之固然、事之所以然也。""万物皆有固然之用，万事皆有当然之则，所谓理也。""理即是气之理，气当得如此便是理。""气外更无虚托孤立之理。"又说:"气者,理之依也,气盛则理达。天积其健盛之气,故秩叙条理精密变化而日新。""理本非一成可执之物,不可得而见。气之条绪节文,乃理之可见者也。故其始之有理,即于气上见理。迨已得理,则自然成势,又只在势之必然处见理。"王夫之的这些思想,是直接针对朱熹的。

根据理在气中、理气不相离的思想,王夫之又讨论了道器关系。他说:"天下惟器而已矣。道者,器之道;器者,不可谓之道之器也。无其道则无其器,人类能言之;虽然,苟有其器矣,岂患无道哉!""人或昧于其道者,其器不成;不成,非无器也。无其器则无其道,人鲜能言之,而固其诚然者也。洪荒无揖让之道,唐虞无吊伐之道,汉唐无今日之道,则今日无他年之道者多矣。""未有弓矢而无射道,未有车马而无御道……道之可有而且无者多矣。"所谓器,是指具体事物,事物的条理和秩序便是道。所以,道与器的关系,即理气关系的具体表现。理与气不可分,道与器亦不可分。"统此一物,形而上则谓之道,形而下则谓之器,无非一阴一阳之和而成。尽器,则道在其中矣。"王夫之这种"即器以求道"的思想有利于发展自然科学,而所谓"唐虞无吊伐之道,汉唐无今日之道"的思想则可以成为变革社会的理论武器。

太虚本动,气化日新

王夫之认为,气没有不动之理,运动是气的根本属性,物质和运动不可分。他说:"太极动而生阳,动之动也;静而生阴,动之静也。废然无动而静,阴恶从生哉!一动一静,阖辟之谓也。由阖而辟,由辟而阖,皆动也。废然之静,则是息矣。"运动是绝对的,静止是相对的。"静者静动,非不动也。""动静皆动也,由动之静,亦动也。""静即含动,动不舍静。""动静互涵,以为万变之宗。"事物之运动,根本原因是宇宙本体未尝静。"太虚者,本动者也。动以入动,不息不滞。……抟造无心,势不能各保其固然,亦无待其固然而后可以生也。""天不听物之自然,是故氤氲而化生。""氤氲不息,为敦化之本。"太虚之气是本来运动的,二气交感,凝滞成象,显出相对静止的事物。"动有动之用,静有静之质。"物质世界无止息的运动,具体表现为新事物不断产生、旧事物不断消亡的过程。"推移吐纳,妙于不静,荣枯代谢而弥见其新。"

事物的日新之化又表现为量变和质变。量变称为"内成",质变称为"外生"。"内成,通而自成,质日代而形如一。外生,变而生彼,推故而别致其新。"王夫之说:"天地之德不易,而天地之化日新。今日之风雷非昨日之风雷,是以知今日之日月非昨日之日月也。""质日代而形如一,无恒器而有恒道也。江河之水,今犹古也,而非今水之即古水。灯烛之光,昨犹今也,而非昨火之即今火。""爪发之日生而旧者消也,人所知也;肌肉之日生而旧者消也,人所未知也。人见形之不变而不知其质之已迁,则疑今兹之日月为邃古之日月,今兹之肌肉为初生之肌肉,恶足以语日新之化哉!"又说:"衰减之穷,予而不茹,则推故而别致其新也。由致新而言之,则死亦生之大造矣。"这一认识是符合辩证法的。

那么,宇宙万物及其本体运动的根源是什么呢?王夫之说:"天下之万变,而要归于两端。""一气之中,二端既肇,摩之荡之,而变化无穷。"是事物内部的矛盾导致了物质的运动和变化。"阴阳不孤行于天地之间","合两端于一体,则无有不兼体者也","乾坤并建于上,时无先后","无有乾而无坤之一日,无有坤而无乾之一日",矛盾双方密不可分,既对立又统一。首先,矛盾双方是"一分为二"的:"非有一,则无两。""一之体立,故两之用行。"矛盾双方"相峙而并立"，"判然各为一物，其性情、才质、功效皆不可强之而同"。其次，矛盾双方又是"合二为一"的："阴阳之用以和，而相互为功。""阴阳相倚而不相离"，"交相入而包孕以运动之貌"，"非阴阳判离，各自孳生其类。故独阴不成，孤阳不生，既生既成，而阴阳又各殊体"，"刚柔相济，义利相裁，道器相需，以成酬酢万变之理，而皆协于一"。总之，矛盾双方既对立又统一，"一理并行而不相拂"，"合二而一者，为一分为二所固有"。

此外，王夫之还进一步指出："道之流行于人也，始于合，中于分，终于合，以始终为同时同撰者也。""合者，阴阳之始本一也，而因动静分而为两，迨其成又合阴阳于一也。"任何事物皆含阴阳二端，开始是统一和谐，之后阴阳之间出现矛盾和斗争，最后这种矛盾斗争又走向统一，这是一个"正—反—合"的辩证否定过程。其后，新的矛盾运动又从这里开始，终点变为始点。事物就是处于这种永不停息的辩证否定的运动长河中。

王夫之指出，对立的双方绝不是凝固不变的，它们无不在一定条件下相互转化。他说："天下有截然分析而必相对待之物乎？求之于天地，无有此也；求之于万物，无有此也；反而求之于心，抑未谂其必然也。……天尊于上，而天入地中，无深不察；地卑于下，而地升天际，无高不彻，其界不可得而剖也。……存必于存，邃古之存，不留于今日；亡必于亡，今者所亡不绝于将来。其局不可得而定也。天下有公是而执是则非，天下有公非而凡非可是。……其别不可得而拘也。"他尤其强调，矛盾双方不只是相反，而且是相因相承而无不可通的。"夫阴阳者，呼吸也；刚柔者，燥湿也。呼之必有吸，吸之必有呼，统一气而互为息，相因而非相反也。以燥合燥者，裂而不得刚；以湿合湿者，流而不得柔；统二用而听乎调，相承而无不可通也。"矛盾双方由相反相因而相成，斗争是不可避免的，所以不必畏其争：

"盖阴阳者恒通,而未必相薄。薄者,其不常矣。阳盛薄阴而雷作,阴盛薄阳而风动,通之变也。变则不数与之相迁,历时而知之,始若可惊,继乃知其亦固然矣。"他指出,豪强兼并之家与流离失所的小民是社会的两极,在上者迫民于死地,民乃视之如仇寇。"货积于上,而怨流于下","民安得不饥寒而攘臂以起哉?""上犯下怨,成乎交逆。此谓之以势之否,成理之逆。理势交违,而国无与立也。"王夫之不但指出了当时的社会矛盾,而且认为这种矛盾斗争的结果未必是坏事:"势极于不可止,必大反而后能有所定。故《易》曰:'倾否,先否后喜。'否之已极,消之不得也,倾之而后喜。"这一思想显然具有重要的启蒙意义。

根据"天地之德不易,而天地之化日新"的变化观,王夫之提出了"奉常以处变""变不失其常"的常变观。他说:"居因其常……动因乎变……君子常其所常,变其所变,则位安矣。常以治变,变以贞常,则功起矣。""君子贞其常以听变,非望之福不以宠,非望之祸不以惊,优游于变化之至。其非君子也,则恒反其序。反其序者,执象以常,常其常而昧其无穷;乘数以变,变其变而瞀其有定。吉不胜喜,喜至而吉尽;凶不胜惧,凶去而惧未忘。仆乱伥皇以邀福而逃祸者,卒不知祸福已移于前也。""圣人以常治变,于变有常,夫乃与时偕行,以待忧患。""圣人反变以尽常,常立而变不出其范围,岂必惊心耀魄于忧患之至,以与之为波靡也哉?"这种奉常处变、以静制动、以不变应万变的思想,可以说是一种独特的儒家智慧。

王夫之虽然对矛盾的斗争性和变化的绝对性有所论述,但他反对无休止的争斗和违反常道的变易,认为斗与变只是手段,和与常才是目的。他说:"两间之化,人事之几,往来吉凶,生杀善败,固有极其至而后反者,而岂皆极其至而后反哉?……其极也唯恐不甚,其反也厚集而怒报之,则天地之情,前之不恤其过,后之褊迫以取偿,两间日构而未有宁矣！此殆夫以细人之衷测道者与！"他的意思是："变而不失其常，而后大常贞。"只有把斗和变控制在一定限度内，才能保证事物正常运转和健康发展。矛盾的同一性和斗争性，在不同发展阶段应该是有不同表现的。在革命战争年代，斗与变是主要的；在和平建设时期，和与常是主要的。

能必副所，行可兼知

"能"和"所"是佛教哲学的一对认识论范畴。"能"指人的认识能力，"所"指认识的对象。王夫之说："立一界以为'所'，前未之闻，自释氏昉也。境之俟用者曰'所'，用之加乎境而有功者曰'能'。'能''所'之分，夫固有之，释氏为分授之名，亦非诬也。"这是承认人的认识能力和物质世界之间的对立是客观存在的事实，佛教典籍分别用"能"和"所"来称呼，是有根据的，而非诬妄。关于物质世界，佛教习惯上又称为"境"。"境之俟用者"是指属于客体世界的物质存在，佛教立此一界以为"所"。"用之加乎境而有功者"是指与客体发生认识关系并成为认识主体的主观能动性，佛教称此为"能"。佛教思想家认为，作为本体的先天意识原来是浑沌不分的，后天意识妄起分别，这才有了能和所即主观与客观的对立。这种分别主客的做法是凡夫之惑妄，只具有"俗谛"的意义。佛教信徒应该通过宗教修持返回先天意识的浑沌状态，汇入本体的涅槃寂静之中，这是一种消极的出世哲学和人生态度。

儒家主张入世，反对以涅槃寂灭为归宿，但他们又对佛教关于认识问题的优秀成果有所继承和发挥，以丰富自己的认识论思想。王夫之就是这样做的。他说："乃以俟用者为'所'，则必实有其体；以用乎俟用，而以可有功者为'能'，则必实有其用。"佛教以返归本体达到寂灭永恒为旨归，所以视"能""所"之分为后天意识之幻妄，归入不具有永恒性的俗谛。王夫之则相反，他强调：作为认识客体的"所"必须是实有其体，而作为认识主体的主观能动性也必须是实有其用。凡主入世者，必然要强调后天事物的意义和价值。王夫之借用了佛教的"能—所"范畴，而又强调它们是客观实在的，这是从儒家的立场上对佛学的批判继承。

王夫之说："体俟用，则因所以发能；用，用乎体，则能必副其所。"这是以"体"为"所"、以"能"为"用"，客观的物质世界有待人的主观能动性与它构成认识关系，人的认识能力是通过与客体的交往来培养和锻炼的，人的主观认识又是对客体的反映，这叫做"因所以发能"。同时，人的认识能力也必须与客体相联系，认识的内容来自客体，又必须反作用于客体；为了"用乎体而有功"，认识的内容必须符合客观事物的实际，使主观真实地反映客观，这就叫做"能必副其所"。王夫之这种"因所以发能"和"能必副其所"的思想，是一种既唯物又辩证的认识论学说。他说："'所'著于人伦物理之中，'能'取诸耳目心思之用。'所'不在内，故心如太虚，有感而皆应；'能'不在外，故为仁由己，反己而必诚。"认识对象最显著的表现是人伦和物理，认识能力则通过耳目心思表现出来。客体世界是外在于认识主体的，人心虚空灵明，有感于外物，则必做出反应；认识能力是内在于主体之中的，所以人的行为完全可以自主，"我欲仁，斯仁至矣"，只要反己内求，必然会觉得真实无妄、实实在在。

王夫之明确反对"悬镜照物"式的内修证悟论和消极反映论，强调发挥认识心的主观能动性。他认为，认识活动有"事之来"和"心之往"的不同，"己欲交而后交，则己固有权"，只有积极发挥我心的主观能动性，才能更好、更真实地反映事物。他说："有物于此，过乎吾前，而或见焉，或不见焉。其不见者，非物不来也，己不往也。……劳吾往者不一,皆心先注于目,而后目往交于彼。不然,则锦绮之炫煌、施嫱之冶丽,亦物自物而已自己,未尝不待吾审而遽入吾中者也。"这种强调主体意识之积极投入的思想,实质上是一种能动的反映论。

王夫之是可知论者,对感性认识和理性认识的辩证运动亦有阐发。他说:"万物皆有固然之用,万事皆有当然之则,所谓理也。乃此理也,唯人之所可必知、所可必行,非人之所不能知、不能行而别有理也。具此理于中而知之不昧、行之不疑者,则所谓心也。以心循理,而天地人物固然之用、当然之则各得焉,则所谓道也。"据此,他尤其强调人的认识要"以心循理"。他说:"在天而为象,在物而有数,在人心而为理。古之圣人于象数而得理也,未闻于理而为之象数也。""有即事以穷理,无立理以限事"。关于认识活动中耳目与心思的不同作用,他认为,耳目只能得事物之表,只有通过心思的抽象推理才能表理俱悉,全面地把握事物。他说:"大抵格物之功,心官与耳目均用,学问为主而思辨辅之;所思所辨者,皆其所学所问之事。致知之功则惟在心官,思辨为主,而学问辅之;所学问者,乃以决其思辨之疑。致知在格物,以耳目资心之用,而使有所循也;非耳目全操心之权而心可废也。"他认为,离开致知去格物会迷惑于现象而"玩物以丧志",离开格物去致知则会流于空想而"荡志以入邪",只有博文(广泛获取感性材料)和约礼(综合归纳而上升为理性认识)互济互助才是认识的正确过程。他说:"博文约礼,并致为功。方博而即方约,方文而即方礼,于文见礼,而以礼征文。礼者,天理自然之则也;约而反身求之,以尽己之理而推己之情,则天理自然之则著焉。"

此外,王夫之尤其对知行问题有所探讨,提出一种"知行相资以为用""并进而有功"的知行统一论。他说:"知行相资以为用,惟其各有致功，而亦各有其效，故相资以互用；则于其相互，益知其必分矣。同者不相为用，资于异者乃和同而起功，此定理也。""则由知，而知所行；由行，而行则知之，亦可云并进而有功。"在此基础上，他更强调行的重要性："且夫知也者，固以行为功者也；行也者，不以知为功者也。行焉，可以得知之效也；知焉，未可以得行之效也。""行可兼知，而知不可兼行，下学而上达，岂达焉而始学乎？君子之学，未尝离行以为知也，必矣！""凡知者，或未能行，而行者则无不知。是故，知有不统行，而行必统知也。""知者非真知也，力行而后知之真。"强调实践对于认识的重要性，是王夫之认识论思想的显著特色。

通过对行的强调，王夫之尤其突出了裁天、胜天、与天争权的思想，在天人关系上表现出明显的近代特色。他说："知之尽，实践之而已。""存于心而推行于物，神化之事也。""心之所存，推而行之，无不合于理，则天不能违矣。""尽知其必有之变而存之于心，则物化无恒，而皆预知其情状而裁之。存四时之温凉生杀，则节宣之裁审矣；存百刻之风雨晦明，则作息之裁定矣。化虽异而不惊，裁因时而不逆，天道且惟其所裁，而况人事乎！""夫天有贞一之理焉。有相乘之几焉。知天之理者，善动以化物。"这种通过掌握事物的规律而主宰利用之的思想，显然是对大力发展自然科学和生产技术的一种呼唤。

最后，他强调说："夫天与之目力，必竭而后明焉；天与之耳力，必竭而后聪焉；天与之心思，必竭而后睿焉；天与之正气，必竭而后强以贞也。可竭者，天也；竭之者，人也。人有可竭之成能。故天之所死，犹将生之；天之所愚，犹将哲之；天之所无，犹将有之；天之所乱，犹将治之。""任天而无能为，无以为人！"可惜的是，王夫之的这种思想被清政府的封建专制政策压抑和埋没了。三百年后，由于西方武力和工业文明的冲击，中国的先进知识分子才喊出发展科学技术的口号，可这已经是亡羊补牢了。

理势合一，即民见天

关于社会历史，中国儒家历来坚持退化论，这种思想最突出地通过邵雍的皇帝王霸论表现出来。到王夫之，由于泰州心学思潮的影响，特别是流亡少数民族地区的特殊经历，他才开始用新的眼光审视历史。王夫之的历史观，是一种今胜于古、以民为体的进化史观。他说："三代沿上古之封建，国小而君多，而暴君横取，无异于今川、广之土司，吸龁其部民，使鹄面鸠形、衣百结而食草木。""故吾所知者，中国之天下，轩辕以前，其犹夷狄乎！太昊以上，其犹禽兽乎！……所谓饥则呴呴、饱则弃余者，亦植立之兽而已矣。"随着历史的发展，人类由"射生饮血"而到"来牟率育而大文发焉"，世益降而物益备；由"万国分立"到"封建之天下"再到"郡县之天下"，以至于"财足自亿，兵足自强，智足自名"的大国。他预测中国之未来必将是一幅"休养厉精，士伉粟积，取威万方"的美好情景。王夫之的这种进化史论，表明儒家的历史观已经开始由批判现实向期望美好未来的方向转化，预示着中国历史的重大转折。

根据"理依于气"的自然观，王夫之提出了"理依于势，理势合一"的历史观。"势"指历史发展的必然趋势和客观过程，"理"指体现于历史发展中的规律性。"势字精微，理字广大，合而名之曰天。""天"指支配历史发展的客观力量。王夫之否认有脱离历史的超然之理，主张历史之理只能从历史中寻找，"只在势之必然处见理"。合理的历史活动形成历史事变的必然，"得理，则自然成势"，"势之顺者即理之当然"，"势既然而不得不然，则即此为理矣"，现实的客观历史自有其必然之势，此即"理之当然"。理和势皆有客观必然性，那就是天。"天者，理也；其命，理之流行者也。""天之命，有理而无心者也。""违生之理，浅者以病，深者以死，人不自知而自取之，而自昧之……夫国家之治乱存亡，亦如此而已矣。"

据此，王夫之指出，秦始皇废封建而立郡县，曹操挟天子以令诸侯，统一北方，这都是"势之顺者，即理之当然"；同时，也应看到，历史发展的必然之势也通过偶然性表现出来，"秦以私天下之心而罢侯置守，而天假其私以行其大公"。陈涉、吴广败死而后胡亥亡，杨玄感败死而后杨广亡，这都是"天贸其死以亡秦隋"。历史的具体表现看起来是偶然的，其总的趋势却是必然的，支配这些偶然性的正是其背后的必然性。所以，不可因为历史事件的偶然性而怀疑其必然之势。正确的态度应当是："推其所以然之由，辨其不尽然之实。均于善而醇疵分，均于恶而轻重别，因其时，度其势，察其心，穷其效。"只有对各种因素综合考虑，才能透过偶然发现必然，从而正确地评价历史人物和事件。

为了进一步说明历史发展的内在动力和决定因素，王夫之还探讨了人民群众对历史发展的决定作用，把民心与民情看成天理的体现者。他说："可以行之千年而不易，人也，即天也，'天视自我民视'者也。……拂于理则违于天，必革之而后安。""以理律天，而不知在天者之即为理；以天制人，而不知人之所固然者即为天。""天无特立之体，即其神化以为体；'民之视听明威'，皆天之神也。故民心之大同者，理在是，天即在是，而吉凶应之。"历史发展的客观必然性是通过民心和民情表现的。合民心即合天理，必然推动历史发展；违民心即违天理，势必阻碍历史发展，故必革之而后安。这种"即民见天"的历史观，具有启发革命的性质。

与"即民见天"的历史观相联系，王夫之又提出"即欲以见理"

的理欲观,强调天理寓于人欲之中,人之所同然者即民之天,人欲之各得即天理之大同,随处见人欲即随处见天理。他说:"礼虽纯为天理之节文,而必寓于人欲以见。……惟然,故终不离人而别有天,终不离欲而别有理也。……理尽则合人之欲,欲推即合天之理。于此可见,人欲之各得,即天理之大同;天理之大同,无人欲之或异。""饮食男女之欲,人之大共也。……吾惧夫薄于欲者之亦薄于理,薄于以身受天下者之薄于以身任天下也。……君子敬天地之产而秩以其分,重饮食男女之辨而协以其安。苟其食鱼,则以河鲂为美,亦恶得而弗河鲂哉?苟其娶妻,则以齐姜为正,亦恶得而弗齐姜哉?"

据此,王夫之提出"均天下"和"公天下"的社会改革主张:"两间之气常均。均,故无不盈也。……聚者有余,有余者,不均也。聚以之于彼,则此不足。不足者,不均也。至于大聚,奚但不均哉?所聚者盈溢,而所损者空矣。……土满而荒,人满而馁,枵虚而怨,得方生之气而摇,是以一夫揭竿而天下响应。贪人败类,聚敛以败国,而国为之腐,蛊乃生焉。虽欲弭之,其将能乎?故平天下者,均天下而已。"此段论述表明,王夫之到晚年已经对广大民众的革命要求有了比较正确的认识。此外,王夫之还有"天下者,非一姓之私也","必循天下之公","易吾共主,杀此有司,以舒吾怨"等激进言论,他的目标是"以天下之禄位,公天下之贤者"。

五、气学劲旅颜李学派

清代初期,在中国北方学界出现了一个以颜元、李塨、王源为代表的新学派,即"颜李学派"。颜元曾说:"今何时哉?普地昏梦,不归程朱则归陆王,而敢别出一派,与之抗衡翻案乎?"这可谓气学思潮经过长期理论准备之后正式站出来别标一派的宣言。这个学派的最大特色是,提倡实文、实行、实体、实用、实践,批程朱,黜陆王,以真孔孟自居。当时的儒者们称:"颜李之学数十年来,海内之士靡然从风","四方响和者,方靡然不知所止"。颜李学派的命运和泰州学派类似,不久便被清政府的文化专制政策压抑和埋没了。到了近代,它也受到资产阶级启蒙思想家和革命家的重视,为推进中国的近代化作出了贡献。

颜元的实践气学

颜元(公元1635—1704年),字浑然,号习斋,直隶博野(今属河北省)人,颜李学派的创始人,出生于明崇祯八年,数年之后,历史的车轮驶入了清代。颜元的父亲叫颜昶,从小被过继给蠡县朱氏作养子,因不为养父所喜,遂只身逃往关东,当时颜元只四岁。颜昶走后,杳无音讯,其妻王氏无奈,只好改嫁到蠡县的随东村,此时颜元十二岁。母亲改嫁后,颜元与养祖父母一起生活。颜元八岁起就学于吴持明，吴氏懂医道，通武艺，尤善骑射剑戟，著有《攻战事宜》一书，这一特点对颜元产生了较大影响。颜元十九岁时从学于贾珍，贾氏因材施教，作对联两副，令颜元以大字书写悬于堂中，其一是："不衫不履，甘愧彬彬君子；必行必果，愿学硁硁小人。"其二是："内不欺心，外不欺人，学那勿欺君子；说些实话，行些实事，做个老实头儿。"这两幅对联亦对颜元产生了影响。颜元十九岁中秀才；二十岁读经史，弃举业。二十四岁开家塾授生徒，自号"思古人"，名其斋为"思古斋"。颜元自幼家贫，常参加"耕田灌园"等农事活动。十九岁时，养父因讼逃遁，颜元被系入狱。后虽因讼解而释放，却因家道衰落、养父年迈，遂担起持家重任。此后，除了从事农事活动外，兼行医和教书，终生未仕。

颜元二十四岁前曾学仙道，喜兵术，此后转入心学与理学。二十五岁时，体悟心学意蕴，作《大盒歌》和《小盒歌》，以"大盒"喻宇宙，以"小盒"喻吾心。"大盒"之意是："盒诚大兮诚大盒，大盒中兮生意多，此中酿成盘古味，此中翻为叔季波。兴亡多少藏盒内，高山拍掌士几何？此处就有开匣剑，出脱匣外我婆娑。""小盒"之意是："盒诚小兮诚小盒，小盒生意亦不少，个中锦绣万年衣，就里佳肴千古饱，如何捧定无失却，如何持盈御朽索。忽而千里向谁觅，返而求之惟孔老。识得孔叟便是吾，更何乾坤不熙嗥！"深得心学旨趣，时人称为"真陆王"。

颜元二十六岁读《性理大会》，又结识程朱学者刁包，遂改宗理学。"屹然以道自任，期于主静存诚。虽躬稼胼胝，必乘闲静坐，人群讥笑之，不恤也。"三十四岁时，养祖母病逝，颜元代父居丧，一遵朱子《家礼》，结果饥饿哀毁，几致于死，遂对理学产生怀疑。他回忆说："自三十四岁遭先恩祖母大故，一一式遵《文公家礼》，颇觉有违于性情。已而读周公《礼》，始知其删修失当也。及哀杀，检性理，乃知静坐读讲非孔子学宗，气质之性非性善本旨也。"因悟"思不如学，而学必以习"，遂改斋名为"习斋"，宣称："今何时哉？普地昏梦，不归程朱则归陆王，而敢别出一派，与之抗衡翻案乎？"乃自标新说，别开一宗。

颜元五十七岁南游中州时，但见"人人禅子，家家虚文"，遂下了"必破程朱"的决心。他说："余未南游时，尚有将就程朱、附之圣门支派之意。自一南游，见人人禅子，家家虚文，直与孔门敌对，必破一分程朱，始入一分孔孟，乃定以孔孟、程朱判然两途，不愿作道统中乡愿矣。"六十二岁时，颜元应聘主持漳南书院，大胆地进行了书院教育改革。他建正厅三间，称为"习讲堂"。东边第一斋西向，称为"文事"，课礼乐书数、天文地理等科；西边第一斋东向，称为"武备"，课黄帝、太公及孙吴诸子兵法，攻守、营阵、陆水诸战法并射御技击等科；东边第二斋西向，称为"经史"，课十三经、历代史、诰制、章奏、诗文等科；西边第二斋东向，称为"艺能"，课水学、火学、工学、象数等科。在文事、武备、经史、艺能四科中，颜元尤重艺能之学。他说："凡为吾徒者，当先学礼乐射御书数及兵农钱谷水火工虞，予虽未能，愿共学焉。"颜元每日与弟子一道"讨论兵农，辨商今古"，"习礼、歌诗、学书计，举石、超距、击拳"，进行德智体全面教育。

颜元的书院，颇有近代新式学校的味道，可惜不久漳水泛滥，书院被淹，颜元只好辞归故里。颜元为人颇为诚恳率直，他一生苦学笃行，直到七十岁时还说："思生存一日，当为生民办事一日。"临终时嘱咐门人："天下事尚可为，汝等当积学待用。"颜元一生不仕，又不喜交往，所以其学流传并不广，知者不多。唯其弟子李塨颇富社会活动力，到处宣扬乃师之学，遂使颜学广播天下，至有"颜李学派"之称。

心想口谈，不如身行为实

正如泰州心学不及阳明学精细一样，颜李之学亦不如王夫之的气学体系宏密。然而颜李之学自有其独到之处，那就是"以用为体，以用为学"，他们的学说是一种彻底的"实用之学"。虽然如此，颜李的"实用之学"毕竟是以"实体之学"为理论基础的，那就是体用一致的气本论。颜元曾在《存性编》中设计过"浑天地间二气四德化生万物之图"，基本上重复了前代气学家以元气为本体、阴阳二气化生万物的思想，而且同样强调"理依于气"。他说："若无气质，理将安附？""理者，木中纹理也，其中原有条理。""非气质无以为性，非气质无以见性。""气质正吾性之附丽处，正吾性作用处，正性功着手处。""心也，身也，一也。""去此气质，则性反为两间无作用之虚理矣。"颜元在哲学上着重讨论了理事、体用、动静、知行、形性、性习、道艺、义利等范畴，于理事则重"事功"，于体用则重"致用"，于动静则倡"习动"，于知行则务"实行"，于形性则贵"形体"，于性习则尚"习行"，于道艺则崇"艺能"，于义利则谋"利益"。总之，轻体而重用，轻形而上而重形而下，这就是颜元之学既异于理学与心学又异于王夫之气学的特色。他说："盖吾儒起手便与禅异者，正在彻始彻终总是体用一致耳。"

其实，理学与心学亦自有其体与用，只是其用不符合颜元的要求而已，用既不合则体也不合。颜元的目的在于彻底排除形而上学的讲论思辨之风，把人们的注意力由哲思与玄理拉向着力研究各种实用之学的方向上去。他说："空静之理，愈谈愈惑；空静之功，愈妙愈妄。""纸上之性天愈透，而学陆王者进'支离'之讥；非讥也，诚支离也。心头之觉悟愈捷，而宗程朱者供'近禅'之诮；非诮也，诚近禅也。""两派学辩,辩至非处,无用;辩至是处,亦无用。""虽致良知者见吾心真足以统万物、主敬著读者能认吾学真足以达万理,终是画饼望梅。画饼倍肖,望梅倍真,无补于身也,况将饮食一世哉!"他尤其强调:"人之为学,心中思想,口中谈论,尽有百千义理,不如身上行一理之为实也。""吾辈只向习行上做工夫,不可向语言文字上着力!"他是要人彻底摆脱形而上学思辨的困扰,以力行来代替空想和空谈。

颜元力辟理学和心学的形上玄思,也不像王夫之一样对气本论进行发挥,做"六经责我开生面"的工作,而是要求彻底放弃哲学思辨而去做实实在在的具体工作。他说:"汉宋之儒,全以道法摹于书,至使天下不知尊人,不尚德、不贵才!"他强调"尊人""贵才"。他所渴望的"才",并不是哲学之才,而是能够振兴经济、富国强兵的新型人才。他指出:"历代君相,方且以爵禄诱天下于章句浮文之中。""误人才、败天下事者,宋人之学。""今天下百里无一士、千里无一贤,朝无政事,野无善俗,生民凋丧,谁执其咎耶?""千余年来,率天下入故纸堆中,耗尽身心气力,作弱人、病人、无用人者,皆晦庵为之,可谓迷魂第一洪涛水母矣!""入朱门者便服其砒霜,永无生气生机……仆亦吞砒人也,耗竭心思气力,深受其害!"

据此,他得出结论:"读书愈多愈惑,审事机愈无识,办经济愈无力。""盖四书、诸经、群史、百氏之书所载者,原是穷理之文、处事之道,然但以读经史、订群书为穷理处事,以求道之功,则相隔千里。以读经史、订群书为即穷理处事,曰'道在是焉'则相隔万里矣。"颜元并非一般地反对读书穷理和学术研究,而是反对儒生们都去做学问而遗忘振兴经济、发展生产的实务。如果"天下皆读书、著述、静坐,则使人咸弃士、农、工、商之业",势必造成国不国、民不民的恶果。所以"吾辈只向习行上做工夫,不可向言语文字上着力"，"宁为一端一节之实，无为全体大用之虚"，"农成佳禾、商聚货财，都须一段见识、一段包涵、一段勇气，方做得去"。他反对的是"兀坐书斋人，无一不脆弱，为武士农夫所笑者"，而不是一般地反对学，不但不反对学，反而强调博学。"博学之，则兵、农、钱谷、水、火、工虞、天文、地理，无不学也。"颜元的这些思想，无疑是有其深厚的现实基础的。可叹的是，颜李之后，紧接着而来的便是臭名昭著的文字狱和空前绝后的文化专制主义，遂使天下学者尽入故纸堆中，颜李之学被压抑了，乾嘉汉学兴盛了起来，这是儒家历史的悲剧，这是中华民族的悲剧！

实用之学是舜尧周孔真道统

为了与理学和心学相抗衡，进而用自己的实践气学取而代之，颜元力斥它们是"专以心头之静敬、纸上之浮文冒认道统"的假孔孟，声称唯有自己的实用之学才是真孔孟。"两派学辩，辩至非处无用，辩至是处亦无用，盖闭目静坐、读讲著述之学，见到处俱同镜花水月，反之身、措诸世，俱非尧舜正德、利用、厚生，周孔六德、六行、六艺路径。"颜元认为，真正的圣学道统决不是理学家和心学家所倡导的静坐和读书讲论，而是尧舜周孔的六府之事及三物四教。所谓"六府"，即"水火金木土谷也，财用所自出，故曰六府"。所谓"三事"，即"正德、利用、厚生也，三者乃人事之所当为，故曰事"。"正德者，父慈子孝，兄友弟恭，夫义妇听，所以正民之德也；利用者，工作什器、商通货财之类，所以利民之用也；厚生者，衣帛食肉、不饥不寒之类，所以厚民之生也。"总之，"六府三事即养民之政也"。这才是尧舜的真道统，这个道统到了周公那里又成为"三物"。三物是指六德、六行、六艺。"一曰六德：知、仁、圣、义、忠、和；二曰六行：孝、友、睦、姻、任、恤；三曰六艺：礼、乐、射、御、书、数。""六德，即尧舜所为正德也；六行，即尧舜所为厚生也；六艺，即尧舜所为利用也。"三物到了孔子那里又成了"四教"，即文、行、忠、信。"孔子之文，即周之六艺，行即周之六行，忠信即总括周之六德也。"这个道统发展到现在，便是颜元的实用实践之学了。

颜元指出："宋儒与尧舜周孔判然两家，自始至终无一相同。宋儒只是书生，故其学舍直曰书院，厅事直曰讲堂，全不以习行经济为事。""夫尧舜之道而必以'事'名，周孔之学而必以'物'名，俨若预烛后世必有离事离物而为心口悬空之道、纸墨虚华之学，而先为之防杜者。"他尤其通过追溯历史来否定理学和心学的道统地位，并把自己的实用之学推上真道统的宝座。

他说："孔孟以前，理数醇，尚其实。凡天地所生以主此气机者，率皆实文、实行、实体、实用，卒为天地造实绩，而民以安、物以阜"，然"降自汉晋，滥觞于章句，不知章句所以传圣贤之道，而非圣贤之道也；竞尚乎清谈，不知清谈所以阐圣贤之学而非圣贤之学也。因之虚浮日盛，而尧舜三事六府之道、周公孔子六德六行六艺之学所以实位天地、实育万物者，几不见于乾坤中矣。迨于佛老昌炽，或取天地万物而尽空之，一归于寂灭；或取天地万物而尽无之，一归于升脱，莫谓日月星辰、山川草木、鸟兽虫鱼、人伦世故举为道外，并己身之耳目口鼻、四肢皆视为累碍赘余矣。哀哉！……奈何赵氏运中，纷纷跻孔子庙廷者，皆修辑注解之士，犹然章句也；皆高坐讲论之人，犹然清谈也。甚至言孝弟忠信如何教、气禀本有恶，其与老氏以礼义为忠信之薄、佛氏以耳目口鼻等为六贼者，相去几何也！故仆妄论宋儒，谓是集汉晋释老之大成者则可，谓是尧舜周孔之正派则不可！"

在他看来，宋儒只是汉唐以来封建文化的集大成者，而不是新时代所要求的真孔孟；宋儒只是书生，书生决不是圣人，圣人也决不只是书生。"圣贤但一坐便商榷兵农礼乐，但一行便商榷富民教民，所谓行走坐卧不忘苍生也。""迨见理于事，则彻上彻下矣，此孔子之学与程朱之学所由分也。"针对朱熹的"半日静坐，半日读书"之说，颜元指出："先生正少个实！'半日静坐'之半日，固空矣；'半日读书'之半日，亦空也。是空了岁月。'虚灵不昧'，空了此心；'主一无适'，亦空了此心也。说六艺合当做，只自幼欠缺。今日补填是难，是空了身上习行也。"只有实用之学才堪称圣学，只有真正实践实行的人才堪称圣人。颜元的这种圣人观，不仅是对陆王心学的继承和发展，更是新兴市民阶层的务实精神的反映。

颜元青年时代即有志于社会改造，李塨之父李明性曾站在理学家的立场批评他说："偏僻恐类王荆公，立朝必蹈矫激之弊"。颜元的确对王安石很推崇，他指出："其指斥荆公者，是耶？非耶？虽然一人是非何足辩，所恨诬此一人……天下后世遂群以苟安颓靡为君子，而建功立业、欲揸拄乾坤者为小人也。岂独荆公之不幸？宋之不幸也哉！"他声称："如天不废予，将以七字富天下：垦荒，均田，兴水利；以六字强天下：人皆兵，官皆将；以九字安天下：举人才，正大经，兴礼乐。"颜元的施政纲领用现在的话说，就是发展经济、加强军事、振兴教育。

关于如何垦荒、均田、兴水利以发展经济，如何人皆兵、官皆将以加强军事，颜元自有很多策略和说法，这里略过，而只谈如何举人才、正大经、兴礼乐以振兴教育问题。颜元反对"返观打坐""对谭静敬"的习静教育和"执书伊吾""搦笔著述"的书本教育，以其"为爱静空谈之学，久必至厌事，厌事必至废事，遇事即茫然。贤豪不免，况常人乎！予尝言：误人才、败天下事者，宋人之学。不其信夫！"

在他看来，传统的书院教育只能培养沽名钓誉、养尊处优的"庸碌臣"，而不能造就"办艰危，定成平"的"经济臣"。他指出："汉宋以来，徒见训诂章句、静敬语录与帖括家，列朝堂、从庙廷、知郡邑、塞天下。庠序里塾中白面书生，微独无经天纬地之略、礼乐兵农之材，率柔脆如妇人女子，求一腔豪爽倜傥之气亦无之！"他的主张是："有国者诚痛洗数代之陋，用奋帝王之猷，俾家有塾、党有庠、州有序、国有学；浮文是戒，实行是崇，使天下群知所向，则人材辈出而大法行，而天下平矣。"他尤其强调："读得书来，只谋举业，才就八股，便谓之才，才有寸进，便谓之成器，此宋元以来不可解之惑也。不知吾儒自有真才真器，隐足以型俗开后，见足以致君泽民，如兵农礼乐、水火工虞之类，皆须探讨，使有其具。不然，时文虽精，究将何用哉？"

颜元对传统的旧式教育，简直到了深恶痛绝的地步。他说："但于途次闻乡塾群读书声，便叹曰'可惜许多气力！'但见人把笔作文字，便叹曰'可惜许多心思！'但见场屋出入群人，便叹曰'可惜许多人材！'故二十年前，但见聪明有志人，便劝之多读；近年来，但见才器，便戒勿多读书，尤戒人观宋人语录、性理等。"他反对人们读性理之书，是希望人们多习实用之学，因为"天文、地志、律历、兵机数者，若洞究渊微，皆须日夜讲习之力、数年历验之功，非比理会文字可坐而获也"。

因此，他不但不反对教育，反而尤其强调要加强教育。他说："近世概以闲署目教职，某深为司铎者耻之！昔人言本原之地在朝廷，吾则以为本原之地在学校。朝廷，政事之本也；学校，人才之本也。无人才则无政事矣。……故教职最闲，实最要也。"他期望学校教育能培养出通儒济济，泽被苍生。他说："世宁无儒，不可有伪儒。无儒犹可望世之有儒，有伪儒则世不复有儒矣。""上下精粗皆尽力求全，是谓圣学之极致矣。不及此者，宁为一端一节之实，无为全体大用之虚。如六艺不能兼，终身止精一艺可也。""虽六德之一德，六行之一行，六艺之一艺，不自失为儒也。""全体者为全体之圣贤，偏胜者为偏至之圣贤。""如禹终身司空，弃终身教稼，皋终身专刑，契终身专教而已，而已皆成其圣矣。""学须一件成便有用，便是圣贤一流。试观虞廷五臣，只各专一事，终身不改，便是圣；孔门诸贤，各专一事，不必多长，便是贤；汉室三杰，各专一事，未尝兼摄，亦便是豪杰。"这种任专才治国平天下的思想颇具近代职业教育色彩。

最后，颜元倡示其宗旨说："以六德、六行、六艺及兵农钱谷、水火工虞之类教其门人，成就数十百通儒。朝廷大政，天下所不能办，吾门人皆办之；险重繁难，天下所不敢任，吾门人皆任之。"颜元的这一教育方针，显然与理学和心学大异其趣。

昌明颜学的李恕谷

近人梁启超作《中国近三百年学术史》云："有清一代学术……其间有人焉，举朱陆汉宋诸派所凭借者一切摧陷廓清之，对于二千年来思想界为极猛烈极诚挚的大革命运动，其所树的旗号曰'复古'，而其精神纯为现代的。其人为谁？曰颜习斋及其门人李恕谷。"章太炎则说："讫宋世则有程朱，与程朱立异者复有陆王，与陆王立异者复有颜李。"是皆颜李并称。颜元标帜六艺，道兼文武，卓然立异于朱陆，成为清世气学的急先锋。然其人很少外出讲学，因此声名不远。及其弟子李塨数次游历，广交海内名流，"遍质当代夙学"，所至必宣传颜元之学，始得名倾朝野，"发扬震动于时"，天下人始知有立异于理学和心学的颜氏之学。颜氏之学一时间风靡海内，是与李塨的名字联在一起的，所以颜李并称也就很自然了。

李塨（公元1659—1733年），字刚主，号恕谷，直隶蠡县（今属河北省）人。其父李明性本为明季儒生，家境尚富裕，及清兵入关，圈田令行，家道始衰。李塨青年时"躬耕善稼穑，虽俭岁必有收，而食必粱粝"，并兼习医药以弥家用。二十五岁，父逝，遂挑家庭重担，种田行医外，兼教书以维生计。曾说："家众嗷嗷，古人八口百亩，今口倍之而田止四十，若外无所营则饥寒立至。"艰苦的生活影响了李塨的学术性格。

李塨自幼在父亲指导下读书，二十一岁始事颜元，习六艺不舍昼夜。颜元勉励说："学者勿以转移之权委之气数，一人行之为学术，众人从之为风俗。民之瘼矣，尚忍膜外？"李塨为之泣下，遂终身习行经济不辍。根据乃师教导，李塨广出拜师，于琴艺书法骑射及天文数学乐理无不学，每次游历必考山川民物，六艺之学无不习，后来弘扬师说更是不遗余力。曾说："窃不自揣，志欲行道。如不能行，则继往开来，责难谢焉。当此去圣既远，路岔论邃，非遍质当代夙学，恐所见犹涉偏固，不足闲道。又，挽世警众，必在通衢，僻谷引吭，其谁闻之？"三十七岁后，数次别师南游，结识了梅文鼎、万斯同、毛奇龄、阎若璩、胡渭、王复礼、戴名世、孔尚任和方苞等著名学者，所遇必以颜学对质，一时成为学界瞩目的人物。梅文鼎说："吾以先生为转气运之人，故使弟子群瞻。"万斯同虽有"泰斗"之誉，却也表示："李先生续周孔绝学，非我所及。"并且握着李塨的手说："天下惟君与下走耳。"李塨在学界的声气，很快引起了朝廷臣卿的注目，不少人争相过从，相与论道，一时间"海内之士靡然从风"。

李塨成名后，达官贵人争相罗致，但他既不慕权贵，也不卖论求荣，虽有许多高官延请，都假病不就。但是，李塨也并非故意高隐不仕，而是在选择恰当的机会。雍正初年，李塨五十六岁时，朝廷欲给皇子聘师，徐元梦和张廷玉二相国拟召李塨，却遭到方苞阻梗。方苞本为李塨好友，对李塨十分敬佩，惟其固守程朱，每次论辩，李塨侃侃正论，令其"无能置词，则托遁词以免"。李塨曾指望他宗信颜学，致函说："以门下之德望，若得同心倡明正学，则登高而呼，所听者远，南中后劲殊尤，必有闻风而兴起者，较之穷崖空谷之鸣号，虽厉莫闻，何啻霄壤！"然方苞终是不肯，李塨后来在给朋友的信中说："门下谓：'朱注痼人，以其为科场所遵，温饱荣耀俱出朱注，安得不宝而奉之？今欲呼其聋寐，难矣。'诚哉是言！即如方子灵皋，文行踔越，非志温饱者，且于塨敬爱特甚，知颜先生之学亦不为不深，然且依违曰：程朱。揆其意似谚所谓'受恩深处即为家'者，则下此可知矣。"由于这种原因，方苞并不希望李塨得势，所以当徐、张二相国拟征李塨时，方苞力陈李塨病不能出，遂使李塨失去了入朝机会。

李塨门人刘调赞因此对方苞极为不满。李塨去世后，方苞不待其子孙之请，主动为作墓志，对李塨一生德业一无序及，反说李塨听从他的劝诱而转宗了程朱理学。对此，刘调赞揭露说："其意固欲没先生之学以自见者，此岂能有朋友相关之意乎？"

李塨晚年，社会上考据之风日盛，由于内外两方面的原因，他也开始注意考据。从内部讲，面对日益高涨的考据之风，李塨似乎感到有必要通过考据为颜学夯实学理基础。他曾说："予自弱冠庭训外，从颜习斋先生游，为明德亲民之学。……年几四十，始遇毛河右（奇龄）先生，以学乐余力，受其经学，后复益之王草堂（复礼）、阎百诗（若璩）、万季野（斯同），皆学穷二酉，助我不逮。然取其经义，犹以证吾道德经济"。从外部讲，既然社会上已考据成风，欲推广颜元之学似乎也不得不有所假借于经学形式。所以，在后二十余年中，李塨从颜元的"事物之教"出发，先后为《周易》《诗经》《春秋》等经作了传注。据此，又有把李塨当经师看待的。刘师培说："刚主继之，颜学益恢。乃后儒以经师拟之。呜呼，殆亦浅视乎刚主矣！"

以复古旗帜倡导近代精神

梁启超认为，颜李之学"其所树的旗号曰'复古'，而其精神纯为现代的"。在"五四"中西文化大讨论中，李大钊曾认为，中国文化是主静的而西洋文化是主动的。其实，他之所谓中国文化主静是以理学和保守派心学为依据的，而他之所谓西方文化主动则是以近代精神为依据的。在他看来，现代文化的精神无疑应该是主动的。颜元所倡导的实践气学，正是一种主动精神，所以梁启超称"其精神纯为现代的"不无根据。颜元说过："三皇、五帝、三王、周、孔皆教天下以动之圣人也，皆以动造成世道之圣人也。五霸之假，正假其动也。汉唐袭其动之一二，以造其世也。晋宋之苟安，佛之空、老之无，周程朱邵之静坐，徒事口笔，总之皆不动也，而人才尽矣，圣道亡矣，乾坤降矣！吾尝言：一身动则一身强，一家动则一家强，一国动则一国强，天下动则天下强！"又说："格物之格，王门训'正'，朱门训'至'，汉儒训'来'，似皆未稳。元谓当如史书'手格猛兽'之格，'于格杀之'之格，乃犯手捶打搓弄之义，即孔门六艺之教是也。"颜元远溯周孔与朱陆争道统，但他并不自标"复古"。

及至李塨，始明确地打出了复古旗号。李塨之复古，其实是宣扬颜元之学；而他之所谓黜今，其实是对被清朝统治者奉为孔孟正统之程朱理学的反叛。他的名言是："古之学一，今之学芬；古之学实，今之学虚；古之学有用，今之学无用。古今不同，何其甚也！"他指出："今世之学，徒事记诵，与古迥异。古四术三物，仕即其学，学即其仕。今学徒占毕非所用，用责于济非所学，而世事坏矣。"他自问自答地说："或曰：'欲复古学于今日，得毋有迂阔之讥乎？'曰：'子以迂阔者何也？非不切时用之谓乎？吾以为迂阔者今学，而古学不迂阔也。'"可见，李塨确是以复古的旗帜宣扬富于近代精神的颜元之学的。

李塨之"复古"，首先在于"黜今"。像乃师一样，李塨之批理学与心学不遗余力。他说："自周濂溪以主静立教，程朱陆王因之，用白昼静坐以为存心立本，考之古经，无是也"。他指出："宋明虚文日多，实学日衰，以诵读为高致，以政事为粗豪。……至于明末，万卷经史、满腹文词，不能发一策、弯一矢，甘心败北，肝脑涂地而宗社墟、生民燔矣。""专以笔墨著述为第一学问，虽胸中厨贮、笔下河悬，而出而应世，文魔书呆，茫然如童妇。观梁王绎，敌兵临城，犹君臣唱和为诗，及败将降魏，焚古今图书十四万卷，以剑击柱，叹曰：'文武之道尽矣，读书万卷犹有今日！'呜呼，徒以书为文武之道，文武之道所以亡也。读书万卷犹有今日，岂知今日之祸正在读书万卷哉！"他的结论是："纸上之阅历多，则世事之阅历少，笔墨之精神多，则经济之精神少。宋明之亡，此物此志也。""故古人明理之功以实事，不以空文。"

李塨之"复古"，更重要的是"以古准今"，宣扬颜元之学。由于时代气氛的影响，李塨也开始涉猎考据。他说："吾之番阅，亦为学，与先生所见微有不同。""吾人行习六艺，必考古准今。礼残乐阙，当考古而准以今者也。射御书有其仿佛，宜准今而稽之古者也。数本于古，而可参以近日西洋诸法者也。"像乃师一样，李塨也主张学问要"体实而用实"。他所谓实体实用，就是乃师所谓"理在气中"及"礼乐兵农、水火工虞、天文地理"之类。他说："金木水火土谷、射御书数、天文地理、医卜畜牧等书，皆当存之不可废也。至于诸子杂集、佛道邪说，徒乱人目，则当付之秦火中耳。"

关于古代的实用之学，李塨有一段相当完善的概括。他说："言水，则凡沟洫、漕挽、治河、防海、水战、藏冰、醝榷诸事统之矣。言火，则凡焚山烧荒、火器火战、与夫禁火改火诸爕理之法统之矣。

言金，则凡冶铸泉货、修兵讲武、大司马之法统之矣。言木，则凡冬官所职、虞人所掌，若后世茶榷抽分诸事统之矣。言土，则凡体国经野、辨五土之性、治九州之宜、井田封建、山河城池诸地理之学统之矣。言谷，则凡后稷之所经营，田千秋、赵过之所补救，晁错、刘晏之所谋为，屯田、贵粟、实边足饷诸农政统之矣。"

除此以外，李塨还有一些较新的观念。如说："历象虽设于京师，而必有县士分科习成，始进京司为士，以次补官，广其学也。广其学，则精者出，天时可正。若如明历之舛陋差讹，使西洋人进而诋攻之，岂非中国之羞乎？"又如："历象、太卜、考工、岐黄不用士，谓之杂途，则犹宋明书生气习，而非古也。天下当为不可不为者皆正途，不可言杂。"又如："思五伦皆有朋友之意乃佳。君臣如朋友，则堂陛洽；父子如朋友，则庭帏亲；兄弟如朋友，则翕合；夫妇如朋友，则敬别。"又如："西洋人曰：日食必朔，以日高月下合，朔而同度同道，则月掩日光，掩一分食一分，掩二分食二分。月食必望，以月借日以为光，望而东西相望，若同道同度，中间之地遮之，遮一分食一分，遮二分食二分。其言胜于古之推日月食者。"

王源"破旧立新"的变法思想

王源（公元1648—1710年），字昆绳、或庵，清顺天府大兴（今北京市大兴县）人。少年时最钦慕诸葛亮和陈亮二人，梁师为其讲理学，他说："予一为道学则伪矣。真豪杰不亦可乎？何必假道学！"后从魏禧学古文，著《兵论》三十二篇，魏师称赞说："此诸葛君之流也！"年四十余，游学京师，徐文元相国以宾礼之，凡文史疑必与讨论。曾参与明史纂修，为《明史稿·兵志》作者。四十五岁中举人，于尚书徐乾学所开江苏洞庭山书局结识刘献廷，每日讨论天地阴阳之变、五霸大略、兵法、文章、典制及古今兴亡之故、方域要害、人才正邪等，志趣相投，见识一般。刘献廷去世后，为作墓表。

不久，王源结识李塨，得闻颜元之学，大为折服，喟然叹道："吾知所归矣！"遂经李塨介绍，师事颜元。在此之前，王源已著有《舆图指掌》和《兵法要略》等书。王源一向性格豪迈，"自命英雄，夜定必置酒痛饮，面昂身挺，目电须戟，议论磅礴今古，醉则历骂贵显时流，杂以谐谑"。李塨规劝说："子误矣！吾人当与尧舜周孔衡长短。乃卑之较论时辈耶？"乃悔改，心胸益阔，志气益坚，曾说："吾所学乃今可见之行事，非虚言也。"王源服膺颜李后，著《读易通言》，与胡谓《易图明辨》合；又著《前筹一得录》，纵论古今兴亡成败之故，今皆不传。唯目睹亡明之覆辙，著《平书》三卷，颇得颜门看重，经李塨修为《平书订》，流传于世。

像乃师一样，王源同样力诋程朱和禅宗，而以实用之学为指归。他说："后世之儒，谓之道学；而近之讲道学，鲜有不伪者。非借道学以掩其污秽而要禄位，即借之以投时尚而博声名。欺人不得不自欺，自欺不得不大声疾呼，自以为真程朱。又不得不大声疾呼，力诋陆王，以见其所以自命者，至纯至正而无一之不实，著书立说，纵横侈肆，无所不至。乃试问其心术，考其行事，不但不足为君子，并不足为小人！只成其为穿窬之盗、患得患失之鄙夫而已！""世之尚伪久矣。人以伪显，学以伪传，才以伪举，文以伪售。""伪者，福之基，伪愈甚则福愈大；一真则患随之，非祸灾即夭折，幸而不祸灾不夭折，亦必困厄终其身，老死而后已。""天下无事不伪，而理学尤甚。今所号为儒者，类皆言伪行污，不足起人意。"

同时，王源对阿附清廷而力诋王学的理学保守分子亦给予揭露："今之诋阳明者，行伪而品陋，识暗而言欺。天下从而和之者，趋时耳，干利耳！举世若狂，以诋姚江为风气，亦何足与深辩！"除了对现实的伪儒和伪学进行揭露外，王源对程朱和陆王也提出批评："程朱之学，源亦有所未尽服，其德行醇矣，学正矣。然高谈性命而不能有经纬天地之才，佑毕瞑坐，以柔其气而弱其计，必不足以有为，必不足以平天下。……源虽力推阳明，又不敢以其学为宗，何也？以其杂于禅也。"对于禅学，王源更斥之为"天地之豺狼，生民之盗贼"，对其出世归趣深恶痛绝。他慨叹道："嗟乎！学术不明，阳明既显杂于佛氏，程朱亦隐坏于佛氏。静坐观道，非禅而何哉？又何怪其门人之入于禅。又何以独訾阳明之为禅哉！"他表示："源生平无他长，唯一实可以自许，不敢以一字之虚欺世。""置近日程朱、陆王门户之学不讲，独从事于经济文章，期有用于世。"通过批判现实，王源提出了"破旧立新"的变法设想。

关于经济改革，王源的设想主要是"惟农有田论"和"印票纳税制"。关于土地问题，他主张："明告天下以制民恒产之意，谓民之不得其养者，以无立锥之地；所以无立锥之地者，以豪强之兼并。今立之法：有田者必自耕，毋募人以代耕……不为农则无田。士商工且无田，况官乎？官无大小，皆不可以有田，惟农为有田耳。"为此可采取如下措施："天下之不为农而有田者，愿献于官则报以爵禄，愿卖于官则酬以资，愿卖于农者听。但农之外无得买，而农之自业一夫勿得过百亩。""凡贼臣豪右田连阡陌者，没之入官。"政府把土地分配给农民后，农民须按农田总收成的六分之一上交农税。关于商业问题，王源坚决反对传统的抑商政策，他认为："货财者，与食并重者也。""本宜重，末亦不可轻。假令天下有农而无商，尚可以为国乎？"他对现行的榷关制度提出严厉批评："今之所恃以征商者，榷关耳。税日增，而无所底，百数十倍于旧而犹不足。官吏如狼虎，搜及丝忽之物而无所遗，商旅之困惫已极，其为暴不几杀人越于货哉！"有鉴于此，王源主张废除榷关制，代之以印票纳税的所得税制，区分坐商和行商，发给印票作为营业执照和纳税卡。"坐商也，县同给以印票，书其姓名、里籍、年貌与所业，注其本若干，但计其一分之息而取其一。……行商也，亦给以票如坐商，但不计其息，惟本十贯纳百钱，任所之。验其票于彼县同，注日月，而退鬻所贩，司市证之，鬻已乃计息而纳其什之一。"为鼓励纳税，防止匿本瞒利、偷税漏税，他主张把商人按资本多少分为九等，"勿问其商之大小，但税满二千四百贯者，即授以登仕郎，九品冠带，以荣其身，以报其功。必按票计税方许，若径欲捐纳者不听。再满则又增一级，至五品而止"。这种政策有利于促进商业资本的发展。后人指出，王源此法即西洲所谓所得税也。欧人近数百年财政进步，皆因整理所得税而然。英国于1789年始行所得税制，美、德、意行于十九世纪，法、俄、日始行于二十世纪。王源在十七世纪末年提出初步的所得税概念，既体现了清初商品生产的发展和市民阶级的成长，也体现了他观察经济事物能力的敏锐。可惜的是，在清政府的野蛮统治下，王源的创议只能是幻想。

关于政治改革，王源也提出两项措施，即编制民籍和改革官制。首先，他主张把士、农、军、商、工及役、仆编入民籍，使乞丐和盗贼自动消除；对于娼优，则由国家明令禁止。至于宗教，他主张可以分别对待。对西洋教，留算法制器之人而禁其教不使行。对佛教、道教，则规定年六十岁以上道高行修、愿为僧道者留之，其余皆令还俗，使娼尼同僧道以年相配，凡所留僧道不得招徒募化、不得诵经祈福荐亡，惟闭户修其清净寂灭之学而其道始尊，凡经书偶像一律焚毁。关于官制问题，王源主张"官不在多，在任其人"，提出改革中央机构，包括分散重臣权力、提高教育部门地位，以农、礼、兵、刑、地、货新六部代替旧六部等内容。关于任用官员，他主张严格推选制度，"以一途为升降，不以他途杂之"。至于人才培养，他主张废除科举制，代之以乡里、郡县、州藩乃至京师学校的层层推举制，具体标准以六德、六行、六艺为主，视品学皆优者充吏选，逐层选出后再令其归县实习三年，视确堪其任者授以实职，之后再以政绩提升，这叫"养之善，取之精，用之当"。这些设想在当时具有进步性。

此外，王源还有一套系统的军事思想，这里从略。

六、气学流变

早在李塨大力弘扬颜元的"主动"之学时，社会上便已兴起了志在复兴汉学（经学）的考据之风。在程朱理学死灰复燃的情况下，复兴汉学具有反清和反理学的意义。可是，由于清政府的封建文化专制政策，诋毁程朱成了治罪销书的证据，导致考据之学逐渐沦为消磨血性的故纸堆。"本来是反清反理学的思想武器，一变而为'纾死避祸'的防空洞；再变而为'孤芳自赏'的娱乐品；三变而为'润饰鸿业'的点缀品；四变而为束缚思想的绳索了。"在这万马齐喑的艰难时世，戴震却"志存闻道"，从乾嘉考据风中脱颖而出，卓然成为一代气学殿军。清代理学家姚鼐说："戴东原言考证岂不佳？而欲言义理以夺洛闽之席，可谓愚妄不自量之甚矣！"新文化运动的重要倡导者胡适却说："人都知道戴东原是清代经学的大师，音韵的大师，清代考据之学的第一大师。但很少人知道他是朱子以后第一个大思想家、大哲学家！"朱熹之后的儒学思想家固然不少，但戴震确是很重要的一位。

志存闻道，实事求是

戴震（公元1724—1777年），字东原、慎修，安徽休宁人。祖上均不仕，其父家贫，在江西南丰做小商贩。戴震少时很特别，"就傅读书，过目成诵，日数千言不肯休"。平日好深湛之思，尤善发问。随塾师读《大学章句》时问老师："此何以知为孔子之言而曾子述之？又何以知其为曾子之意而门人记之？"师答："此先儒朱子所注云尔。"又问："子朱子何时人也？"师答："南宋。"又问："孔子、曾子何时人也？"师答："东周。"又问："周去宋几何时矣？"师答："几二千年矣。"又问："然则子朱子何以知其然？"师无以应，乃大奇之。梁启超认为，此事不但可以说明戴震之学的出发点，而且反映了整个乾嘉汉学的时代精神，那就是：无论何人之言，决不漫然置信，必求其所以然之故，直到有了真实可靠的证据方止。乾嘉汉学的这个特点，被概括为四个字：实事求是。钱大昕说："实事求是，护惜古人之苦心，可与海内共白。"他称赞戴震之学为"实事求是，不偏主一家"。戴震后学阮元则说："我朝儒者束身修行，好古敏求，不立门户，不涉二氏，似有合于实事求是之教。"

戴震十七岁时已尽通十三经，却因"家极贫，无以为业"而随父经商。二十岁留意科举，拜江永为师。"学日进而遇日穷，年近三十，乃补县学生。用是绝志举业，覃思著述，家屡空而志愈专。"著述日丰而声名日振。四十岁始中举，此后十多年间六次参加会试而不第，便一直从事教书和著述。乾隆三十八年（公元1773年），清政府开四库馆，五十一岁的戴震因纪昀推荐，以举人身份被特召入馆任纂修官，从事校订书籍的工作。清政府开设四库全书馆，表面上是重视文化,实际上却假借"搜访遗书"之名实行文化专制,大量销毁所谓"谬于是非大义"之书,同时网罗一大批不满于清朝统治的儒者入其罟中。戴震入馆本非己愿,可既入其中,又不得不委曲求全。他写信给段玉裁说:"自立于无过之地,然求全之毁犹不能免,是以内刚外柔。谨慎谦逊,以与为委蛇可耳。"后曾乞假南旋,而实不复行,五十五岁时病逝于北京。

戴震所处的时代,表面上称为"盛世",实质却极端黑暗和腐败。当时的儒生大都埋首于故纸堆中,对学术自由和思想解放不感兴趣。戴震的可贵之处在于不随时俗而志存闻道,实事求是地探求真理。他认为,"圣人之道在六经",而治经必"先考字义、次通文理。志存闻道,必空所依傍"。他说:"经之至者,道也;所以明道者,词也;所以成词者,字也。由字以通其词,由词以通其道,必有渐。"为此,他花了很大力气研究文字、音韵和训诂之学,成为一代考据学大师和皖派汉学的杰出代表。与一般的考据家不同的是,他并不以此为满足,认为闻道才是目的。他说:"君子于书,惧其不博也;既博矣,惧其不审也;既博且审矣,惧其不闻道也。""古训明则古经明,古经明则贤人圣人之义理明。""是故训非以明理义,而故训胡为?"起初,他只是"由故训以明义理",后来更主张"熟乎义理而后能考核、能文章",用自得之义理或道来统率考据,这使他不但成为一代考据大师,而且成为颜元之后的又一位气学思想家。

戴震的著述很多,而他最看重的是富含义理的《原善》和《孟子字义疏证》。他"发狂打破宋儒家中太极图",因写《原善》而"乐不可言,吃饭亦别有甘味"。他自称"生平论述最大者"是《孟子字义疏证》,以其为"正人心之要"。此外,戴震的实事求是之学更延伸到自然科学领域,"凡天文历算、推步之法、测望之方,宫室衣服之制，鸟兽虫鱼草木之名状，音和、声限古今之殊，山川、疆域、州镇、郡县相沿改革之由，少广旁要之率，钟实、管律之术，靡不悉心探讨"。因此，他又是一位很有成就的科学家。

气化即道，理在气中

戴震考据气学的突出特点是继承颜李学派狠批程朱的传统，着重从范畴史角度对被满清统治者奉为官方哲学的程朱理学进行学术清算。戴震所处的十八世纪，已是中国封建制度更趋没落、市民阶层进一步兴起的时代。清朝统治者极力扶植早已被心学思潮和气学思潮否定的程朱理学，不仅是迎合一部分理学保守分子以消弥其反抗心理，更重要的是利用经院哲学和纲常名教禁锢与束缚人民。为了揭穿清朝统治者所利用的理学教条的反动本质，戴震继承了王廷相和王夫之以来的气学传统，首先用考据方法对程朱理学的"理气"范畴进行清算。

程朱理学的核心范畴是理。朱熹说："理也者，形而上之道也，生物之本也。""未有天地之先，毕竟也只是理。有此理，便有此天地；若无此理，便亦无天地。"理在气先，理能生气。"有是理便有是气，但理是本。"历代统治者正是利用这个高高在上的"理"来禁锢人民的。为此，戴震坚决否认有超然之理的存在。他指出："六经、孔孟之言以及传记群籍，理字不多见。今虽至愚之人，悖戾恣睢，其处断一事，责诘一人，莫不辄曰理者。自宋以来，始相习成俗，则以理为'如有物焉，得于天而具于心'，因以心之意见当之也。于是，负其气，挟其势位，加以口给者，理伸；力弱气慑，口不能道辞者，理屈。"而反动统治者"更淆以无欲之说，于得理益远，于执其意见益坚，而祸斯民益烈"。其实，理只是气化之理，理只在天地万物和人伦日用之中，根本不存在什么抽象的超然之理。反动统治者援以杀人的所谓天理是不存在的。

针对朱熹"道即理之谓也"的观点，戴震指出，道和理绝不可等同。他通过考据指出："气化流行，生生不息，是故谓之道。《易》曰'一阴一阳之谓道'。《洪范》：'五行：一曰水，二曰火，三曰木，四曰金，五曰土。''行'亦'道'之通称。阴阳五行，道之实体也。古人言道，恒赅理气，理乃专属不易之则，不赅道之实体。而道、理二字对举，或以道属动、理属静，或道主统、理主分，或道赅变、理主常。此皆虚以会之于事为，而非言乎实体也。"总之，道是道，理是理，不可混同，道和理都是事物运动的规则，并不存在理或道的实体。

针对朱熹"理也者，形而上之道也"的观点，戴震指出，宇宙间气化流行，物质形态多种多样，所谓"形"是指具体事物，绝不可把气化也称为形。《周易》所谓"形而上者谓之道，形而下者谓之器"，是把气化与品物相对照而分形而上、形而下的，"形谓已成形质，形而上犹曰形以前，形而下犹曰形以后"。形质产生以前，可谓形而上或形以前，那是气化流行尚未表现为形质的状态，并不是在气化和品物之前还有一个形而上或道存在。

与道气关系相联系，戴震又考察理事关系。所谓事，是指具体事物，事物内部的固有规律称为理，不存在脱离具体事物的抽象之理。他说："理者，察之而几微，必区以别之名也，是故谓之分理。在物之质，曰肌理，曰腠理，曰文理；得其分则有条而不紊，谓之条理。"理是具体事物得以相互区别的本质。宇宙之间气化流行，阴阳五行杂糅万变，及其流为形质，不仅各类事物，就是同类事物之中的不同个体，也无不表现出各自的特质。这个万物"分之各有其不易之则"以互相区分的特质就是理。"就事物言，非事物之外别有理义也。有物必有则,以其则正其物,如是而已矣。""天地、人物、事为,不闻无可言之理者也,《诗》曰'有物有则'是也。物者,指其实体实事之名;则者,称其纯粹中正之名。实体实事,罔非自然,而归于必然,天地、人物、事为之理得矣。"物是实体实事,理是客观事物的必然之则,二者密不可分。

据此,戴震指出,被清朝统治者奉为官方思想的程朱理学不但是"空谈理义",而且是"错谈理义"。他们把道和气、理和事截然割裂开来,把气化品物固有的内在规律神化为脱离气物的绝对理念,不说"天地、人物、事为之理"而转语说"理无不在",不说"事物之理"而转语说"理散在事物",这就使反动统治者有可能把一己之私加入其中,使理变成杀人不见血的软刀子。他指出:"宋以来,孔孟之书尽失其解,儒者杂袭老、释之言以解之……而六经、孔孟之道亡矣。"其结果,"尊者以理责卑,长者以理责幼,贵者以理责贱,虽失,谓之顺;卑者、幼者、贱者以理争之,虽得,谓之逆。于是下之人不能以天下之同情、天下所同欲达之于上,上以理责其下,而在下之罪人人不胜指数。人死于法,犹有怜之者;死于理,其谁怜之?"

戴震对反动统治以理杀人的罪恶控诉说:"酷吏以法杀人,后儒以理杀人!浸浸乎舍法而论理,死矣,更无可救矣!"戴震通过经学考据对程朱理学的清算和批判,不但是有力的,而且是深刻的。在这方面,他已远远地超越了前人。

就事求理,履而后知

程朱理学家有一个重要观点,认为"理得于天而具于心",认识须"冥心求理"。这一思想主要是受佛教影响的产物,强调除了世俗尚"外求"的认识之外,宗教家所追求的"内求"和"证悟"对认识同样具有重要意义。佛教崇内求证悟而贬外求知识，以为前者是能把握真如实相的圣智，而后者为只能认识局部现象并起迷情的惑智。理学家吸收利用这一思想，对于战胜佛、道二教有积极意义。但是，随着资本主义因素的增长和封建制度日趋没落，理学的中世纪特性便逐渐变得落后和反动了。随着心学思潮的冲击，程朱理学逐渐失去人心并且向气学转化。可是，由于清人入主中原，中国历史出现了向后徘徊的现象，已经没落的程朱理学死灰复燃，而蓬勃发展的心学和气学思潮却被无情地斩断和压抑了。因此，早就被王廷相和晚明诸大儒完成了的批判理学、崇尚气学的任务，不得不由颜李学派和戴震等人断断续续地继续进行，一直延续到近代。戴震用考据方法清算理学，乃是被迫用更笨拙当然也是更扎实的方法做晚明诸儒已经做过的事情。皮锡瑞说，戴震与朱子"只是争辩一个理字"，可谓一语中的。

戴震认为，人的认识只是求事物之理，"事物之理，必就事物剖析至微，而后理得"，冥心求理必不可得。他说："就事物言，非事物之外别有理义也。'有物必有则'，以其则正其物，如是而已矣。就人心言，非别有理以予之而具于心也，心之神明于事物咸足以知其不易之则。"理不在天外，也不在心中，而在事物内部。人只有通过神明照物，剖析事物至微而后理得。所谓神明，是指此心的认识能力，它正是通过认识事理来发展的。"味也、声也、色也在物，而接于我之血气；理义在事，而接于我之心知。血气心知，有自具之能：口能辨味，耳能辨声，目能辨色，心能辨夫理义。味与声色在物不在我，接于我之血气，能辨之而悦之；其悦者，必其尤美者也。理义在事情之条分缕析，接于我之心知，能辨之而悦之；其悦者，必其至是者也。""耳目鼻口之官接于物，而心通其则。""耳之能听也，目之能视也，鼻之能臭也，口之知味也，物至而迎而受之者也，心之精爽驯而至于神明也。""智于天地人物事为，咸足以知其不易之则。"认识的关键在于问学、扩充。"人与人较,其材质等差凡几?古贤圣知人之材质有等差,是以重问学,贵扩充。"人之幼稚不学则愚,只有学而养其良,不断慎思明辨笃行,才能充之而至于圣贤。

戴震曾用火光之照物来说明人的认识:"心之神明,于事物咸足以知其不易之则,譬有光则能照,而中理者,乃其光盛,其照不谬也。""心之精爽巨细不同,如火光之照物。光小者,其照也近,所照者不谬也,所不照斯疑谬承之,不谬之谓得理;其光大者,其照也远,得理多而失理少。且不特远近也,光之及又有明暗,故于物有察有不察,察者尽其实,不察斯疑谬承之,疑谬之谓失理。失理者,限于质之昧,所谓愚也。惟学可以增益其不足而进于智,益之不已,至乎其极,如日月有明,容光必照,则圣人矣。"为了去愚成圣,须为学日益。"圣贤之学,由博学、审问、慎思、明辨而后笃行,则行者行其人伦日用之不蔽者也。……圣人之言,无非使人求其至当以见之行;求其至当,即先务于知也。凡去私不求去蔽、重行不先重知,非圣学也。"但是,真要获得正确认识,却须亲自实践。他说:"凡事履而后知,历而后难。""若夫依于传闻以拟其是,择于众说以裁其优,出于空言以定其论,据于孤证以信其通,虽溯流可以知源,不目睹渊泉所导;循根可以达杪,不手披枝肆所歧,皆未至十分之见也。"

在戴震看来,读书学习和观察分析固然重要,而"手披枝肆"的实践尤不可废。正确的认识只能从实践中来,而且只有通过实践才能检验。"行之而当为得理""行之而不当为失理"。只有"本诸身行之不可废"者方为真理,否则只是意见。比如,理学家对天理的抽象规定和神化,就只是意见而不是真理。戴震运用考据训诂方法清理程朱理学在认识问题上的神秘主义和主静主义,与王廷相、王夫之和颜元相比,显得软弱无力,理论也不够系统。但是,在乾嘉汉学普遍不重视义理的情况下，戴震能够入手于考据而不止于考据，是十分可贵的。

欲出于性，理存乎欲

程朱理学在清代死灰复燃后，最反动的一点是"存天理灭人欲"。在程朱理学中，天理和人欲是截然对立的。朱熹说："天理人欲，不容并立。"只有"革尽人欲"才能"复尽天理"。清朝统治者乞灵于程朱理学所倡导的"理欲之辨"，其反动实质是把广大劳动人民的正当要求归结为"人欲"，斥之为邪恶，而把他们的反动统治说成"天理"，把腐朽的封建礼教作为禁锢思想和镇压人民反抗的工具。乾嘉考据家们纷纷钻入故纸堆，一方面是对古代文化进行整理和反思，另一方面也是对清朝官方哲学的消极反抗。戴震的可贵之处是用考据方法解构程朱理学，用反映市民阶层要求的新的理欲观取而代之，是一种既沉稳又积极的反抗。

程朱理学之所以成为清朝统治者"以理杀人"的工具，是因为它把理和欲截然对立起来，割裂了二者的辩证关系，使理成为异己的神圣权威。为此，根据"气化即道，理在事中"的本体论，戴震提出了"欲出于性，理存乎欲"的唯物辩证理欲观，把理和欲统一起来，以清除程朱理学的恶劣影响。他认为，人欲出于性，性既善则欲亦善，人欲乃天理的正常表现，天理就寓藏在人欲之中，绝不存在离开人欲的超然天理。他说："凡血气之属，皆知怀生畏死，因而趋利避害。""有是身，故有声色臭味之欲。""欲也者，相生养之道也。""声色臭味之欲，资以养其生。人生而后有欲、有情、有知，三者血气心知之自然也。""给于欲者，声色臭味也，而因有爱畏；发乎情者，喜怒哀乐也，而因有惨舒；辨于知者，美丑是非也，而因有好恶。""喜怒哀乐之情,声色臭味之欲,是非美恶之知,皆根于性而源于天。""耳目百体之欲,求其故,本天道以成性者也。""欲出于性,一人之欲,天下人之所同欲也,故曰性之欲。"总之,人欲出于人性之自然,让它得到正常合理的满足,这才是仁,这才是善,也就是天理。"天理者,节其人欲,而不穷人欲也。""天理云者,言乎自然之分理也;自然之分理,以我之情絜人之情,而无不得其平是也。""情得其平,是为好恶之节,是为依乎天理。"

为了以新的理欲观取代清朝统治者的理欲之辨,戴震进行了详密的论证。他认为,理和欲是完然一体的,是自然和必然的统一。他说:"欲,其物;理,其则也。""人伦日用,其物也;曰仁曰义曰礼,其则也。""欲者,血气之自然。……由血气之自然,而审察之,以知其必然,是之谓理义。自然与必然,非二事也。就其自然,明之尽而无几微之失焉……是乃自然之极则。若任其自然而流于失,转丧其自然,而非自然也;故归于必然,适完其自然。"他还指出:"宋以来之言'理'也,其说为'不出于理则出于欲,不出于欲则出于理',故辨乎理欲之界,以为君子、小人于此焉分。今以情不爽失为理,是理者存乎欲者也。"

戴震把"欲出于性,理存乎欲"的辩证理欲观扩展到社会政治领域,提出了"体民之情,遂民之欲"的新王道思想。他说:"圣人之道,使天下无不达之情,求遂其欲而天下治。""遂己之欲,亦思遂人之欲,而仁不可胜用矣;快己之欲,忘人之欲,则私而不仁。""天下之事,使欲之得遂,情之得达,斯已矣。……遂己之欲者,广之能遂人之欲;达己之情者,广之能达人之情。道德之盛,使人之欲无不遂,人之情无不达,斯已矣。"如果统治者真能施仁政于民,就须省刑罚以与民同乐,薄税敛以与百姓同欲;使"居者有积仓,行者有裹粮",自然国富民强,社稷安宁。相反,如果只讲刑罚和货利,无休止地残害人民,"议过则亟疾苛察,莫之能免;征敛则无遗锱铢,多取者不减,寡取者必增,已废者复举,暂举者不废",则势必民困而国亡。

他还说:"在位者多凉德而善欺背,以为民害,则民亦相欺而罔极矣;在位者行暴虐而竞强用力,则民巧为避而回遹矣;在位者肆其贪,不异寇取,则民愁苦而动摇不定矣。凡此,非民性然也,职由于贪暴以贼其民所致。"总之,民性之趋恶,民性之趋薄,皆由统治者的欺诈败德一手造成。"乱之本,鲜不成于上,然后民受转移于下,莫之或觉也。乃曰:'民之所为不善。'用是而仇民,亦大惑矣!"本来是反动统治者败坏了道德,破坏了社会秩序,激起人民反抗,反而说人民私欲炽盛,有违天理,这真是"大惑"!"人之生也,莫病于无以遂其生。""天下必无舍生养之道而得存者。凡事为皆有于欲,无欲则无为矣;有欲而后有为,有为而归于至当不可易之谓理。无欲无为,又焉有理?"广大民众因无生养之道而反抗,正是天理的表现;反动统治者竟以此为人欲,简直是颠倒黑白。清朝统治者扶植理学,目的就是颠倒黑白。"其所谓理者,同于酷吏之所谓法。酷吏以法杀人,后儒以理杀人!浸浸乎舍法而论理,死矣,更无可救矣!"戴震的考据气学对清朝统治者利用理学杀人的本质的揭露,达到了空前的高度。

研习科学,裨益民生

戴震"必就事物剖析至微,而后理得"的思想方法,体现了可贵的科学精神。它把这种精神贯彻于语言文字、科技典籍和具体事物的研究,使他成为我国十八世纪杰出的科学家。

戴震始终把治经和科学结合在一起。他说:"至若经之难明,尚有若干事：诵《尧典》数行至'乃命羲和'，不知恒星七政所以运行，则掩卷不能卒业。诵《周南》《召南》，自《关雎》而往，不知古音，徒强以协韵，则龃龉失读。诵古《礼经》，先《士冠礼》，不知古者宫室、衣服等制，则迷于其方，莫辨其用。不知古今地名沿革，则《禹贡》职方失其处所。不知'少广''旁要'，则《考工》之器不能因文而推其制。不知鸟兽虫鱼草木之状类名号，则比兴之意乖。"这实际上是要把读经和科学研究结合起来，在治经中研究科学，并通过科学研究促进治经，实事求是而不主一家。洪榜在《戴先生行状》中说，戴震对天文历算、推步测望、宫室衣服之制、鸟兽虫鱼草木之名状，及音和声限古今之殊、山川疆域州镇郡县沿革之由、少广旁要之率、钟实管律之术，无不悉心探讨，而对西方自然科学尤其是天文和数学的研究尤其精湛。

戴震年青时就学于江永，不但得其"音声文字之学"，而且于其推步、钟律及西学全得之。江永从大科学家梅文鼎那里继承了对自然科学的研究，并以此影响了戴震。戴震二十岁时就因西人龙尾车法作《嬴旋车记》，因西人引重法作《自转车记》。此后，有《策算》《考工记图》《屈原赋注》《勾股割圆记》《观象授时》《周礼太史正岁年解》《周髀北极璇玑四游解》《迎日推策记》《释天》及《原象》《续天文略》《水地记》《直隶河渠书》《汾州府志》《汾阳县志》《历问》《古历考》等科学著作问世。其中，《原象》《迎日推策记》《勾股割圆记》《续天文略》皆古人所未发，是他的新成果。后来，他被特召入四库馆，主要负责天文、算法、地理、水经、小学和方言等方面书籍的校勘和编纂工作，为我国古代科学著作的整理和流传作出了贡献。

乾嘉汉学又称"实事求是之学"，尤重事实和证据，强调通过对具体事物的观察分析发现其固有规律，得出可靠结论。戴震尤其重视

"由合而分，由分而合"的科学方法，强调"寻其腠理而析之"，通过精密的分析与综合、演绎和归纳以达神思贯通，把握事物规律。他认为，物质宇宙就是二气五行气化生生的产物，万事万物莫不有其特殊规律。"生生者，化之原；生生而条理者，化之流。分者其进，合者其止；进者其生，止者其息。生者，动而应求，立乎至博；息者，静而自正，立乎至约。博，故与为条理也；约，故与为统会也。……为息为生，天地所以成化也。""阴阳五行之运而不已，天地之气化也，人物之生生本乎是，由其分而有之不齐，是以成性各殊。"科学研究就是要把这些各殊的规律提取出来，指导社会实践。"飞潜动植，举凡品物之性，皆就其气类别之。人物分于阴阳五行以成性。舍气类，更无性之名。医家用药，在精辨其气类之殊，不别其性则能杀人。""凡植禾稼卉木，畜鸟兽虫鱼，皆务知其性。知其性者，知其气类之殊，乃能使之硕大蕃滋也。"只有发现规律，利用规律，才能改造自然，服务人类。

戴震的时代，我国自然科学得到进一步发展，同时西方的某些科技成果也由传教士们陆续带了进来。从十七世纪初利玛窦和徐光启合译《几何原本》到1752年《黄道总星图》印行的一个半世纪，几乎每年都有一两种科学著作的译著出版，出现了一大批学贯中西的大儒。戴震是其中之一，他研究自然科学，尤其注重其实用价值。他认为，我国"三代上之制作，类非后世所及。惟天文算法则愈阐愈精。……泰西晚出，颇异前规……然分曹测验，具有实征"，"西洋之学，以测量步算为第一，而奇器次之。奇器之中，水法尤切于民用"。

在科学研究中，戴震主张"中西两法权衡归一"。"存古法以溯其源，秉新制以究其变"，各取所长，以裨益民生。当时传入的西学往往和神学掺杂在一起，戴震强调加以鉴别。例如，对西人邓玉函《奇器图说》一书，他认为书中所载皆裨益民生之具，其法至便而其用至博，其制器之巧实为甲于古今。惟其第一卷之首有《表性言解》《来德言解》二篇，俱极夸其法之神妙，大都荒诞恣肆，不足究诘。又如对利玛窦《天问略》一书，他认为"皆具有图说，指证详明"，"其考验天象，则实较古法为善"，唯其序言"舍其本术而盛称天主之功……欲借推测之有验以证天主堂之不诬，用意极为诡谲"，宜"取其精密有据之术"，而废"其荒诞售欺之说"，"削去原序，以免荧听"。

关于中西比较，戴震认为"中土测天用勾股，今西人易名三角、八线，其三角即勾股，八线即缀术。然而三角之法穷，必以勾股御之；用知勾股者，法之尽备，名之至当也"。他认为，《周髀算经》"足以存古法之意，开西法之源"，总的倾向是以中学为主、兼收西学。在具体研究中，他更重视山川地理和农田水利，因为这些东西更切民用。他纂修《直隶河渠书》，实地考察了二十多条有关水系，并广泛走访老农，与他们一起劳动，以成此"有用之书"。

戴震之后，儒家气学突破汉代经学传注束缚，更加强调实事求是和求真务实，在古籍的辨伪、辑佚、校勘和科学研究方面作出了重要贡献。汪中（公元1744—1794年）对《墨子》和《荀子》的研究、对《大学》和《孟子》的质疑、对下层人民和妇女的同情，具有解放思想、开拓进取的意义，开始背离汉学旨趣。焦循（公元1763—1820年）的数理研究和易学研究汇通中西数学思想，其"变通""情通"说发展了儒家人性论思想，并强调"圣贤之学以日新为要"。章学诚（公元1738—1801年）的方志学、目录学研究，"六经皆史"和"方志乃一方全史"等史学思想，"辨章学术，考镜源流"等目录学思想，使儒家气学更加务实。阮元（公元1764—1849年）对乾嘉汉学进行了总结，开创了文化史研究，在训诂考据中注重义理阐发，继承了戴震的传统。

气学的历史影响

明清气学的根本特征是反对超验的理本体、心本体和气本体，否定超自然的天地之性和德性之知，主张在形而下的器物层面、从经验出发研究认识和实践问题。强调现实感性，拒斥形而上学、经验主义的治学方法，是气学的基本精神。张载的太虚之气属于形而上的超验层次，朱熹用"理"取代太虚之气的本体地位，把"气"降低到形而下的器物层面。在理学家看来，只有理才是神圣的绝对本体，气只是理的工具，只具有质料因的意义。明清气学把理学家降低了的形下之气作为本体，而不以张载那超验的"神气"为本体。在气学思潮影响下，明清时期的传统学术取得了许多很实在的成果，如古籍整理的成果、科学技术的成果、语言文字学的成果，以及其他一些人文社会科学成果。因此，有人又把明清之际的学术称为实学。

在传统儒学中，明清气学在哲学性格上具有与西方近代唯物主义相似的性质。气学儒家本身也是资本主义经济因素萌芽的产物，它的学术性格有利于科学技术的发展，是市民阶层的务实精神在学术上的反映。心学的优点是高扬人的主体性，有利于打破偶像、冲决罗网，唤醒人的自我意识和人文理性精神。但是，思想解放只是手段，解决实际问题才是目的。人的思想智慧和创造精神一旦从中世纪的理学经院哲学桎梏中解放出来，便要创造新的奇迹。

明清气学由王廷相开创，经黄宗羲和方以智而益恢宏。王夫之一生刻苦自厉，以气学思想遍注群经，确实有"开六经生面"的功劳。王夫之极富哲学思维，他的学说充满着唯物辩证的理性精神，是气学思潮的集大成者。但是，由于清人入关的野蛮政治和文化专制主义，王夫之的思想在当时几乎没有产生什么影响。直到三百年后清王朝的封建大厦将倾之时，王夫之的气学思想才受到新启蒙思想家的重视和发挥，对推进中国的近代化作出了贡献。气学儒家的真正脊梁是颜李学派，这个学派后来受到新学儒家梁启超的高度赞扬，它的健动性格和实践精神对青年毛泽东产生了重要影响。正是气学的理性求实精神和实干兴邦思想，充当了中国儒家接纳西学和走向近代的桥梁。如果没有气学儒家为铺垫，很难想象中国人会顺利接受进化论和马克思主义。马克思主义既是舶来品，也是中国儒学发展的必然要求，它成为中国主流思想不是偶然的。

第六章 儒家之衰——新学

新学是反映中国近代新兴资产阶级要求的新儒学，是继心学和气学之后与程朱理学对立的第三种儒学形态，是儒家开明知识分子为应对西方侵略和西学冲击而创立的新学说。

新学的总体特征是恢复西汉时期的今文经学传统，以宋元以来的经世义学为基础，吸收西学和佛学思想，构建适应帝国主义时代中华民族救亡图存和更化改制需要的新国学。

新学兴于十九世纪中期，盛于十九世纪后期和二十世纪初期，主要反映中国资产阶级改良派的政治经济诉求。随着资产阶级民主革命的推进，传统国学逐渐被新国学取代。

一、新学之兴

汉代今文经学在东汉后期被古文经学取代后渐失其传，只有何休的《公羊解诂》完整地保存下来，所以又称公羊学。今文经学特别是公羊学强调更化改制，可以为政治改革提供理论依据；同时，它的治学方法强调对孔子微言大义的发挥，有利于理论思维的开拓。乾嘉以后，清王朝盛极而衰，思想控制有所放松，为广大儒生"相与指天画地，规天下大计"提供了空间；同时，逐渐增多的儒生因找不到仕途出路而流落民间，也增加了儒生们对清朝政治的不满。另外，朝政的腐败、农民起义的震荡和沿边资本主义的侵扰等诸多矛盾交织，使封建王朝不可避免地呈现"日之将夕，悲风骤至"的没落之势。在这种情况下，一股对腐朽没落的封建王朝进行理论批判的新儒学思潮逐渐以今文经学复兴的方式发展起来，占据了时代精神的主流地位，今文经学家龚自珍和魏源便是居于转折点上开创新学风气的关键人物。

魏源和龚自珍的开新之学

龚自珍（公元1792—1841年），字爱吾，号定庵，浙江仁和（今杭州）人。自幼跟随戴震的学生段玉裁习汉学，二十三岁感时而作《明良论》四篇，切中时弊，颇令乃师惊叹："四论皆古方也，而中今病，岂必别制一新方哉？髦矣，犹见此才而死，吾不恨矣！"后屡试不第，乃从刘逢禄问公羊家言，得明西汉微言大义之学，遂弃古文而转入今文，并赋诗一首："昨日相逢刘礼部，高言大句快无加。从君烧尽虫鱼学，甘作东京卖饼家。"此后，他虽然长期不被重用，却不忘关怀世变，以"但开风气"的人物自命，参加林则徐和魏源等人的"宣南社"，以救亡图存为己任。1839年，他愤然南下，就丹阳云阳书院教席，适逢林则徐奉诏禁烟，乃撰《送钦差大臣侯官林公序》赠之，提出禁烟十项建议。两年后于书院暴卒，享年五十岁。

龚自珍一生关心国家民族命运，直言无隐，常因伤时骂坐之语而与世相忤，时人称为"怪物"和"狂士"，有诗曰："侧身天地本孤绝，矧乃气悍心肝淳。欹斜谑浪震四坐，即此难免群公瞋。"虽遭权贵仇视、诋毁甚至陷害，仍不改其行，宣称："大言不畏，细言不畏，浮言不畏，狭言不畏。"后儒评价说："近数十年士大夫诵史鉴、考掌故、慷慨论天下事，其风气实定公开之。"龚自珍的思想锋芒，首先集中在对腐朽政治和社会危机的揭露和批判上。他指出，社会充满了危机，而高居要职的大官僚们却只知保其禄位，不顾国计民生，一个个腐化无能，若行尸走肉，这都是腐朽的封建官僚制度和封建皇帝之罪，因此大力呼唤重振乾坤者出现："九州生气恃风雷，万马齐喑究可哀。我劝天公重抖擞，不拘一格降人才！"他根据公羊学理论，把一个朝代的历史分为治世、衰世和乱世三个阶段，认为当时的清王朝已进入"日之将夕，悲风骤至，人思灯烛，惨惨目光，吸饮暮气，与梦为邻"的衰世，因而主张更法和改革："一祖之法无不敝，千夫所议无不靡，与其赠来者以劲改革，孰若自改革？"他认为，任何事物都有立与反、顺与逆的矛盾。"万物一而立，再而反，三而如初。天用顺教，圣人用逆教。""乱，顺也；治乱，逆也。"只有承圣人之逆教，才能拨乱反正，使天地从无序恢复有序。他说："天地，人所造，众人自造,非圣人所造。""众人之宰,非道非极,自名曰我。"主张用陆王心学和禅宗的大我精神来改天换地。由于找不到变革社会的依靠力量,龚自珍晚年发心成佛,希望凭借无边法力来普渡众生。他说:"报大仇,医大病,解大难,谋大事,学大道,皆以心之力。"幻想靠佛教所谓心力和佛法来改造社会,这成为晚清改良思想家的共同特点。

魏源(公元1794—1857年),字默深,湖南邵阳人,曾任州县官和地方督抚的幕僚,筹议过漕运、水利、盐政等实务,编写的《皇朝经世文编》《圣武记》《海国图志》产生了巨大影响。俞樾说:"《皇朝经世文编》数十年来风行海内,凡讲求经济者无不奉此书为矩矱,几于家有其书。"《圣武记》总结清朝开国以来军事、政治的经验教训,为朝廷提供对付"英夷"的历史借鉴,并谋求改弦更张之策。龚自珍手书楹帖评价道:"读万卷书,行万里路;综一代典,成一家言。"《海国图志》皇皇百卷八十余万言,有地图七十五幅、西洋船炮器艺图五十七页,是当时中国乃至整个东亚地区内容最丰富的世界知识百科全书,不但对中国,而且对日本都产生了深远影响。魏源说:"是书何以作?曰:为以夷攻夷而作,为以夷款夷而作,为师夷长技以制夷而作!""何以异于昔人海图之书?曰:彼皆以中土人谈西洋,此则以西洋人谈西洋也。"他编撰此书的根据是《孙子兵法》中"知彼知己"的军事辩证法:"同御一敌,而知其形与不知其形,利害相百焉;同一款敌,而知其情与不知其情,利害相百焉。"可惜的是,魏源晚年遭河南总督杨以增奏劾而革职,辞归兴化,潜心于佛学,竟以"扫地焚香坐,心与灰皆冷"的佛徒生活告终。

魏源的新儒学理论,已经有了矛盾普遍性和矛盾主要方面的思想。他说:"天下物无独必有对,而又谓两高不可重、两大不可容、两贵不可双、两势不可同,重、容、双、同必争其功。何耶?有对之中必一主一辅,则对而不失为独。"正是普遍存在的矛盾及其主次方面的"争功"推动着事物的转化:"暑极不生暑而生寒,寒极不生寒而生暑;屈之甚者伸必烈,伏之久者飞必决。故不如意之事,如意之所伏也;快意之事,忤意之所乘也。消与长聚门,祸与福同根。""不乱离,不知太平之难;不疾痛,不知无病之福。故君子于安思危,于治忧乱。"据此,他提出更化变古的政治思想:"何不借风雷,一壮天地颜!"认为"后世之事,胜于三代""变古愈尽,便民愈甚",主张"以实事程实功,以实功程实事"。在知行问题上,他继承前儒传统,认为行比知更重要,人的一切知识和才能都从实践经验得来。他说:"及之而后知,履之而后艰,乌有不行而能知者乎!披五岳之图以为知山,不如樵夫之一足;谈沧溟之广以为知海,不如估客之一瞥;疏八珍之谱以为知味,不如庖丁之一啜。"

魏源也因为找不到变革社会的物质力量而求助佛学,认为"一切有为,皆不足恃,惟此横出三界之法,乃我佛愿力所成"。他晚年参禅入定颇有感触,表现了归趋陆王心学的倾向。他说:"灵光如日,心也;神光如月,目也。光明聚则生,散则死;寤则昼,寐则夜;全则哲,昧则愚。……故光明者,人身之元神也。神聚于心而发于目,心昭于万事,目照于万物。……诚能心不受垢如目之不受尘者,于道几矣。回光反照,则为独知独觉;彻悟心源,万物备我,则为大知大觉。"这一颓废倾向成了后来"现代新儒家"重新援佛入儒、发挥陆王心学的先导。

早在清初,顾炎武和黄宗羲即倡导"经世致用"之学,但被清朝的封建专制主义扼杀了。龚自珍和魏源重倡经世之学,实有开风气之功。梁启超说:"晚清思想之解放,自珍确与有功焉。光绪间所谓新学家者,大率人人皆经过崇拜龚氏之一时期。初读《定庵文集》,若受电然。""新思想之萌蘖,其因缘固不得不远溯龚魏。"后儒无不肯定龚、魏二人对新学的开创之功。

二、新学之盛

龚自珍、魏源之后，经过太平天国运动，到十九世纪七八十年代，中国社会兴起了新兴资产阶级改良思潮。改良思潮的早期代表王韬、马建忠和薛福成等初步提出了改革政治和发展工商业的主张，但仍限于"取西人之器数之学以卫吾尧舜禹汤文武周孔之道"，他们强调："夫孔子之道，人道也；人类不尽，其道不变。"到八九十年代，改良思潮进一步发展，郑观应著《盛世危言》，何启和胡礼垣著《新政真诠》，不但在经济上要求发展民营工商业，而且在政治上要求建立议院制君主立宪政体。他们一方面批判旧学，讲求西学，另一方面主张"道本器末"、"中学为本，西学为末"。郑观应说："道为本，器为末；器可变，道不可变；庶知可变者，富强之权术，而非孔孟之常经。""中学其本也，西学其末也；主以中学，辅以西学，知其缓急，审其变通，操纵刚柔，洞达政体，教学之效，其在兹乎。"到十九世纪末，改良思潮最终发展为资产阶级维新变法运动。1898年的戊戌维新变法既是一场爱国救亡运动，也是一场儒教革新运动。维新运动的领袖人物康有为、谭嗣同和梁启超等都对儒学的改革创新作出了重要贡献。

康有为的公羊学和大同理想

康有为（公元1858—1927年），原名祖诒，字广厦，号长素，又号更生，广东南海人。出身于"以理学传家"的封建官僚地主家庭，深受程朱理学浸染。十八岁从学于朱次琦，乃"谢绝科举之文""以经营天下为志"。朱次琦以程朱为主而间采陆王，康有为则独好陆王，以为心学"直捷明诚，活泼有用"，并由心学入佛学，深受影响。他还广泛阅读西学书籍，认为"西人治国有法度，不得以古旧之夷狄视之"。1882年上京应试，目睹上海经济之繁荣景象，更觉西人治术有本，入西学愈深。1888年，康有为首次上书光绪帝，提出变法图强主张。第二年会见公羊学家廖平，阅其《知圣》《辟刘》等书，遂受其三世三统和更化改制思想的影响，转向了今文学。1891年，他发表著名的新儒学著作《新学伪经考》，认为守旧派所依据的古文经典全属汉代刘歆伪造，断不可信，引起极大震动。这是近代史上公然否定程朱理学的壮举，从此，被清朝统治者奉为神明的程朱理学成为儒生们可以任意批评的对象，思想解放的进程大大加快了。1895年，中国在中日甲午战争中失败，康有为发动了著名的"公车上书"，反对丧权辱国的马关条约，提出"拒和""迁都""变法"三项主张，震动了朝野。在此后的三年内，他先后五次上书光绪帝，草拟了许多奏折，提出一系列维新变法的具体措施。同时，他还根据托古改制的公羊三世说写成《孔子改制考》《春秋董氏学》《礼运注》等书，为资产阶级维新变法提供理论根据。变法失败后，康有为流亡海外，著《大同书》，辛亥革命后发表。

康有为的新儒学思想首先表现在"新公羊学"中。保守派批评说："今之公羊学又非汉之公羊学也，汉之公羊学尊汉，今之公羊学尊夷。"说明了康有为新儒学思想的进步性。康有为首先批评被统治者奉为正统的乾嘉汉学和程朱理学，认为它们或破碎或高深，不切人道，主张用经世之学取而代之。他说："孔子曰'吾非斯人之徒而孰与？'既不能不与，则同其患，当经营之。""六经为有用之书，孔子为经世之学。"他所说的经世，是指改制，也就是变法："改者，变也；制者，法也。盖谓孔子为变法之圣人也。"他所谓的致用，"一曰定宪法以出政治，二曰明格致以兴艺学"，就是建立君主立宪制，发展资本主义和近代科学。

康有为说："孔子虽有六经，而大道萃于《春秋》。……《春秋》微言大义，多在《公羊》。""《春秋公羊》之学，董子及胡母生传之。""《春秋》所以宜独尊者，为孔子改制之迹在焉。《公羊》《繁露》所以宜专信者，为孔子改制之说在也。"他理解的孔子改制之说，是指三世三统理论。他说："三统者，谓夏商周三代不同，当随时因革也。""三世者，谓据乱世、升平世、太平世，愈改而愈进也。"这实际上是一种历史进化论。梁启超说："中国数千年学术之大体，大抵皆取保守主义，以为文明世界在于古时，日趋而日下。先生独发明《春秋》三世之义，以为文明世界在于他日，日进而日盛。盖中国自创意言进化学者，以此为嚆矢焉。"

早在十九世纪八十年代，康有为即形成了从宇宙创生到地球形成乃至动植人类出现的自然进化观。归宗今文学以后，进一步形成了社会历史的进化观。他说："三世为孔子非常大义，托之《春秋》以明之。""《春秋》发三世之大义，有据乱之世，有升平之世，有太平之世，道各不同。……乱世者，文教未明也；升平者，渐有文明，小康也；太平者，大同之世，远近大小如一，文教全备也。……乱世之法，人王总揽事权；升平之世，人主垂拱无为；太平之世，一切平等，贬及天子，无王可言。据乱为大农之世，升平为大工之世，太平为大商之世。每变一世，则愈进于仁。仁必去其抑压之力，令人人自立而平等，故曰升平。至太平则人人平等，人人自立，远近大小若一，仁之至也。"关于进化的动力，他认为是事物内部的矛盾，是苦与乐的矛盾。"二者交觉而日益思为求乐免苦之计，是为进化。"不过，他主张进化应该以和平渐进的方式进行，反对斗争和躐等。他说："然其争也，雍容揖逊乃如此，则其争也君子，而非若小人之争也。盖争之极，则杀戮从之；若听其争，大地人类可绝也。""故争之害，圣人预防之；而争之礼，圣人特设之。"又说："生当乱世，道难躐等。虽默想太平，世犹未升，乱犹未拨，不能不盈科乃进，循序而行。若乱次以济、无翼以飞，其害更甚。"既欲变革，又不想斗争，在当时的情况下只能是幻想。康有为后来反对革命，便与这种渐变改良的思想有关。

康有为新公羊学三世进化史观的最终目标，是实现太平世大同社会的美好理想。他认为，"人情之自然，食色也……人性之自然，喜怒哀乐无节也"。人禀阴阳之气而生，自然能食味辨色，自然有喜怒哀乐，这就是孔子所谓"性相近"，这说明人性是平等的。除了食色喜怒之外，还有仁爱之心。"人道者，因天道而行之者也，有以发挥舒畅其质则乐，窒塞闭抑其欲则郁。""故圣人一切皆因人情以为教。"现实世界充满无量不可思议的痛苦，"总诸苦之根源，皆因九界而已"，"一曰国界，分疆土部落也；二曰级界，分贵贱清浊也；三曰种界，分黄白棕黑也；四曰形界，分男女也；五曰家界，私父子兄弟夫妇之亲也；六曰业界，私农工商之产也；七曰乱界，有不平、不通、不同、不公之法也；八曰类界，有人与鸟兽虫鱼之别也；九曰苦界，以苦生苦，传种无穷无尽，不可思议"。按照人性去苦求乐和圣人因人情为教的原则，他主张破除九界以成大同：一去国界合大地，二去级界平民族，三去种界同人类，四去形界保独立，五去家界为天民，六去产界公生业，七去乱界治太平，八去类界爱众生，九去苦界至极乐。

他对大同社会的描绘相当具体，大致是在现代化大生产基础上实行公有制，全球一家，人人独立自主，以劳取酬，共享平等，鳏寡孤独皆有所养，人的欲望全面满足，人的潜能和价值充分展示。他说："吾采得大同太平、极乐长生、不生不灭、行游诸天、无量无极之术，欲以度我全世界之同胞，而永救其疾苦焉，其惟天予人权、平等、独立哉？"又说："于是时，无邦国，无帝王，人人相亲，人人平等，天下为公，是谓大同。"然而，他既然反对人民群众的革命行动，所谓的大同便只能是资产阶级改良主义的空想。他说："普大地杀戮变乱之惨，未有若近世革命之祸酷者矣。"他把《大同书》写好后"秘不以示人"，就是担心它可能激起劳苦大众的革命热情。"民愚不知公天下之义则已耳，既知之，则富贵崇高者众之所妒，事权尊一者众之所争也。"他的幻想是，先行维新变法变封建君主专制为资产阶级君主立宪，再慢慢尽削君权，乃至"徐徐尽废而归于大同"。随着革命形势的发展，他便渐趋保守和反动。

谭嗣同的新仁学和激进主张

康有为在发挥儒家公羊学大义和大同理想时，也把近代自然科学的新成果引入传统儒学之中，建立了具有近代色彩的资产阶级新儒学自然观，开创了儒学新形态。他把儒家的元气、仁心和西方的电气、星云等概念杂糅在一起，用以解释宇宙自然的演化和人类社会的演进，进而导出其变法主张和大同理想。受其启发，谭嗣同进一步建立了以仁与以太为核心的资产阶级启蒙思想体系，以便冲决封建主义的重重罗网，为变法维新清除思想障碍。

谭嗣同（公元1865—1898年），字复生，号壮飞，湖南浏阳人，出身于官僚地主家庭。五岁读书，十岁拜浏阳著名学者欧阳中鹄为师，主要习考据、辞章之学，走科举考试道路，但后来却六赴南北省试而不第。十二岁时与母同染白喉症，母亲去世，他则"假死三日，仍更苏"，父亲因此为他取字复生。生母死后，父亲的小妾虐待他，使他"备极孤孽苦"。他后来回忆说："吾自少及壮，遍遭纲伦之厄，涵泳其苦，殆非生人所能任受，濒死累矣，而卒不死。由是益轻其生命，以为块然躯壳，除利人之外，复何足惜；深念高望，私怀墨子摩顶放踵之志矣。"后结识专以"锄强扶弱为事"的著名侠客大刀王五，与他学习单刀和剑术。二十岁时开始为期十年的漫游生活。"策我马，曳我裳，天风终古吹琅琅。何当直上昆仑巅，旷观天下名山万迭来苍莽。"其间令他感受最深的是："风景不殊，山河顿异；城郭犹是，人民复非。"

1894年，谭嗣同迈入而立之年，清政府在中日海战中的惨败使他的思想发生很大变化。他说："三十以后，新学洒然一变，前后判若两人。三十之年，适在甲午，地球全势忽变，嗣同学术更大变。"1895年，因为马关条约和公车上书的刺激，谭嗣同开始投入维新变法运动。他以为变法须"以教贤才为急务"，教学内容应以"算学格致"为主，因而在浏阳成立了"算学社"。1896年，谭嗣同离开湖南北游访学，通过梁启超的介绍结识了康有为，得闻公羊学的"一切微言大义"，遂自称为康的"私淑弟子"。8月，到南京就候补知府，并跟杨文会学佛。同时"颇思共相发明，别开一种冲决网罗之学"，这就是那篇著名的启蒙著作《仁学》。

1897年，谭嗣同到长沙创办时务学堂和矿务局。第二年春，又成立南学会，宣传新学、培养人才，并兼作地方议会，同时还创办了《湘报》。6月，光绪帝接受康有为建议，下了定国是诏。9月，谭嗣同入京，任四品卿衔军机章京，同时与杨锐、林旭、刘光第参与新政，称军机四卿。13日，光绪帝密诏康有为称"朕位几不保"。谭嗣同主张请新建军督办袁世凯相助，于是深夜探访，约定由袁杀荣禄以除旧党，结果被出卖，慈禧再度训政，光绪遭禁，"六君子"被捕。被捕前一日，日本友人劝其东游避难，但谭嗣同决心用自己的鲜血唤醒民众，说："各国变法，无不从流血而成，今日中国未闻有因变法而流血者，此国之所以不昌也。有之，请自嗣同始！"被捕后题诗狱壁道："望门投止思张俭，忍死须臾待杜根。我自横刀向天笑，去留肝胆两昆仑！"临死时还说："有心杀贼，无力回天，死得其所，快哉快哉！"从容就戮。

谭嗣同的表现，说明维新志士已有由改良向革命转变的倾向，他的光荣牺牲对后来的资产阶级革命起了极大的鼓舞作用。辛亥志士、后来成为现代新儒家哲学奠基人的熊十力说："昔儒颂乐汉名节，清季党人益张之，差有其风。戊戌政变，谭康诸子蹀血，同盟会兴，益踔厉敢死矣。"这是后儒对谭嗣同之儒行和名节的重要肯定。

中国资产阶级要维新变法，改革封建专制制度，就必须冲破几千年封建纲常名教的重重网罗。谭嗣同说："网罗重重，与虚空而无极。初当冲决利禄之网罗，次冲决俗学若考据、若辞章之网罗，次冲决全球群学之网罗，次冲决君主之网罗，次冲决伦常之网罗，次冲决天之网罗，次冲决全球群教之网罗，终将冲决佛法之网罗。"他的新仁学就是为冲决网罗而建的。

"仁"是中国儒学最重要的概念，孔子讲仁心，孟子讲仁政，朱熹讲仁生，康有为提出仁本思想。谭嗣同根据维新变法需要，又把自由、平等、博爱等新思想注入其中，使它们成为中国近代资产阶级新儒学的核心范畴。他对"仁"作出五种规定：（1）仁以通为第一义；（2）智慧生于仁；（3）仁为天地万物之源；（4）仁者，寂然不动，感而遂通天下之故；（5）不生不灭，仁之体。这五义之中最重要的是"通","通"又有四义:(1)中外通、上下通、男女内外通、人我通;(2)通之相为平等;(3)"仁一而已,凡对待之词,皆当破之";(4)"平等者,致一之谓也;一则通矣,通则仁矣。"通就是变封建专制为资产阶级民主,也就是仁。为了说明仁的变通之义,谭嗣同又引进西学中的"以太"概念。他说:"以太也,电也,心力也,皆指出所以通之具。""以太也,电也,粗浅之具也,借其名以质心力。"他要求:"学者第一当认明以太之体与用,始可与言仁。"什么是以太之体与用呢?他说:"遍法界、虚空界、众生界,有至大至精微,无所不胶粘、不贯洽、不管络,而充满之一物焉,目不得而色,耳不得而声,口鼻不得而臭味,无以名之,名之曰以太。"以太显于用就是仁,也就是资产阶级的人性。

谭嗣同把《周易》中"天地日新"的辩证发展观作为维新变法的理论基础,其哲学根据就是以太本身的辩证性质。他说:"日新乌乎本?曰:以太之动机而已矣。""以太之动机,以成乎日新之变化,夫固未有能遏之者也。"以太之动机,又是怎么具体地造成天地万物的日新变化呢?他通过比喻来形象地表达了对立面的同一和斗争导致事物发展变化的辩证法:"独不见夫雷乎?虚空洞杳,都无一物。忽有云雨相值,则含两电,两则有正有负,正负则有异有同,异则相攻,同则相取,而奔崩轰訇发焉。宇宙为之掀鼓,山川为之战撼,居者愕眙,行者道仆,懦夫孺子掩耳而良久不怡,夫亦可谓暴矣。然而继之以甘雨,扇之以和风,雾豁天醒,霾敛气苏,霄宇轩昭,大地澄涤,三辰晶英于上,百汇孚甲振奋于下,蜎飞蠕动,雍容任运而自得,因之而时和,因之而年丰,因之而品汇亨通,以生以成。夫孰非以太之一动,而由之以无极也?斯可谓仁之端也已!"这段以太之体通过辩证运动达到其用之仁的生动描绘,说明谭嗣同已有由改良转向革命的倾向。

在谭嗣同看来，那个时代的主要矛盾是"变"与"不变"的冲突，这个矛盾必须解决。他说："反乎逝而观，则名之曰日新。孔曰：'革去故，鼎取新'。又曰：'日新之谓盛德'，夫善至于日新而止矣。"他先从理论上说明变的必要性："天不新，何以生？地不新，何以运行？日月不新，何以光明？四时不新，何以寒暑发敛之迭更？草木不新，丰缛者歇矣；血气不新，经络者绝矣；以太不新，三界万法皆灭矣。"然后用现实的危机说明势在必变："外患深矣，海军熸矣，要害扼矣，堂奥入矣，利权夺矣，财源竭矣，分割兆矣，民倒悬矣，国与教与种将偕亡矣。"怎么办呢？"唯变法可以救之！"他认为，变法的最大障碍是封建的纲常名教和君主专制，所以他对之展开了猛烈的攻击："二千年来之政，秦政也，皆大盗也；二千年来之学，荀学也，皆乡愿也。惟大盗利用乡愿，惟乡愿工媚大盗，二者交相资，而罔不托之于孔。"他指出："中国积威刑以箝制天下，则不得不广立名为箝制之器"，于是"上以制其下，而不能不奉之，则数千年来，三纲五伦之惨祸烈毒，由是酷焉矣。……独夫民贼，固甚乐三纲之名，一切刑律制度皆依此为率，取便己故也"。其结果，"二千年来，君臣一伦尤为黑暗否塞，无复人理，沿及今兹，方愈剧矣"，"君臣之祸亟，而父子、夫妇之伦遂各以名势相制为当然矣"。于是，君以名桎臣，官以名轭民，父以名压子，夫以名困妻，兄弟、朋友各挟一名以相抗拒，致使仁义不存，大道不行，天地否塞，人理全无。

为此，谭嗣同提出君民契约论和民本君末论，为资产阶级革命制造根据："生民之初，本无所谓君臣，则皆民也。民不能相治，亦不暇治，于是共举一民以为君。夫曰共举之，则非君择民，而民择君也……夫曰共举之，则且必可共废之。"他还说，君是为民办事的，臣是助君办事的，"事不办而易其人，亦天下之通义也"。为此，他提出十分激进的革命主张："法人之改民主也，其言曰：'誓杀尽天下之君主，使流血满地球，以泄万民之恨！'汤武革命，顺乎天而应乎人。以时考之，华人固可以奋矣。华人慎毋言华盛顿、拿破仑矣，志士仁人求为陈涉、杨玄感，以供圣人之驱除，死无憾焉。若其机无可乘，则莫若为任侠，亦足以伸民气、倡勇敢之风，是亦拨乱之具也。"谭嗣同新仁学思想的深刻性和激进性，在中国儒家历史上是空前的。

梁启超的新民说和道德理想

儒家经典《大学》云："大学之道，在明明德，在亲民，在止于至善。"所谓大学之道，就是儒家的内圣外王之道，是对整个儒学规模的总概括。所谓明明德，就是发明人和天地万物的共同本体。亲民之"亲"，朱熹释为"新"，作动词用，"使其新"之意。"至善"是指理想境界。谭嗣同的新仁学详说本体，可谓"明明德"；梁启超的新民说讲国民性改造，亦属内圣范畴；康有为的大同理想则是要达到外王的"至善"境界。维新三大儒分别从不同方面完成了近代资产阶级新儒学的理论建构。但是，三人的思想有一个共同缺陷，就是缺乏达到"至善"境界的有效手段。梁启超的新民说要求突破封建儒学的旧人格，用资产阶级儒学的新人格取而代之，在中国近代史上首次提出国民性改造问题，直到今天仍不失其现实意义。

梁启超（公元1873—1929年），字卓如，号任公，又号饮冰室主人，广东新会人。五岁识字，六岁读完五经，九岁能写《千字文》，被誉为神童。十一岁中秀才，补博士弟子员，受到广东学政叶大焯赏识。十二岁入广州学海堂就读，十六岁中举，成为新会县远近闻名的少年才子。1890年师事康有为，受其熏陶达四年，入新学之门。梁启超回忆说："时余以少年科第，且于时流所推重之训诂辞章学颇有所知，辄沾沾自喜。先生乃以大海潮音作狮子吼，取其所挟持之数百年无用旧学更端驳诘，悉举而摧陷廓清之。自辰入见，及戌始退，冷水浇背，当头一棒，一旦尽失其故垒……自是决然舍去旧学，自退出学海堂，而间日请业南海之门，生平知有学自兹始。"

1894年6月，梁启超随师赴京参加会议，正值甲午战事，目睹亡国之危，遂厌科举，投入变法维新的时代潮流之中。1895年4月，签订马关条约的消息传到北京，梁启超协助康有为发动了著名的"公车上书"，引起极大震动。1896年，梁启超在上海主编《时务报》，为维新变法制造舆论，强调"变亦变，不变亦变"，引起极大反响。据说："当时《时务报》盛行，启超名重一时，士大夫爱其语言笔札之妙，争礼下之。自通都大邑，下至僻壤穷陬，无不知有新会梁氏者。"1897年10月，梁启超到湖南时务学堂任总教习，为新政培养人才。1898年6月，光绪帝采纳维新派建议，宣布变法，并亲自召见梁启超，赐与六品卿衔，命其承办大学堂译书局事务。9月，变法失败，"六君子"喋血街头，康、梁亡命日本。

东渡日本后，梁启超先后创办《清议报》和《新民丛报》，发表《新民说》《新史学》《新小说》等著作，产生极大影响，被誉为"舆论界骄子"。随着资产阶级革命浪潮的高涨，梁启超渐趋保守，成为革命派的对立面。辛亥革命后，梁启超一度投靠袁世凯和段祺瑞，但也参加倒袁运动和反张勋复辟。1917年宣布退出政界，专心致力于学术研究，曾任清华、南开等大学教授，取得极高学术成就。1929年1月19日，梁启超在北京去世，享年56岁。

早在戊戌变法时期，严复就根据进化论思想提出中国要富强必须"鼓民力、开民智、新民德"。受其启发，梁启超在变法失败后得出这样的结论："欲维新吾国，当先维新吾民。"因此创办《新民丛报》，发表《新民说》，"务采合中西道德，以为德育之方针；广罗政学理论，以为智育之原本"。他所谓的"新民"，有两层意思：当名词解，是指适应资本主义社会的新型儒家人格；当动词解，是指用这种新的人格学说对民众做启蒙工作，使他们从封建旧道德中解放出来，成为现代社会的新型公民。梁启超指出，数千年来，在封建专制制度下，统治者以民为奴隶、为妇妾、为机器、为盗贼，造成了民众爱国心淡薄、公德缺乏、奴性严重、缺乏独立自主精神、愚昧、保守、怯懦、缺乏进取冒险精神等劣根性。如果这种国民性得不到改造，国家和社会的改造将永无希望。他说："国也者，积民而成"，"未有其民愚陋、怯弱、涣散、混浊，而国犹能立者"，所以"欲其国之安富尊荣，则新民之道不可不讲"。

梁启超所倡导的新民，主要有独立自由、利群爱国和进取冒险等特点，是兼采中西的产物。他倡导独立自由，是为了反对依附和奴性，以求个性解放。他说：自由者，对于奴隶性而言之。奴隶性不除，中国万不能立于世界万国之间。"言自由者无他，不过使之得全其为人之资格而已。质而论之，即不受三纲之压制而已，不受古人之束缚而已。"又说："吾犹忧乎人人不自尊，而此四百兆人者，且自以奴隶牛马为受生于天之分内事，而此种自屈辱以倚赖他人之劣根性，今日施诸甲，明日即可以施诸乙；今日施诸室内，明日即可以施诸路人，施诸仇敌。"总之，"凡国之立于天地，必有其所以立之特质。……不然，脱崇拜古人之奴隶性，而复生出一种崇拜外人、蔑视本族之奴隶性"。他呼吁民众必须去除自己心中的奴隶性格，"勿为古人之奴隶，勿为世俗之奴隶，勿为境遇之奴隶，勿为情欲之奴隶"，做独立自主的自由人。

同时，梁启超还认为，我国民众不但要有独立自由的新人格，而且要有利群和爱国等公德。他说："有独立之性也，有合群之性也"，"凡一群之中，必其人皆有可以自立之道，然后以爱情自贯联之，以法律自部勒之，斯其群乃强有力；不然，则群虽众，而所依赖者不过一二人，则只能谓之一二人，不能谓之群也"。又说："群也者，实以为我、兼爱之两异性，相和合而结构之。""善能利己者，必先利其群，而后己之利亦从而进焉。""以一身对于一群，常肯绌身而就群；以小群对于大群，常肯绌小群而救大群。夫然后能合内部固有之群，以敌外部来侵之群。"总之，"知有公德，而新道德出焉矣，而新民出焉矣"。

此外，梁启超还从进化论推出了新民应该有进取冒险精神的思想。他说："进化者，天地之公例也。""天下无中立之事，不猛进斯倒退矣。""欧洲民族所以优强于中国者，原因非一，而其富于进取冒险之精神，殆其尤要者也。"他指出，禽兽和野蛮人是饥则求食、饱则嬉焉，知有今日而不知有明日；文明人则不同，他们总是不满足现状，而寄希望有明日。所以，吾人绝不可保守不前。"保守今日，故进取之念消；偷安今日，故冒险之气亡。若此者，是弃其所以为人之具，而自侪于群动也。"他还认为，自然界不会主动满足人的需要，人必须进取和奋斗才能自安自存。"人治者，常与天行相搏，为不断之竞争者也。""人之一生，如以数十年行舟于逆水中，无一日而可以息。"只有不断进取和经历险难，才能自立于不败之地。

如何才能成为新民呢？梁启超强调要自新。他说："新民云者，非新者一人，而新之者又一人也，则在吾民之各自新而已。孟子曰：'子力行之，亦以新子之国。'自新之谓也，新民之谓也。""《大学》曰：'作新民'。能去其旧染之污者谓之自新，能去社会旧染之污者谓之新民。若是者，非悔末由。悔也者，进步之原动力也。"关于自新的具体内容，他主张要把旧道德中的积极成分和外来道德中的有用成分结合起来，反对搞民族虚无主义和全盘模仿西方。他说："新民云者，非欲吾民尽弃其旧以从人也。新之义有二：一曰淬厉其所本有而新之，二曰采补其所本无而新之。二者缺一，时乃无功。"

梁启超提倡新道德，实质是用资产阶级新道德革封建旧道德的命，阻力很大，但他充满信心和勇气。他说："道德革命之论，吾知必为举国之所诟病，顾吾特恨吾才之不逮耳，若夫与一世之流俗人挑战决斗，吾所不惧，吾所不辞。"这正是"新民"道德的体现。他指出："德也者，非一成而不变者也（吾此言颇骇俗……），非数千年前之古人所立一定格式以范围天下万世者也。"所以，他要"发明一种新道德，以求所以固吾群、善吾群、进吾群之道"。

他认为，他所发明的新道德是从人的本性中引申出来的，符合儒家精神。他说："天生人而使之有求智之性也，有独立之性也，有合群之性也"，"苟欲言道德也，则其本原出于良心之自由"。又说："进取冒险之性质何物乎？吾无以名之，名之曰浩然之气。孟子释浩然之气曰：'其为气也，配义与道。无是，馁也'。又曰：'是集义所生者，非义袭而取之也；行有不慊于心，则馁矣'。故此性质者，人有之则生，无之则死；国有之则存，无之则亡。"这是说新民道德是儒家道德在当代的合理发展。

梁启超的新民说，是近代资产阶级新儒家对现代中国新人格的第一次探索和第一个学说，是封建旧儒学内圣外王之道在现代的一个新发展，对现代中国人的新道德产生了深刻影响。

三、儒学之衰

戊戌维新失败后，中国资产阶级的改良主义很快就被民主革命所取代。十九世纪后期，风雨飘摇中的清政府为了实现洋务派所谓的"师夷之长技以制夷"设想，开始选派年轻聪慧的儒生留洋学艺。可是这些儒生们不但学来了"夷技"，而且学来了"夷道"，从而造成了儒家新学的"消化不良"，并最终导致儒家新学阵营分化瓦解，使儒学走向衰落。

严复：第一批留洋的中国儒生

严复（公元1854—1921年），又名传初、宗光，字又陵、几道，福建侯官人。出身于受人尊敬的书香家庭，父亲严振先从事医业，在当地有一定声誉。严复自幼聪敏过人，十岁时父亲为他请了一位名叫黄少岩的老师。黄师的特点是汉宋兼综，这对严复产生了一定影响。十三岁时，父亲去世，家庭生活失去依靠，老师离去。经同乡沈葆桢推荐，严复进入福州船政学堂的海军学校学习。入校考试的题目是《大孝终生慕父母》，严复的作文很出色，获得了第一名。这使他被特许在造船学校和驳船学校之间任意选择。他选择了驳船学校，这里通行英语和英国教育。在驳船学校，严复学习了英语、算术、几何、代数，及物理学、化学、地质学、天文学、航海学等课程。从汉学考据中得到训练的精确性和规范性，使严复对西方的科学技术产生了浓厚兴趣。五年之后，严复以优异的成绩毕业，接着是出航实习。

光绪三年（公元1877年），严复作为清政府派出的第一批留欧学生到英国学习海军。强烈的责任感和使命感使他无法安心于某些具体知识的学习。正如一位美国学者所指出的："在派到国外学习某个特殊领域的'实用'知识的学生中，最有才华的那些人，很少有适宜的心境去专心于他们选定的业务领域的学习。东道国的富裕强盛与中国的极为令人不满的一般状况之间的对比，不可避免地把他们的注意力转向一般问题。严复到英国时，似乎就已经在苦苦地思索着以什么作为自己以后研究的基础。这不是他自己提出来的问题，这是一个包括他在内的所有'洋务'专家最关切的问题。西方富强的秘诀在哪里？特别是，大英帝国富强的秘诀在哪里？正是这种炽烈的关注而不是无所事事的好奇心，促使严复如饥似渴地钻研英国的政治、经济和社会制度，并且在后来，促使他完全投身于对当代英国思想的前所未有的研究中去。"

严复后来回忆其留学期间的情况说："犹忆不佞初游欧时，尝入法庭，观其听狱，归邸数日，如有所失。尝语湘阴郭先生（注：郭嵩焘，当时为清朝驻英国公使），谓英国与诸欧之所以富强，公理日伸，其端在此一事。先生深以为然，见谓卓识。"这就是说，他把资产阶级的司法制度看成英国富强的根本原因。两年后，严复留学归来，被李鸿章任命为北洋水师学堂总教习、会办、总办等职，前后达二十余年。严复虽然是洋务派培养起来的新学知识分子，但他对所谓洋务运动早已失去信心。在他看来，富国强民的关键不在于学习西洋的"技艺"，而在于学习其所以富强之"道"。

甲午战争后，民族危机加深，严复再也无法沉默了。他开始发表《原强》《辟韩》《救亡决论》等一系列文章，抨击时政，介绍西学，鼓吹改革，批判"中体西用"的洋务理论。《原强》根据孟德斯鸠的三权分立说，认为"三权"的精神即"以自由为体，以民主为用"，这是西方国家之所以富强的关键所在。严复指出，洋务派只看到外国的汽机兵械，这只是其"形下之粗迹"，并非西国命脉所在。西国富强的关键是"于学术则黜伪而崇真"，即西方的自然科学、逻辑学和政治经济学；"于刑政则屈私以为公"，即资本主义制度和经济政策。因此，要救国，就须介绍西学，就须变法。他用三年时间翻译了亚当·斯密的政治经济学著作《原富》，认为其中的经济自由思想是同哥白尼、牛顿的天文学一样不可抗拒的客观规律。这是中国人第一次把西方资产阶级政治经济学介绍到中国。严复介绍的另一本西学名著是《天演论》。他尤其重视达尔文进化论中生物的生存竞争和适者生存思想，认为这同样是不可抗拒的客观规律。他说："达尔文者，英之讲动植之学者也……垂数十年而著一书，曰《物种探原》。自其书出，欧美二洲几于家有其书，而泰西之学术政教一时斐变。……其一篇曰：'物竞'，又其一曰：'天择'。物竞者，物争自存也；天择者，存其宜种也。"他希望通过这种理论来唤起中国人自强保种的危机感和勇气。他认为："动植如此，民人亦然。民人者，固动物之类也。"赫胥黎的《天演论》"于自强保种之事，反复三致意焉"，所以他要翻译此书。

继《天演论》和《原富》之后，严复又陆续翻译了许多他认为对于富国强民及改造旧学和政教有用的书。孟德斯鸠的《法意》尖锐抨击西方封建主义生产关系，主张资产阶级政治民主，提出立法、司法、行政三权分立，曾经是法国大革命的重要理论武器。严复翻译此书，客观上促进了中国的资产阶级革命。同时，严复还翻译了约翰·穆勒的《名学》（《逻辑体系》）和耶方斯的《名学浅说》

（《逻辑入门》），首次把西方近代的逻辑思想介绍到中国，对提高中国人的逻辑思维能力起了重要作用。逻辑学"一时风靡，学者闻所未闻，吾国政论之根柢名学理论者，自此始也"。此外，严复还翻译了斯宾塞的《群学肄言》（《社会学研究法》）、穆勒的《群己权界论》（《自由论》）和甄克斯的《社会通诠》（《社会进化简史》）等著作。

在严复的诸译著中，《天演论》产生了极为强烈的影响。《民铎杂志》称："自严又陵介绍了一册《天演论》以后，我们时常在报章杂志上看见一大堆什么'物竞天择'，'优胜劣败'的话。这个十九世纪后半叶新起的学说，居然在半死不活的中国成了日常习用的话。现在的进化论，已经有了左右思想的能力，无论什么哲学、伦理、教育，以及社会之组织、宗教之精神、政治之设施，没有一种不受它的影响。"总之，严复通过有选择地翻译和评点西方近代著作，系统地介绍了西方的科学思维方法和资产阶级社会政治学说，不但为刷新中国旧儒学的思维方式作出了贡献，而且为中国的资产阶级革命提供了有力的舆论工具和思想武器，这是他作为第一批留洋的中国儒生为自己的祖国作出的最大贡献。

严复绝不只是一般的翻译家，他更是一位宣扬近代新思想的资产阶级理论家，对韩愈以来的旧儒学有极严厉的批评。他把韩愈《原道》中神化封建君主的思想作了彻底的颠倒，认为"君也，臣也，刑也，兵也，皆缘卫民之事而后有也。……斯民也，固斯天下之真主也"。他罗列汉学的考据和辞章之学，概括为两个字：无用。他亦罗列宋儒的义理之学，同样用两个字概括：无实。他对汉宋之学的全面否定，最后归结在制艺和科举上。

作为一名新旧转换中的儒生，严复在1885年参加过三年一次的科举考试，但落第了。他后来又努力了三次，皆不成功。"锢智慧、坏心术、滋游手",这是他揭露科举的三大罪状。他指出:"旧学之所以多无补者,其外籀(注:演绎法)非不为也,为之又未尝不如法也,第其所本者,大抵心成之说,持之似有故,言之似成理。嫒姝者以古训而严之,初何尝取其公例而一考其所推概者之诚妄乎?此学术之所以多诬而国计民生之所以病也。"

为此,他大力介绍西方的科学方法论,建立起以进化论为基础的机械唯物主义世界观和认识论,实现了资产阶级新儒家由旧学向新学的彻底转化。他认为,宇宙间充满了物质性的星气,星气按照"翕以聚质,辟以散力"的阴阳规律运动变化,逐步进化出星系、地球及人类。人类历史也不断进化,"世道必进,后胜于今"。历史的发展有其客观规律,圣人只能预见到历史的客观趋势而"裁成辅相"之,却不能左右历史的客观进程。人的认识来源于感觉经验,理性认识的推理方法有内籀(归纳)和外籀(演绎)两种,只有在基于实测万物的元知(感性认识)基础上进行归纳和演绎才能得到可靠的知识。此外,在伦理学上,严复强调功利主义,主张"开明自营",同时具有"背苦趋乐"的快乐主义倾向。

严复建立了中国近代历史上第一个较为纯粹的新学思想体系,这是他作为一名留洋儒生所不同于维新派其他人物的地方。可是,这也成了中国儒家走向衰亡的重要原因。

章太炎:儒家经学的终结

从刘逢禄及其学生魏源和龚自珍开始,中国儒学已经由注重名物考据的乾嘉汉学向强调微言大义的今文经学转变了,但是乾嘉以来的古文经学并未绝迹。在今文经学叱咤风云的同时,仍有大量儒生在进行着汉学考据工作,俞樾便是很著名的一位,他的学生章太炎后来被誉为国学大师，实际上是古文经学的最后一位代表。章太炎同康有为之间的矛盾，既是资产阶级革命派和改良派之间的冲突，也是古文经学和今文经学之间的冲突。章太炎在文学、史学、哲学和小学等各方面皆有很高的造诣和卓越的贡献，是一位经师和革命家合而为一的人物。

章太炎（公元1869—1936年），字枚叔，初名学乘，后名炳麟，浙江余杭人。因钦慕清代儒学开创者顾炎武之学品而改名绛，号太炎。早年从外祖父朱有虔读书，接受了严格的儒学教育。1890年入杭州"诂经精舍"从著名经师俞樾习经，打下了坚实的经学基础。后来，受甲午海战和马关条约刺激，到上海任《时务报》撰述，并加入强学会。不久又任职《经世报》和《昌言报》，宣传维新变法。后虽因与康门弟子发生思想分歧而离开时务报馆，却因参加了维新宣传和强学会而受到通缉，被迫避祸台湾。1899年，他把宣传维新变法的50篇文章集为《訄书》，去日本。在日本，章太炎结识了孙中山，并发表《菌说》一文宣传进化论。回国后，作《客帝匡谬》和《分镇匡谬》两文，反省过去的改良思想，割掉发辫，公开与维新派决裂，完成了由改良派向革命派的转变。1902年重订《訄书》，由赞成维新转变为倡导反清革命，并与改良派展开论战。1903年任教于上海"爱国学社"，为邹容《革命军》一书作序，并发表《驳康有为论革命书》，产生重大革命影响。6月，因"苏报案"被捕入狱。

章太炎入狱后，精心研读《瑜伽师地论》《成唯识论》及因明论典，对佛学产生浓厚兴趣。1906年出狱后，东渡日本。在日本，章太炎加入了同盟会，并任革命派的机关报《民报》主编，大量发表反清革命文章，直到1908年10月《民报》被查禁。接着，他在东京著书讲学，成为一代国学大师。1910年任光复会正会长，主编机关报《教育今语杂识》。辛亥革命爆发后回国，提出"革命军兴，革命党消"的口号，并组织中华民国联合会，任正会长，主编《大共和日报》。

又应孙中山之聘，任总统府枢密顾问；与此同时，逐渐与孙中山产生思想分歧，后来趋向保守。1913年因反对袁世凯被软禁。1914年删去《訄书》中的革命言论，改名《检论》。后来，章太炎也参加了反北洋军阀的护法运动。1924年发表文章反对国共合作和孙中山对国民党的改组。1935年在苏州设立国学讲习会，主编《制言》，直到去世。

章太炎一生的几次思想转变，反映了儒学在近代的命运。他把儒学、西学和佛学思想加以综合以成其宏大体系，"始则转俗成真，终乃回真向俗"，体现了一种由内圣到外王的理路。他的早期思想体现在《訄书》和《儒术真论》之中，把以太看作世界本原，阐发了一种以进化论为基础的唯物主义宇宙观和认识论，大体上沿着严复的路子发展。后来受佛教唯识论影响，以阿赖耶识为宇宙本原，主张用宗教发起信心，增进国民道德，以促革命成功。他说："我所靠的佛祖乃是靠的自心"，"要有这种信仰，才得勇猛无畏，众志成城，方可干得事来"。

中国儒学发展到近代，突出地呈现两种倾向：一是以唯物主义立场大量吸收西学，二是以唯心主义立场公开吸收佛学。宋明儒者曾大量吸收佛、道二教思想，但他们一般都是不公开的，往往是"明挤而暗用"。近代国门被打开后，传统学术受到了西学的强烈冲击，促使儒生们把过去被视为"异端"的佛教和道教当作"中学"同伴，公然援佛、道入儒，表现出旧儒学未曾有过的开放心态。从龚自珍、魏源一直到康、梁、谭，都表现出对佛学与西学兼收并蓄的取向。这一取向发展到章太炎，便表现出明显的体系矛盾。章太炎之后，儒家新学内部的体系矛盾开始显化为外部的派别对立。因为传统的儒学架构无法容纳层次和规模远远高大于它的西方新学，延续两千多年的儒学传统逐渐走向终结，中国的国学随之发生新的变化。

四、国学之变

戊戌维新运动失败后,资产阶级改良派发生分化:以章太炎为代表的激进派转化为革命派,加入了孙中山领导的民主革命阵营;以康有为为代表的保守派转化为保皇派,组成了企图恢复封建帝制的反革命阵营。辛亥革命后,革命派成为主流,保皇派江河日下。在袁世凯复辟闹剧刺激下爆发的新文化运动宣告了儒学作为国学的彻底失败,中国国学发生了两千多年来从未有过的巨变。继承明清气学和近代新学唯物主义传统的马克思主义成为中国新国学的主流,而继承乾嘉汉学传统的实证主义和继承程朱理学与陆王心学唯心主义传统的现代新儒家成为支流。在中国国学由儒学到马克思主义的转变过程中,孙中山和朱执信发挥了重要的桥梁和中介作用。

孙中山:三民主义和知难行易

孙中山(公元1866—1925年),名文,字德明,号逸仙,广东香山县(今中山市)人。出身于农民家庭,幼时干过农活,"早知稼穑之艰难"。十岁入私塾,以读古文为主。后来到檀香山、广州、香港等地学习,接触了西方的自然科学知识和资产阶级政治经济学说,"自是有慕西学之心、穷天地之想"。在香港时曾阅读过史书和英文本四书五经。"文早岁志窥远大，性慕新奇，故所学多博杂不纯。于中学则独好三代两汉之文，于西学则雅癖达文之道（Darwinism），而格致政事亦常浏览。"1885年受中法战争刺激，始立"倾覆清廷，创建民国"之志。1894年曾上书李鸿章，未得理会。遂成立兴中会，提出"驱除鞑虏，恢复中国，创立合众政府"的革命口号。1905年又提出"驱除鞑虏，恢复中华，创立民国，平均地权"的十六字口号。

1905年10月20日，孙中山在《民报》发刊词中正式提出民族、民权、民生的"三民主义"，成为资产阶级民主革命的基本纲领。所谓民族主义，是"不愿少数满洲人专利"，要推翻满洲贵族统治，建立以汉人为主体的民族国家；所谓民权主义，是"不愿君主一人专利"，要推翻清朝封建君主政体，建立资产阶级民主共和国；所谓民生主义，是"不愿少数富人专利"，要进行社会革命、平均地权、发展实业，富国富民。这被称为"旧三民主义"。

新文化运动时期，孙中山又写了《建国方略》一书，系统地阐发其新学思想。这时，清政府已被推翻，民族主义的意义已经不大，所以此书着重阐发了民权主义和民生主义。全书共三部分：《民权初步（社会建设）》主要阐发民权主义；《实业计划（物质建设）》主要阐发民生主义；《孙文学说（心理建设）》阐述了孙中山的哲学思想，奠定了三民主义的哲学基础。

1924年1月，孙中山在广州主持召开了国民党第一次全国代表大会，提出"联俄、联共、扶助农工"三大政策，同时重新解释了三民主义，形成了"新三民主义"。所谓民族主义，一是对内反对民族压迫，在国内各民族一律平等的基础上组成统一的中华民国；二是对外反对帝国主义，废除不平等条约，"使中国民族得自由独立于世界"。所谓民权主义，就是实行直接民权，国家政权为一般平民所共有，非少数人所得而私。所谓民生主义，"其最要之原则不外二者：一曰平均地权，二曰节制资本"。总的倾向是防止贫富分化，实行"耕者有其田"。

孙中山的新学思想，可以概括为以"孙文学说"为基础的"新三民主义"，达到了中国近代资产阶级新学的最高成就，是近代儒家新学思想的集大成。孙文学说包括唯物主义进化论的自然观、唯物主义的知行观、唯心进化的历史观和天下为公的社会理想等。

孙中山认为，宇宙的本原是太极（以太之译名），"太极动而生电子，电子凝而成元素，元素合而成物质，物质聚而成地球"。这一阶段属于宇宙的"物质进化期"，此后是"物种进化期"和"人类进化期"。生命的基础是生元（生物之原子，即细胞），"由生元之始生而至于成人，则为第二期之进化，物种由微而显、由简而繁，本物竞天择之原则，经几许优胜劣败，生存淘汰，新陈代谢，千百万年，而人民乃成"。

为解释生命和精神现象，孙中山主张"生元有知说"，认为"生元之为物也，乃有知觉灵明者也，乃有动作思为者也，乃有主意计划也"。人类的精神作用正是由生元的知觉逐步发展而来。有了人类之后，便有了精神作用。他说："总括宇宙现象，要不外物质与精神二者。精神虽为物质之对，然实相辅为用。……世界上仅有物质之体而无精神之用者，必非人类。"人类进化是宇宙进化的第三期，又分为洪荒时代、神权时代、君权时代和民权时代四个时期，逐级向前进化。他认为，民权革命和民族革命是不可抗拒的世界进化潮流，必须通过革命手段实现立宪民主，才能符合进化之理。他还认为，"一国之趋势，为万众之心理所造成，若其势已成，则断非一二因利乘便之人之智力所可转移也"，"人类求生存，才是社会进化的原因"，"民生问题才可说是社会进化的原动力"。孙中山关于人类进化的理论，被称为"民生史观"。

在总结中国古代儒家知行学说和革命实践的基础上，孙中山提出"知难行易"说。知行关系是宋明以来中国儒学讨论的核心问题。朱熹主张知先行后，王阳明主张知行合一，王夫之主张行可兼知，孙中山则主张知难行易。这四种知行观集中体现了理学、心学、气学和新学的不同特点。孙中山认为，"宇宙间的道理，都是先有事实，然后才发生言论，并不是先有言论，然后才发生事实"。人的认识由实践而来，行对于人类进化是必不可少的。"夫习练也，试验也，探索也，冒险也，之四事者，乃文明之动机也。生徒之习练也，即行其所不知以达其欲能也；科学家之试验也，即行其所不知以致其所知也；探索家之探索也，即行其所不知以求其发见也；伟人杰士之冒险也，即行其所不知以建其功业也。由是观之，行其所不知者，于人类则促进文明，于国家则图致富强也。"就是说，行是知的先决条件，行在先，知在后。"多有不能前知者，必待行之成之而后乃能知之也"。在此基础上，他又强调知的困难。他所谓的知，是指获得科学真理，而不是传统的人文知识。有了科学真知，行就不难了。"夫科学者，统系之学也，条理之学也，凡真知特识，必从科学而来也；舍科学而外之所谓知识者，多非真知识也。故天下事惟患于不能知耳，倘能由科学之理则以求得其真知，则行之决无所难。"

孙中山的伦理观和社会理想也大量继承传统的儒学思想。他认为，人格与国格乃民族之魂，对革命事业至关重要。他说："人心就是立国的大根本。""得人心的方法很多，第一是要本党现在的党员，人格高尚，行为正大。不可居心发财，想做大官；要立志牺牲，想做大事，使全国佩服，全国人都信仰。""中国有一段最有系统的政治哲学，在外国的大政治家还没有见到，还没有说到那样清楚的，就是《大学》中所说的格物、致知、诚意、正心、修身、齐家、治国、平天下那一段话。把一个人从内发扬到外，由一个人的内部做起，推到平天下止。""从事革命事业，非成功便成仁，二者而已。成功则造出庄严华丽之国家、共享幸福。不成功则同拚一死，以殉吾党之光辉主义，亦不失为杀身成仁之志士。""在吾国数千年前，孔子有言曰：'大道之行也，天下为公。'如此，则人人不独亲其亲，人人不独子其子，是为大同世界。大同世界即所谓的'天下为公'，要使老者有所养，壮者有所营，幼者有所教。孔子之理想世界真能实现，然后不见可欲，则民不争，甲兵亦可不用矣。"总之，孙中山认为，中国人缺少的是科学，而不是道德与政治学，应该把古代儒学的精华与西方的科学技术结合起来，建立未来美好社会。

朱执信：第二代留洋儒生和新学转变

朱执信（公元1885—1920年），名大符，浙江萧山人，出生于广东番禺（今广州市）。早年通读四书、五经、通鉴及二十四史，在兼习初等数学基础上认真研读古代至前清时期的算学书籍，打下良好的国学基础。1902年进入教忠学堂，得读新学书籍，有维新之志。1904年以官费留学日本，致力于政法、数理和经济学研究，成为新一代留洋儒生。1905年任同盟会评议部议员兼书记，成为孙中山的亲密战友，先后任《民报》《民国》《建设》《民国日报》编辑，宣传三民主义和反帝反封建思想，表现出强烈的激进民主主义色彩。曾撰《德意志社会革命家小传》，介绍马克思和恩格斯及《共产党宣言》《资本论》等著作。1920年9月被桂系军阀杀害。朱执信的理论工作在当时产生了较大影响，其激进民主革命思想标志了新学的理论转向。

朱执信认为，世界在本质上是物质的进化史。宇宙中原初只有无生命的物质，后来在特殊条件下演化出生命现象，先有植物，后有动物，动物逐渐进化为猿猴，猿猴再进化为人。"此类人猿、此猿属、此有胎类、此哺乳类，各各于一时代占最进化之地位。且人之系统之外，如爬虫类、如鱼类亦各有其极盛一时者。所谓后之视今，犹今之视昔。在今日欲为真正之研究，必先从进化论入手，则知宇宙中经无数进化而始有人，决非被上帝创造者。"人与动物的区别是有精神能互助。"动物里头，也有拿争斗出名的，也有拿互助来出名的。……到人类更把互助的精神发挥出来，成立了人类社会，所以人自己说是万物之灵。试问万物之灵，好处在哪里？不过多了一点智识，晓得互助。"这是对荀子"能群"思想的发展。精神伴随人类而出现，故依附于物质，"既然是依托物质，那死后精神当然应附枯骨，如何能够别有天堂地狱？"但依附于物质的精神又可以认识和支配物质。"现实是全部现在感觉范围以内的。由听而感于心，由感而致其思。"人的认识皆从行动和试验得来。"智识者，有学而知，有习而得，前者所谓教育，后者所谓经验也。""人民既得与政治，乃有经验可言。以无经验之故，而不使参政，则终古不参政可也，何言进步！""以一个人自身论，则生固有涯也，其活动有停止之时，凡人之所为，无足以永久抗衡自然者。然以人类全体论，则死者既去，生者方来，相续不绝，今人所成就胜于古人，将来人所成就又必胜于今人也，即人类永远能支配自然也。"

尤其能反映新学转变的，是朱执信对人类历史进化过程的论述。他说："社会者，动之社会也。""大地还有冷下去的时候，太阳还有消减变灭的时候，哪有不变的化石，哪有不变的社会！草昧之世，有部落而无国家，于是而有先觉之士，知国家的结合为不可已，将遂为其结合。以历史而论，除新国外，无不出于专制而入立宪共和。资本主义制度也不能长久也，还有别种秩序要起来。法律其他政治经济上规定，本亦随社会以改变。道德上规律所要求者，皆随时代地方而逐渐变更。秩序是永远的，永远的秩序是没有的，所以世界有进化、有革命、有改造。"他认为，要建立中华共和国，舍革命更无他术，社会革命与政治革命当并行。所谓社会革命，是指经济组织之革命，主要是把土地和铁路收归国有，限制私有财产制，"使富平均而利大多数之人民"。关于政治革命，他认为西方的代议制不是理想的最善制度，真正的民权是要给人民创制权、复决权和罢官权，"这三种权都是人民直接参与政事，不靠代表的矫正、代表的方法，故此通叫做直接民权"。直接民权是真正"为人民服务的"，可以解决现在的种种政治问题，是"解决一切政治争论的最终形式"。关于社会革命，他主张平均地权，改变旧的生产分配方法，这是"社会主义实行之第一步"。社会革命和政治革命是社会进化的手段，至于革命的动力来源则是人民。他说："中国革命运动之力，不出于豪右之族"，"而出于细民"。"政治之改良，实恃人民之认政治为一己之事，乃能进而不止，非吾人之力能使然也。""国家之中最有力者为人民，人民所归向者，始谓之实力。满洲是人民的威力推倒他，民国是人民的威力建立的。"强调"拿劳工做中心""拿人民做基础"，是朱执信新学思想的突出特点。

朱执信新学思想中更值得注意的一点，是对阶级斗争的论述。早在1906年，他就引用《共产党宣言》中"到目前为止的一切社会的历史都是阶级斗争的历史"这样的话，并且说："取者与被取者相戕，而治者与被治者交争也，纷纷纭纭，不可卒纪。……今日吾辈所处社会方若是，于此而不探其本原以求正焉，则掠杀不去，压制不息，阶级之争，不变犹昔。"认为只有阶级斗争才能消除经济和政治的不平等。他还说："阶级斗争，本来是现存的事实，不是想出来的手段。社会主义者的主张阶级斗争，不是以为没有阶级斗争也要用这手段，只是看见历史上的事迹都是阶级斗争的表现，所以现在要绝灭阶级斗争，不能不先绝灭阶级。要绝灭阶级，还要借斗争的一个阶级的力量,所以现在要奋斗的时候,还得找一个破灭阶级的势力。有阶级存在,就要做奋斗的障碍,如果反对阶级斗争,还有什么办法呢?他以为用炸弹手枪是阶级斗争,他不晓得用小册子、用演说台也是阶级斗争;他以为聚众要挟、杀人放火是阶级斗争,他不晓得罢工、罢市、怠业也是阶级斗争。"对阶级斗争的认识,是新学自身发展的必然结果。

朱执信之后,随着"五四"新文化运动的发展,中国国学开始向马学转变。

结束语:新文化运动与国学革命

任何社会都是经济基础和上层建筑的统一体。当生产力的发展引起生产关系变革,进而引发上层建筑革命时,必然伴随着思想文化领域的激烈斗争。马克思在1844年发表的《〈黑格尔法哲学批判〉导言》中指出:"就德国来说,对宗教的批判基本上已经结束;而对宗教的批判是其他一切批判的前提。"在中国近代革命史上,这种批判是通过新文化运动进行的。

资产阶级领导的辛亥革命推翻了清王朝,也宣告了儒学作为国家意识形态的终结。但是,伴随着袁世凯复辟帝制的逆流,社会上出现了一股尊孔复古的反动思潮。1913年6月,袁世凯发布"尊孔祀孔"令。8月15日,"孔教会"代表陈焕章、严复、夏曾佑、梁启超等上书参政两院,要求定孔教为国教。他们声称,中国一切典章制度、政治法律,皆以孔子之经义为根据,一切义理、学术、礼俗、习惯,皆以孔子之教化为依归,此孔子为"国教教主"之由来也。共和国以道德为精神,而中国之道德源本孔子,故中国当仍奉孔子之学为国教。

在这种情况下,新文化运动爆发了。以陈独秀、胡适、李大钊、鲁迅等为代表的新文化运动的健将们，高举民主和科学大旗，发出了"打倒孔家店""发展新文化"的呼号。陈独秀指出：孔子提倡之道德、垂示之礼教、主张之政治，都是维护封建制度的，其范围不越于少数君王贵族之特权与名誉，而无助于多数国民之幸福。"要拥护那德先生，便不得不反对孔教、礼法、贞节、旧伦理、旧政治；要拥护那赛先生，便不得不反对旧艺术、旧宗教；要拥护德先生又拥护赛先生，便不得不反对国粹和旧文学。"李大钊指出："余谓孔子为数千年前之残骸枯骨"，"余谓孔子为历代帝王专制之护符"，"历代君主，莫不尊之祀之，奉为先师，崇为至圣。而孔子云者，遂非复个人之名称，而为保护君主政治之偶像矣"，"故余之掊击孔子，非掊击孔子之本身，乃掊击孔子为历代君主所雕塑之偶像的权威也；非掊击孔子也，乃掊击专制政治之灵魂也"。

随着新文化运动的深入，又上演了一场科学与玄学的论战（又称科学与人生观论战），实际上是新文化与旧文化在思想道德建设问题上的正面交锋。1923年，以丁文江为代表的科学派和以张君劢为代表的玄学派，就科学能否解决人生观问题展开争论。玄学派认为，科学不能解决人生观问题，只有传统的儒家思想才是解决人生观问题的基本出路。由于历史潮流之大势所趋，丁文江对"玄学鬼"的批判取得了胜利。在马克思主义看来，无论是胡适的实用主义还是丁文江的科学哲学，都有其局限性，而玄学派的观点也并非毫无道理。正像德国的宗教批判没有使它脱离基督教传统一样，中国的新文化运动也没有使中国脱离儒教传统。

"五四"新文化运动以后，中国思想界出现了三大思潮：一是以李大钊、陈独秀、毛泽东等共产党人为代表的马克思主义思潮，二是以胡适、丁文江、金岳霖等为代表的实证主义思潮，三是以梁漱溟、熊十力、冯友兰等为代表的现代新儒家思潮。这是中国儒学传统在当时历史条件下必然作出的几种反应，而马克思主义无疑是新文化运动的主流思潮。

纵观中华传统主流文化，大致经历了先秦、两汉、魏晋南北朝、隋唐、宋元明清等几个历史阶段。先秦时代的"百家争鸣"以儒家为主线：它始于孔子，经过墨子、孟子、庄子等，由荀子总其成。师出荀子门下的法家代表李斯和韩非帮助秦始皇建立了中国历史上第一个封建王朝，并且制造了"焚书坑儒"的惨剧，但法家学说却随着秦王朝的覆灭而受到批判。经过汉初黄老道家的短暂过渡，董仲舒应汉武帝之召献"天人三策"，儒家经学正式成为中国封建社会的意识形态。为了振兴因为"党锢之祸"而走向衰落的两汉经学，魏晋的儒生们又一次援道入儒。玄学化的魏晋经学不仅没有使儒学复兴，反而为佛教和道教的发展开辟了道路，导致南北朝隋唐时期"三教鼎立"的文化局面。从晚唐到宋明，儒生们经过深入汲取佛、道二教的思想营养，终于创立了高度理论化的儒家学说，这就是所谓的"宋明理学"。"五四"新文化运动打倒的所谓"孔家店"，实际上是被封建统治者尊奉为国家意识形态的"程朱理学"。

宋元以来的儒家义学包含了三个相互对立的派别：程朱理学、陆王心学和明清气学。程朱理学的代表人物有周敦颐、邵雍、张载、二程、朱熹等，在南宋朱熹那里达到高潮。朱熹死后，理学被统治者奉为官方哲学，从南宋末年到元、明、清，一直充当封建王朝的意识形态。但程朱理学从南宋起就受到心学与气学的挑战，朱、陆之间的"鹅湖之会"是一场"心与理"的争论，而陈亮、叶适与朱熹之间"气与理"的争论更加激烈。陆氏心学发展到明代，由王阳明集其成，再经过泰州学派而发展为广泛的平民儒学运动。王阳明以绝世之资鼓动海内，门徒遍天下，流传逾百年，使崇信程朱者复无几人。泰州之后，其人多能以赤手搏龙蛇，传至颜农山、何心隐一派，遂复非名教所能羁络，"诸公掀翻天地，前不见有古人，后不见有来者"。

气学思潮是从理学内部分化出来的，代表人物有王廷相、顾炎武、黄宗羲、方以智、王夫之、颜元、戴震等，它由王夫之发展为朴素的辩证唯物主义，由颜李学派发展为朴素的实践唯物主义，由戴震发展为实事求是的朴素实证主义。心学是对理学的解构，重在解放思想；气学则是对理学与心学的批判和改造，重在实事求是。心学虽然受到统治者的抵制和压抑，却能通过学术思想对理学有所影响。气学则不同，它始终受到封建统治者的压制和打击，一度销声匿迹，仅以民间方式流传，或部分转化为"只研究问题而不谈主义"的考据之学（戴震以考据对气学的发展意义重大）。直到近代，气学思想才同心学一起复活，对资产阶级改良思潮产生重大影响，并最终与西学结合发展出近代进化论唯物主义。所以，马克思主义成为新文化运动的主潮，乃是以儒家为主导的中国传统文化在现代化过程中必然的历史选择。

以胡适、丁文江、张东荪、金岳霖等为代表的实证主义思潮，则是在继承清代考据学（又称汉学）传统的基础上接受西方实证主义思潮影响的产物。实证主义思潮是科学技术的发展在哲学理论上的反映，包含较多的唯物主义成分。考据学则是儒家唯物主义的气学在清朝文化专制主义高压下潜入传统典籍故纸堆的产物，是儒家唯物主义"研究问题"的结果，在当时被概括为"实事求是之学"。在西方，实证主义与马克思主义在起源上是比较接近的；在中国，考据学与气学唯物主义又是一致的。所以，实证主义在新文化运动中基本上是马克思主义的战友。中国实证主义的最后代表是金岳霖，其《逻辑》一书是中国人写的第一本高水平的逻辑学教科书，其《道论》和《知识论》则建立了一种客观主义的知识理论。新中国成立后，金岳霖顺理成章地接受了马克思主义哲学，并成为一名光荣的中国共产党党员。

由气学分化出考据,再经过实证主义而回到马克思主义,这是中国国学理论逻辑和历史逻辑的必然。

现代新儒家思潮是在新文化运动"打倒孔家店"的情况下,通过吸收佛学和西学,继承改造宋明理学唯心主义传统的产物,属于"文化保守主义"。其中,梁漱溟的"新孔学"和熊十力的"新唯识论"受佛学和心学影响较多,冯友兰的"新理学"受理学和西学影响较多,贺麟的"新心学"受心学和西学影响较多。这里所谓西学,主要指西方的现代资产阶级唯心主义学说。新中国成立后,梁漱溟基本上放弃了其新孔学思想,冯友兰和贺麟则接受了马克思主义;熊十力把"新唯识论"改造为"新易学",去除佛教唯心主义成分,接受马克思主义影响,力图用他的"新儒学"为社会主义服务;马克思主义者则通过批判继承中西文化来丰富自己的科学理论。

中国化马克思主义对实证主义思潮和"现代新儒家"思潮的批判吸收,表明它无愧为中国古代国学特别是儒家优秀文化传统的伟大继承者和成功开拓者。正如习近平总书记在党的十九大报告中所说:"中国共产党从成立之日起,既是中国先进文化的积极引领者和践行者,又是中华优秀传统文化的忠实传承者和弘扬者。当代中国共产党人和中国人民应该而且一定能够担负起新的文化使命,在实践创造中进行文化创造,在历史进步中实现文化进步!"

后记

现在这本《中国儒家》，已经是它的第三版了。一个在读研究生匆匆写就的一本小书，竟然在不长的时间里出到第三版，多少有点出乎意料。只能说，它适应了社会的某种需要，受到了一些读者的欢迎，得到了一定程度的认可。因此，有必要介绍一下有关它的基本情况。

一

1995年春天，国务院宗教事务局（1998年改称国家宗教事务局）成立了一个事业单位——宗教文化出版社。为了使出版社的事业有一个好的开头，有关人员找到中国人民大学哲学系（2005年改为哲学院）的陈志良教授，请他领衔主编一套全面介绍中国传统国学的丛书，于是就有了由陈志良和徐兆仁共同主编的"九流十家丛书"，包括中国儒家、中国道家、中国佛家、中国墨家、中国法家、中国名家、中国兵家、中国阴阳家、中国纵横家和中国农家10本。当时，我正在宋志明教授门下攻读中国哲学，陈志良教授邀请我跟他一起承担《中国儒家》的写作任务。陈志良先生是著名的马克思主义哲学教授，对中国传统文化有深入研究和独到见解。由于时间紧迫（出版社要求半年内完成），陈志良老师匆匆拟了个从先秦到唐朝的半拉子提纲就交给我来撰写。这是我第一次承担写书任务，所以高度重视，进展很快。可是，陈老师却由于各种原因而再也没有时间顾及此书了，我只好一边学习研究，一边续拟提纲，一边抓紧撰写，期间自然少不了多次修改和反复，后来还找了聂敏里和姜继为两位同学承担最后两章的写作任务，这才终于在当年11月按时完成了写作任务。1996年，该书顺利出版，被出版社作为首批成果和礼物送给国务院宗教事务局有关领导及中央分管宗教工作的有关领导，我也因为写作此书的缘故而报考了国务院宗教事务局的公务员，成为其直属的宗教研究中心的研究人员。

《中国儒家》原稿共八章约40万字，前六章依次为子学、经学、理学、心学、气学、新学，按历史顺序展开；后二章依次为"儒家学说纵横谈"和"儒家经典及其解释学传统"，概括介绍中国儒家的世界观、认识论、人生论、人格论、教育论和五经四书及孝经忠经。书稿上交后，出版社觉得篇幅太大，由主编将原稿删去10多万字并作适当调整后出版。结果，一些我认为很重要、突出体现个人学术观点的内容被毫不留情地删掉了。比如，第六章的原稿目录为

第六章　儒家学说之走向现代：新学
一、晚清今文学和新学的产生

魏源和龚自珍的开新之学

康有为的公羊学和大同理想

谭嗣同的新仁学

梁启超的新民说

二、资产阶级革命与新学的发展

严复：第一批留洋的中国儒生

章太炎：最后一位经师

孙中山：新学集大成者

朱执信：新学的转向

三、新民主主义革命和新学的分与合

毛泽东思想与儒学传统

实证主义与汉学传统

新学第二线索与现代新儒家

新学的分与合

新学的历史地位

经过删改的版本只保留了章太炎之前的部分，孙中山之后的内容被删掉了。

关于该书的写作分工，原稿"后记"提到"聂敏里同志承担了第八章的写作任务，其中第一节'易经与易学'除外；姜继为同志承担了第七章的写作任务；其余部分由加润国承担"，删改后却变成"聂敏里、姜继为承担了第八章的写作任务；其余部分由加润国承担"，这让我一直对聂、姜两位同学十分内疚，所以今天必须借此机会有所交代。

二

在我奋力写作《中国儒家》的1995年，河北大学的李振纲老师进入中国人民大学哲学系攻读博士学位，师从张立文教授。共同的专业和学术兴趣，使我们成了朋友。1999年春，已经被任命为河北大学图书馆馆长的李振纲教授给我打电话，邀请我承担河北大学出版社拟出版的"三教史话丛书"之《中国儒教史话》的写作任务，此时我的学术事业已经发生了第二次转向——从学生时期的儒家思想研究转向国内佛教问题研究、再转向党的宗教理论政策研究了，但是我仍然接受了李振纲教授的邀请，因为这是一个完整发表自己学术观点的机会。

很快，在《中国儒家》原稿基础上补充修改的《中国儒教史话》就交稿了。作为"三教史话丛书"主编，李振纲教授十分认真负责，对《中国儒教史话》原稿进行了精心主编，力图使它成为受读者欢迎的精品。除了具体行文和部分内容的删改调整外，李振纲教授还根据三本"史话"的统一要求，精心润色了各章的标题，使之更有意味，具体如下：

第一章　祖述尧舜，宪章文武——儒教之渊源

第二章　宣先王教化，弘人道文明——儒教之创始

第三章　罢黜百家，独尊儒术——儒教之经学

第四章　为往圣继绝学，为万世开太平——儒教之理学

第五章　为天地立心，为生民立命——儒教之心学

第六章　经世致用，由虚致实——儒教之气学

第七章　托古启新运，继往开来学——儒教之转型

李振纲教授还精心为这套丛书撰写了题为"三教文化与现代生活"的总序，使该书增色不少。1999年10月，"三教史话丛书"顺利出版。《中国儒教史话》不但受到普通读者欢迎（我后来偶然在网上发现了显然是该书盗版的样书），而且受到包括张立文老师在内的几位教授赞赏。1999年12月和2000年2月，上海人民出版社出版了中国社会科学院世界宗教研究所儒教研究室主任李申研究员的皇皇巨著《中国儒教史》上、下册。一时间，"儒学是不是宗教"或"儒教是不是宗教"再次成为学术争论热点。在一次关于"儒教是教非教"的学术讨论会上，我把《中国儒教史话》送给李申教授，请他写一篇书评。不久，包括其他两本"史话"在内的一组书评就在《世界宗教文化》杂志上发表了。因此，我也参与了学术界关于儒教问题的讨论，成为中国第三次儒教问题争论（前两次为新文化运动和改革开放初期）中的一员。

不过，就完整发表自己的学术观点来说，《中国儒教史话》只达到

了部分目的，因为它也是被作为畅销书设计的，所以同样有严格的篇幅限制。因此，尽管李振纲教授非常体贴作者的苦心，尽可能多地维护原稿的完整性和独特性，但他还是不得不删去部分内容。

三

2017年6月初，我在国家民委副主任李昌平同志带领下在河南省调研检查中央关于宗教工作重大决策部署落实情况时，意外接到陈志良老师当年的学生张继清同志打来的电话，希望我同意把《中国儒家》作为"国学大观丛书"之一由中国人民大学出版社出版。我爽快地答应了，因为这不但是一次重新检视和发表自己青年时代学术成果的机会，而且是一次顺便阐述自己关于中国传统文化与马克思主义关系的学术观点以回应某些错误思潮的难得机会。

改革开放以来，我国学界陆续出现一些有关传统文化的错误思潮，比较重要的有两种：一是全盘否定以儒家为代表的中国传统文化，认为它保守封闭、排斥外来文化，要为中华民族近代以来的落后局面负责；另一种是全面肯定中国传统文化，认为新文化运动将孩子与脏水一起泼掉，简单粗暴地否定了传统文化，现在要弘扬中国传统文化就要否定五四新文化运动。在我撰写《中国儒家》的1995年，第一种观点比较流行，所以我有意通过该书证明它是错误的。数年之后，随着中国崛起，又开始流行第二种观点，其直接后果就是否定马克思主义及其中国化，否定中国共产党领导人民为民族复兴进行的伟大斗争。令人欣慰的是，党中央注意到了这一问题，在2011年10月召开的十七届六中全会上作出《中共中央关于深化文化体制改革、推动社会主义文化大发展大繁荣若干重大问题的决定》，明确指出："中国共产党从成立之日起，就既是中华优秀传统文化的忠实传承者和弘扬者，又是中国先进文化的积极倡导者和发展者。"这一重要论述无疑是正确的，但是需要学术界通过历史叙述和理论阐述来证明。

令人遗憾的是，这项工作我在1995年就做过了，可是由于出版社和主编的原因而没有全面展示。近年来，因为忙于繁重的宗教理论政策研究工作，我一直无暇顾及这个重大学术问题。我曾在1999年出版的《中国儒教史话》最后一节"儒教在现代的革命性变革"中有意阐述过这个问题，也曾在国家统计局《中国国情国力》杂志1999年第2期上发表过这个观点，可是因为过于简略，也可能是因为该杂志的学术权威性不够，似乎没有引起多少注意。现在，中国人民大学出版社要在"国学大观丛书"中再次出版《中国儒家》，应该是个好机会。可是，在签约的时候我才知道，这次出版的篇幅限制更严，只有20万字，经过争取才宽限到25万字。这样，我就按照出版社要求对原稿进行删改，只在"新学"部分补上孙中山和朱执信，阐述儒学与马克思主义及其中国化关系的第三节"新民主主义革命和新学的分与合"再次割爱。

看来，通过出版社希望畅销或长销的丛书这种形式来发表自己的见解是不现实的。我应该另作打算，重新写一部四五十万字的《国学正脉》来完成对儒学传统与马克思主义中国化关系的历史叙述，再写一篇重头文章在权威杂志上发表来进行理论阐述。可是，以我目前专职从事党的宗教理论政策和现实宗教问题研究的工作状态，何时落实就不得而知了。

四

关于《中国儒家》的写作思路和写作方法，我曾在它的第一版"后记"中写道：

应"十家九流"丛书主编的盛情邀请，我们承担了这本"十家九流"之首——《中国儒家》的写作任务。中国的口语中一向有所谓"三教九流"之说，儒家是"三教"之第一教，亦是"九流"之第一流。正因为如此，它的典籍丰厚无比，它的思想内容广博无比，它的社会影响更是无所不至。中华民族有悠悠五千年文明史，前两千五百年的文明史至孔子而集其成，后两千五百年的文明史由孔子开其端。五千年文明史无不与儒家有联系，如何恰当地选材便成了一个严重的问题。考虑再三，我们决定以在历史上起了关键作用的儒家人物和学说为重心来展开本书的思路。对于有关人物，我们力求生动形象地刻画其生平面貌，以便让读者较快地体会到儒家学派的人格风貌和精神气质。对于有关的思想学说，我们尽可能选取典型的命题作准确而自由的叙述和分析；其间免不了要引用原文，但都是随文出现，经过作者主观的合并和加工，只求神似而不求形肖，只有一个目的，为了集中、流畅、好读，这是它不同于一般的学术著作的地方。读者通过阅读前六章，可以较快地了解中国儒家的人物、历史、学术形态和基本的精神风貌，走入历史又走出历史，成为一个懂传统、懂儒术的现代人。

本书原稿在引文上的随意性，曾给"三教史话丛书"主编李振纲教授造成很大困扰，他曾不止一次跟我说起大量引文没有注释的弊端，最后只能通过删除引号来处理。这一次，中国人民大学出版社的初审编辑再次提出同样的问题。已经退休的老编辑李梦超同志在《〈中国儒家〉初读印象》中指出："海量引文，是本文的鲜明特点。表明本文的写作建立在了丰富扎实材料的基础之上。引文不具出处，而使读者在检索中困难重重,却是本文的突出缺点。引文出处,对兴趣读者而言是入门的向导和钥匙,对志向读者而言是攀登的阶梯和抓手。怎样既节省篇幅又检索方便,需要作者和编者共同发挥聪明才智,想出个好的办法。"可是,"畅销书""长销书"在篇幅和简洁性、流畅性方面的严格要求,使这个矛盾在文稿中简直无法解决。幸运的是,现在已进入信息化时代,读者如果想知道哪一段引文的出处,或者对哪一个名词术语不明白,只要拿起手机一搜,基本上都可以找到答案,所以这个矛盾可以视为消除了。

需要说明的是,本版初审李梦超同志和二审霍殿林同志花费大量时间和精力核对引文,纠正了本书原稿由于各种原因造成的错误疏漏和不规范做法,特别是霍殿林同志对书稿引文、用词、标点一丝不苟的专业精神和严谨态度让我在核改的过程中既不胜疲惫又佩服不已,再次让我感受到中国人民大学出版社作为国内一流出版社真的是名不虚传。由于出版社的付出,这一版比前两版在质量上有明显提高,我应该在这里对他们表示衷心的感谢!

五

关于本书在思想内容方面的突出特点和亮点,当年的《中国儒教史话》主编李振纲教授曾几次在电话中表示,他对该书第五章阐述"心学"的内容尤其欣赏。对于现在这一版,李梦超同志除了对全书都有比较高的评价之外,特别对第五章阐述"气学"和第六章阐述"新学"的内容比较欣赏,他在《〈中国儒家〉初读印象》中指出:

> 本书稿以中国儒学的兴衰、发展、传承、流变为纵向线索,围绕儒家代表人物的学说、流派、荣辱、沉浮作横向展开,内

在逻辑清晰，篇章结构自成体系，学术判断和学术主张自成其说，可视为全面客观介绍中国儒家的一部简史。

作者在书稿中写道："明朝中后期发展起来的儒家气学思潮，在清朝初年凭借顾炎武、黄宗羲、方以智等几位明朝遗民的坚守而开花结果，通过王夫之苦心孤诣、别开生面的治经努力而达到高峰，发展出近代自然科学产生之前世界上最宏大的古代唯物辩证法体系，为中华民族在近代民主革命中最终接受辩证唯物主义和历史唯物主义及科学社会主义奠定了深厚的思想文化基础。""如果没有气学儒家为铺垫，很难想象中国人会顺利接受进化论和马克思主义。马克思主义既是舶来品，也是中国儒学发展的必然要求。""由气学分化出考据，再经过实证主义而回到马克思主义，这是中国国学理论逻辑和历史逻辑的必然。"

上述画龙点睛之笔对读者增强中国特色社会主义道路自信、理论自信、制度自信、文化自信，具有重要意义，对于破解所谓李约瑟难题也有深刻的启示。

霍殿林同志在《读〈中国儒家〉有感》中说：

这部《中国儒家》的一大特点是它的专业学术性与通俗可读性兼顾，这种特点首先是由它的结构决定的。作为一部系统介绍儒学历史流变的读物，必然是以纵向历史发展为线索的，然而该书又不简单是按历史纵向叙述——这一过程又是体现为以别具匠心的命名为儒家发展阶段的划分，"儒家之兴""儒家之显""儒家之盛""儒家之化""儒家之衰"——每一章都代表儒家历史演化的一个阶段，自成一体却又前后相承，脉络清晰，清楚地串起了儒家的历史……这种命名式的阶段划分还巧妙地契合了"先秦子学、汉唐经学、程朱理学、陆王心学、明清气学、近代新学"这一儒学演变脉络，严谨而不失大气，可谓一目了然；另外，在各章章首，又以寥寥数言的文字概述该章主要内容，提纲挈领，令人先对全章内容有个大致准确的认知，继而以此为线索从容深入下去。……该书在有着"海量引文"的同时却不失相对通俗性，由于总的结构脉络清楚，加之作者夹叙夹议、穿插着精彩点评的写作风格，使得每一则引文即便是文言文都不那么难以理解了，而全书内容也变得不那么刻板、枯燥了。

《中国儒家》可谓一部少有的谋篇布局精妙、文笔精湛、颇具可读性的国学读物，也无愧为一部有营养、有价值的良心之作，其风采值得一睹。携一缕清风，品一盏香茗，手捧一卷《中国儒家》，"寂然凝虑，思接千载"，于方寸间浸淫千载儒风，了解我们的过去、思考我们的现在和未来、求索人生至道，不亦别有一番境界乎！

对各位老师、朋友和同志的帮助、润色和赞赏，我借此机会表示由衷的感谢！

加润国
2018年4月5日

图书在版编目（CIP）数据

中国儒家/加润国著.—北京：中国人民大学出版社，2018.7
（国学大观丛书/陈志良，徐兆仁主编）
ISBN 978-7-300-25828-7

Ⅰ.①中… Ⅱ.①加… Ⅲ.①儒家-研究-中国 Ⅳ.①B222.05

中国版本图书馆CIP数据核字（2018）第107501号

国学大观丛书
陈志良 徐兆仁 主编
中国儒家
加润国 著
Zhongguo Rujia

出版发行	中国人民大学出版社		
社　　址	北京中关村大街31号	邮政编码	100080
电　　话	010-62511242（总编室）	010-62511770（质管部）	
	010-82501766（邮购部）	010-62514148（门市部）	
	010-62515195（发行公司）	010-62515275（盗版举报）	
网　　址	http://www.crup.com.cn		
	http://www.ttrnet.com（人大教研网）		
经　　销	新华书店		
印　　刷	涿州市星河印刷有限公司		
规　　格	170mm×240mm　16开本	版　次	2018年7月第1版
印　　张	25.75	印　次	2018年7月第1次印刷
字　　数	297 000	定　价	42.00元

版权所有　侵权必究　印装差错　负责调换